Borst
Die heimlichen Rebellen

Otto Borst

Die heimlichen Rebellen

Schwabenköpfe aus fünf Jahrhunderten

Konrad Theiss Verlag

CIP-Kurztitelaufnahme der Deutschen Bibliothek

Borst, Otto:
Die heimlichen Rebellen : Schwabenköpfe aus
5 Jh. / Otto Borst. - Stuttgart : Theiss, 1980.
ISBN 3-8062-0247-8

Das Bild auf dem Schutzumschlag zeigt den Hohen Asperg / Radierung
um 1820 aus den »Ansichten von Württemberg«

ISBN 3-8062-0247-8

Satz: Bauer und Bökeler, Denkendorf
Druck und Bindung: Ebner Ulm
Printed in Germany

Vorwort

»Geschichte« ist keine Fahrkarte, die der Automat für uns ausstößt. Die Reise in die Vergangenheit hat keine Standards und keine Automatismen. Sie ist nicht zu »haben«. Wir sollten uns abgewöhnen, »Geschichte« als Selbstverständlichkeit, als Schulstunde oder als Konsumartikel zu nehmen. »An sich« ist sie tot. Wer sie zum Leben erwecken will, bedarf der Imaginationskraft ebenso wie der Bereitschaft, anderer Leben zu erkennen und anzuerkennen. Ist er dazu bereit, wird er freilich hundertfältig entschädigt durch die Möglichkeit, miterfahren und mitleiden und mithin seinen Bewußtseinsraum mit einem – schon gar nicht mehr als Vergangenheit zu bezeichnenden – Stück Wirklichkeit bereichern zu können.
Im folgenden ist auf solches Leben verwiesen. Es hat eine Breite, die betroffen machen muß. Die Schwierigkeit für den Autor bestand nicht in der Frage, was er sagen soll, sondern was er weglassen darf. Wenn in der Archäologie heute von »Notgrabungen« die Rede ist: diese Kurzbiographien sind Notgrabungen ersten Ranges. Die Pflicht zur Kürze haderte mit dem – gerne eingestandenen – Ehrgeiz, gewesenes »Leben« nicht in den Fachjargon und das ideologische Gefechtsmaterial von heute zu zwin-

gen, sondern aus sich selber sprechen zu lassen. Es ging nicht um Belege für irgendeine Theorie oder These. Es ging darum, nicht *über* ein Leben, sondern *von* einem Leben zu berichten. Das zog nach sich, in Arrangement und Stil sich möglichst vor der Fallgrube des Essayisten zu hüten. Ob das gelungen ist, muß der Autor dem Leser überlassen.

Eine Reihe der folgenden »Köpfe« sucht man, obschon es sich um geborene Württemberger weiter geistiger und politischer Resonanz handelt, in der Bibliographie der Württembergischen Geschichte und ihrem Nachfolgeorgan (die sonst jeden Präzeptor verzeichnen, der einen Wanderweg beschrieben) vergebens. Das verlangte im besonderen Maße nach Quellenstudien. Es wäre eine lange Liste vonnöten, wollte ich allen in- und ausländischen Archiven und Bibliotheken, die mir für meine Arbeiten geholfen haben, namentlich danken. Das Buch wäre ohne ihre Kollegialität nicht zustande gekommen. Ausnehmen möchte ich von diesem pauschalen Dank wenigstens die Damen und Herren der Württembergischen Landesbibliothek Stuttgart, die mir bei meinen Bücherwünschen weit über ihr dienstliches Maß hinaus entgegengekommen sind, und den Direktor des Schiller-Nationalmuseums und Deutschen Literaturarchivs in Marbach, Herrn Professor Dr. Dr. h.c. Bernhard Zeller, seine Mitarbeiter und Mitarbeiterinnen, die mir mit großer Sachkenntnis immer wieder geholfen haben. Dankbar erinnere ich mich auch vieler anregender Gespräche mit meinen Kollegen und Freunden Götz-Eberhard Hübner und Rainer Jooß, und dankbar möchte ich schließlich die Damen und Herren des Konrad Theiss Verlags nennen, an ihrer Spitze Herrn Hans Schleuning, der diesen vor mehr als einem halben Jahrzehnt gemeinsam ins Auge gefaßten Buch-Plan unverdrossen und helfend über alle Jahre hin begleitet hat.

Otto Borst

Inhalt

Die heimlichen Rebellen

Bei uns gilt die Heimlichkeit vom Charakter so sehr als vom Talent . . . Es liegt in unserem Charakter, daß wir nicht leicht Dinge und Personen trennen; daher jene Schroffheit in politischen Fragen; denn wer das ganze Gewicht seiner Persönlichkeit daran hängt, für den gibt es keine Ausgleichung, keine Versöhnung.

Hermann Kurz, Die Schwaben. In: Ludwig Bauer (Hrsg.), Schwaben, wie es war und ist. Karlsruhe: Macklot 1842, S. 379/80

Auf typisch schwäbisch müsse er jetzt antworten, sagt der mit vielen Ehren dotierte Gelehrte gelegentlich einer wissenschaftlichen Diskussion. Die eine Richtung habe recht, aber auch die andere. Die Wahrheit werde man wohl nur haben, wenn man die beiden Meinungsrichtungen zusammennehme.

Das ist jüngst so passiert. Man kann das hierzulande und natürlich darüber hinaus, auf akademisch oder populär, täglich hören: der Grundzug des Schwäbischen sei diese originäre Disposition für das »Sowohl-als-auch«, der langsam, bedächtig und typisch schwäbisch vorgebrachte Kommentar: »So isch no au wieder«, das Relativieren, das Abrücken von aller fanatischen Einseitigkeit, das humorige Sich-Dreinschicken, das Land Mörikes, wo Wilhelm Hauff den lieben Lichtenstein geschrieben und die Ottilie Wildermuth, wenn sie zwischen Kochen und Backen und Strümpfewiefeln Zeit dazu fand, auch die Poesie bemühte, das Eiland der Idylle, die prästabilierte Harmonie. Kein Land, sondern ein Ländle. Letztlich liebenswürdig alles und ohne Arg. Wirklichkeit, das Leben als soziales Phänomen: nur ungern. Man zieht im Schwäbischen ein Schleierle davor, und die großen Schwaben sind die Dichter, die allemal zu den Wolken hinaufblinzeln. Wie weiland Mörike, der träumende Pfarrherr: »Immerdar durch Thränen sehe/Ich Der Sonne liebes Licht.«

Wer hat diese Stammes-Legende nur aufgebracht? Sie ist noch gar nicht so alt. Am Ende der Weimarer Zeit hat man die Vielfalt der Meinungen, der Parteiprogramme, der ideologischen Ismen auf der Straße erlebt, und man hat auf der anderen Seite in dieser – noch nicht oder nicht mehr – adäquaten Staats- und Lebensform nach den »Wurzeln« gesucht, nach den stammlichen und regionalen Sonderheiten. Man hat also plötzlich »das Schwäbische« bei Hölderlin und Hegel und so weiter entdeckt, wobei man, geschult oder auch gepeinigt von der Vielzahl der Meinungen, nicht nur die zwei- oder mehrfachen Seiten seines Helden unterstrich, sondern auch dessen Mühe und Fähigkeit, den Widerstreit der Meinungen zu überwinden. Hegel wird zum Überwinder der Gegensätze, der Ausgleicher, der Vermittler, ausgerechnet er, dessen Philosophie so unabdingbar und hart nach dem Absoluten strebt und dem man immer wieder den Makel der Staatsvergottung anhängt: »Hegel und die Folgen« ist heute, nicht nur bei den Gegnern der marxistisch-materialistischen Geschichtsphilosophie, ein Thema.

Zum geistesgeschichtlichen Hintergrund kommt ein methodologisches Dilemma. Wenn man Heimatgeschichte oder Lokalgeschichte treibt, heute sagt man gerne Regionalgeschichte dazu, macht man Geschichtchen aus Geschichte. Lokalgeschichte muß für den Spieltrieb herhalten, für die Lust, endlich einmal einen Freiraum für das Ungefährliche zu haben, man verniedlicht die Dinge, verharmlost sie, idyllisiert sie. Heimatgeschichte ist »klein«, die »große« Geschichte ist die eigentliche. Heimatgeschichte ist peripher, geruhsam, unterhaltend, die große Geschichte ist zentral, dramatisch, beispielhaft.

Genau im Jahre 1930 hat ein Tübinger Philosophieprofessor, der sich selber und mit Erfolg als Ur-Schwaben gerierte und mit seinem Büchlein »Der Mond braust durch das Neckartal« zu einer Art Volksprofessor wurde, nach ausgiebigen Hegel-Studien in der »Vereinigung starker Gegensätze« das Hauptcharakteristikum des Schwäbischen erkannt. Einer seiner Schüler hat in einer geistesgeschichtlichen Biographienfolge, die freilich nahezu dort aufhört, wo die unsrige anfängt, in der schwäbischen Geistigkeit zwei Grundanliegen als Grundanlagen erkannt: Ganzheit und Einsheit. Das seien die »Leitideen und Leitintentionen« der schwäbischen Geisteshaltung. Beides gehe ineinander über, beides sei so angelegt im Schwäbischen, daß es auf Verbindung abzielt. Die Gegensätze würden in diesem, in eine antinomisch-einheitliche Doppellage versetzten Bewußtsein überwölbt, Geist-Natur oder Ich-Nichtich: der Schwabe dringe nach Überwindung der Gegensätze, in einer stark »östlichen« Ganzheitsspekulation. Das »wahre Leben« zu versöhnen, sei für den Schwaben das metaphysische Urmotiv. Darin erfülle sich der schwäbische Typus.

Die schwäbischen Biographien, die im folgenden vorgestellt werden, sagen das Gegenteil davon. Sie zeigen Männer, die von der Idylle der Versöhnung nichts gehalten, die sie gar nicht gekannt haben, die sich sehr einseitig für eine Idee eingesetzt und sich für sie – dem einen oder anderen gibt man in zeitgenössischen Beurteilungen das Prädikat »fanatisch« – verkämpft haben. Es sind alle Wirklichkeitsfanatiker. Keine Rede von einem humorigen »So isch no au wieder«, keine Rede von einem Sinn für die Relativität alles einzelnen und aller Gegensätze. In allen diesen Biographien ist die soziale Ambiente, in verschiedenen Nuancen und Färbungen, versteht sich, Lebensthema und Lebensaufgabe.

Die Methode zur Durchsetzung dieses so gesehenen sozialen Lebensauftrags: keinesfalls das Mörikesche »Meint'halb, so ist der Welt ihr Lauf«, nicht einmal ein objektiv sein wollendes Durchlavieren, sondern striktes, konsequentes Handeln. Weil sich dieses Handeln immer meilenweit von irgendwelchen konservativen, restaurativen, resignativen Haltungen entfernt hat, weil es der Überzeugung entsprungen war, daß reformpolitische Maßnahmen zur Steuerung des Zivilisationsprozesses unerläßlich

seien, weil es von der Unruhe des für die Zukunft Tätigen überzogen, weil es von der Furcht, lahmherzig zu sein und zu spät zu kommen, gequält war, deshalb hat man eine Vielzahl dieser Männer »gefangen«. Fast die Hälfte dieser 20 Leute ist mit Gefängnis, Zuchthaus oder Festungshaft bedacht worden.
Wenn wir von denen, die für dieses Buch entdeckt oder aus der Vergessenheit herausgeholt worden sind, einmal absehen: keiner, dessen – im wörtlichen oder übertragenen Sinne gemeintes – Denkmal heute nicht mit Pietät gepflegt würde. Vielleicht waren sie das gar nicht, Helden. Heldentum sei immer, liest man bei Fontane, das Produkt einer Zwangslage. Aber sie waren alle von einer erstaunlichen Kraft zum Widerstand und von einer großen Wachheit getragen. Keiner, der irgendwann einmal unter die durchschnittlichen Karrieristen geraten wäre, keiner, der nicht die Zufriedenheit und das »Glück« seines Lebens für seine Ziele geopfert hätte, keiner, der seine geistige Wirksamkeit nicht einer rigorosen – und gar nicht versöhnlichen – Diszipliniertheit und der Bereitschaft zum Verzicht verdankt hätte.
Keiner, der im wörtlichen Sinne Rebell gewesen wäre. Keiner von ihnen ist auf die Barrikaden geklettert und hat das Zeichen für die übrigen Gewehre gegeben. Es waren alle sozusagen Schreibtischtäter, um es respektvoll zu sagen: Männer, die durch Argumente überzeugen wollten, nicht durch Kanonen. Heimliche Rebellen also sozusagen, wobei das Prädikat seinen doppelten Grund hat. Die Heimlichkeit ihres Tuns erklärt sich nicht nur aus der Versterktheit ihrer Aktionen, die erst über die Kanäle des intellektuellen, publizistischen, künstlerisch-poetischen Wirkens an die Öffentlichkeit gelangten, sondern auch aus der vergleichsweise späten Resonanz. Die überwiegende Mehrzahl hat sich mit der Vokabel »Verkannt« begnügen müssen; ihre Heimlichkeit ist erst nach zwei, drei Generationen gelüftet worden. Und natürlich ist diese »Heimlichkeit« auch eine spezifisch schwäbische Sache. Hermann Kurz hat in einem an abgelegener Stelle erschienenen, wahrscheinlich schon bei der Veröffentli-

chung vergessenen Essay über »Die Schwaben«, dem besten dieser Spezies, was wir aus dem 19. Jahrhundert haben, permanent auf die »Heimlichkeit« als den Grundzug der schwäbischen Art verwiesen: wir machen es nicht in Pose und Aufgebrachtheit, sondern lieben die Zurückgezogenheit, das Heimliche auch im Sinne des »Heimeligen«.

Natürlich kann man sich streiten, ob die Galerie dieser 20 Männer die richtige ist. Es fehlen viele, das zeigt schon ein erster Blick, von Jörg Ratgeb, der dunkel-aufsässigen Künstlernatur des Bauernkriegs, über Kepler und Weckhrlin, Wieland und Uhland, C. H. Schnauffer, Gustav Werner oder Th. Mögling bis zu den Männern unseres Jahrhunderts, Christoph Schrempf oder Edwin Hoernle, Wilhelm Groener oder Erich Schairer. Keine Frage, daß eine zweite oder dritte Reihe rasch beieinander wäre.

Wichtiger ist eher, ob die hier gebotene Phalanx gerade in ihrem Auswahlcharakter als repräsentativ und mithin als typisch gelten kann. Wir sind heute, wenn es überhaupt wissenschaftlich verläßliche Indikatoren für stammespsychologische Charakteristika gibt, in diesen Dingen nicht mehr so gläubig und hoffnungsfroh wie am Ende der zwanziger Jahre, als die große bildungsbürgerlich-industriefeindliche Reaktion sich nostalgisch auf den »Wurzelgrund« des Heimatlich-Stammlichen verwiesen sah. Immerhin aber fällt auf, welch wesentliche Rolle für alle diese Männer, von Hegel bis Hesse, die altwürttembergische Bildungstradition Seminar und Stift oder der pietistische Frömmigkeitscharakter des Landes gespielt haben. Die Reihe dieser zwanzig ist nicht kunstvoll zusammengesucht worden. Und doch stellt man hinterher fest, daß sie untereinander in bemerkenswerter Homogenität verbunden ist, daß Moser immer wieder auf die Vorbildlichkeit Andreaes zu sprechen kommt, daß Schiller von Schubart profitiert und umgekehrt, daß Johann Jacob Moser im Blaubeurer-Tübinger Tagebuch der Geniepromotion eines Zimmermann, Strauß und Vischer die Funktion eines väterlichen Gewährsmanns erhielt, daß Strauß Schubart entdeckt und Her-

wegh Kurz, daß Motteler auf Zimmermann zurückgreift und Hesse auf die pietistischen Erzväter nach Andreae und so fort: Tendenzen, die auf eine Geschlossenheit hinweisen.
Wollten wir uns vor derlei Deutungen hüten wie vor Spekulationen: nicht zu leugnen ist, daß die hier in diesem Buch Vertretenen *auch* Schwabenköpfe sind. Sie haben im gleichen Augenblick, in dem Heine mit seinem »Schwabenspiegel« den Spott über die »Veigelespoesie« der Schwäbischen Schule und überhaupt die allerliebst-dümmlichen schwäbischen Poeten ausgeleert hat, die soziale Frage registriert und die soziale Situation ihrer (schwäbischen und schon nicht mehr schwäbischen) Gegenwart analysiert und also genau das Lügen gestraft, was Heine (übrigens wider besseres Wissen) hier nur sehen wollte: ein Dichterland von Wolkenkuckucksheimern.
Heines »Schwabenspiegel« ist sprichwörtlich geworden. Mit ihm die Rede vom Schwaben, der niemandem was zuleide tut, der sich, gutmütig, wie er ist, langsam und kunstlos, wie seine Sprache wirkt, aufs Versöhnen der Gegensätze verlegt. Daß dies eine Legende ist, beweisen die folgenden Viten aus sich heraus, nicht weil wir einer gewagten Stammesthese zuliebe gefälscht hätten. Sie beweisen die Richtigkeit jener tiefen Einsicht Hermann Kurzens: »Es liegt in unserem Charakter, daß wir nicht leicht Dinge und Personen trennen; daher jene Schroffheit in politischen Fragen; denn wer das ganze Gewicht seiner Persönlichkeit daran hängt, für den gibt es keine Ausgleichung, keine Versöhnung.«

Johann Valentin Andreae

Besser an der Schwelle stehen
im Hause meines Gottes,
als wohnen in den Zelten des Frevels.

J. V. Andreae, Beschreibung des Staates Christianopolis, Straßburg 1619

Der böse Blick sei das, meinte einer, halb belustigt, halb betroffen, als ich ihm das späteste der erhaltenen Konterfeis von Andreae zeigte. Kein freundliches Gesicht, jedenfalls nirgendwo Wärme, nirgendwo Güte. Das letzte Bild, das wir von ihm haben, präsentiert den alten Andreae als Prälaten. Melchior Kussel zeigt pechschwarze, stechende, zielende Augen, einen charaktervollen Kopf, gewiß, aber nichts von barocker Pompositāt, nichts von jenem genießerischen Duktus, der sich damals durch die Porträtgalerie der deutschen, dem Adel nachfolgenden Patrizierschaft zieht. Das Gesicht ist noch skeptischer geworden, die hochgezogene Augenbraue spricht dafür. Bei aller Dignität, die diesem Kopf zukommt, sucht man den Menschen, die Brücke zu ihm, die Nähe, die Ruhe: ein Gesicht, von dessen hagerem Leib man annehmen möchte, daß er fortwährend auf dem Sprung sei. Natürlich bliebe es ein Wagnis, Andreae als den ersten modernen Menschen in der schwäbischen Geisteslandschaft zu bezeichnen. Sein literarisches Werk ist immer noch unbekannt, indes sein »Turbo« sich mit Recht zu den wichtigsten Vorläufern des Goetheschen Faust zählen darf und sein »Menippus«, das sind hundert satirische Dialoge, seine Mythologiae christianae, christliche Märchen, oder seine vielen hundert Briefe allein an den Herzog Rudolf von Braunschweig-Wolfenbüttel weder Übersetzer noch Erklärer gefunden haben. Sein Latein – Andreae hat sich fast ausschließlich des Lateinischen in seiner Publizistik bedient – ist schwer, es konnte ihn nie mehr aus der nobilitas literaria seiner Zeit herauslocken.

Und doch sieht man bei ihm zum erstenmal so recht in die vielerlei großen und kleinen Falten einer Persönlichkeit. Seine Vita, die er verfaßt hat, hat einen Hauch von Authentizität. Was vorher noch stilisierend-formalistischen Umrissen verhaftet blieb und Männer wie Niklas von Wyle oder Reuchlin, Sebastian Franck oder Johannes Brenz zu zweifellos farbigen, aber doch schwerlich ganz sich öffnenden Gestalten macht, ist bei Andreae ganz zum Durchbruch gekommen: der emanzipatorische Rückgriff der Renaissance auf die individuelle Sonderheit. In Andreae ist er zum erstenmal in dieser Kulturlandschaft am Neckar sichtbar und greifbar geworden.

Man hat einen Menschen vor sich. Andreae schreibt im Gegensatz zu seinen Vorläufern eine Selbstbiographie, er reflektiert über sein Curriculum vitae nicht erst als alter Mann, er ist verliebt in sein Leben, und er liegt im Hader mit ihm. Das Leben sei ihm nicht »in geradem Bett« dahingeflossen, gesteht er in der Vorrede zu dieser 1642 erschienenen Vita. Er empfindet sich als einen »wenig begabten« Mann, »den Armut aus seinem Haus trieb, den fremde Gunst ausnahm, den das Unglück umherschleuderte, den die Stütze der Wissenschaft erhielt, den Verleumdung niederdrückte, den Freundschaft unterstützte, der Heuchelei verachtete, den Aufrichtigkeit beseelte, den Arbeit übte, den Kenntnis seiner selbst in Schranken hielt«. Die Humanisten-Empfehlung des Nosce te ipsum ist bei Andreae Wirklichkeit geworden. Er kennt sich.

Und er verrät sich. Beispielsweise darin, daß er, der sich in Kussels Kupferstich in römischer gravitas als »Vir dei« gibt, unter der Devise »Deo confisus – Nunquam confusus« die Eitelkeit

nicht einmal im Alter hat von sich halten können. Wenn ihm ein Theologe wie Johann Gerhard, er hält ihn für den ersten seiner Zeit, ein Buch dediziert, bringt er die Widmung in der Lebensbeschreibung mit Punkt und Komma, und wenn ihn die fruchtbringende Gesellschaft am 6. November 1646 unter dem seltsam rüden Kognomen »Der Mürbe« zu einem der Ihren macht, vergißt er diese Ehrung auf keinen Fall.
Keiner von den schwäbischen Landpfarrern, wie sie biedermeierliche oder gründerzeitliche Federn gerne gezeichnet, keine von den liebenswürdig-arglosen Sonntagswesten. Andreae ist Pragmatiker. In den »Threni Calvenses«, einem seiner Berichte über das Schicksal Calws, nennt er die Zahl der zu Tode Gekommenen, nicht ohne die Beerdigungskosten anzufügen. Mit Wilhelm Schickard, der gleich ihm in Herrenberg geboren ist, Theologe von Hause aus, der Württemberg vermessen und die erste Rechenmaschine gebaut hat, wechselt er Briefe (»Ich schicke dir deinen ›Kopernikus‹ zurück«). Seine geheime Leidenschaft gilt den Naturwissenschaften, der wirklichen und echten »Chymie«, der Mathematik, von »mechanischen Arbeiten« und »mathematischen Werkzeugen« spricht er in seiner Vita immer wieder.
Kann ein sensitiver, ein hyperwacher, ein nervöser Kopf in diesen jammerbaren, bodenlos gewordenen Jahrzehnten des frühen 17. Jahrhunderts auf einer Insel der Seligen sein? Andreae ist ein Kämpfer, und er muß einer sein, »ob es nun mehr Verdruß oder Freude macht«. Mag sein, daß er sich durch manches freimütige Bekenntnis Feinde geschaffen hat. Die »Freiheit meines Geistes, meiner Zunge und meines Urteils«, das räumt er ein, hätten wohl manchen beleidigt. Aber so viele Feinde, so viele permanente und penetrante kann man gar nicht haben, wie sie der Herr Hofprediger und Konsistorialrat und General-Superintendent Andreae gehabt hat. Um ihn herum: nichts als Feinde, Neider, Intriganten. Eine fixe Idee? Wiewohl die Beamten Calws nach der großen Zerstörung von 1634 eine »Herberger« erhalten, wird sie »allein ihm« versagt. Die Jahre in Calw, wo Andreae von 1620 bis 1638,

also in der Zeit des Dreißigjährigen Krieges als Superintendent wirkt, bringen beides in gleichem Maß, das Glück der seelsorgerlichen Arbeit und die immer wieder neuen Duelle, offene und versteckte, mit den wirklichen und den imaginären Dunkelmännern. Als er 1638 nach Stuttgart kommt, in die »Verbannung«, wie er sagt, werden die Duelle zu mühsam kaschierten Dauergefechten, zumal der Hof für den Hofprediger angeblich nur Raum für Ranküne bereithält. In seine Stuttgarter Berufung mengen sich »von Tübingen her Verleumdungen dazwischen«. Noch um die letzten Funktionen und Stationen rankt sich ein Knäuel übler, böswilliger Drahtzieherei, abgesehen davon, daß der angegriffen-angreifende Gottesmann sich als Publizist noch mit dem »eklen Leser« herumschlagen muß.

Als fünfzehnjähriger Bub brachte er gelegentlich einer Reise nach Tübingen die Beine zwischen das Rad des Reisewagens; nur weil ein unvermuteter Stein den Wagen zum Halten brachte, blieb das Schlimmste aus. »Aber die Merkmale der Verdrehung werde ich mein ganzes Leben behalten.« Ist diese – wie immer ausgefallene – körperliche Mißgestalt ein Stigma dieses Lebens? Hinter aller »Verdrehung« im wörtlichen und übertragenen, wesentlich von Andreae selbst verschuldeten Sinne steht eine zweifellos starke Persönlichkeit; im politischen, das heißt für damalige Zeiten im landespolitischen, blieb ihr die Resonanz nicht versagt. Es sei entschieden, meint die Vita ungeniert, »daß die vornehmsten Häuser Deutschlands durch die Unklugheit der Ratgeber und die lästige Zudringlichkeit der Hilfe zugrunde gingen«. Die Religion habe »keine schädlicheren Feinde« gehabt, »als die meisten Vorsteher der Staaten«. Vielleicht hat diese Frontstellung gegen die gottlosen Regierer den Kirchenmann Johann Gottfried Herder später dazu inspiriert, Andreae auch für die Weimarer Gegenwart zu reklamieren. Er gehöre so sehr seiner Zeit, »daß ich in Vielem, Vielem ihr jetzt einen Andreae wünschte«.

Andreae ist ein Mann von Vermögen. Durch Erbschaft oder Dedikationen großer Herren hat er echte Dürer, Cranach und Holbein zu Hause, im bildungs- und musenfeindlichen Terrain Alt-Württembergs nicht gerade eine Selbstverständlichkeit, auch Musikinstrumente, Holzschnitte, mathematische Instrumente, Skulpturen. Während der Calwer Katastrophe zählt er sein Vermögen einmal auf 4000 Gulden, einmal, nachdem der Sturm vorüber, auf 7000, auf alle Fälle nicht die Kategorien des kleinen Mannes. Was ritterliche Erziehung, was die Nomenklaturen des honnête homme bedeuten, ist ihm geläufig. Auf keinem seiner Porträts fehlen die Wappen der eigenen und der angeheirateten Familie. Das letzte, große Konterfei bietet so etwas wie eine adlige Ahnenprobe; in der Wappenreihe, die ihn einrahmt, finden sich die ersten der württembergischen Ehrbarkeit, die Hiller und Rösslin, die Palm und Kurrer, die Moser und Effern. Ob es bei den erbitterten und gehässigen Zwisten mit dem Calwer Vogt immer nur um Sittenreinheit, und nicht auch um latente Standesquerelen ging? Den »Übermut neuemporgekommener Menschen«, so einer der letzten, testamentarisch gewichteten Sätze seiner Vita, kann er nur mühsam dulden. Die Calwer Misere quält ihn dort am meisten, wo »die Hefe von Leuten« nach der Zerstörung »ihrer Herrn und Patrone spottet« und wo »der Arme plötzlich über den Reichen herrscht«.

Andreae ist für den neckar-schwäbischen Kulturbereich der Entdecker der Gesellschaft, der soziologischen Bedingtheiten und Wirkungen. Vielleicht ist er der erste, der einen verborgen anti-gesellschaftlichen Affekt mit sich herumträgt: das Alleinsein, das Meditierendürfen ist die nie erfüllte Sehnsucht seines Daseins. Gerade die in ihm angelegte Auseinandersetzung mit dem Nächsten, mit dem Kollegen, mit dem »Bruder«, mit dem Nachbarn, mit dem Christen schärft sein Gespür für die Spielregeln innerhalb der Gesellschaft, für den Aufstieg und den Fall des einzelnen innerhalb der Ligaturen, für das Veränderbare und Veränderungswürdige in der Gesellschaftsstruktur: die »Christianopolis« ist der sichtbarste, prominenteste Ausdruck dafür.

Andreae ist Prediger und Verkünder und Seelsorger. Aber er entledigt sich dieser – herkömmlichen – Aufgaben zuerst und zuletzt durch einen – in seiner Dimension neuartigen und erstmaligen – Angriff auf die gesellschaftliche Situation. Das geschieht, grob gesagt, auf eine ebenso einleuchtende wie einfache Art: die Kinder Gottes haben sich zur Führungsgruppe, zur geistlichen Elite zusammenzutun, und zu schämen haben sich alle diejenigen, »die innerhalb einer großen Gesellschaft müßig sind«. Die Aufsteiger erfreuen sich des Segens Gottes. Der »Bodensatz der Gesellschaft«, wie es in der »Christianopolis« einmal heißt, ist abscheulicher als das Zeichen der Sünde.

Wir haben mit diesen grundsätzlichen Markierungen dem Leben des Mannes vorausgegriffen. »Ich, Johann Valentin Andreae, bin zu Herrenberg im Württembergischen den 17. August 1586 morgens zwischen sechs und sieben Uhr geboren worden. Meine Eltern waren Johann, Pfarrer der Stadtkirche und Superintendent der benachbarten Kirchen, ein Sohn Jakobs des Theologen, Enkel Jakobs, Urenkel Stephans; und Maria Moserin, eine Tochter Valentins, ehemaligen Vogts daselbst. Noch am nämlichen Tag wurde ich im Pfarrhaus von dem Diakon, Matthias Hafenreffer, getauft.«

Was Andreae da sagt, ist das Alltäglichste von der Welt, im Schwäbischen zumal. Wer den lateinischen Originaltext dieser Lebensbeschreibung zur Hand hätte, würde freilich an antike Vorbilder erinnert. Man liest diese Seiten wie einen steinernen, augusteischen Tatenbericht. Alles, was an Gefühl, an Freude, an Schmerz dahintersteht, hat das Faktum zur disziplinierten Würde erstarren lassen. Kein Wunder, daß Gottfried Keller in seinem Novellenzyklus »Das Sinngedicht« einmal vor einer Büchersammlung von Lebensbeschreibungen berühmter Männer haltmacht, dort neben Rousseau und Goethe und Dante auch unseren Andreae entdeckt und meint, der habe schließlich »ein nur in Latein würdig zu beschreibendes Dasein« gewonnen.

Aber wir sollten hinter die Kulisse sehen. Er sei eines »von den

1 Johann Valentin Andreae als Prälat. Kupferstich von Melchior Kussel, nach 1654. Im Wappenkranz links die Ahnen Andreaes, rechts seine Frau Agnes Elisabeth Grüninger

2 Johann Jacob Moser als Achtziger. Pastell von J. C. Schlotterbeck um 1780

schwachen Geschöpfen«, meint Andreae, er will das für seine Kindheit weniger im moralischen als höchst wörtlichen Sinne verstanden wissen. Er sei als kleiner Bub sehr kränklich gewesen, »so daß ich erst als ein Knabe von zwei Jahren mich auf die Füße erheben konnte, und diese schwächliche Leibesbeschaffenheit fühlte ich durch mein ganzes Leben«. Ob es ganz so schlimm damit stand, ist schwer nachzuprüfen. Immerhin gesteht Andreae an anderer Stelle, daß er als Junge einmal in der Scheune eines Bürgers auf einem Heuhaufen eingeschlafen sei. Da »fuhr ein vierspänniger Wagen über mich weg, doch ohne Schaden, und die Macht Gottes erhielt mich unverletzt«.

Er spürt den Fingerzeig von oben. Wir ergänzen, daß dieser Sprößling, so scheint es, »von Familie« ist. Er verliert seinen Vater mit fünfzehn Jahren. Aber der war mit dem Herrn des württembergischen Landes, mit dem Herzog, freundschaftlich verbunden; beide waren sie in das Modeabenteuer der Zeit, in die »Alchimie« vernarrt. Es war herzogliche Gunst mit im Spiel, als die Mutter, die Witwe, 1601 zur Leiterin der Stuttgarter Hofapotheke berufen wurde. Der Sohn Johann Valentin hat sie eine »virago«, ein »Mannweib« genannt, womit er nichts Abschätziges sagen wollte. Sie muß in der Tat eine Frau von männlichem Zuschnitt gewesen sein, resolut und ohne irgendwelche Anzeichen pastellfarbener Empfindsamkeit. Man kann sich lebhaft ausmalen, wie sie den Herren und dem Gelichter des Stuttgarter Hofes für ihre sagbaren und unsagbaren Krankheiten die Kügelchen und die Salben verabreicht hat. Als in der »Christianopolis« in einem Kapitel über »Die Frauen« nachzudenken ist, lüftet der Sohn für einen Augenblick den Vorhang der Vision und denkt, treuherzig und irdisch, an »meine eigene Mutter«: Vorbild und Maßstab.

Der junge Johann Valentin, eben das Knabenalter verlassen, hätte die wärmende, gütige Hand der Mutter damals mehr gebraucht. Nicht sie bringt ihn an die Landesuniversität Tübingen, sondern Freunde und nächste Verwandte der großen Familie: sie

gehören allesamt dem, wirtschaftlich und politisch Platz haltenden, altwürttembergischen Großbürgertum, der »Ehrbarkeit« an. 1601, noch nicht einmal sechzehn, geht er also nach Tübingen. Daß sich da ein hochbegabter junger Mann immatrikulieren ließ, haben die Professoren gewiß bald entdeckt. Aber es war auch einer, der leidenschaftliche intellektuelle Willenskraft besaß. Latein, der Mutterboden der altwürttembergischen Hauskultur bis weit ins 19. Jahrhundert hinein, genügt ihm nicht. Er lernt Italienisch und Französisch, zuerst daheim im Übersetzen, dann im Ausland selbst. Andreae kennt die in Landesherrschaften aufgeteilte Konfessionsatmosphäre der reformatorischen Zeit, diese als Territorialchristentum sich gebärdende Ambivalenz nicht mehr, und die geistige, säkularisierte und humanisierte Einheit Europas eines Leibniz oder Voltaire, die hernach irgendwann einmal zur scheinbaren Selbstverständlichkeit vom christlichen Abendland gerinnen sollte, noch nicht. Er bringt die Ungeniertheit, ursprünglich auch: die eigenmächtige Körperlichkeit und Sinnlichkeit der späten Renaissance mit sich, mitten in diesen württembergischen Kulturraum hinein, der, kaum etabliert, im Grau der Schulstuben, in der Rechthaberei der nachlutherischen Orthodoxie, in den selbstbeschäftigenden Querelen zwischen dem Herzog und seinen Ständen zu verdorren beginnt. Andreae bringt »Welt« in diesen sich hermetisch abschließenden württembergischen Staat, wie das Kepler, angeblich mit Andreae in Freundschaft verbunden, auf seine Weise besorgt.
Für den Studenten Andreae ist die Bildungsreise, die eben aufkommende, noch ganz der Ausfluß eigener Aktivität. Es genügt ihm nicht mehr, nur aus Büchern zu studieren. Er will »Welt« sehen und erleben und verarbeiten. Wo er sich an die Bücher halten muß, nimmt er jene schicksalhafte Zäsur vorweg, die dann gemeinhin bei uns die Aufklärung besorgt hat: Humanismus wird durch Realismus abgelöst, unverbindlich gewordene Wortkultur durch exakte, nach Folgerungen und Konsequenzen drängende Analyse. Andreae hat die philologischen Kommentare seiner

Herren Amtsbrüder nie sonderlich geliebt, sondern immer geliebäugelt mit Mathematik und Mechanik, mit Chemie und Astronomie. Es paßt in dieses Bildungsideal, daß das Akustische (die Musik) und das Optische (das Bild) das Bücherwelt-Denken aus seiner abstrakten Isoliertheit herauslösen.
Andreae geht es um die Wirklichkeit. Das kann sich in den studentischen und nachstudentischen Lebensjahren in kleinsten, alltäglichsten Arabesken äußern, so, wenn er in Italien vor seinen Kommilitonen »das Rad schlägt« oder an einem hölzernen Pferde zu turnen lernt, was er den jungen Leuten später zu Hause auch beibringen wird. Dem ersten Herausgeber von Andreaes Selbstbiographie, dem Tübinger Professor David Christoph Seybold, kommt das zwei Jahrhunderte hernach noch so merkwürdig vor, daß er bei diesem Selbstgeständnis Andreaes eine erklärend-entschuldigende Fußnote für angebracht hält.
Für damalige Maßstäbe hatte Andreaes Studien- und Ausbildungsgang also etwas, was vom Herkömmlichen abwich. Er ist keiner von denen, die irgendwo in einem schwäbischen Pfarrhaus das Licht der Welt erblicken, im Tübinger Stift das Soll ihrer Jahre erfüllen, um dann irgendwo in einem schwäbischen Pfarrhaus das Ende ihres Lebens zu verbringen. Er gehört nicht einmal zu denen, die nach brav erledigtem Studium noch, wie Mörike das seufzend nannte, in »Vikariatsknechtschaft« gehen und erst hernach ausbrechen, wie Hegel und Schelling, wie Strauß und Friedrich Theodor Vischer und Hermann Kurz. Andreae scheitert noch im ersten Anlauf seiner Tübinger Zeit. Er gehört damals zu einer Gruppe junger Adelsleute, Repräsentanten einer Klasse also, welche die Landesherrschaft stellt oder stützt. Er gerät in einen Zirkel, der es toll getrieben haben muß, der sich das nötige Frauenvolk einfach bestellte und kaufte, Gulden hatte man offensichtlich. Noch als alter Mann erzählt er mit ein paar andeutenden Sätzen davon, in Abscheu vor sich selber, von den Frauenspersonen, den »veneres«. Seybold hat das, liebenswürdig und arglos, wie Tübinger Professoren sein können, mit »Buhl-

schaften« übersetzt. Der Skandal ist aufgedeckt worden. Andreae, gerade zum Magister der Theologie promoviert und mit ersten schriftstellerischen Versuchen hervorgetreten, wird das weitere Theologiestudium verboten.

Es ist kein Zweifel, daß dieser Vorfall – neuere Forschungen haben ein bißchen Licht in das Dunkel gebracht und den Vorfall mit der Hochzeit des Universitätskanzlers Ensslin in Verbindung gebracht, dessen junger und mit in die Affäre verwickelter Ehefrau wahrscheinlich Andreae selbst ein einschlägiges Pasquill gewidmet hat – einem psychischen Schock für den vaterlosen Andreae gleichkam und elementare Rückwirkungen auf sein ganzes Leben hatte. Wenn er im Jugendkapitel seiner Vita sagte, er müsse, »solange ich lebe«, dagegen arbeiten, »daß wir diesem feurigen Pfeil des Satans und seiner Spießgesellen ausweichen«, dann hat dieser Kampf – zeitweise war es ein Windmühlenkampf – hier seinen Ursprung.

In der weltlichen, diesseitigen Präsenz sieht Andreae späterhin »Leben« immer als etwas in Unordnung Geratenes, als etwas dem Chaos Ausgeliefertes. Das Unbegrenzte, das Unbehauste, das Unsaubere dieser ersten großen Lebenserfahrung bleibt bestimmend für die ganze Vita dieses Mannes.

Im »Turbo« hat er sich Rechenschaft über dieses Erlebnis und über diese Grundeinstellung gegeben. Das Buch ist 1611, fünf Jahre nach der ersten Tübinger Zeit entstanden, als Andreae seine Hofmeisterstellen und seine Reisen nach Straßburg und Frankfurt, nach Genf und Lyon und Paris hinter sich hatte. Und es ist, unter einem Pseudonym, kaum vier Jahre vor seiner Ernennung zum Calwer Superintendenten erschienen: ein Zeichen, wie wenig hier von einem kleinen Betriebsunfall die Rede sein darf und wie sehr allein von dieser Werksgeschichte her vom Turbo als dem »Faust des 17. Jahrhunderts« die Rede sein darf.

Der »Turbo« meint die fünf Lebensstadien eines »irrenden Ritters«, der die Wahrheit sucht. Von den dialektischen Haarspaltereien der Schule, die immer im gleichen Kreise bleiben, während es doch »auf der Erde so vieles zu erforschen gibt und so vieles, was man sich dienstbar machen kann«, greift Turbo hinüber zur Rhetorik. Aber auch die enttäuscht, auch das höfische Leben in Paris, auch der große Verführungsgarten der Liebe, schließlich auch die Alchimie, die »den Busen der Natur erschließen« soll, um Ehre und Macht zu geben.

Damit ist Turbo reif zur Selbstvernichtung. Der Seitenblick zum Goetheschen, zum säkularisierten Faust führt angesichts des letzten, des fünften Aktes in eine andere Fährte: Andreaes »Faust« wird im Chor der Tugenden der Weg zu Christus gewiesen. Turbos Ausweg aus der Verzweiflung ist die Ergebung dessen, der nicht nur Theologie studiert hat, sondern auch, mit Heißhunger, alles, was ihm an naturwissenschaftlichem Glauben und Aberglauben geboten war: die Umkehr von der vermeintlichen Wissenschaftserlösung in den Glauben. Erst in der Einfalt des Glaubens erhält die Betrachtung der Einzeldinge ihren vollen Sinn, weil, mit Luther zu reden, »nichts Gegenwärtigeres noch Innerlicheres sein kann in allen Kreaturen, denn Gott selbst mit seiner Gewalt«.

Andreae ist nicht Christ und nicht Theologe geworden, weil für ihn und seinesgleichen anderes nicht in Frage kam: er erarbeitet sich die Erkenntnis Gottes in der Welt in zähem, in intellektuellem Alleingang. Er wird Christ durch den Umweg über das Wissen. Das ist der eine Erfolg dieses Jugenderlebnisses. Der andere liegt auf der Kehrseite dieser Medaille: Was er an Unzucht und Sünde, als »veneres« umarmt hatte und, durch obrigkeitlichen Eingriff entdeckt, lassen mußte, wird ihm zum Trauma für sein Leben. Andreaes sittlicher Rigorismus, dieses seltsame Gegenstück zu dem ursprünglich so weltläufig-sinnlich angelegten Menschen der späten Renaissance und des frühen Barock, hat hier ihren Ursprung. Er eifert fortan immer gegen jene, die »in der Wollust leben«. Er hat in Calw, in diesem in Arbeit und noch einmal in Arbeit verstrickten Städtlein von kaum 4000 Leuten, immer das leibhaftige Sündenbabel gewittert, er hat hernach als

Stuttgarter Hofprediger und Konsistorialrat in dieser Stadt den »Sitz des Übels« gesehen. Einer seiner ersten Erlässe, die er in Stuttgart durchsetzen kann: das Verbot der Gotteslästerung und »der Ausschweifungen in Wollüsten«.
Sind hier unkompensierte Verdrängungen mit im Spiel? Andreae als Archetypus dieser schwäbisch-pietistischen Religiosität, die in der »Unsittlichkeit« ihren Erzfeind sieht und einen total unsinnlichen Kulturboden umbricht? Er hat in seinen breiten Lebenserinnerungen seine Frau und Lebensgefährtin an einer einzigen Stelle genannt, dort, wo man schließlich nicht gut darauf verzichten kann, am Hochzeitstag. Knapp fügt er an, alle Lebensjahre später hätten »eine stets zufriedene Ehe« ergeben. Ist bei Andreae, nachdem ihm einmal beim Liebesspiel auf die Finger geklopft wurde, so etwas wie eine fixe Idee übriggeblieben, die dann wiederkehrt in den von ihm eingeführten Kirchenkonventen, jenem Versuch, die scharfe Sittenzucht Genfs in Württemberg einzuführen und durch gemeinschaftliche Tätigkeit des weltlichen und geistlichen Amtes die Volkssittlichkeit zu heben?
Sein Konnex mit der Männergesellschaft hat ihn, den Halbwaisen, zeitlebens beschäftigt. Wie der Stiftler Mörike noch zwei Jahrhunderte später – er hat den Vater fast im gleichen Alter verloren wie Andreae – seine Ersatzheimat im geheimnisvoll erschlossenen Eiland Orplid sucht, wie Stiftlergenerationen zuvor und danach ihren Ersatz im Ausschluß von der Mutter Welt in ebenso albernen wie mysteriös-gefährlichen Geheimbünden suchten, so entfesselt der noch junge Andreae in einer haltlosen, verwirrten Zeit eine ungeheure Bewegung, indem er von einer angeblich geheimen Bruderschaft der »Rosenkreutzer« erzählt. Manchmal fühlt man sich, wie übrigens auch in der Tragikomödie des »Turbo«, an eine muntere Kneipzeitung, an die sublimste, geistvollste Form von Studentenblödelei erinnert. Alles fällt da übereinander, der legendäre, spätmittelalterliche Christian Rosenkreutz, den Andreae aus seinem Familienwappen, dem Andreaskreuz mit den vier Rosen dazwischen, herausgezaubert

hat, die Pansophie, die geheimen Wissenschaften, die antiken Mysterien, die mittelalterliche Hochzeitsmystik, die Vereinigung der Seele mit Gott, die neue Ritterschaft.

Was ernst ist und was Laune, läßt sich ebensoschwer scheiden wie die Autorschaft der vier Rosenkreutzer-Bücher, von denen zwei Andreae sicher verfaßt hat. Wir kümmern uns darum nicht, auch nicht um die erstaunliche Nachfolge der von Andreae gestifteten Rosenkreutzer-Bruderschaft, die im späten 18. Jahrhundert als alchimistischer Geheimbund wieder auflebte, die Freimaurer und den Preußischen Hof ergriffen hat, in der Anthroposophie unseres Jahrhunderts wieder zum Vorschein gekommen ist oder in den Vereinigten Staaten eine heute große, organisierte Rosenkreutzer-Bewegung hervorgerufen hat.

Entscheidend ist vielmehr, daß der bündisch-genossenschaftliche Gedanke, wenn auch in klaren Entwicklungsstufen, das ganze Leben und Denken Andreaes mitbestimmt und ihn zu einem unablässigen Motor von Aktionsgruppen und Gemeinschaften gemacht hat. Auch hier ist er Anreger der pietistischen Praxis. In immer neuen Variationen versucht er klar zu machen, daß der Christ durch den Widerstand der Welt auf die Gemeinschaft verwiesen ist, in der die – scheinbar törichte, lächerliche, paradoxe – Lehre Christi gilt. Diese Gemeinschaft wird nicht nur durch Christus gestiftet, sondern auch durch die Gemeinsamkeit der Sehnsucht nach dem Frieden auf Erden. Und sie wird befestigt durch die wechselseitige Unterstützung der Freunde. Liebesgesinnung kann nur innerhalb der weltanschaulichen Genossenschaft der Bruderschaft verwirklicht werden. Schönster, lebendigster Ausfluß dieser Grundhaltung Andreaes ist die Calwer »Christliche Gesellschaft«, das »Färberstift«, das bis zum Ersten Weltkrieg, wie man weiß, bei vielen öffentlichen Aufgaben wesentlich mitgewirkt hat.

So recht sind diese Inspirationen zur christlichen Genossenschaftsbildung und -praxis nur vor dem Hintergrund dieser früheren Gemeinschaftserlebnisse des Herrenberger Pfaffensohns

mit Männern oder Söhnen des Adels zu verstehen. Andreae sieht im Kern dieser Gruppen eine Elite wirksam, zu der er sich ungeniert bekennt. Was die Elite, die Schar der »Gottessöhne«, der schöpferischen Geister auszeichnet, ist ihre Haltung, ihr Tun. Wo der württembergisch-schwäbische Humanismus neben Andreae sich mit dem verklausulierten Kommentar oder mit dem Räsonnement begnügt, setzt Andreae die Tat. Die Reform des eigenen Lebens wird durch den Glauben möglich. Aber Gott fordert auch die Mitwirkung des Christen an der Verwandlung der Welt. Die Veränderung geschieht nicht durch staatliche Verordnungen und nicht durch Revolution. Sondern nur dadurch, daß die Menschen aus ihrer Selbstzufriedenheit herausgeholt werden: »Melius habemus solliciti quam securi« (Wir sind besser, wenn wir beunruhigt sind, als wenn wir selbstzufrieden sind).
Der schärfste Stachel für dieses Leben ist die Spannung, die der eigenen, soziologisch und ständisch unausgegorenen Abkunft erwachsen ist. Der Großvater Andreaes, den er im Geburtsbericht nur »Jakob, den Theologen« nennt, war der berühmte »württembergische Luther, der Schöpfer der Konkordienformel, ein Mann von deutschem, von europäischem Format. Aber dieser württembergische Reformator und Universitätskanzler Jakob Andreae verstand nicht nur, die lutherischen Theologen wieder zu einigen, sondern auch seine 18 Kinder unter die Honoratiorengeschlechter Württembergs zu verheiraten. Andreae hat 1644 sein Geschlechtsregister veröffentlicht; Elite zeigt sich auch einmal, wenn es nottut. Wer aber das Büchlein aufschlägt, stößt auf die Soldatenanekdote vom Großvater, auf die göttliche Berufung des Schmiedesohnes Jakob Endris, der unter dem (latinisierten) Namen Andreae berühmt wurde. Der soziale Aufstieg aus der namenlosen Handwerkerschaft ist noch beim Enkel nicht vergessen. Das heißt: Andreae bleibt sich der Spannungen zwischen hoch und tief ebenso bewußt wie der zwischen arm und reich. Neben dem Selbstbewußtsein des von Kapital und Zinsen lebenden Akademikersohnes steht das Sozialengagement eines

Mannes, dem beides immer ein Ärgernis bleibt: die Sündhaftigkeit der Unsittlichen und die Angeberei der Reichen. Auch in seinen sozialen Engagements läßt er nicht los von der Trennung des Gesellschaftskörpers in Tüchtige und Müßiggänger. Keine Rede mehr von den mittelalterlich-katholischen Almosen und den Segnungen von Werkgerechtigkeit. Bei aller Not: schlimm ist es, wenn gerade die früher Begüterten jetzt zuschanden werden. Der einst in lockeren Adelskreisen sich bewegende Studiosus nimmt sich jetzt als Seelenhirte aller derer an, die »unter der Armut schmachten und beinahe verschmachten«. Bezeichnend, was ihn am Calwer Elend am meisten betroffen macht: »Du wirst kaum glauben, was ich sage, daß unter den Verhungerten und Erfrorenen solche gewesen sind, die jährlich über 1000 Gulden Einkünfte gehabt haben. Ich sah die Waisen eines gewesenen Handelsmannes, denen eine Erbschaft von 15 000 Gulden zugefallen ist, auf den Gassen herumirren, die endlich kaum und erst auf obrigkeitlichen Spruch in die Häuser der Anverwandten eingelassen wurden.«
Wer die Elemente dieses Denkens und, das kann gar nicht genug betont werden, dieses Tuns zusammenhaben will, wird in der »Christianopolis« Andreaes die Quersumme sehen. Sein 1619, ein Jahr vor seinem Calwer Aufzug in Straßburg erschienenes Buch »Rei publicae christianopolitanae descriptio«, 1741 zu Esslingen in einer einzigen Übersetzung erschienen unter dem Titel »Reise nach der Insel Caphar Salama und Beschreibung der darauf gelegenen Republik Christiansburg«, markiert in mehrfacher Hinsicht eine Station in der neckarschwäbischen Literatur. Zu Ende des Werkes vermerkt Andreae einmal, er sei ein junger Mann (damals von 33 Jahren), er sei kein Historiker, man müsse ihm, dem Autor, das zugute halten. Schiere Untertreibung. Es ist sicherlich das kräftigste, disziplinierteste, wuchtigste unter allen seinen Büchern. Man hat sich einige Mühe gegeben, der literarischen Vorbilder dieser evangelischen Sozialutopie habhaft zu werden und ist natürlich auf Thomas Morus' Utopia, auf Tom-

maso Campanellas Civitas Solis und Francis Bacons New Atlantis zurückgegangen, so wie man aus den romanischen Schwarzwaldkirchen und denen Burgunds die Handschrift von Cluny oder Hirsau herausgelesen hat. Aber die Originalitätsfrage ist in der barocken Literatur von untergeordneter, von nichtssagender Bedeutung. Die Inspirationen des Lebens für dieses »merckwürdige« Buch sind mit Händen zu greifen. Andreae lebte nicht in der Bücherwelt. Er empfängt den Anreiz für das Verstehen, für die Wortauslegung, für die Predigt aus den Fragen und Ängsten seiner ureigenen Existenz. Hier ist er – noch – Renaissancemensch im schönsten Sinne: was er sieht und hört, wird in ihm weiterverarbeitet. In Genf hat er sich so begeistert an der »Sittenreinigkeit« dieses Gemeinwesens, daß er, wäre er nicht fester Lutheraner gewesen, für immer bei den Calvinisten geblieben wäre. »Außer der vollkommenen Form eines Freistaates«, meint er, »besitzt die Republik (Genf) eine besondere Zierde und Zuchtanstalt an dem Sittengericht, das wöchentlich die Sitten der Bürger, auch die kleinsten Ausschweifungen, untersucht: erstlich durch die Aufseher in den Stadtvierteln, dann durch die Ältesten, endlich durch den Senat selbst, wie es das Schreckliche der Sache oder die Herzenshärte und Halsstarrigkeit des Verbrechers notwendig machen.«
Die Christiansburg, Andreaes erträumte Musterstadt, sieht nicht viel anders aus. Aber es ist einem nicht mehr wohl bei dem Wort erträumen. Andreaes Christianopolis, immer wieder mit konkreten Dingen aufwartend, mit dem Herzog Christoph oder der Vorbildlichkeit der eigenen Mutter, mit den Liedern Luthers oder der Augsburgischen Konfession (womit eigentlich die Spielregeln der konventionellen Utopie durchbrochen sind), ist prall gefüllt mit Bezügen zur Wirklichkeit. Es sind keine Anspielungen mehr, sondern handfeste Stellungnahmen, wenn der Arkanhaltung des frühabsolutistischen Hofes eine genossenschaftlich getragene Res publica entgegengesetzt wird (»alles ist hier offen sichtbar«), wenn das absolutistische Regiment mit einem einzi-

gen Satz gestrichen wird (»Christus duldet keinen absolut herrschenden Sachwalter«), wenn der Herrscher »ohne Religion« ad absurdum geführt oder »dem Luxus und der Muße eines Hofes« das Existenzrecht aufgesagt wird, wenn der römische Papismus verurteilt oder die Todesstrafe nur als ein fragwürdiges Instrument geduldet wird.

Andreae gibt die Anweisungen, er beschreibt die Musterstadt auf der sozialen, der kulturellen, der städtebaulichen, der administrativen und natürlich: der religiösen Ebene. Das Bollwerk gegen die Anfechtungen der Frau Welt ist die Fraternitas, die Gemeinschaft der Gläubigen. Eine neue Form von Gesellschaft, weil die mittelalterlich-altständische schon in Auflösung begriffen ist, oder weil die Gesellschaft unter allen Umständen und im Namen Christi verändert werden muß? Die »Gemeinschaft der Gemüter und Gebete« bleibt die Zuflucht und die einzige Möglichkeit, das Gesetz auf Erden zu erfüllen. Fortan läßt Andreae nichts mehr aus, solcherlei Fraternitates zu gründen – Calw ist das beste Beispiel geworden – oder zu begünstigen.

Die »Gemeinschaft« der pietistischen Stundenleute, die »Zirkel« der Brüder und Schwestern sind die späteren und deutlichen Antworten auf Andreaes Predigen. Er hat dem schwäbischen Pietismus die wichtigste Grundlage gegeben, freilich nicht nur mit der Vorgabe dieser außergemeindlich-christlichen Gesellungsformen. Daß die Konzeption dieses Wohlfahrtsstaates den Christenblick in natürlicher Form auf das Eschaton richtet, muß der pietistischen Mentalität im besonderen entsprochen haben; Friedrich Christoph Oetingers »Die güldene Zeit« von 1759 oder Johann Jacob Friedrichs »Glaubens- und Hoffnungsblick des Volks Gottes« (1801) sind ebenso Zeugnisse dafür wie die von den schwäbischen Herrnhutern 1819 und 1823 gegründeten, im Grundriß der Christianopolis folgenden württembergischen Christenstädte Korntal und Wilhelmsdorf.

Andreae ist trotz dieser Nachfolge kein »Herr« geworden, sondern ein Mensch geblieben, was heißen mag, ein Wesen mit Widersprüchen. Keiner wäre bereit, aus ihm, der sich in seiner Vita wie ein Römer gibt, einen Heiligen zu machen. Die lateinische Gravitas, die Keller an ihm rühmt, kann die Anfälligkeiten und die Sensibilität dieses kleinen, schwachen Körpers kaum verdekken. Er ist nicht frei von Widersprüchen, zumal in seiner letzten, seiner Stuttgarter Zeit nicht, wo er sich, der Widersacher der Fürsten, auf höchst intime und persönliche Weise mit dem Landesfürsten arrangiert, wo er das eine Unrecht anprangert und das andere mit dem Mantel der christlichen Nächstenliebe verdeckt, wo er eidlich versichert, er habe »des Märleins der Rosenkreutzerei immer gelacht«, nur damit er, der Herr Hofprediger, auch zu den Rechtgläubigen paßte, wo er, wortkarg und altersstarr geworden, Neider und wieder neue Neider um sich sieht, wo er in seiner Vita die Bilanz seines Lebens zieht und von nichts als Arbeit zu berichten hat, wo er, zum wievielten Mal, die imaginäre Horde von Feinden auf sich zukommen sieht und doch lächelnd vermerkt, er habe zeitlebens keinen Prozeß zu führen gehabt. Wo er noch einmal alle seine persönlichen Gegner vor seinem geistigen Auge versammelt und in den Lebensbericht den Satz hineinkratzt: »Aber noch habe ich, den sie für ein bloßes Schattenspiel hielten, nicht alles vergessen.«

Und dann fällt schließlich doch alles in ein Schattenspiel zusammen. Nur das ist geblieben, die Kunde von einem, der zäh und ehrgeizig Christ sein wollte. Der besessen war von dem Ziel, sich, wie es in der Christianopolis einmal heißt, nie »der schändlichen Knechtschaft der Kreaturen zu unterwerfen«.

Johann Jacob Moser

Als ich in der Garderobbe so lang warten muste, bis man mich bey dem Herzog meldete, sagte ich, aus der Fülle meines Herzens, geschwind zu einem anwesenden Geheimen Secretario: »Unverzagt und ohne Grauen soll ein Christ, wo er ist, stets sich lassen schauen.« Dieses Wort breitete sich mit der Nachricht von meinem Arrest durch das ganze Land aus.

Lebens-Geschichte Johann Jacob Mosers Königlich-Dänischen Etats-Raths von ihm selbst beschrieben. Dritte Auflage. Frankfurt und Leipzig 1777

Über dem Hohentwiel, diesem Urzeitkoloß, liegt herbstlichmilde Sonne. Köstlich die Klarheit, mit der man ins Land hinaussieht, sanfte, lange Linien, welche Ackergebreiten, geräumte Wiesen und Waldstücke zusammenführen. Die Festung: Steinbruch von einer Burgstadt, saubere Schildlein verraten, was früher damit gemeint war, »Kloster, später Kaserne«, Schmiede, Magazin, Zeughaus und so fort, in den obersten Regionen, wo Küche und Pferdestall nebeneinander sind, hat sich späterhin Albvereinsseligkeit eingenistet, dem Scheffel eine Ecke und natürlich, inmitten dieser granitenen Größe, dem Bismarck. Ganz oben, an einer dieser gleichgültig-gelassenen Mauerwände, das Täfelchen »Mosers Gefängnis«.

Was hat den Moser hierzulande so populär gemacht. Daß er, Jurist oder Theologe oder vielleicht auch Philosoph, aber auf alle Fälle ein Stück öffentlichen Gewissens war, niemandes Diener blieb und allemal wieder weiterzog? Er zweifle, sagt er einmal in eigenartigem Statistikerstolz, der Allesaufschreiber, der Allessammler, ob »einer aus allen alten und neuen deutschen Staatsrechtslehrern so vielerley Schulen durchloffen habe« wie er. »Ich bin dreymal Professor, zweymal Regierungsrath und eynmal

Beysitzer einer Juristen-Facultät gewesen, habe den Kayserlichen Hof und Reichs-Hofrath wie auch das Cammergericht in der Nähe kennen lernen, bin auf zweyen Kayser-Wahltägen in denen geheimesten Sachen, auch sonst in Verschickungen gebraucht worden, habe regierenden Herrn, abgetheilten Herrn und Landständen gedient, viele Aufsätze in gerichtlich- und außergerichtlichen Staats- und andern Sachen gemacht.« Eines Mannes Leben, so unruhig wie damals nur vorstellbar, in einem Satz. Bezeichnend, wie sehr sich Moser mit diesem Curriculum als ein mit Narben bedeckter Soldat, als einer von Schlüters sterbenden Kriegern fühlt. Wenn er hinzufügt, daß er manches erfahren habe, »werden vernünftige Leute es eben so wenig für eine Prahlerey, oder etwas übertriebenes halten, als wenn einer, der 50 Feldzüge gethan hat, glaubt, er wisse doch auch etwas von deme, wie es im Krieg zugehe«.

Ein Leben, das sich als Streit versteht. Aus alter und adliger Familie stammend, genauer gesagt aus der Valentinischen Linie der Moser von Filseck und Weilerberg – von 1721 bis 1733 hat sich Johann Jacob des Adelsprädikats auch bedient –, ist er am 18. Januar 1701 zu Stuttgart geboren. Daß der Tag der preußischen Königskrönung – und der Reichsgründung, fügen die Bismarckianer hinzu – sein Geburtstag war, hat er bald als eine historisch auszeichnende Fügung genommen. Auch Moser »macht« etwas aus seinem Leben, wie Johann Valentin Andreae, dem er übrigens in mancher seiner Schriften auffallende Reverenz erweist. Schon als Schüler zeigt er, nach eigenem Geständnis, ein »lebhaftes, aber auch meisterloses Gemüth«. Er lernt viel und zäh, aber ohne Ordnung. Einmal bringt er seinem Präzeptor hundert, einmal tausend Verse »in allerley Generibus«. Worauf ihm der Magister »das Buch« donnernd vor die Füße wirft, mit dem Aufschrei, ob er denn seine Besoldung allein auf den jungen Moser bekomme.

Durch die »Kriegslist meines Herrn Vetters«, eines Geheimen Rats, kommt er mit siebzehn auf die Universität nach Tübingen

(»ob mir gleich die Schule noch sehr wohl gethan hätte«). Mit siebzehn erscheint er auch zum erstenmal auf dem Büchermarkt. Einen Biographienkranz der vorreformatorischen Tübinger Theologieprofessoren bringt er heraus und beglückt die Welt, auch 1718, »denen Liebhabern der Gelährsamkeit und gelährten Geschichten zum verhoffenden Vergnügen«, mit einer Zeitschrift. Im übrigen nimmt er die Landesuniversität als ein traurig-geistloses Szenarium, und die Herren Professoren als spätbarockes, bepudertes Gelichter. Seine Inaugural-Disputation hat ihren Höhepunkt darin, daß der Herr Universitätskanzler die in Mosers Disputation einem der Tübinger Kollegen gegönnte Anrede Magnificus mit Entsetzen rügt. »Es seye nur ein einziger Magnificus zu Tübingen, nemlich der Rector der Universität.« Darauf der junge Moser, schon ganz im Besitz eines ungewaschenen Mundwerks: Er habe nicht gewußt, daß der Herr Kanzler Zeremonienmeister zu Tübingen sei, sonst hätte er vorher bei ihm angefragt. Munterer, nicht mehr ganz feiner Dialog zwischen den beiden. Abschluß des Schauspiels durch den Kanzler. Er gratuliert der Universität und der Juristen-Fakultät »auf eine hämische und spöttische Weise zu dem neuen Splendeur und großen Licht, so die Universität und Facultät in meiner Person erhielte«. Moser erlebt die deutsche Universität in einer jener Epochen, wo Theatralik mit Auftragsarbeit, aufgeblasene Selbstdarstellung einer Korporation mit dümmlicher Selbstbeschäftigung wechseln.
Kein Wunder, daß er, gerade neunzehnjährig, sein durch ein Gestrüpp von Freundschaften und Intrigen hindurchlanciertes Gesuch um Überlassung einer außerordentlichen Professur vom Herzog unterschrieben bekommt, ohne »das geringste an Chatoulle- oder Adresse-Geldern« zahlen zu müssen. Aber er ist arm. Er kann »in nichts Figur machen«. Die gravitätischen Platzhalter auf den Lehrstühlen lassen ihn links liegen, und die Studenten erscheinen gleich gar nicht zum Privatissimum. Nach kurzem Zwischenspiel in Stuttgart, wo ihm der Herzog, auch diesmal gegen

Entrichtung lediglich »der gewohnlichen Canzley-Tax« den Regierungsrats-Charakter verleiht, zieht er nach Wien. Im Windschatten des kaiserlich-habsburgischen Hofes hat noch jeder Karriere gemacht. Moser allerdings hat kein rechtes Avancement. Er sei im Spätjahr 1721, berichtet er später, »mit sehr wenigem Geld und in schlechter Figur« von Ulm aus auf der Donau nach Wien gefahren, ohne eine Adresse, ohne daß er jemanden gefragt oder ihm jemand geraten hätte.
»Dahero es freylich vile Fehler sezte.« Er macht sich nützlich, mit Gutachten, mit Relationes, mit »Unpartheyischen Urtheilen«, er erhält, als er sich nach der Audienz eine Huld auswählen darf, eine kaiserliche Gnadenkette. Aber damit kann er sich nichts kaufen. Verpaßte Gelegenheiten, ausgelassene Möglichkeiten und wohl auch sein noch ganz äußerlich aufgefaßter, aber angegriffen geglaubter Protestantismus machen am Ende eine aussichtslose Lage. Böse Zungen meinen hernach, er habe sein Brot zu Wien erst gefunden, als er der Verzweiflung nahe gewesen sei. Moser mit schulmeisterlichem Finger: »Aber ein anderes ist doch, keinen Rath mehr wissen, ein anderes, verzweifeln.« Ohne berufliches Engagement, aber doch mit engsten Verbindungen zum Reichsvizekanzler und zum Reichshofratspräsidenten und mit mancherlei Plazierungs- und Revozierungsversprechen, entschließt er sich, in Stuttgart alles zu verkaufen und mit Frau und Kind nach Wien zu ziehen. Seinen württembergischen Regierungsrat und seine Tübinger Professur hängt er an den Nagel.
»Worinn ich aber«, wie er Jahre später gestand, »zu ungeduldig ware.« Weil man ihn von Stuttgart aus – Moser zeigt als erster auch den Württemberg-Komplex, davon später – nicht gerne in Wien sieht, läßt man dort anfragen, ob er nicht in Stuttgart Archivar werden wolle. Rückantwort: das nicht, aber ordentlicher Professor zu Tübingen. Man bewilligt ihm den Tübinger Kollegiums-Professor. »Ich bliebe aber in Stuttgart wohnen und schriebe Bücher.« Zwischen den Collegia, den Zwisten mit der Zensur und allen rechtswissenschaftlichen und verwaltungs-

praktischen »currenten« Sachen laufen Anfragen bei ihm ein, der Dompropst zu Hildesheim will ihn zum Hofrat machen, der Graf von Zinzendorf ihn in dänische Dienste bringen, man präsentiert ihn zum Kammergerichtsassessor zu Wetzlar, man macht »starke Reflexion« auf ihn, als in Wien – endlich – eine vakant gewordene Reichshofratsstelle zu besetzen ist. Moser schlägt jedesmal aus, fast möchte man sagen, in einer Art Sammlerleidenschaft, nach dem abgewandelten Motto: »Viel Absagen, viel Ehr.«

Württemberg, das »Vatterland«, obsiegt. Als ihm der Prinz Carl Alexander für den Fall seines Regierungsantritts als württembergischer Herzog schriftlich die Versicherung gibt, ihn zum Regierungsrat zu machen, wartet er in merkwürdiger Bravheit. Am 21. Juli 1734 macht der eben zum Herzog Avancierte tatsächlich in seinem Heilbrunner Hauptquartier unseren Johann Jacob (wieder) zum württembergischen Regierungsrat. Der neue Herr muß ihm schon deshalb imponieren, weil ihm als Kriegsmann ein legendärer Ruf vorausgeht. Als der Herr Regierungsrat einmal von einer großen und lehrreichen Reise nach Mainfranken zurückkehrt und in Schwäbisch Hall im »Roß« zur letzten ausländischen Nacht absteigen will, aber nach ein paar Minuten in ein Handgemenge mit Soldaten verstrickt ist, schreit er aus vollem Hals, er sei beim Herzog Alexander zu Diensten. Worauf die muntere Soldateska wie vom Spieß gestochen das Weite sucht.

Mitten in seinen von täglicher Publizistik begleiteten Stuttgarter Amtsgeschäften nimmt Moser am 2. Mai 1736 zu Tübingen »die mir nun nothwendig gewordene Würde eines Doctors der Rechte an«. Notwendig war sie deshalb, weil mittlerweile eine »honorable Bestallung« als Direktor und Ordinarius der Juristen-Fakultät der Universität Frankfurt an der Oder eingegangen war. Moser hatte zugesagt, die Zelte in Stuttgart wieder einmal abgebrochen und war mit der Familie nach Frankfurt gezogen. Als er, am 19. Juni 1736, dort seinen Dienst antritt, beginnt der Gang in die Niederungen einer deutschen Provinz-Universität zum zweitenmal. Die Professoren könnten schwätzen und hätten ein leichtfertig-böses Maul, das niemanden schonte, weder Gott noch die Menschen noch den König, die Studenten könne man in den Veranstaltungen an den Fingern zählen, die meisten verlegten sich, wie ihre Lehrer, »auf das Diensterkauffen«, in Jure sei überhaupt kein Collegium zu hören und so fort. Der erste große Bericht, den Moser an den Landesherrn schickt, meint wörtlich, die Universität zu Frankfurt an der Oder liege in der Agonie, wir verstehen, warum die wenigen Kollegen, die in actione und nicht bettlägerig waren, ihn einzukreisen und zu eliminieren beginnen. Als dann der Soldatenkönig persönlich kommt und durch den »lustigen Rat Morgenstern« mit dem Frankfurter Professorenkollegium eine, wie Moser meint, »schnackische Disputation« unter der Überschrift »Vernünftige Gedancken von der Narrheit« abhalten will, Moser sich aber standhaft weigert, an diesem läppischen Spektakel teilzunehmen, verdüstert sich auch die landesherrliche Sonne für ihn. Eine wie es scheint seelisch bedingte Krankheit macht ihn für ein halbes Jahr »zu allen Geschäfften untüchtig«. Dann schlägt er sich, verbissen arbeitend, vor halbleeren Bänken lehrend, durch die Wochen, bis ihm der König am 12. Februar 1739 sein Entlassungsgesuch genehmigt. »Um bessere Fortune zu machen«, wie es gönnerhaft heißt.

Daß die folgenden acht Jahre zu Ebersdorf im Vogtland den königlichen Wunsch haben in Erfüllung gehen lassen, bezweifeln wir nicht. Es sei »die vergnügteste und seligste« Zeit seines ganzen Lebens gewesen, hat Moser hernach gestanden. Er hatte Ebersdorf, Dorf und gräflich-reußisches Schloß, seinerzeit auf der Reise nach Frankfurt kennen und lieben gelernt. Jetzt ist ihm das Nest ein Refugium, für seine Arbeit, für seine Frau und seine sieben Kinder, der Gelehrten-Landsitz im Windschatten einer patriarchalischen, schon mit den Vorzeichen einer allesumgreifenden Humanität durchsetzten Hofkultur. Die »Vorsehung Gottes« hat Moser bemüht und später einmal angemerkt, »im Geistlichen« habe Ebersdorf ihn vor allem angezogen. Beten und Frommheit werden der Untergrund zu seiner Arbeit. Hier in Ebersdorf schreibt er sein Teutsches Staatsrecht vom vierten bis zum zweiunddreißigsten Teile nieder und arbeitet dazuhin, von zahllosen anderen Schriften abgesehen, »vieler Reichsstände besonderes Staatsrecht« aus.

Einmal klopft in der Gelehrtenpastorale auch die württembergische Landschaft an, das also, was wir heute den Landtag nennen, und ersucht ihn, nach Stuttgart zu kommen, man könne die schwierige Materie nur mündlich abhandeln: Anfang derjenigen Tätigkeit, die Moser die große und eigentliche Lebensprüfung auferlegen wird. Aber vorher kommt in Ebersdorf der Brief des Landgrafen Friedrich Carl zu Hessen-Homburg an, die Anfrage, ob er nicht Geheimer Rat und Kanzleichef in Homburg werden wolle. Moser sagt zu. Behörden- und Verwaltungsarbeit geht wieder über seinen Schreibtisch, Kameralsachen, Accise, der Kammer-Etat, Auswärtiges, Religionssachen, Zensursachen, Bündel, Berge von Akten. Dann stiehlt er sich wieder aus den hessen-homburgischen Diensten, zieht nach Hanau, errichtet »zum Dienste junger von Universitäten und Reisen kommender Standes- und anderer Personen eine Staats- und Canzley-Academie«, traktiert an seinem Institut mit Zöglingen aus hohen und höchsten Häusern das, was er in seiner Praxis zu bewältigen und zu bestehen hatte, ohne dabei die »Nebenstunden« für die eigene wissenschaftlich-publizistische Arbeit zu verlieren. Mitten in seiner hanauischen, wie er sie selbst nennt, »academischen Arbeit« wird sondiert, ob er nicht »als Landschafts-Consulent wieder in sein Vaterland gehen wollte«? Moser stellt sich. Er wisse, wo es seinem Vaterland fehle. So hat wörtlich auch Friedrich Theodor Vischer gesagt, als er sich zwischen München und Stuttgart zu entscheiden hat und – Württemberg wählt. Der Württemberg-Komplex zieht sich durch die ganze schwäbische Geniestatistik des 18. und 19. Jahrhunderts. Daheim wird Moser seines Lebens nie recht froh. Aber draußen packt ihn das Heimweh, und er fühlt sich am Portepee des Flüchtigen gefaßt, kommt nur die leiseste Anfrage wegen eines möglichen Amtes daheim. Das Vaterland behält allemal die Oberhand. Er kann sich nicht trennen von ihm, wie die Schubart und Vischer und Blumhardt und Hermann Kurz auch nicht, aber er wird auch nicht glücklich mit ihm.

Was Moser anlangt, so sprechen vielleicht auch die Nervosität und der Ehrgeiz seines Lebens mit. Er hat gewiß mehr als ein Dutzend wichtigster Rufe, die an ihn ergangen, abgelehnt und das hinterher wieder bereut. In Halle oder Göttingen, kalkuliert er in der Frankfurter Öde, hätte er brillieren können, und daß die Göttingischen Anzeigen diese Bemerkung als grundrichtig akzeptieren, freut ihn besonders. Als dann ein Ruf aus Göttingen kommt – lehnt er ab. Der Posten eines Landschaftskonsulenten, eines Syndikus, eines hauptamtlichen Geschäftsführers der Landstände als der, fahrlässig modern formuliert, Vertreterin des württembergischen Volkes konnte für ihn keine Attraktion mehr sein. Verdächtig, daß er immer wieder unterstreicht, er schäme sich nicht, Landschaftskonsulent zu sein und sich auch so nennen zu lassen. Und wiederum charakteristisch, wenn er im nachhinein darüber sinniert, ob er nicht im Braunschweigischen oder Mecklenburgischen als Landschaftskonsulent mehr hätte leisten können.

Über Arbeit konnte er in Stuttgart, wohin er mit Familie im Oktober 1751 wieder gezogen war, nicht klagen, über hoch angeschlagene Erfolge auch nicht. Daß Moser, der allseits bekannte und überall zitierte Moser, der Landschaft berühmtester Konsulent werde in diesem Saeculum, war von vornherein klar. Wir gehen nicht fehl in der Annahme, daß er diesen Lokalruhm fest programmiert hat. Die Munterkeit, die agile Wachheit, mit welcher der immerhin Fünfzigjährige an die Arbeit geht, ist verblüffend. Die Landschaft und vor allem sein – tonangebender, richtungweisender – Engerer Ausschuß haben sich plötzlich zu tummeln. Moser möchte die Dinge von Grund auf umkrempeln, er greift in die volle Klaviatur seiner verwaltungstechnischen Erfahrungen und Fertigkeiten, taktiert mit der Landschaft, wo es unausweichlich ist, paktiert mit dem Herzog, wo es nötig ist. Er präsentiert sich auf der ganzen Linie nicht nur als ein sagenhaft fleißiger Mann – Resolutionen, Reskripte, Landschaftsakten-Register, Referentenentwürfe zu Hunderten –, sondern auch als ein schöpferischer Politiker von staatsmännischer Qualität. Die Witwen- und Waisenkasse, die Formierung der Kommerz-Deputation, der Plan für eine Landesbibliothek, die Communordnung von 1758, eine Art Handbuch der Gemeindeverwaltung mit detaillierten Vorschriften und Anweisungen für die Amtsträger, die erste ihrer Spezies für Deutschland überhaupt, sind nur ein paar Beispiele für die Fortune, die der preußische König unserem unermüdlichen Mann einst gewünscht und die er in Stuttgart in den sieben Jahren Konsulententätigkeit zweifellos gehabt hat.

Am 12. Juli 1759, frühmorgens, als kaum der Tag graut, ein halbes Jahr nach Publikation der Communordnung, stehen zwei herzogliche Beamte an der Haustür, Moser nach Ludwigsburg abzuholen. »Zum Herzog«, lautet die knappe Auskunft. »Als ich in der Garderobbe so lang warten muste, bis man mich bey dem Herzog meldete, sagte ich, aus der Fülle meines Herzens, geschwind zu einem anwesenden Geheimen Secretario: Unverzagt und ohne Grauen soll ein Christ, wo er ist, stets sich lassen schauen. Dieses Wort breitete sich mit der Nachricht von meinem Arrest durch das ganze Land aus.« Carl Eugen habe ihm, auch dies hat Moser im nachhinein berichtet, in seinem Kabinett »in eigener höchster Person« und offenbar ohne Beisein eines Dritten in etwa eröffnet, weil alle bisher gegen ihn, Moser, erlassenen Resolutionen nichts gefruchtet hätten, vielmehr die Landschaft mit ihren respektswidrigen und ehrenrührigen Schriften noch immer fortfahre, sehe er sich genötigt, sich Mosers »als des Concipistens Person« zu versichern und ihn auf den Hohentwiel zu schicken. Der Wagen stand unten schon bereit. 30 Stunden Wegs waren zurückzulegen, wozu acht Stunden Wartezeit kamen, weil eine der beiden Radachsen brach. Irrsinnige Hitze brütete über den

Wegen, Moser ließ man nicht ein einziges Mal aus dem Karren steigen. Kurz bevor man ihn die Steige zum Hohentwiel hinaufzog, tuschelt einer zu ihm, er sei selber ein armer Teufel. Aber er wolle gern ein Stück von seinem Hab und Gut geben, daß ihm, dem Moser, das begegnet wäre.
Und der Grund für die Verdammnis? Man wird nie eine exakte Antwort darauf finden. Absolutistische Allüren und rechtsstaatliche Grenzen sind zweierlei Dinge. Es gibt auch Hintertreppenwitze der Territorialgeschichte: ausgerechnet den Johann Jacob Moser, den Lehrer der Rechtlichkeit und der Verträge, schickt man, das war ein Hohn auf den Tübinger Vertrag, ohne Untersuchung und ohne Urteil auf die Festung. Sicherlich hat es mit den Spannungen zwischen ihm, dem einzelnen, und der feudalen Gesellschaftsordnung, zwischen dem Wahrer des überkommenen Rechtsgutes und der wegwerfenden Fürstengeste schon früh begonnen. Schon in seiner zweiten Tübinger Zeit läßt er sich in die Ecke treiben. Es ist ihm nicht möglich, »einen bloßen Bildstock in der Welt abzugeben, sondern ich wollte etwas zu thun haben, und dies allein war die Ursach meiner nachmaligen Verfolgungen«. Arbeitsuniversität gegen Perückenuniversität. Aber das wäre der Kampf gegen einen Monomanen der Arbeit. Ein deutlicher politischer Akzent ist auch dabei, und der wird stärker von Mal zu Mal. Die Zensur fördert immer neue Unfaßlichkeiten zutage, in seinem »Tractat von der Revision bey dem Reichshofrath« entdeckt gerade die herzoglich-württembergische Zensur Merkmale von Staatsverbrechen, sein Württembergisches Staatsrecht wird in der landschaftlichen Zensur so umgeschmolzen, daß er es gar nicht mehr für seine Arbeit erkannte. Und als die beiden Staatspartner Alt-Württembergs, die Deputierten der Herrschaft und die der Landschaft, wegen einiger Stellen sich nicht vergleichen konnten, unterblieb der Druck überhaupt.
Moser wird zum Inbegriff einer gefährlich-kritischen Instanz. Als er im Sommer 1731 das Reichskammergericht in Wetzlar besucht, sagt man ihm dort unverblümt, man kenne ihn aus seinen

Schriften als »einen hizigen und bißigen Mann«. In der Stuttgarter Zeitung wird eine Hofnachricht noch am Tag der Festnahme, am 12. Juli 1759, eingerückt, in der man, Diktaturen haben immer so etwas Barmherziges an sich, von der »guten Verwahrung« spricht, in die man diesen unruhigen Menschen habe bringen lassen. »Es hat sich dieser so viele seltene Rolle gespielte Mann schon längstens in ganz Deutschland durch sein unruhiges Betragen und ohne genugsame Beurtheilungs-Kraft affectirte Zaumlosigkeit berüchtiget gemacht, dahero auch nirgends eine bleibende Stelle gefunden.«
Wußte er zu viel? Hatte sich Carl Eugen zu weit mit ihm eingelassen? Noch unter Carl Alexander wird er einmal nach Ludwigsburg zu einem gewissen adligen Geheimrat eingeladen. Nach dem großen Essen spürte er im Leib Anzeichen, die ihm klar machen, daß er Gift bekommen hat, nachherige Untersuchungen und Nachforschungen beweisen ihm das. Nicht eigentlich der Staatsrechtslehrer in ihm wird zur causa belli, sondern der Politiker, nicht der Theoretiker, sondern der eifernde und motorisch agierende Praktiker. Belastend von vornherein, daß er sich nicht nur als Treuhänder der Landschaft versteht, sondern auch als deren fundamentaler Kritiker. Die Landschaft dürfe nicht ständig lavieren, das gehört zum ersten seiner erklärten Prinzipien in Sachen Landschaftsarbeit. Man solle sich seitens der Landschaft endlich mit den Landesprodukten und Ökonomie und Manufakturen beschäftigen und solle um Gottes willen nicht so heute so morgen »auf dem Negativen beharren«. »Der Herr kann nicht ohne die Landschaft, noch die Landschaft ohne den Herrn fortkommen. Der Herr aber kann der Landschaft und dem Land zehen- und huntertmal eher beykommen, als diese dem Herrn.« In Kleinigkeiten solle man nachgeben, »wenn es aber auf Hauptsachen ankommt«, sei es »räthlich, unbeweglich zu bleiben«.
Nicht nur, daß Moser in Jahren erster Altersstarrheit unbeweglich geblieben ist, nicht nur, daß er dem bloßen Reagieren und der Rückständigkeit der Landschaft zu ungeniert zu Leibe ge-

rückt ist: er geht bei aller Reverenz vor überkommenen Verträgen und Privilegien und Gewohnheitsrechten vom Bild eines zeitgemäßen, eines modernen Staates aus. Sein Staat ist der durchorganisierte und schon den persönlichen Lehensbindungen entzogene Flächenstaat in einer, wenn auch rechtlich fixierten und so gut wie möglich humanisierten Herrschafts-Untertanen-Struktur. Moser hat für das auf genossenschaftlichem Boden gegründete Staatsbild der Landschaft, für diesen auf einer jahrhundertealten Abfolge von Verträgen basierenden Staatsverbund nur Skepsis bereit, für diesen »Staat«, gegen den dann Hegel zwei Generationen später in aller Schonungslosigkeit vom Leder ziehen wird.

Insofern meint man doppelt im dunkeln zu tappen, warum ausgerechnet der Herzog den Konsulenten hat hinter Schloß und Riegel bringen lassen. Hätte es nicht eher die Landschaft sein sollen? Als Moser dem Engeren Ausschuß des Landtags seine »Grundsätze einer vernünftigen Regierungs-Kunst« vorträgt, erntet er nur Kopfschütteln. Einer der Prälaten meint, Moser selbst erzählt das, er habe dem Herzog schon oft gesagt: »Ihro Durchlaucht! Noh nex nuis!« Worauf Moser meint, aber doch neue Besoldungen und Zulagen. Der Herr Prälat trage ja auch eine Perücke, die man früher nicht gekannt habe. Und der Prälat, sparsam wie Schwaben sind: er hätte »sie auch nicht getragen, so lang sie etwas nuis gewesen seye«. Während seiner fünfjährigen Festungszeit hat Moser auch eine Parabel geschrieben, deren »Moral von der Geschicht« auf den Satz hinausläuft: »Es ist nichts unvernünftiger und einem Staat schädlicher, als alles neue nur darum, weil es neu ist, ungeprüft verwerfen.« Das ging an die Adresse seiner Landschaft. Sie hat ihm zwar während aller Hohentwieler Jahre das Gehalt weitergezahlt, aber in der ersten Zeit keinen Finger zu seiner Befreiung gerührt und sich erst, als man selbst in Wien Partei für den Gefangenen ergriff, sich zu umständlichen Eingaben für ihren Konsulenten entschlossen.

Hat vielleicht einer aus der Handvoll Machthaber im Engeren

Ausschuß, der seinen Konsulenten inzwischen offen rügte und bloßzustellen suchte, ein wenig mitgeholfen bei der Festnahme? Sollte Hohentwiel ein Denkzettel und eine Lektion auch der Bürgerlichen sein? Es fällt auf, daß die Pietisten im Lande, und auf den Bänken der Frommen saßen jetzt auch viele Männer und Frauen der Ehrbarkeit, zu Mosers Freilassung kein Wort verloren und kein Gebet gebetet haben.
Und was den – katholischen – Herzog Carl Eugen anlangte, so mußte ihm mehr und mehr klar werden, daß ein moderner Staatsorganismus, wie ihn Moser der Landschaft, also der Gegenseite abringen wollte, schließlich auch zur Gefährdung der eigenen, der herzoglichen Herrschaft umschlagen mußte. Das war des Pudels Kern. Wenn Moser es gelang, aus dem landschaftlichen Anti-Staat ein modernes Gebilde zu machen, mit eigenen Manufakturen und eigener aktiver Handelsbilanz und mithin von einer fiskalischen Potenz, die den »anderen«, den herzoglichen Staat auf die Länge zu überspielen in der Lage war, dann ging es an die Fundamente.
Daß Graf Montmartin, mittlerweile in herzogliche Dienste getreten, ein Mann, von dem man noch im 19. Jahrhundert in Württemberg nur mit Abscheu sprach, in den Herzoglichen Resolutionen von der Landschaft wörtlich »unbegränzten und unbeschränkten Gehorsam« forderte, war nur noch der Punkt aufs i. Entweder gezielte Reformen, die den Staat aus dieser Hörigkeit bringen und den im aufklärerischen Sinne gemeinten Untertanen seiner Degradierungen entledigen konnten, so Mosers Konzept. Oder Balgereien zwischen Landschaft und Herzog wie gehabt, die allemal enden in einer mehrheitlichen Zustimmung der Landschaft, die herzoglichen Sommeranlagen oder Haustruppen oder Subsidiengelder auf eigene Kasse zu übernehmen, so Montmartins Konzept.
Anfang Juni erklärt Moser auf einer Sitzung mit Montmartin und dem Engeren Ausschuß, lieber wolle er seinen grauen Kopf hergeben, als zu diesen permanenten Erpressungen noch weiter-

hin Ja sagen. Tags darauf, am 11. Juni, erklärt eine herzogliche Signatur, daß sich die gerechtesten Strafgerichte über diejenigen Majestätsverbrecher entlüden, die sich unter dem Deckmantel vaterländischer Gesinnung landesverderbliche Machinationen ausdächten und durch gekünstelte Vorspiegelungen die bestgesinnten Gemüter irrezumachen suchten. Unschwer zu erraten, daß Moser damit gemeint war. Am 16. Juni landet eine Eingabe des Engeren Ausschusses auf dem Schreibtisch des Herzogs. Er solle solche Personen von sich weisen, welche die Landschaft bei ihm durch böse Einstreuungen anschwärzten. Unschwer zu erraten, daß Montmartin damit gemeint war.

Und leicht zu verstehen, daß der gräfliche Günstling die bessere Position hatte als der von einer sehr heterogenen und sehr wankelmütigen Bürgerfront bezahlte Schreibtischmann Moser. Um nicht am Ende doch noch von Moser gestürzt zu werden, sorgt Montmartin dafür, daß Moser fällt. Es ist wie in den höfischen Partien von Schillers Luise Millerin: die Aktionen hinter den Ludwigsburger Kabinettstüren ahnt man gerade noch, und die Fallen für den ehrlichen Bürgersmann sind allemal aufs akkurateste gestellt. Dem Kaiser schreibt der auf einen Schauprozeß gütigst verzichtende Herzog, der Syndikus Moser habe sich seinem, des Herzogs rühmlichen Eifer, dem werten deutschen Vaterland mit einer verstärkten Anzahl Kriegsvölker zu Hilfe zu kommen, aufs schändlichste widersetzt. Da der Herzog zudem als Alliierter Österreichs rüstete, so belobte der Kaiser nicht nur Mosers Verhaftung, sondern mahnte sogar den Herzog wegen allzugroßer Milde und versprach ihm gegen seine Landschaft in allem billigen Begehren die kaiserliche Hilfe. Die großen Mächte und ihr Kriegsbegehren. Den Helden, den idealistischen Einzelgänger, hat die Woge hinweggespült. Fast wie auf der Schillerschen Bühne.

Moser als ein Mann von altrömischer Härte und Gravitas? Noch in jugendlichem Alter, kurz bevor er die Universität frequentiert, zieht er, nächtlings beim Verlassen eines Kollegs überfallen, seinen Degen. Aber der honnête homme, der zu fechten weiß, ist in ihm nicht mehr lebendig. Fechten schon, aber nicht mit Waffen, mit Worten. Im übrigen trügt der Schein von der persönlichen, von der physischen Unüberwindlichkeit. Man hat vorab einen Menschen von höchster Sensibilität vor sich, der sich seine politische, seine historische Monumentalität hart erkämpfen mußte. Er habe »starcke Nerven und Zähne«, schreibt er, und habe noch mit sechsundsiebzig Jahren Kalbsknochen mit den Zähnen zermalmt: niemand wird die Leistung seines freilich guten Gebisses heute als Zeichen spezifischer Nervenstärke werten wollen. Wenn er Gemütsruhe für sich beansprucht, nehmen wir ihm das schon eher ab, wiewohl man dabei auch an die besondere Art seiner Religiosität wird denken müssen. Daß er 1742 mit der schwer beladenen Coburger Kutsche in einen Abgrund stürzt, ohne daß jemand zu Schaden kam, nur daß er hernach mit seinen »Belzstrümpfen» im tiefen Schnee stehen muß, rechnet er unter seine schlimmsten Lebensgefahren. Als Bub hat er immer wieder qualvollste Todesängste, von Geburt an eine »schwache Brust«, die ihm in seinen mittleren Jahren, mit »Engbrüstigkeit« umschreibt er diese Zustände immer wieder, aufs schwerste zu schaffen macht. Daß er in den drückendsten Phasen seiner Wiener Zeit »vom Malo hypochondriaco« befallen wird, nehmen wir für eine fast erwartete und jedenfalls ernste Sache, wenngleich auch manchmal die schiere Einbildung nach Art von Molières Malade imaginaire nicht weit entfernt gewesen sein kann. Als 1727 die Kanzlei von Stuttgart nach Ludwigsburg verlegt wird, kann er, immer noch von »sehr schwächlicher Gesundheit«, nicht mit hinaus. Er wittert nur »feuchte und halbausgebaute Häuser« und sieht »die Schwämme zwischen denen Brettern herauswachsen«. Ein paar seiner grausigsten, fratzenhaftesten Träume hat er aufgezeichnet. Dürfen diese Zugriffe auch unter dem Titel »Gemütsruhe« geführt werden? Und wie steht das mit dem halben Jahr in Frankfurt, in dem ihn, den längst Bekehrten und Frommgewordenen, abgrundtiefe Bangigkeit und Angst überfällt, in dem er sich nicht getraut, ans Fenster zu gehen, »aus Sorge, die Schwermuth möchte mich übernehmen«, in dem er keine Zeitung lesen kann, »weil, wann etwas von Brand und Mord darinn vorkame, ich vor Angst nicht wußte, wo hinaus«?

Die Heimfahrt des aus der Haft Entlassenen am 25. September 1764 wird zu einer – schwäbisch gedämpften – Triumphfahrt. Im ersten württembergischen Dorf – Hohentwiel war Exklave inmitten der österreichischen Landgrafschaft Nellenburg – kommt ihm ein Mann entgegen und sagt nur die vier Worte: »Unverzagt und ohne Grauen.« In Balingen begrüßt man ihn mit Hüten und Schnupftüchern. »In einem Dorf ließe ich den Pferden Brodt geben, und bliebe in der Chaise sitzen. Gleich waren alle Fenster voller Leute, und ein Mann rief herab: Das hat Gott gethan! Ich antwortete: Ihme seye auch allein die Ehre!« In Tübingen ist der Marktplatz voller Leute, »welche mich segneten«. Der Mann der Feder, das ist das Bewegende an diesem Leben, der nicht durch seine Bücher sich einen Platz bei den Leuten erobert hat, nicht durch die Theorie oder die Präzision seiner wissenschaftlichen Analyse, sondern durch die feste Präsenz seines Charakters.

Nur in Stuttgart wird seine »Zurückkunft sehr gleichgültig angesehen«. Die Wiederaufnahme des Konsulentenamts mißlingt gründlich, die letzten 20 Jahre bis zu seinem Tod am 30. September 1785 gelten dem immer langsamer werdenden Abschluß seiner wissenschaftlich-publizistischen Arbeit. Jetzt hat der Alternde das, wonach er sich zeitlebens, nicht ohne Widersprüche, immer gesehnt hat: Stille, »privat-Leben«. Oder haben die Stuttgarter noch am ehesten ein bißchen was von der anderen Seite der Medaille gesehen, den ehrgeizigen Autor, der abstreitet, heftig und heilig, er habe nach Verlust aller Titel verlangt, man solle ihn jetzt als »Doctor Moser« begrüßen? Daß er »eitle Ehrbegierde« habe, hat er selbstkritisch mehrfach konstatiert. Sein Lebensziel ist beileibe nicht, als der konsequenteste in der konsequenten Reihe der württembergischen Konsulenten in die Geschichte einzugehen, wie man seither immer wieder formuliert hat, als Seele des Widerstands honoriert zu werden. Im Grunde ist Moser nicht Macher, sondern Schreiber. Sollte er in politicis einmal gestellt und landeskundig werden, so ist das ein Nebenprodukt, Ausfluß von Prinzipientreue, die man anderswo Prinzipienreiterei nennen würde. Moser hat in den altwürttembergischen Dauerkrieg zwischen Herzog und Ständen ideologisches Material gebracht. Daß er nicht mehr über seinen Schatten springen wollte (und konnte), als es ernst wurde, und als die grundsätzlich-reformerische Auseinandersetzung auf ein Duell zwischen zwei Männern hinauslief, war, wer Moser kannte, vorauszusehen. Im Lande draußen hat man darin den status confessionis, die Stunde der Wahrheit gesehen.

Sein Lebensziel: als Deutschlands erster Staatsrechtslehrer zu gelten. Als er gelegentlich einer Durchreise durch Halle auch den Kanzler von Ludewig, den Papst des deutschen Staatsrechts, auf dem Totenbett besucht, geht es in diesem Gespräch unter vier Augen auch darum, wer bei seiner Arbeit Urkunden erdichtet oder verfälscht habe. Moser, zu Hause angekommen, schickt noch einmal seinen Ältesten zu Ludewig, mit dem Bemerken, er wolle alle Beschuldigungen in dieser Sache wieder zurückziehen. Worauf Herr von Ludewig wieder in die Kissen zurücksinkt, mit der Genugtuung, nun sterbe er doch als ein ehrlicher Mann. Und er gibt dem Sohn die Meldung mit, er sterbe, und alsdann solle er, Johann Jacob Moser, »der größte Publizist seyn«!

Im Grunde war er, wurde er ein tief religiöser Mensch. »Wenn ich nicht alles aus dem Grund der christlichen Religion thäte, könnte man mich einen practischen Philosophen nennen. Will man mich aber, in gewissem Verstand, als einen christlichen Philosophen schildern, so habe ich auch nichts dagegen.« Der Glaube soll frei machen. Religion ist ihm nicht ideologische Totalität und schon gar nicht seelische Diktatur. Mit Zinzendorf und den Seinen ist er in Ebersdorf in schweren Streit geraten. Was sich da bei Moser zu Wort meldet, ist mit das Beste, was uns dieses 18. Jahrhundert hinterlassen hat: die Skepsis vor den am Horizont heraufziehenden Ideologien, die dem Menschen die Stillung ihrer Sehnsüchte versprechen, und ihm am Ende doch alles nehmen. Die herrnhutisch-ebersdorfischen Herz-Jesu-Feiern seien eine romaneske, satirische, abgeschmackte Sache. Da verbreite sich ungöttliche Herrschaft »über den inneren und äußeren Menschen«, da könne er nicht mehr mitmachen. Niemand habe mehr die Freiheit, das zu sagen, was er wirklich denke. Das sei ein noch unerträglicheres Papsttum. Und mit testamentarischer Beschwörung: »In solchen Zuständen, die nichts anderes sind als unerträgliche Herrschaft über uns, entstehet nur eine Unordnung aus der anderen. Am Ende haben weder unsere Seelen die vorige Nahrung, noch unsere Gewissen die nöthige Freyheit. Aber Freyheit brauchen wir zum Leben.«

Christian Friedrich Daniel Schubart

Als Dionys von Syrakus
Aufhören muß
Tyrann zu sein,
Da ward er ein Schulmeisterlein

Schubart zugeschrieben, aber nicht in seinen Werken und seiner Deutschen Chronik, in anderer Version von Wieland und Goeckingk überliefert. Um 1775

Wer dem Diktator die Stirne bieten will, muß von granitenem Zuschnitt sein. Ein Fels von einem Menschen, an dem sich die Wellen der Willkür brechen. Die Sonne von einem Geist, an deren Strahlen der Dämon des Despotismus geblendet wird. Aber wie? Gerade der wetternde, aber dann wieder in argloser Bonhomie sich verlierende Schreiber, der kraftgenialische Kerl, der von Weib und Wein allemal nicht lassen konnte, der späteren wie seinen Zeiten deshalb die Phantasie von Freiheit nährte, weil er Ähnlichkeit mit Georges Danton hatte, jenem schwer durchschaubaren, der Französischen Revolution weniger als der Stahlhärte Robespierres erliegenden Volksmann, Schubart also, der sinnenfrohe, der läßlich lebende Wirtshauskumpan der Fuhrleute, Kutscherknechte und Stammtischhocker, der Musikus, der am Klavier seine Hörer, ob hoch oder niedrig, in den Rausch seiner Töne zieht, einer der größten Virtuosen seiner Zeit, der Dichter der »Fürstengruft«, der Improvisator einer »Ästhetik der Tonkunst«, Schubart, den die Leute zu einer mythischen Gestalt und dessen Asperger Gefangenschaft sie zu einem nie erloschenen Signalzeichen im Lande gemacht haben, Schubart sollte das Mal des Siegers gegen rüde Fürstenwillkür auf der Stirne tragen? Er einer aus dem Titanengeschlecht?

Dramatis personae, die barocke Formel liegt bei Schubart doppelt nahe, des Dramas Personen beginnen zunächst einmal mit diesem Pfarrersbuben, der am 24. März 1739, nachmittags drei Uhr, in Obersontheim geboren und mit dem Taufnamen Christian Friedrich Daniel versehen wurde. Was Schubart an persönlicher Ausstattung ins Leben mitnahm, stammt, soweit man Zusammenhänge erkennen kann, vom Vater. Der war ein Hüne von Gestalt, ein Aalener Schreiberlein bekam einmal gelegentlich einer Hochzeitsfeier eine Ohrfeige von ihm, daß er acht Tage bettlägerig war. Eine kraftvolle, männliche Persönlichkeit, einer, der die Frauen gern hatte und schon als Altdorfer Student in Raufhandel wegen eines Mädchens geriet, einer, der die Menschen durch eine gewaltige Baßstimme und durch ein ständig mitgeführtes spanisches Rohr in Respekt hielt, ein frommer Mann, ein großer Kanzelredner, ein Donnerer gegen die andere Konfession: Schubart, der Sohn, in Umrissen und Vorgriffen.

Kaum ein Jahr nach des Söhnleins Geburt kam der alte Schubart als Geistlicher, Präzeptor und Musikdirektor in die Freie Reichsstadt Aalen, »der Stadt«, wie Schubart ein paar Jahre vor seinem Tode schreibt, »die die Grundlinien meiner Bildung zog«. Den Vater, diesen »festen, deutschen Mann« hat Schubart bis zu seinem 45. Lebensjahr behalten dürfen. Man wird überhaupt sagen müssen, daß seine Kindheit und Jugend eine Zeit äußerlicher Sorglosigkeit und Sicherheit war. Freilich verlief sie anders, als man das in den altwürttembergischen Amtsstädtchen zwischen Bietigheim und Tübingen, zwischen Göppingen und Balingen gewohnt war. Die Schubart sind keine Schwaben, der Vater kommt aus dem fränkischen Universitätsstädtchen Altdorf, die Mutter aus Sulzbach am Kocher, an der Grenze des Schwäbischen gegen das Fränkische. Der Sohn nimmt nicht den üblichen Bildungsweg über Latein- und Klosterschule und Tübinger Stift, weil er ihn nicht nehmen kann. Seine Ausbildung ist die zufällige Addition zusammenhanglosen Lernens (»Zu einem System bracht' ich es nie«). Nicht in Aalen und nicht unter der väterli-

chen Zucht macht er seinen – immerhin möglichen – Abschluß; drei Jahre geht er in Nördlingen, zwei in Nürnberg aufs Gymnasium, wiederum im Weichbild von Reichsstädten. Ein schmukker Bursch, ein guter Kamerad, ob er hinter den Nürnberger Mädchen her ist, beim fahrenden Volk in den Schenken sich herumtreibt oder durch Orgelspiel oder Musikstunden sich ein paar Groschen verdient.
Das muntere, das brausende Leben nimmt seinen Aufschwung, als er 1758 die Universität bezieht. Eigentlich sollte es Jena sein. Aber unterwegs gerät er in Erlangen in eine lustige Studentenkumpanei – und bleibt hängen. Der Herr Diakonus Schubart in Aalen hält seinen Sohn nicht schlecht. Aber so hoch wie des Sohnes Spendierfreudigkeit war der Wechsel nun auch wieder nicht. Nach anderthalb Jahren muß Christian, der Theologiekandidat, nach Hause melden, daß er wegen umfangreicher Schulden im Karzer sitze. Das wäre nun eine harmlose Sache, zumal der Herr Sohn in einem ziemlich fidelen Gefängnis saß, dem ein Klavier nicht fehlte und in dem schließlich sogar eine Freundin aus besseren Zeiten die Langeweile vertrieb. Aber der alte Schubart muß den Sohn doch zurückholen, nicht wegen des Schuldenbuchs oder der akademischen Strafenliste, sondern wegen eines kaum verborgen gebliebenen körperlichen Zusammenbruchs.
Die erste Krise dieses Lebens wirkt wie eine Ouvertüre zum Verständnis alles folgenden. Dies, daß das theologische Studium ohne Abschluß blieb, wäre nach damaligem Verständnis nicht das Schlimmste. Dienstexamen im heutigen Sinne kennt diese Zeit noch nicht, hernach in Aalen und in Geislingen hat Schubart predigen dürfen, und in Ludwigsburg, wo er seine »theologische Kleidung, wie vorhero« tragen darf, die Amtstracht also, hätte er es bei klüglichem Verhalten wohl zum württembergischen Pfarrer oder Superintendenten gebracht. Gravierender, daß er nur da und dort die Dinge anstudiert, daß er nichts gründlich und ab ovo gelernt hat. »Ich bin lange nicht geworden, was ich hätte werden können.« So aus der Rückschau der letzten paar Stutt-

garter Jahre. David Friedrich Strauß, sein erster und zugleich bester Biograph im 19. Jahrhundert, hier ganz der Mann der altwürttembergischen Geisteszucht und -schule, registriert bei aller Reverenz vor seinem Helden in diesem Punkte Versäumnisse und Lücken. »Sein geschichtliches Wissen war oberflächlich und lückenhaft; von Sprachen war er im Lateinischen noch am stärksten, doch keineswegs sicher; Griechisch wußte er nur wenig, so gern er auch in Motto's und Citaten damit prunkt; neuere Sprachen waren ihm fremd, und selbst sein Deutsch, das er so gewaltig zu schreiben verstand, schrieb er doch zeitlebens weder stilistisch noch viel weniger orthographisch correct.«
Am nachdrücklichsten im Erbe seiner Abkunft und Jugend wirkt seine politische, seine territoriale Provenienz. Obersontheim war limpurgisch, in Aalen, das dem Kaiser in Wien untertänig war, wurde das evangelische Diakonat, das evangelische Pfarramt des Vaters also, vom katholischen Fürstpropst in Ellwangen besetzt. Der einzige Flächenstaat von nennenswerter Größe, das Herzogtum Württemberg, bleibt für den jungen Schubart ein traumhaftes Ziel. Er ist da ganz Kind seiner Zeit, er rechnet die – andersartigen – genossenschaftlich-altständischen Traditionen »seiner« Reichsstädte zum alten Plunder, wie Wieland, sein Schicksalsgenosse, im Spottroman über »Abdera«, und schwört auf den aufgeklärt-modernen Nationalstaat. Für die beiden Schubarte, den Vater und den Sohn, ist der Preußenkönig Friedrich der große Nationalheld, Friedrich »der Einzige«. Indessen bleibt Preußen für Schubart ein fernes Land, und daheim, in der tollen Buntfarbigkeit von Souveränen und Gerechtsamen, die ihm wie ein »Chaos« erscheint, ist er nirgendwo zu Hause. »Ich bin in Schwaben erzogen, und bin doch in Schwaben ein Frembdling – ich bin ein Reichsstädtler und keine einzige Reichsstadt erkennt mich für ihren Bürger.«
Wer wissen will, warum und inwieweit Schubart, drücken wir das zunächst einmal sehr verkürzt aus, zum Asperg-Zögling geworden, wird diesen eigenen Stoßseufzer ernstzunehmen haben.

Zu Anfang der Ludwigsburger Zeit, als Schubart noch mancherlei Aussichten hat, Professor oder Ministerialrat oder Kreistagsgesandter zu werden, sitzt er im August 1771 auch einmal dem Staatsminister Grafen Montmartin, dem Landesgewaltigen nächst dem Herzog, gegenüber. Schubart hat den Dialog aufgezeichnet.

Der Graf: Sie sind also der Hr. Schubart?
Ich: Ja! und der Hr. v. Türkheim sagt mir, daß ich es wagen dürfte, mich Euer Excellenz hohen Protektion persönlich zu empfehlen.
Der Graf: Sie sind ein gebohrner Würtemberger?
Ich: Nein! ein Limpurger. Allein ich glaube mich in 2 Jahren naturalisirt genug zu haben.
Der Graf: Ihre Frau ist vielleicht aus dem Lande?
Ich: Auch nicht! sie ist eine Ulmerin.

Auf die Frage, wie er denn »ins Land gekommen« sei, gibt Schubart treuherzig zur Antwort, »einige Freunde« hätten ihn »durch Empfehlung« hierher gebracht. Er ist Fremder, Zugezogener, und sein Schwabenstolz hat nicht zuletzt deshalb etwas von der Überhöhung des Konvertiten an sich: niemand hat so ungeniert, so ruhmrednerisch, so großmäulig von »uns Schwaben« gesprochen wie Schubart, niemand unter den Altwürttembergern, der sich so lautstark auf die Brust geschlagen hätte. »Was für große Männer sind wir Schwaben!« Das ist Schubartsches Pathos, der Eifer eines an der Peripherie Geborenen und Aufgewachsenen, der zeitlebens ins Zentrum kommen wollte.
Denn ein ehrgeiziger junger Mann war er, ohne Lust, in Fällen wie dem seinigen doppelt verständlich, sich an den Karren irgendeiner Ochsentour spannen zu lassen. Er will frei sein, und zwar in einem ganz handgreiflichen und unreflektierten Sinne des Wortes: er will keinen über sich haben, vollends keinen, der in seinen Tageslauf wäre berechtigt dreinzureden. Um seinem Va-

ter vom Brote zu kommen, natürlich aber auch, um dessen auktorialer Allgegenwart zu entrinnen, meldet er sich beim Magistrat der Reichsstadt Ulm, die Stelle eines Präzeptors und Organisten im ulmischen Amtsstädtlein Geislingen zu gewinnen. Die Bewerbung hat Erfolg, im Dezember 1763 gehört Schubart zu den Honoratioren der Landstadt inmitten der Alb. Ein paar Tage darauf heiratet er Helene, die Tochter des Geislinger Oberzollers Bühler. Sein Glück sei »auf einem sehr guten Weg«, schreibt er seinem Schwager. Weiter sage er nichts, »denn ein Bräutigam macht kurze Perioden«.

Aber das Glück im konventionellen Verständnis hat sich nicht gehalten in diesem Leben, keine Woche, keinen Tag. Das Joch der Beamtung und die überstürzte Heirat waren zuviel für einen, der wie ein Vogel so frei leben wollte. In dieser naiven Offenheit, die Schubart nie verloren hat, aber natürlich auch in dieser seltsamen Inkonsequenz, die über seinem Leben liegt, schreibt er dem Geislinger Diakonus noch während der Bewerbung, daß er sein Lebensglück »niemalen in Schulmeistersgrenzen einzuschränken gedenke«. Wie nun: Lehrer oder Landstreicher? Alles, nur kein Sklave. In Schubarts historisch-politischen Ansichten und Deklarationen, namentlich in seiner Zeitung, der »Deutschen Chronik«, findet man nirgends eine Linie, eine Grundtendenz, auch nicht den leisesten Ansatz zum Entwurf eines Staatsgebäudes. Er lebt da wie in allen seinen Tagen auch, von der Hand in den Mund, hier wird einer der Potentaten in wörtlichem Sinne oder mit Hilfe einer Parabel ad absurdum geführt, dort stößt man auf eine zweifellos ernst gemeinte Ergebenheitsadresse, Herzog Carl Eugen, Schubarts Peiniger und Züchtiger, ist nur einer von ihnen, er durfte auch während der Asperger Gefangenschaft mit solchen Huldigungen rechnen.

Politische Konsequenz? Männerstolz vor Königsthronen? Mitnichten. Schubart wäre der letzte, wollten wir ihn in der Reihe der Widerstandskämpfer suchen und messen. Er will nur frei sein. Das Wort vom Sklaven zieht sich wie ein roter Faden durch sein Leben. Die »Sklaverey«, unter der er hier in Geislingen seufze, habe »etwas Algierisches« an sich, »etwas von dem Schiksal eines Galeerensclaven«. Und noch auf dem Asperg, nach allen Demütigungen, in aller Hoffnungslosigkeit, wer weiß, ob er den Jammerberg je wieder verlassen wird, ob er je wieder Menschen, seine geliebten Menschen wiedersehen wird, scheinbar genormt, gepeinigt, gebrochen: er sei Gott dankbar, daß er nicht als Professor an Carls Akademie nach Stuttgart komme. »Ich taug in keine Sklavenfabrik. Lieber als Dorfschulmeister fürs Reich Jesu arbeiten, als mit dem Titel eines Professors Sklav seyn und Sklaven machen.«

Der Geislinger Anlauf, tagaus tagein »unter hundert und zwanzig Tartaren«, gemeint waren die Schüler, »zwölf Stunden des Tags umherzuwandeln«, konnte nicht gelingen, auch nicht, »die heiligen Christfeiertage mit 42 Eseln und einem Maultier, das auf deutsch Kantor heißt, von Haus zu Haus betteln zu gehen«. Es beginnt in der gegenwärtigen Schubart-Biographie eine neuerliche Legende sich festzusetzen, dergestalt, daß man die Geislinger Epoche an den kleinbürgerlichen Kontrollmechanismen des Städtleins, und noch deutlicher, an den repressiven Methoden der Theologie und Geistlichkeit scheitern läßt. Davon kann keine Rede sein. Schubart predigt ganz im Gegenteil in Geislingen mit solcher Kraft und Plastizität, daß die Leute nichts weniger als angezogen und ergriffen sind von seiner Sprache. Es ist nicht der Fackelträger der Aufklärung, der da in kleinliche und bigotte Verhältnisse kommt und über die Falltüren der Pfaffenknechte stolpert. Sondern einer, der, aus welchen Gründen auch immer, haben wollte, was er nicht leisten konnte.

Die Ungereimtheiten seines Lebens und Denkens waren zu groß, als daß er sich als reichsstadt-ulmischer Präzeptor hätte halten können. Einerseits sucht er im politischen Leben nach einem entpolitisierten und humanen Freiraum des Individuellen, andererseits gießt er gleich Wieland, in mehr als einem Betracht sein Weggenosse, die Schale seines Spotts über die Reichsstädte, die alten genossenschaftlichen Republiken, weil sie so gar nichts von einem gut funktionierenden und total durchorganisierten Nationalstaat à la Friedrich von Preußen an sich haben. Einerseits diktiert er seinen Schulbuben (Schubarts Geislinger Schuldiktate sind Meisterleistungen an Gesellschaftskritik und Emanzipationsanweisung, zumeist verpackt in den undurchschaubaren Kittel eines fingierten Briefleins oder Märleins), ein Schäfer habe auf dem Geiselstein eine eiserne Kiste gefunden, worin unter anderen Kostbarkeiten auch »etliche Gläser Gedächtnißtropfen« gewesen seien, »womit sich Diejenigen, welche ihren Catechismum, ihre Sprüche, Lieder nicht auswendig lernen wollen, alle Morgen und Abend um die Schläfe schmieren müssen«. Andererseits zögert er, Wieland, der ihm wie ein Türenöffner zur großen literarischen Erfolgswelt entgegenkommt (»Sie sind zum Dichter geboren«), um den Hals zu fallen. Schubart, der für so etwas wie ein schwäbischer Voltaire gehalten wurde (und noch wird), bekommt geistliche Skrupel. In Wielands »Agathon« sei alles vorhanden, Philosophie, Griechentum, Stil, Schöpfergeist – »nur nicht ein durch den Geist der Religion geläutertes Herz«. Lange vor der geistlichen Kur auf dem »Thränenberg« fragt sich der Geislinger Schubart, ob nicht Wielands »Irreligiosität, die aus allen seinen neueren Schrifften hervorbricht«, ihn zur Aufkündigung der Weggenossenschaft zwingen müsse. Nichts von einem atheistischen Freigeist in ihm, sooft man ihm diesen Ruhm (und jüngst vor allem) auch hat anhängen wollen. Naturen wie er sind religiös von Grund auf, auch wenn ihnen die Herren Superintendenten und Konsistorialräte immer wieder in die Quere kommen. Voltaire, den gottlosen Zyniker, den witzelnden Landes- und Hofnarren, hat Schubart zeitlebens gehaßt.

Geislingen kann im inneren Sinne des Wortes kein Auskommen bieten. Weil die Geislinger Welt sich nicht gedreht hat, weil sie diesem Feuerkopf voller Ansprüche und voller ungedeckter Widersprüchlichkeiten kein Gegengewicht sein kann. »Hier in Geißlingen passirt nichts.« Das war es. Die Querelen und Miß-

helligkeiten, in denen er versackt, die Frau und die Ehe nicht ausgenommen, sind nur das äußere Zeichen für eine latente, aber zunehmende körperlich-seelische Krisis, der zweite bevorstehende Zusammenbruch in diesem Leben.
Ludwigsburg erlöst ihn daraus. Über die Reichsstadt Esslingen, wo sein Schwager Böckh als tüchtiger Schulmann und Wissenschaftler und als der gute Geist seines Lebens einen Besuch in der jungen und gleißenden Residenzstadt arrangiert hat, gelingt Schubart der Sprung ins Herzogtum. Jetzt endlich ist er am Hauptort aller Hof- und Staatsaktionen, nicht mehr Außenseiter und Provinzler, sondern Württemberger und Schwabe. Der Herzog hat vorher freilich vorsorglich noch anfragen lassen, ob der »Praeceptor Schubart zu Geißlingen« nicht »dem Trunk allzusehr ergeben wäre«. Aber das Zeugnis des Ulmer Magistrats lautet günstig, Schubart sei ein vorzüglicher Orgel- und Vokalmusiker und habe außerdem »die Canzeln zum öfftern mit Applausu betretten«.
Am 1. September 1769 wird er von Carl Eugen zum Organisten und Musikdirektor zu Ludwigsburg ernannt. Man kann solche Köpfe brauchen wie ihn, im Windschatten eines riesigen Schloßkomplexes, der seine barocken Unterhalter haben will, die fürstlichen Feuerwerke und Perückenmacher, die Tanzmeister und Carminaschreiber, die Lakaien und Hofmarschälle. Schubart ersetzt gleich zwei, drei Chargierte, er schlägt des Sonntags die Orgel, er verhilft den Opernmusiken auf die Beine, schreibt rasch, wo es solcher bedarf, auch ein paar Texte dazu, läßt die Flügel in den Salons aufrauschen, bringt den welschen Geigern und Sängerinnen ihre Rollen bei, die vornehmsten Damen begehren seinen Unterricht, bis hinauf zur Gräfin Franziska von Leutrum, die damals am Anfang ihrer auf dem württembergischen Thron endenden Laufbahn stand. Wie hätte ein Mann von so infizierbarem Organismus wie Schubart unempfindlich bleiben sollen!
Es dauerte nicht lange, bis der weltunerfahrene Kandidat der Theologie sich zum Kavalier mit Tressenhut und Modedegen

mauserte. Die Hektik des Hofes, die erotisierte Luft der »Lumpenburg«, wie die Albbauern die schnell aufgebaute Residenzstadt nennen, hat ihn bald ganz gefangen. »Gestern bin ich bei der Frau von Türkheim gewesen und – Amor und alle Götter stehen mir bei – ich – ich armer Teufel soll ihr Lektion geben. So viel Geist, so viel holde Freundlichkeit, so viel Grazie, so viel entzükende Weiblichkeit hab' ich noch niemal vereint angetroffen. Alle Tage soll ich eine Stunde neben ihr stehen! ihre Aurorenfinger leiten! ihre holden Blike die Noten verstehen lehren und auf ihren Marmorschultern den Takt geben! – Ein grausames, tantalisches Schiksal!« Wir haben genügend Beweise, daß es bei den Tantalusqualen nicht blieb und daß seine Anbetung reizender Klavierschülerinnen bei weitem nicht immer platonisch war. Ja, zwei von ihnen hinterließen ihm, wie er selber später warnend seinem Sohn erzählte, ein Andenken, das er zwar nicht bis an sein Ende spürte, aber unglücklicherweise einer Person mitteilte, die am ehesten damit hätte verschont bleiben sollen. Welche Rolle Franziska, die Herzogsmätresse, in diesen Geschichten hinter verschlossenen Kabinettstüren spielte, wird schwerlich jemand noch erzählen, wir wissen nur, daß Frauen bei bestimmten Themen unerbittlich sind.

Der Lebenswandel des Herrn Musikdirektors ging den gleichen Weg wie viele seiner sonntäglichen Gottesdienstnachspiele: beide liefen sie auf ein sehr weltliches, sehr irdisches Ende hinaus. Die heißen Stunden gehören allmählich zum Programm, Schubarts Saufnächte bekommen einen legendären, aber festen Ruf, die Frau verläßt ihn samt Kindern, statt dessen hält er sich, wie einer der Großen, eine eigene Mätresse. »Dicht am Abgrund des Selbsthasses« schwindle er herum. »Himmel! meine Kinder.« »Ich stehe betäubt am Rande des Abgrunds und zittre.« Die Geistlichkeit, voran der »Special« Zilling, in Alt-Württemberg gewohnt, Christlichkeit unter Sittenkontrolle zu exerzieren, hat ihn längst im Griff. »Ich bin ein großer Sünder, du Gott meines Herzens.« Am 21. Mai 1773 ergeht ein herzoglicher Erlaß an das

3 Christian Friedrich Daniel Schubart. Kreidezeichnung der Zeit

4 Schubart als Herzogl. Opern- und Schauspieldirektor zu Stuttgart, zwei Jahre vor seinem Tode. Öl v. F. Oelenhainz 1789

5 Als Herausgeber der »Deutschen Chronik« hat sich Schubart vor allem mit der Geistlichkeit angelegt. »Als ich [im Januar 1775] zu Günzburg in die Gaststube trat, fand ich ein ganzes Rudel dikwampiger Pfaffen um einen Tisch herumsizend beim Bierkrug. Eins meiner lezten Blätter lag vor ihnen. Man denke sich meinen Schreken, als ich sie in ihrem Hottentottendialekt brüllen hörte: ›Jezt hand mer den Galgenkerl, den Schubart!‹« Text und Kupfer aus Schubart, Leben und Gesinnungen (1793), 2. Theil, S. 63

6 Schiller (links) besucht Schubart (rechts) Ende 1781 auf dem Hohen Asperg. Im Hintergrund links der Carlsschulfreund und Festungsarzt Fr. v. Hoven, rechts der Festungskommandant General Ph. Fr. Rieger. Lavierte Bleistiftzeichnung von Th. v. Oer 1859 oder früher

Ludwigsburger Oberamt. Seine Majestät habe sich vortragen lassen, »was gegen den Stadtorganisten Christian Friderich Schubart bei Euch sowohl in puncto eines mit der Barbara Streicherin von Aalen begangenen Ehbruchs, als auch wegen einer zu Anfang dieses Jahres in das Publicum verbreiteten Scarteque vorgekommen«. Man wolle von schlimmeren Strafen absehen. Aber er müsse sich schleunigst aus dem Staub machen. »Und habt Ihr dahero dem Schubart hievon die Eröffnung zu thun, mit dem Bedeuten, sich aus Unsern Herzoglichen Landen hienächstens unfehlbar zu entfernen.«

Der Bannstrahl des Herzogs: dies die zweite Person des Dramas. Die dritte die Helena Schubartin. Nimmt man die Trabanten der beiden hinzu, die geistlich-pädagogischen Handlanger von Serenissimus und die Freunde und ungewollt-gewollten Helfershelfer der Gattin, die eine bemerkenswert eigenständige Persönlichkeit war, dann hat man ein Drama von Schillerschem Zuschnitt. »Ich folgte diesem Befehl auf der Stelle, stürmte im Unsinn der Betäubung aus Ludwigsburg hinaus . . . mein eigenes Vermögen, womit ich in die Welt ging, bestand – aus einem Taler.« Die »Don Quischottische Wallfahrth«, wie Schubart das im September 1774 nennt, geht über Heidelberg und Heilbronn, Saarbrücken und Mannheim nach München. Als er auf der Fahrt dorthin in Ellwangen Halt macht, überlegt er einen Augenblick, ob er zu den Eltern hinüber nach Aalen soll. Aber er fürchtet, sich vollends zu verlieren.

Von München aus steht alles auf dem Fahrplan, Stockholm, Petersburg, Wien. Der Zufall hält schon in Augsburg an. Der Buchhändler Stage will eine Zeitschrift herausgeben, aus Geislingen kommt ein liebender, ein aufmunternder Brief der Gattin: Schubart wird Zeitungsschreiber, und er wird das auf eine großartige und exemplarische Weise. Konrad Heinrich Stage, in dessen Verlag soeben das »Schwäbische Journal« gescheitert war, sagt spontan Ja zu Schubarts »Deutscher Chronik«: Immerhin brachte der neue Redakteur einen Namen mit, und immerhin

waren schon während seiner Geislinger Lehrerzeit mehrere Gedichtsammlungen von Schubart erschienen. »Ein verzweifelter Entschluß« sei das, meint Schubart in der ersten Ausgabe vom 31. März 1774, »in unsern hiperkritischen Tagen ein Wochenblat zu schreiben, das bey der zahllosen Menge anderer noch Leser finden soll«. Es ist keinesfalls, wie manch einer heute noch glauben mag, die erste kritische oder kommentierende Wochenzeitung. Aber es ist vielleicht die erste, in der einer als Mitleidender sich präsentiert und dem Volk aufs Maul schaut. Schubart diktiert seine Spitzen und Berichte und Kommentare in aller Regel im Gasthaus am Schoppentisch, nicht nur, weil er sich bei den einfachen Leuten, bei »seinen« Leuten wohlfühlt, sondern weil das damals noch der Ort ist, wo sich die Nachrichten treffen. Er ist sich im klaren darüber, wie schwer es ist, »eine gute politische Zeitung zu schreiben. Bey jedem kühnen Gedanken, der dem Novellisten (im eigentlichen Wortsinn: dem Berichterstatter von Neuheiten, d. Vf.) entwischt, muß er einen Seitenblick auf öffentliche Ahndungen werfen; dann wird er furchtsam und kalt. Daher der schläfrige Thon der meisten Zeitungsschreiber, der in schwülen Tagen so manchen Politiker im Großvatersstuhl im Schlimmen wiegt.« Aber er, Schubart, wolle sich bei »aller widrigen Lage« doch bemühen, seinem Ideal immer näher zu kommen, »und so viel sich's thun läßt, Politik, Literatur, Dichtkunst, Musik und bildende Künste miteinander abwechseln lassen«.
Das alles sollte die Deutsche Chronik bringen, und sie hat es gebracht. Schubart hat dieses Unternehmen bis zu seinem Tode durchgehalten, das Kurzatmige und Pointierte, der reizvolle Wechsel zwischen objektivem Tatbestand und subjektiver Wertung mag ihn besonders angezogen haben dabei. Freilich läßt sich seine journalistische Arbeit gar nicht anders denken als eine Kette von Anschuldigungen und notwendigen Berichtigungen, von Drohungen und hoheitlichen Inquisitionen. Wer wie er sein Organ nicht als ein Instrument für irgendeine Ideologie oder Partei versteht, will gar nicht »Sachlichkeit« und leidenschafts-

lose »Objektivität« affektieren, sondern ganz im Gegenteil die lebendigste Selbstmitteilung eines ganzen Mannes und eines ganzen Menschen sein. Der Journalist Schubart, gerade er, tritt immer ein wenig hemdsärmelig auf, nicht als ein Mann der Form und des systematischen Denkens, sondern ganz als »Natur«, als »Kerl«, wie die Zeit ihn zu haben und zu sehen beliebt. Kommen eigene Aversionen hinzu, die angestammte Abneigung gegen Klerus und Geistlichkeit, kann ein gehässiger publizistischer Krieg daraus werden.

Die Auseinandersetzungen mit den »Jesuitern« und im speziellen mit dem teufelaustreibenden und Heilungsprotokolle publizierenden Hofkaplan J. J. Gaßner, »der Gottesgelahrtheit und des geistlichen Rechts Kandidat«, hat denn schließlich auch zur (beinahe vollzogenen) Festnahme Schubarts in Augsburg und zum Verlassen der Freien Reichsstadt geführt, diesmal übrigens (im Januar, ein paar Monate, bevor Goethe in Weimar einzog) ein wahrer Demonstrationszug für den Unerschrockenen. Unzählige Freunde und Schüler geben ihm über das Stadttor hinaus das Geleit, bis er im nächsten Dorf den Postwagen nach Ulm besteigt.

Zum zweitenmal auf Ulmer Boden. Schubart selbst hat später gesagt, er sei auf seiner Wanderschaft nie zufriedener und ruhiger gewesen als damals in Ulm. Zweimal in der Woche erscheint die Chronik, ein Blatt, dessen Ton unbekümmert und herzhaft ist wie die Rede von Männern, die beim Weine sitzen, ein Blatt, das sich in seinen besten Stücken die Frische und Unmittelbarkeit des lebendigen Gesprächs erhalten hat. Da geht er, zwischen der Schankwirtin und seinen Zuhörern in der Ecke, der Mime Schubart, im Auf- und Abgehen bleibt die produktive Erregtheit vibrierend erhalten, der Spötter Schubart, der auch den Großen am Zeug flickt, er hat die Lacher, sprich die Schoppenhocker am Wirtshaustisch, auf seiner Seite. In ihrer Zweideutigkeit sind ihm schon manche der Geislinger Schuldiktate zu publizistischen Glanzstücken geraten. Jetzt: »Seine sultanische Hoheit sind seit

einigen Tagen in tiefer Trauer. Sie haben ihren arabischen Hengst durch einen frühzeitigen Tod verloren . . . An den Ufern des Meeres starb gestern in einer armseligen Fischerhütte der große weiße Hemir. Er erstickte an einem harten Zwieback . . .«
Gehe nicht hin, wo die Spötter sitzen. Das Bibelwort ist damals nicht nur von den frömmelnden Pietistenbrüdern zitiert worden, sondern auch vom württembergischen Herzog, eben jenem Carl Eugen, der den saufenden und sinnlichen Schubart, das »Originalgenie«, schon einmal des Landes verwiesen hat. Den »König in Persien« habe ein Franzos das Filetstricken gelehrt. »Ganz Ispahan staunt über das große Genie des Schahs, der es in kurzer Zeit so weit brachte, daß er seiner liebsten Beischläferin ein Halstuch stricken konnte. Man behauptet, daß dieser weise Monarch die große Summe, welche sonst unnötigerweise für die Armen, Witwen, Waisen, Unterstützung verfallner Handelshäuser, Belohnung der Gelehrten und Anbauung des Landes bestimmt war, zur Errichtung eines prächtigen Hauses für Gaukler und Taschenspieler verwenden werde.«

Schubart hat noch Schärferes geschrieben. Wieviel davon auf das Konto der »sehr bösen und sogar gotteslästerlichen Schreibart« gesetzt wurde, deren ihn Carl Eugen in seinem Verhaftungsdekret anklagte, wissen wir nicht. Es scheint überhaupt müßig, nach einem Verhaftungsgrund im modernen strafrechtlichen Sinne des Wortes zu suchen. Carl Eugen hat Schubart vom reichsstädtischen Ulm, über das er nicht mehr zu gebieten hatte, auf württembergischen Boden nach Blaubeuren locken, dort am 23. Januar 1777 verhaften und auf den Asperg bringen lassen. Dort erschien Carl Eugen zehn Jahre danach, am 11. Mai 1787, und ließ ihm durch den Mund seiner Gemahlin, jener Franziska, seine Freiheit verkünden.

So grausam dieses Jahrzehnt Gefangenendasein war: es war nicht, wie der Schubart-Mythos noch heute will, die Bestrafung für eine politische Tat, sondern, so schwer wir uns an diesen Gedanken gewöhnen, eine Erziehungskur, die der aufgeklärte

Machthaber meinte, in aller Verantwortlichkeit durchführen zu müssen. Schon die »gefängliche Niederwerfung«, wie der herzogliche Erlaß an den Blaubeurer Oberamtmann, den armen Teufel, sich ausdrückt, war keine Aktion über Nacht. Mehr als vier Wochen lang, berichtet der Amtmann hernach im amtlichen Rapport an den Herzog, sei die Sache vorher in Ulm herumgegangen, wahrscheinlich hat er die Zeitspanne noch zu klein angesetzt. Schubart ist keineswegs, vertrauen wir seinem eigenen Bericht, aber auch einer Reihe von Briefen aus seiner engsten Umgebung, unvermutet in die Falle gegangen. Er wird, gleichfalls Wochen vorher, von Gesichtern und Träumen geplagt, die ihm alle klarmachen, daß er um die Verhaftung nicht herumkommen wird. Eine Unterwerfung unter den herzoglichen Rohrstock, unter einen fürstlich-legitimen Erziehungsprozeß, dessen Art und Ende noch in den Wolken steht? Als er sich am Morgen des 23. Januar in Ulm von seiner Frau verabschiedet, weiß er, daß das eine Trennung für lange wird. Das schlechte Gewissen dessen, der weiß, daß er noch »gebessert« werden muß?

»Sie soll einen gebesserten Mann wieder bekommen, gegenwärtig ist Er aber noch immer auf irwege.« So der Herzog an die Schubartin, die köstliche Orthographie zeugt für die Echtheit. Der reichsstädtische Stadtstaat, dem Schubart, wie er auf seine alten Tage konstatiert, doch sehr deutlich verhaftet ist, kennt sie nicht, die aufgeklärte Staatsräson. Der genossenschaftlich-gemeindliche Schwurverband, immer noch gültiges Relikt aus mittelalterlichen Zeiten, läßt dem einzelnen bei aller Bürgerverpflichtung für das »gemeine Wesen« so viel Spielraum, daß handwerkliche, ökonomisch-kommerzielle und schließlich auch im Rahmen der sozialen Mobilität wirksame Aktivitäten innerhalb einer privaten Sphäre verbleiben. Im Flächenstaat scheren merkantilistische Staatswirtschaft und Untertanen-Verpflichtung alle über einen Kamm. Wer nicht für mich ist, ist gegen mich. Hier ist Obrigkeit nicht Macht auf Zeit, sondern väterliche Fürsorge, sprich totale Zuständigkeit, auch in dem Bereich, den der Reichsstadt-Bürger als »privat« anzusprechen geneigt ist. Bezeichnend der Satz des reichsstädtisch-geislingischen Beamten und Schwiegervaters an Schubarts Bruder, den reichsstädtischen Stadtschreiber in Aalen: »Was gehen Hrn. Bruders Fehler Frembde an, welche, so viel bewußt ist, andern wenig, und nur ihme selbst und den seinigen den grösten und unersetzlichen Schaden und Nachtheil gebracht haben.«

Carl Eugen will – und muß – aus dem bemerkenswert unabhängigen Kritiker und Spötter Schubart einen Untertanen machen, aus der »Natur« Schubart die verläßliche Norm. So, wie die Hekken und Büsche im Ludwigsburger Schloßgarten in Reih' und Glied stehen, so hat sich auch der Wildwuchs Schubart einzuordnen und, fast hätte man gesagt, das richtige Bewußtsein zu haben. Die – drakonisch souveräne – Erziehungsprozedur auf dem Asperg ist nichts anderes, als wenn heute aus der DDR eine Mutter in die Bundesrepublik geschickt wird, ihren achtzehnjährigen Sohn, der gelegentlich einer Konzertreise seines Chors ausgeschert ist und um politisches Asyl gebeten hat, wieder zurückzuholen. Der Staat ist der Vater. Er hat, das ist ernsthaftes Aufklärererbe, die wirklichen Maßstäbe für das Glück seiner Bewohner. Wer sich der väterlichen Fürsorge entzieht, begeht Fahnenflucht. Wer fortwährend Kritik, in welcher Form auch immer, an der Omnipotenz dieses Staates übt, muß zum richtigen Bewußtsein erzogen werden.

Und wenn das zehn Jahre dauert. Schubarts Asperger Gefangenschaft unterscheidet sich auch darin vom »normalen« Verbrechergefängnis, daß sie in verschiedenen aufeinanderfolgenden und therapeutischen Stufen praktiziert wird. »Über Jahr und Tag« liegt Schubart, nach seinen eigenen Worten, »im Schauergewölbe auf faulem Stroh, beträuft vom Thau des Felsen, daß mein Schlafrok an meinem Leibe verfaulte.« Drei Jahre verwahrt man ihn »in andern Gefängnissen«, ohne ihm Bücher oder Schreibmaterialien oder Besuche zu gönnen. Drei weitere Jahre genießt er sogenannte »Vestungsfreyheit«, mit relativ vielen Bewegungsmöglichkeiten, mit literarischen und theatralischen und musikalischen Aufträgen aller Art: wieder gerät Schubart zusehends in den alten Zwist zwischen Sinnenwunsch und Christenpflicht, zwischen dem Weib zu Hause – mit deren Erscheinung und Existenz er sich in Dutzenden, in Hunderten von ungeschriebenen und geschriebenen Briefen auseinandersetzt – und dem hohen und geringen Weibervolk des Großgefängnisses, zwischen kurzlebiger Gelegenheitsdichtung und ernsthafter, gültiger Arbeit. Schließlich macht der Herzog, der seine Frau versorgt und seine Kinder gnädigst in die Akademie, in die »Sklavenfabrik« aufgenommen hat, aus Schubarts Gefängniszelle eine Redaktionsstube: Schubarts gesammelte Werke erscheinen in der Akademie, was dem treusorgenden Landesherrn etliche tausend zusätzliche Gulden einbringt. Schubart selbst versteht die Welt nicht mehr. »Ich arbeit' die Musikalien für den Druck aus und ordne dazwischen den zweiten Band der Gedichte. Unerhört, daß ich diß Alles im Keficht thun soll.«

Manchmal und zumal in den ersten Jahren hat man das Originalgenie Schubart droben auf der Festung Asperg bewundert wie den Panther hinter Eisenstäben. Die Natur im Rohzustand, für die uniformierte Welt barocker Puderperücken ein unerhörtes Erlebnis. »Von einer Dame, die gegenwärtig war, als dem Dichter nach mehrjähriger Gefangenschaft die Kerkerthüre zum erstenmal geöffnet wurde, erfuhr ich Folgendes: Als Schubart die Schwelle überschritt und in einiger Entfernung auf dem Wall ein für ihn aufgestelltes Klavier wahrnahm (es war ein sehr schöner Tag), stürzte er sich auf dasselbe, wie ein Tiger auf seine Beute, stürmte eine Zeitlang auf den Tasten wie wahnsinnig, und bemerkte erst nach einiger Zeit mehrere Damen, die Augenzeugen von dieser seiner ersten Erlösung waren. Er komplimentirte sie zwar sehr höflich und freundlich, raste jedoch sogleich wieder zu seinen langentbehrten Saiten zurück.«

Das Experiment der landesväterlichen »Correction« ist gründlich mißlungen. Carl Eugen, der Tyrann, der zum Schulmeister geworden – Schubart selbst hat das besagte Epigramm nie publiziert –, hatte einen lückenlosen pädagogischen Plan entworfen; Rieger, der Festungskommandant, der selbst in Festungshaft »gebessert« worden war, hatte ihm assistiert, und der Pfarrer Philipp Matthäus Hahn, der Mechanikus und Weltuhrenbastler, der wahre Christ und Theologe Oetinger-Bengelscher Prägung, war ihm als Schubarts Seelenarzt akkreditiert. Der übergab Schubart eine Niederschrift, »Gedanken, wie Herr Schubart seine Zeit in seiner Gefangenschaft am nützlichsten anwenden könnte«, eine geistige Diätetik, deren Ratschläge auf Gebet und Bibellesen hinausliefen.

Gewiß, Schubart durchläuft alle Phasen von Reue und Verzweiflung und Hoffnung. »Einst lag ich nachts auf meinem Boden im heißen, stürmenden Gebet für mich! – für meine Lieben! – für meine Verfolger! – für die Welt!!« Aber dann bricht wieder die alte, »hochschallende« Lebendigkeit hervor. Als man das Festungstor für ihn öffnet und er anderntags, kuriert von Herzogs Gnaden, seine Briefe aus Stuttgart als »Schubart, Prof. u. Herzogl. Theaterdirektor« unterschreiben darf, hat er alles durchgemacht, nur keine Wandlung. Schrieb er doch vom Asperg seinem Weib: »In vielen Stücken langst Du vom neuen Schubart: abgestorbenes Herz, kalte Liebe, kühle Klugheit, ersticktes Feuer, Fühllosigkeit gegen Schönheit und Größe, heuchlerisches Zurückhalten, steife Gravität, Drachenökonomie, Modeschwäche – so laß mich . . . ich will sterben als der alte Schubart. Meinst Du aber Trinklust, Wollust, Religionszweifel: so muß ich Dir sagen, daß ich gern ein Glas Wein trinke, wenn ich's habe; daß ich noch so viel Wollust besitze, mir zu wünschen, alle Nacht in Deinen Armen zu schlafen, und daß ich, so gut wie Paulus, weiß, an wen ich glaube . . .«

Schubart war nicht nur der mutig-gewitzte Zeitungsmann, der Dichter, der »zwei poetische Pferde im Stall stehen« hat, »einen Postgaul und ein Flügelroß«, will heißen eine Dichtung schwäbischen Schlags und eine, die Klopstockische Liverei trug, nicht nur der Literaturvermittler für Schwaben, nicht nur der Orgelvirtuose internationalen Rangs und Bachs glühender Verehrer, als man allenthalben die tändelnden Divertimenti liebte: Er war das ungeschliffene und für manchen Geschmack vielleicht ein wenig zu derbe Gefäß eines zutiefst schöpferischen, künstlerischen Geistes. Er sei gar nicht rechtens begraben worden, tuschelte man sich noch in den ersten Jahrzehnten des 19. Jahrhunderts zu. Er habe den Sargdeckel wieder aufgestoßen und der bigotten Trauergemeinde gelacht. Der Mythos von einem, der sich nicht hat zum Sklaven machen lassen.

Friedrich Schiller

... Glühend für die Idee der Menschheit, gütig und menschlich gegen den einzelnen Menschen und gleichgültig gegen das ganze Geschlecht, wie es wirklich vorhanden ist, – das ist mein Wahlspruch ...

Schiller an Johann Benjamin Erhard, Jena, 5. Mai 1795

Hitler habe, so erzählt uns Carl Jacob Burckhardt, seinen Reichskanzleichef Hans Heinrich Lammers einmal mitten in der Nacht gerufen und ihn gefragt: »Haben wir in der Reichskanzlei eine Ausgabe der gesammelten Werke Friedrich Schillers?« Lammers habe das nicht beantworten können. »Schauen Sie nach«, habe Hitler ihm gesagt, »und falls die Bücher vorhanden sind, suchen Sie mir den Aufsatz über den Verbrecher aus verlorener Ehre.« Burckhardt hatte die Erzählung Schillers in seinem in die Hände Hitlers lancierten Bericht über das KZ Esterwegen erwähnt. Hitler habe dann »den Text des großen, freien und reinen Geistes aufmerksam gelesen, habe sich aber nicht geäußert«. Hitler als Leser der Geschichte vom württembergischen Generalverbrecher, dem jugendlich-tragischen Schwanenwirtssohn aus Ebersbach an der Fils. Der Fall, nur als Andeutung überliefert, ist merkwürdig genug. Hat Hitler eine Legitimation für *seine* Verbrechen bei Schiller gesucht? War er ihm genehm oder gar vertraut als der selbstverständliche Garant für alle nationalistische Propaganda? Wir passierten damals, wenn wir, gestern noch auf der Schulbank, durch das Münsinger Große Lagertor zur grausam-öden »vormilitärischen Ausbildung« einzogen, das breite Spruchband »Nichtswürdig die Nation, die nicht ihr Alles freudig setzt an ihre Ehre«.

Wenn Schillers massivste und populärste Wirkung je in diesen Evokationen zur nationalen Würde gelegen haben sollte, man hat das 19. Jahrhundert mit seiner demonstrativen Nationalismus-Tendenz in allem Ernst das Jahrhundert Schillers genannt: bleibt das Schillers vornehmste Mission nach wie vor? Ist er darin aktuell? Vielleicht ist den Deutschen seit den Ostverträgen auch die eigene Nation, an deren Ehre sie einmal ihr Alles freudig, wenngleich weniger glücklich gesetzt hatten, endgültig unreal geworden und damit das schöne Tableau der zum Rütlischwur gereckten eidgenössischen Hände oder das Melodrama der behelmten Patriotin von Orleans.

Ist Schiller noch aktuell? Der Kurswert von Schillers Werken ist, sagen die Statistiker, seit 1959, dem Jahr seines Zweihundertsten, merklich gesunken auf den deutschen Bühnen. Das heutige Regisseur-Theater mit seinen spekulativen Handlungskonzepten und interpretatorischen Haarspaltereien und philologischen Heilsverkündigungen hat wenig Boden für das dramatische Leben in Schillers Stücken. Und was das »nationale Erbe« in ihnen anlangt, so hat Schiller 1789 selbst festgehalten, es sei ein armseliges und kleinliches Ideal, für eine Nation zu schreiben, »einem philosophischen Geiste«, als den er sich ganz erkennen und begreifen mußte, »ist diese Grenze durchaus unerträglich«. Es sei, so ein halbes Jahrzehnt später, »das Vorrecht und die Pflicht des Philosophen wie des Dichters, zu keinem Volke und zu keiner Zeit zu gehören, sondern im eigentlichen Sinne des Wortes der Zeitgenosse aller Zeiten zu sein«.

»Um Schiller betrogen«, heißt der Titel eines der jüngsten Schillerbücher. Kein Zweifel, daß wir heute sein Werk, seine Verse und vor allem seine Prosa, in gänzlich neuer Weise zu befragen und uns das poetische, das philosophische Werk vom Wort, vom Original her (wieder) anzueignen hätten. Der Abschied von der Klassizität Friedrich Schillers ist gleichbedeutend mit einer vor-

urteilslosen Wiederbemühung um sein Werk und seine Biographie.
Wir versuchen, ein paar Zusammenhänge zwischen Leben und Werk dieser Wiedergewinnung dienstbar zu machen. Johann Christoph Friedrich Schiller ist als zweites Kind am 10. November 1759 in Marbach am Neckar geboren und am folgenden Tage getauft worden. Sein Vater Johann Caspar Schiller kam nach Beendigung des Österreichischen Erbfolgekrieges am 14. März 1749 nach Marbach, um seine dort mit einem Fischermeister verheiratete Schwester zu besuchen; er hatte nach amtlicher Prüfung als Wundarzt ein paar Wochen darauf, am 22. Juli, die erst sechzehnjährige Tochter des Marbacher Löwenwirts Kodweiß geheiratet. Eine Woche später erhielt er das Marbacher Bürgerrecht. Der Vater war als Sohn eines Bäckers und Schultheißen in Bittenfeld bei Waiblingen geboren worden, die Marbacher Kodweiß – auch der Löwenwirt war zugleich Bäcker – waren eine alte Marbacher Familie, auch sie Bäcker und zeitweise Schultheißen der Stadt. Man wird in der Mutter- und Vaterlinie schlecht von soziologischen Spannungen und Verwerfungen reden können, nirgendwo ein Hiatus zwischen Anspruch und Wirklichkeit, nirgendwo die latente Antinomie von Klassen: Schiller ist ein Sproß der dörflich-kleinstädtischen Zunftaristokratie. Sie kennt ihre Grenzen, aber sie weiß auch, wo sie zuständig und wo sie unersetzbar ist. Es ist eine altwürttembergische, von Selbstsicherheit durchzogene, aber auch in die »unterthänige« Abhängigkeit vom Landesherrn gebettete Ordnungswelt. Die gleichermaßen bürgerliche Lebenssphäre Goethes, ein Reichsbürgertum von etlichen höheren Etagen, wirkt demgegenüber sehr viel feiner und hat, in ihrem äußeren Lebenszuschnitt, schon einen Schuß Adelskonkurrenz.
Schillers Vater bleibt »Handwerker«, einer, dem es um zünftige und ehrliche Arbeit zu tun ist, sein Leben lang. Aus dem Feldarzt, der seiner Praxis ganz aus Erfahrung und manueller Fertigkeit heraus nachkommt, macht der Herzog am 5. Dezember 1775

einen Gärtner; er ernennt ihn zum Vorgesetzten der herzoglichen Hofgärtnerei und Forstschule auf der Solitude mit dem Titel eines Intendanten. Caspar Schiller bereitet den Boden für die württembergische Obstbaumzucht und pflanzt die in seiner Schule gezüchteten Hochstämme an die wichtigsten württembergischen Chausseen. In hohem Alter hat er in einer seiner ökonomischen Schriften das ausgesprochen, was ihn zeitlebens bewegte. »Die Erde ist gleichsam ein Stoff, den die Vorsehung den Fürsten ausgeteilt und unter die Hände gegeben hat: Sie soll nicht nur auf die würdigste Art zum Nutzen der Menschheit gebraucht, sie soll auch verschönert werden.« Was der Vater unter typisch feudalistischer Observanz wörtlich versteht, überträgt der Sohn hernach, in seinem Gedicht »Der Spaziergang« etwa, auf die gepflegte und vom Menschengeist belebte Natur: Harmonie von Kunst, Farbe, Stil und Natur.

Was den Sohn übrigens in seiner Kindheit anlangt, so hat der Vater ihm 1790 einmal, als der längst berühmte Dichter eine Geschichte seines Geistes schreiben will, Aussprüche aus seiner frühesten Jugend mitgeteilt. »Die Geschichte Seines Geistes kann interessant werden, und ich bin begierig darauf. Kommen zarte Entwicklungen der ersten Begriffe mit hinein, so wäre nicht zu vergessen, daß Er einmal den Neckar-Fluß gesehen, und sonach im Diminutivo jedes kleine Bächgen ein ›Neckarle‹ geheißen. Wiederum hat er einen Galgen bei Schorndorf, als Mama mit ihm nach Schwäbisch Gmünd gefahren, einer Mausefalle verglichen, weil er vor diesem Mausefallen gesehen hat, die einem Galgen glichen. Sein Predigen in unserem Quartier, der Herberge zur Sonne in Lorch, da man Ihm statt Mantels einen schwarzen Schurz, und statt Überschlager ein Predigt-Lümpchen anthun müssen.«

Tatsächlich sollte und wollte der Sohn Pfarrer werden; die altwürttembergische Normal-Karriere, nicht zuletzt unter dem Einfluß des Pfarrers Moser in Lorch, wohin die Familie des Werbeoffiziers Schiller Ausgang 1763 verzogen war, war schon beschritten. Freilich fielen die Zeugnisse zum vierten Landexamen, sein Bestehen war die Voraussetzung zur Aufnahme in eine der evangelischen Klosterschulen, weniger günstig aus. Wohl möglich, daß rasches körperliches Wachsen und Kränklichkeit die Ursache für das Nachlassen waren; auch später gibt es gewisse Perioden langsamen Fortschreitens; Schiller muß die dritte Klasse wiederholen.

Aber er wird nicht Klosterschüler der württembergischen Stände, sondern Carlsschüler des Herzogs. Im Dezember 1766 war der Vater nach Ludwigsburg zurückversetzt worden, kaum denkbar, daß der siebenjährige Bub am größten damaligen Theaterbau mit seinen Säulen und Spiegelwänden und Logen achtlos vorübergegangen wäre, daß der wahnwitzige Luxus der Feste- und Fontänenstadt seiner Vorstellungskraft sich nicht eingeprägt hätte. Neben dem Gelichter der Hofschranzen und den unglücklichen Mätressen – diese ganze List- und Lüge-Welt lodert später im feurigen Pathos seiner Jugenddramen auf – ist es die gnadenlose Zucht der Lateinschulstube, die ihn prägt. Nicht nur im Wortsinne ist das gemeint, Schiller ist mit seinem ganzen Werk auch der lutherisch-humanistischen wie der pietistisch geformten Tradition altwürttembergischer Wortkultur verpflichtet, sondern auch in inhaltlichem Betracht. Der Professor Jahn von der obersten dritten Klasse der Lateinschule macht kein Hehl daraus, daß er gewisse dogmatische Lehren des Christentums für recht entbehrlich zum menschlichen Seelenheil halte, und wir gehen sicher nicht fehl in der Annahme, daß Jahn in Schiller die ersten Keime zu jener idealistischen und dogmenfreien Religion gestreut hat, welche die Gedankenwelt des reifen Schiller so sehr bestimmt.

Aber der Herzog, der gleichfalls Schulmeister geworden, braucht »Material« für seine Carlsschule. Nichts liegt näher, als den Sohn eines seiner nächsten Beamten in die Militärische Pflanzschule auf die Solitude zu befehlen. Jetzt hat, ab 16. Januar 1773, der Herzog die Stelle des Vaters übernommen; die vorgedruckte Er-

klärung, den Sohn den »Diensten des Herzoglichen Würtembergischen Hauses« zu übergeben, haben der Hauptmann Johann Caspar Schiller und seine Ehefrau Elisabetha Dorothea, geborene Kodweißin, am 23. September 1774 unterschrieben. Herzog Carl Eugen, sicherlich ein rigoros-absolutistischer Herrscher, ein Despot, aber auch ein Fürst, der unter seinesgleichen eine der geschätztesten Bibliotheken hütete, Lavater, gewiß ein guter Menschenkenner, rühmt an ihm »die originellste und schönste Mannesbildung«: Carl Eugen *ist* Vater. In einem Brief an den Intendanten der Carlsschule von Seeger unterstreicht er einmal, daß ihm »auch die mindesten Kleinigkeiten zu melden seyen, damit alles durch eine Hand, durch einen Befehl, immer mit gleichen Schritten beurteilt und abgemacht werden könne«.
Es ist üblich geworden – Schiller selbst hat später diese Legende tendenziös genährt und illustriert –, in der Carlsschulzeit seine Sklavenzeit zu sehen, während der er sich, gepeinigt, gequält, zensiert, im Kampf gegen dumpfen Ungeist halb verblutet hat. Nun wird man die Dinge aus ihrer Zeit heraus und freilich auch ohne alle soziale oder pädagogische Romantik verstehen wollen. Keine Frage, daß dem Institut das Prinzip einer militärisch-formalistischen Regularität zugrunde lag, auch als es, mühsam genug, durch kaiserlichen Akt zur Hochschule erhoben wurde. Indessen waren Lehrplan und Unterricht der »Akademisten«, sieht man von gewissen organisatorischen Vorbildern der Ritterakademien und Jesuitengymnasien ab, eine Sache für sich und sonst nirgends mehr vorzufinden. Schiller hat die erste beste Gelegenheit benützt, vom ursprünglich gewählten Jura-Studium 1776 zur Medizin überzuwechseln, in einem Stammbuch trägt er sich zwei Jahre später, er ist erst am 14. Dezember 1780 aus der Carlsschule entlassen worden, mit »der Artzt, der Dichter, und dein Freund« ein.
Die auch bereichernde und positive Wirkung der Carlsschulzeit läßt sich allein an den Resonanzen des Medizinstudiums in seinem Werk erkennen. Der junge Schiller erfährt hier den Men-

schen vom Leiblichen her, er studiert tiefer fundierte Menschenkunde, er lernt, mittels seiner physiologisch-psychologischen Untersuchungen den »Komödienmenschen« von der »Kopie der wirklichen Welt« zu trennen. Seine zweite medizinische Dissertation »Versuch über den Zusammenhang der thierischen Natur des Menschen mit seiner geistigen« geht in die gleiche Richtung wie seine Tugendrede in der Akademie: der Dualismus Sinnenglück und Seelenfrieden ist überwölbt von der Harmonie der schönen Seele. Hier liegt der Ursprung des idealistischen Stils in den reifen Dramen. Bis tief hinein in die Vorstellung vom Tragischen bekundete der Denker Schiller eine Vorliebe für das klassische Maß, die triebhaften Leidenschaften und die dauernden Ideen in einer schönen Mitte zu versöhnen.

Es wäre reizvoll, wichtigste Vorarbeit ist lange geleistet, das sehr gründliche – man denke an die durchaus fragmentarisch-intuitive Studienzeit Schubarts – und das disziplinierte Lernen während der Carlsschulzeit in seiner Wirkung auf das höchst disziplinierte ganze Lebenswerk Schillers zu untersuchen. Ohne Frage ist, erste Warnung vor aller Überhöhung, daß das Genie in diesem Menschen unendlich viel an Unerklärbarem präsentiert und wenig Raum mehr für irgendeine Deutung von Genese übrigläßt. Indessen war in Carls Akademie Kunst mehr als angewandtes Handwerk, eine Form autonomen Lebensausdrucks: Später wird der gelehrigste Zögling Schiller die Menschenerziehung auf einer ästhetischen Basis begründen. Als der Philosophie- und Ästhetikprofessor Jakob Friedrich Abel, sein verehrtester Lehrer, den Kampf der Pflicht mit der Leidenschaft anhand einiger Szenen aus Shakespeares Othello erklärt, ist Schiller sichtbar am meisten beeindruckt. »Kaum war die Vorlesung vollendet«, so Abel, »so begehrte er das Buch von mir, und von nun las und studierte er dasselbe mit ununterbrochenem Eifer.« Die von Abel gelehrte Seelen- und Menschenkunde, gipfelnd in Sätzen wie: jeder Mensch habe eine seinen Leidenschaften entsprechende Anschauung, hat Schiller mitten hineingeführt in die

Problematik seiner eigenen Natur; die Philosophie gehört von nun an zum Mittel seines Geistes, mit den Erfahrungen der Dichtung, der Gefühlswelt, der Geschichte, der Wissenschaft fertigzuwerden.

Schillers Befreiung vom »Vater«, dessen Stelle Carl Eugen usurpiert hat, von der absolutistischen, wenn auch nach den Ansprüchen einer Aufklärung motivierten oder drapierten Bevormundung, wird durch die Zuweisung einer auch positiven Rolle an den Herzog und an seine Schule nicht geringer. Im Gegenteil, die Flucht aus Stuttgart ist damit weit mehr als das wagemutig-theatralische Verstellungsstück jenes Doktor Ritter (so lautet Schillers Paß) und Doktor Wolff (so der seines Freundes und Begleiters Johann Andreas Streicher), deren Wagen am 22. September 1782, abends um 10 Uhr durch das Esslinger Tor der Residenzstadt Stuttgart will. Als die Wache nach den Pässen verlangt, treten die beiden Reisenden aus dem Schatten der Wagenfenster kaum heraus. Der russische Großfürst Paul Petrowitsch, der spätere Zar Paul I., und seine Gemahlin, eine Nichte Carl Eugens, waren in diesen Tagen zu Besuch in Stuttgart, große Redoute mit den Akademisten, große Hirschhatz am Bärensee, am Abend sahen die Gäste die Solitude mit mehr als 90000 Lampen in Märchenglanz erstrahlen: diese tumultuöse Nacht haben die Freunde zur Flucht benutzt. »Gegen Mitternacht«, Streicher, später in Wien im Musikleben der Stadt ein geachteter Mann, berichtet so, »sahen wir links von Ludwigsburg eine außerordentliche Röthe am Himmel, und als der Wagen in die Linie der Solitude kam, zeigte das daselbst auf einer bedeutenden Erhöhung gelegene Schloß mit allen weitläufigen Nebengebäuden sich in einem Feuerglanze, der sich in der Entfernung von anderthalb Stunde auf das Überraschendste ausnahm. Die reine, heitere Luft ließ alles so deutlich wahrnehmen, daß Schiller seinem Gefährten den Punkt zeigen konnte, wo seine Eltern wohnten, aber alsbald, wie von einem sympathetischen Strahl berührt, mit einem unterdrückten Seufzer ausrief: ›Meine Mutter‹!«

Was zur Flucht geführt hat, ist bekannt. Nach seiner Akademieentlassung wird Schiller in das Grenadierregiment Augé als Regimentsmedikus übernommen. Öder, wenn auch nicht schwerer Lazarettdienst bei zweihundertvierzig, meist abgelebten Invaliden, jeden Morgen Meldung auf der Wachstube, achtzehn Gulden im Monat: Schiller hat den Zwang mit der Pauvreté vertauscht. Die Bitte des Vaters, ob der Sohn nicht auch eine Privatpraxis eröffnen könne, schlägt der Herzog ab: »Sein Sohn soll Uniform tragen.« Nach den noch geltenden Bestimmungen war es gar nicht möglich, Schiller eine Approbation zu erteilen. Männerbündelei, Räuberkameraderie. Man trifft sich im »Goldenen Ochsen«, Stuttgart, Hauptstätterstraße 30, zu Kartenspiel, Suff, Kegelpartien. Als Schiller einmal die Freunde nicht antrifft, kritzelt er auf ein Papier: »Seid mir schöne Kerls. Bin da gewesen und kein Petersen, kein Reichenbach. Tausend Sakerlot! Wo bleibt die Manille (ein leichtes Kartenspiel) heut? Hol' Euch alle der Teufel! Bin zu Haus, wenn Ihr mich haben wollt. Adies, Schiller.« Zu Hause, das war die Hauptmannswitwe Luise Dorothea Vischer, geborene Andreae, bei der Schiller zur Untermiete wohnte, entferntes Vorbild sicherlich für die Gedichte an Laura, blaue, schwärmerische Augen, artige Fertigkeiten im Klavierspiel. Nachhaltiger wirkte sicherlich der Schubart-Besuch auf dem Asperg. Durch Hoven, den Freund, dem als Physikus auch der Asperg unterstand, wurde Schiller als Doktor Fischer zu dem Gefangenen geführt. Man sprach über die Räuber und Schiller. Rieger, der Gefallen an der Szene hatte, lüftete das Inkognito, und Schubart fiel Schiller unter Tränen um den Hals. Als er ein Jahr darauf Schillers noch württembergisch-schwäbische »Anthologie auf das Jahr 1782« in Händen hält, schreibt er seiner Frau: »Schiller ist ein großer Kerl – ich lieb' ihn heiß – grüß ihn!« Den Boden freilich für die enthusiastische Verehrung (zur Mutter Schillers, als die ihn 1784 auf dem Asperg besucht: »Gebenedeit bist Du unter den Weibern und gebenedeit ist die Frucht Deines Leibes!«) gaben die Räuber, die waren fertig, als Schiller die Carlsschule verließ, die eine oder andere Szene daraus hatte er, nicht zensiert oder verfolgt deshalb, seinen Freunden vorgelesen, auch auf dem Bopser droben. Wie das Stück, im Kern gar kein Drama für die Bühne, eigentlich entstanden, bleibt das Geheimnis des Genies. Schubarts Aufsatz »Zur Geschichte des menschlichen Herzens« gab allenfalls ein vordergründiges Handlungsgerippe dazu, aber nicht den Boden für das, was es wurde, die Überwindung des »Sturm und Drang«. Der geballte Kraftstil herrscht vor, aber er ist im Unterschied zu den Stürmern und Drängern in einen klaren an- und abschwellenden dramatischen Rhythmus gebannt. Die Rhetorik des Räuberstils ist auf eine Weise lebendige Gebärde, gestaltete Stimmung, geformter Gedanke, wie in keinem Drama sonst aus der Zeit. Jeder Satz eine Anklage gegen Bestehendes, ein Zeitdokument, durchläutert von gelernter, zynischer, empörender Dialektik. Man müsse die Leute inkommodieren, schreibt Schiller im August 1797 aus Jena an Goethe, man müsse ihnen ihre Behaglichkeit verderben, sie in Unruhe und in Erstaunen setzen. »Eins von beiden, entweder als Genius oder als ein Gespenst, muß die Poesie ihnen gegenüberstehen: Dadurch allein lernen sie an die Existenz einer Poesie glauben . . .«

Mit den »Räubern« eröffnet Schiller diese poetische Praxis. Sie haben ihn über Nacht berühmt gemacht. Bei der vom Freiherrn von Dalberg, dem Intendanten des Mannheimer Nationaltheaters dort arrangierten Erstaufführung am 13. Januar 1782, als gegen den Schluß hin das Theater in ein »Tollhaus« umschlug, war Schiller inkognito mit seinem Akademiefreund Petersen ohne Urlaub zugegen. Da dem Herzog die unerlaubte Reise verborgen blieb, änderte sich nichts am Alltag des Herrn Regimentsmedikus, es sei denn, man wolle den Auftrag der württembergischen Generalität an einen ihrer jüngsten und niedrigsten Offiziere, eben unseren Friedrich Schiller, ein Leichencarmen auf den gerade verstorbenen General Rieger zu schreiben, als einen Kasus besonderer Art bezeichnen. Rieger war der Asperger

Festungskommandant, »Bekehrer« Schubarts und einmal einer der übelsten Speichellecker und grausamsten Kreaturen des jungen Herzogs, jeder Württemberger wußte das damals. Schiller hat eine achtstrophige Schmeichelrede geschrieben, ein einziger Hymnus auf den Verstorbenen.

Und ist, zu einer am 26. Mai erfolgten »Räuber«-Aufführung, diesmal mit Frau von Wolzogen und der Hauptmännin Vischer, noch einmal unerlaubt nach Mannheim gefahren. Wieder zurückgekehrt, fällt ihn die Grippe an, ein Gemütszustand heftigster Unruhe überkommt ihn, der die Sehnsucht nach Freiheit sehr wesentlich steigert. Ein hinreißender Brief an den allmächtigen Intendanten vom 4. Juni, wo die unerträglichste Zwangslage in Schwaben und die glänzenden Verhältnisse in Mannheim dramatisch konfrontiert werden, bleibt wohl unbeantwortet. Statt dessen wird die unerlaubte Entfernung, militärgesetzlich zu reden, die Fahnenflucht, seinem Vorgesetzten, dem Generalfeldzeugmeister Augé gemeldet, und der berichtet es pflichtgemäß bei der täglichen Audienz dem Herzog. Eine sicherlich knappe Unterredung zwischen Übeltäter und »Vater«, sprich Landesherrn und Armeechef, untersagt Schiller jede Verbindung mit dem Ausland, er hat sich unverzüglich bei der Hauptwache zu melden, dort seinen Degen abzugeben und einen vierzehntägigen Arrest anzutreten. »Weilen er außer Land ohn Urlaub greißet seye.« Dies am 28. Juni. Am 15. Juli, dem Verbot zum Trotz, ein zweiter Brief an Dalberg, mit der verzweifelten Drohung, wenn er nicht nach Mannheim könne, werde er, Schiller, »alsdann gezwungen seyn, einen Schritt zu thun, der mir unmöglich machen würde, zu Mannheim zu bleiben«.

Und schließlich letzter Akt: man nimmt in der Schweiz Anstoß an einer Stelle der Schauspielfassung der »Räuber«, wo Graubünden als das »Athen der heutigen Gauner« apostrophiert wird, Spiegelberg, der ewig Schwätzende und Seifenblasen Aufwirbelnde, lacht das in die Runde. Dem Herzog Carl Eugen ist der literarische Part des Falles Nebensache, der politische indessen

7 Schillers Flucht aus Stuttgart in der Nacht vom 21. auf 22. September 1782. Links der Freund und Gefährte Johann Andreas Streicher. Rechts oben die – freilich arg phantasievolle – festlich erleuchtete Solitude. Lavierte Bleistiftzeichnung von Th. v. Oer. 1859 oder früher

8 Schiller als Regimentsmedikus. Öl von Ph. Fr. Hetsch 1782

reizt ihn, er hat von derlei Anstößigkeiten, siehe Schubart, schon zu viele erlebt. Petersen, der Akademiefreund, berichtet später (Aufzeichnungen anderer decken sich damit), daß der Herzog in dieser Hohenheimer Unterredung Schiller auf das heftigste angefahren und mit den Worten geschlossen habe: »Ich sage, bei Strafe der Kassation schreibt er keine Comödien mehr«.
Zwei Jahre später bemerkt Schiller in der Ankündigung der Rheinischen Thalia, die »Räuber« hätten ihn »Familie und Vaterland« gekostet. Weniger oder mehr als das: Sie haben ihm das Leben, sein Leben gegeben. Am 1. September erhält der Herzog eine »in devotester Submission ersterbende« Bittschrift des Regimentsmedicus, wenn er, Schiller, »die literarische Freyheit zu weit getrieben« habe, wolle ihm der Herzog öffentliche Rechenschaft davon geben lassen. Aber er solle das Verbot zurücknehmen. Statt einer Antwort wird ruchbar, daß General Augé den Befehl erhalten hat, Schiller sofort zu arretieren, sollte er wieder den Versuch machen, den Herzog umzustimmen. Zwei Wochen später rasselt gegen 10 Uhr nachts, Freund Scharffenstein hat Dienst im menschenleeren Stuttgart, der Wagen durchs Esslinger Tor, Doktor Ritter und Doktor Streicher zeigen die Pässe.
Was Schiller für sich gerettet hat, war nicht nur seine »literarische Freyheit«, sondern die freiheitliche Substanz seines Lebens überhaupt. Er hat sich das Recht zur Selbstgestaltung und Selbstverantwortung seiner geistigen Existenz herausgenommen, das ist längst keine literarische Kategorie, natürlich auch kein lokaler oder militärgerichtlicher Kasus mehr, sondern eine Zäsur auf dem Wege – um mit Kants Aufklärungs-Definition zu reden – des Menschen aus seiner selbstverschuldeten Unmündigkeit. Wenn irgend am Ausgang dieses aufgeklärten, dieses ersten modernen Jahrhunderts der Durchbruch zur menschlichen Mündigkeit rein und in naiver Autorität erfolgt ist, dann hier in Schillers Tat. Sie hat, so enggezogen und gleichsam privater Natur ihre Profile zunächst sein mögen, etwas von stellvertretender Kraft in sich, sie ist schließlich von weitausgreifender öffentli-

cher, politischer Konsequenz, und ich denke, die Schillerfeiern des 19. Jahrhunderts – alle diese großen und ernstgemeinten, wenn auch in vielerlei ideologisierte Bekundungen sich aufspaltenden Demonstrationen – haben allemal dasselbe gemeint: Schiller hat für uns alle mit einer jahrtausendealten Konvention gebrochen, er hat sich selber zur Autorität erklärt, zu einer von äußeren, von weltlichen, von historischen Mächten unabhängigen Instanz.

Dies, daß Schiller in dieser zunächst zögernden, dann in leidenschaftlicher Unruhe vorgebrachten Kampfansage festgeblieben ist, daß er in riesenhafter Anstrengung das Pochen auf »literarische Freyheit« zur Philosophie der Freiheit, zu einer gestaltlich-poetischen Durchdringung des menschlichen Freiwerdens und Freiseins ausgereift hat, hebt ihn freilich weit hinaus über die kurzen, knappen Distanzen des Rebellen: diese Tat ist revolutionär im elementarsten Sinne des Wortes. Ob in Mannheim als Theaterdichter, als der er – die Herren Auftraggeber denken an die Vielschreiber à la Iffland oder Kotzebue – jährlich drei Stücke liefern soll, ob im Sächsischen bei den Körners, von wo aus er (gestählt durch das Studium der Geschichte) den Weg nach Jena und Weimar antritt als der Genius, welcher der Lösung philosophischer und ästhetischer Probleme ebenso sich nähert wie dem monumentalen Gang seines klassisch-dramatischen Schaffens: immer deutlicher, immer konsequenter stärkt er sich in seinem Glauben, daß der Mensch im tathaften, sich selber überwindenden Gehorsam unter die unbedingten Forderungen des Gewissens die eigentliche Gewähr seiner Freiheit habe.

Er hat in Mannheim, zwei Tage nach der Flucht, dem Herzog einen Brief geschrieben, einen nie abgeschickten, in dem er sich noch einmal hat Rechenschaft ablegen wollen über den Grund seiner Desertion: Es ist nichts als ein ersticktes »Ich kann nicht anders« daraus geworden. »Eine innere Überzeugung, daß mein Fürst, und unumschränkter Herr zugleich auch mein Vater sey, gibt mir gegenwärtig die Stärke Höchstdenenselben einige unter-

thänigste Vorstellungen zu machen, welche die Milderung des mir gnädigst zugekommenen Befehls: nichts literarisches mehr zu schreiben, oder Ausländern zu communicieren, zur Absicht habe . . . Da . . . meine Umstände aber eine gnädigste Milderung des mir gemachten Verbots höchst notwendig machen, so zwang mich die Verzweiflung, den izigen Weeg zu ergreifen . . .«
Das lag jetzt hinter ihm. Vor ihm: das Erregendste, was dem einmal befreiten Menschen vorgegeben sein kann, die Hervorbringung der eigen-kreativen Kräfte, die Schöpfung dessen, was er dann und wieder als die »Idee der Menschheit« angesprochen, die Bändigung des »Gemeinen«, nicht nur des Gewöhnlichen und Niedrigen, sondern des Natürlichen, unterm Gesichtspunkt des Geistes und der Freiheit gesehen, Gebundenheit, Abhängigkeit, Gehorsam.

Tief betroffen macht dieses Leben uns noch heute, wenn wir den Spuren dieser Vollendung folgen: Alles ist, je weitschichtiger das Werk ausgreift, desto schmerzhafter und deutlicher, der Krankheit, dem Tode abgerungen. Der willentlich-freiwillige Antipode des willkürlich-herzoglichen »Vaters«, der in ihm einmal das kommende, große »Subjectum« gesehen hatte, das man gewähren lassen solle? Wie mußte Goethe, erst spät und auf dem Umweg über die Philosophie mit ihm verbunden, »Dieser Mensch, dieser Goethe, ist mir einmal im Wege, und er erinnert mich so oft, daß das Schicksal mich hart behandelt hat«: wie mußte Goethe, ohne allen Glauben an Willensfreiheit, vielmehr pantheistischer Notwendigkeit ergeben, fern davon, irgend etwas erzwingen zu wollen, läßlich die Stunde abwartend, auf den blicken, der bekannte: »Was ich bin, bin ich durch eine oft unnatürliche Spannung meiner Kraft«, der von sich sagen durfte, daß er körperlichen Leiden keinen Einfluß gestatte auf die Freiheit und Heiterkeit seines Geistes!

Schließlich: Betroffen macht auch die Härte, die Radikalität, mit der sich dieses Menschen Leben in immer engeren Kreisen erzieht und hinaufbildet. Schiller, der Dichter der moralischen

Idee, will wie sein Nachfolger, der Moralist und Ideendichter Bertolt Brecht, die Welt verändern: Sein eigenes Leben will diesem Anspruch genügen und adäquat sein. Das berserkerhafte Arbeiten: ein Erbe aus der heimatlichen, der väterlich-pietistischen, aus der Carlsschul-Tradition? »Die Hauptsache ist der Fleiß«, so zwei Jahre vor dem Tod, »denn dieser gibt nicht nur die Mittel des Lebens, sondern er gibt ihm auch seinen alleinigen Wert. Ich habe seit sechs Wochen mit Eifer und Sukzeß, wie ich denke, gearbeitet. Von der ›Braut von Messina‹ sind 1500 Verse bereits fertig.« Die handwerklich-zünftische Mitgift färbt wieder durch. Den Forderungen des Theaters als Meister nachzukommen, habe er, meint er, erst spät gelernt. Er ist mit »Maria Stuart« fertig, seinem sechsten Bühnenwerk, als er schreibt: »Ich fange endlich an, mich des dramatischen Organs zu bemächtigen und mein Handwerk zu verstehen.« Das Wort »Handwerk«, am Rande bemerkt, hat besonders realistischen Klang. Aber er schließt die feine Sensibilität für das Reifen des eigenen Menschen und Geistes nicht aus, bei aller Hektik nicht, die das Schillersche Leben auch gekannt hat: »Von der Wiege meines Geistes an bis jetzt, da ich dieses schreibe«, so noch 1791 an Jens Baggesen, der ihm die großzügige Unterstützung durch den Herzog von Schleswig-Holstein verschafft, »habe ich mit dem Schicksal gekämpft, und seitdem ich die Freiheit des Geistes zu schätzen weiß, war ich dazu verurteilt, sie zu entbehren.« Die Klage über die kurze Spanne Leben, die dem Sterblichen gegönnt, ist, immer wieder neu akzentuiert, im Grunde nie abgerissen, auch hier das Gegenbild zu Goethe, der sich behaglich darüber freuen konnte, wieviel man in einem Leben zustande bringe, nütze man nur die Tage und Stunden. Und dennoch verliert Schiller nie den Glauben, auch gerade für sich selbst nicht, an die tiefen und erneuernden Wirkungen der Weiterbildung des eigenen Ich. 1787 an Körner: »Wir wollen uns Zeit nehmen, einander etwas zu werden.« Das ist das Erziehungs- und Kulturideal der Deutschen Bewegung, auf einen greifbar-personalen Nenner gebracht.

Endlich: Wenn von den gesellschaftsverändernden, mithin den uns heute wieder verständlichen und die eingangs beschworene Aktualität berührenden Intentionen dieses Werkes die Rede ist, so scheint es heute kaum aufgeschlagen, geschweige denn interpretiert. Allein die Geschichte vom Verbrecher aus verlorener Ehre, die Hitler, wir hörten es, hoffentlich nicht nur diagonal gelesen hat, präsentiert ein sehr modernes Problem: die Geschichte von Christian Wolf wird zur Geschichte einer Gesellschaft, in der Freiheit und Gleichheit nicht zusammen verwirklicht sind. Freiheit ist nur für diejenigen wirklich, welche, anders als die vielen, an der Gleichheit teilhaben, ein Widerspruch in sich selbst und doch, wie man weiß, eine gesellschaftliche Realität. Auch natürlicher Ungleichheit begegnet diese Gesellschaft nicht in sozialer Verantwortung. Die gesellschaftliche Organisation führt keinen Ausgleich herbei, ersetzt nicht den Mangel, sondern potenziert die Anlagen: »Die Natur hatte seinen Körper verabsäumt.«
Schiller verdankt auch diese Geschichte seinem Carlsschullehrer Abel, dessen Vater den »Sonnenwirtle« festgenommen hatte. Niemand kann die Morgengabe seiner Abkunft späterhin korrigieren oder gar von sich abtun. Schiller selbst hat sich befreit aus ihr. Aber es ist kein neuer, anderer Adam daraus geworden, aus diesem Akt der Selbstsetzung, da würden wir den »Klassiker« gründlich mißverstehen: ein Stück Titanenkampf, der die Enge in immer wieder neuen Anläufen zu überwinden hatte und hätte überwinden sollen. Die letzten Verse, aus dem fragmentgebliebenen Demetrius-Drama, unmittelbar vor seinem Hinscheiden in der Nachmittagsstunde des 9. Mai 1805 niedergeschrieben: »O warum bin ich hier geengt, gebunden,/ Beschränkt mit dem unendlichen Gefühl!«
Auch dieses Leben ist gezeichnet – unnötig, das zu sagen – von der Hinfälligkeit. Das Zeitliche, Vergängliche, hat auch ihn geschlagen. Geblieben ist nur sein Wort, Pathos im ursprünglichen Wortsinn als Anspannung des Erleidens, und sein Bild, im genaueren die Abbildungen seines Gesichts: aus einer kantig hoch-

gewölbten Stirne springt scharfwinkelig eine knorpelige Nase hervor, die sich nach unten verdünnt und spitz endet. Allen, die es einmal sahen, war dies Gesicht unvergeßlich, »häßlich in der Ruhelage«, groß erst in den Ausbrüchen der Leidenschaft. Jean Paul hat es einmal in vortrefflicher Verkürzung so charakterisiert: »Es stellet einen Cherubin mit einem Keime des Abfalls vor, und es scheint sich über alles zu erheben, über die Menschen, über das Unglück und über die Moral.«

Georg Wilhelm Friedrich Hegel

Es ist eine neue Epoche in der Welt entsprungen. Es scheint, daß es dem Weltgeiste jetzt gelungen ist, alles fremde gegenständliche Wesen sich abzuthun, und endlich sich als absoluten Geist zu erfassen . . .

G. W. F. Hegel, Schlußkapitel der »Vorlesungen über die Geschichte der Philosophie«, Werke, ed. H. Glockner, Bd. 19, Stuttgart 1959, S. 689.

Jener badische Pfarrer werde doch recht haben, schreibt Sophie Schwab einmal ihrem Herzensfreund Justinus Kerner, wenn er behaupte, der Hegelianismus sei »für junge, gesunde Leute, für solche, die keine Kinder haben«. Das Bedenkliche, Beunruhigende, Rebellische an Hegels »Drachensaat«, wie König Friedrich Wilhelm IV. von Preußen, der Romantiker auf dem Königsthron, das einmal genannt hat, kommt in diesem schwäbischen Diktum ganz ungeniert zum Vorschein. Hegels Philosophie ist ein grandioses Gebäude, keine Brandfackel. Aber dem Gebäude hat man Ideen, Hinweise und Sätze entnommen, die sehr viel zu dem beigetragen haben, was man nicht allein unter marxistischer Perspektive Veränderung der Verhältnisse genannt hat.

Wenn er in Berlin vom Katheder herunter, er, Professor der Professoren – einer seiner Schüler wird ihn 1870 zum hundertsten Geburtstag in einer enthusiastischen Gedenkschrift als den »unwiderlegten Weltphilosophen« feiern – statt »etwas« »äbbes« sagte, war sein Auditorium entzückt. Die breite, singende Sprache hat Hegel nie verloren. Der schwäbische Dialekt mit seinen unerschöpflichen Modulationsmöglichkeiten eigne sich, so er allen Ernstes, wie kein anderer vorzüglich zum Philosophieren. Es sei auch stammesgeschichtlich begründet, meinte Paul Sakmann, selber schwäbischer Philosoph, im Nachgang zu Theodor Haering 1929, daß Hegels System zu einem Vernunftsystem geworden sei. Das Schwäbische an Hegels Rationalismus könne man mit einem seiner Lieblingswörter als »substantiell« bezeichnen, Substantialität als Gegensatz zu einer windigen Subjektivität. Hegel habe in seiner Dialektik auf das Nein gerne ein Nein gegen das Nein folgen lassen, das sei eine typisch schwäbische Anerkennung aller Gegensätze, das »so isch no au wieder«. Heinz Otto Burger hat drei Jahre später unter der Überschrift »Schwabentum in der Geistesgeschichte« eine Genealogie des schwäbischen Geistes gegeben und in Hegel »unter den Genialen die getreueste Verkörperung des schwäbischen Typus« gesehen. Seine Richtung aufs Harmonische und aufs System, sein Satz »Das Wahre ist das Ganze«, die Verbindung der Ganzheitsspekulation mit der Einheitsmystik, der Doppelsinn des »und«, das alles seien spezifische Suebica.

Man hat zwei Fragen angesichts dieser Stammes-Reklamation. Einmal: ob das nun tatsächlich die »ganze« Interpretation des Hegelschen Werkes sein kann, man denke nur an die souveräne Rolle des »Absoluten« in Hegels Gedankenwerk. Zum anderen: in welche Richtungen Hegels Wirkungsgeschichte weist. Sie müßte, überspitzt ausgedrückt, bei den Betulich-Versöhnungswilligen und den bis zum Exzeß liberalen Sowohl-als-auch-Anbetern geendigt haben (und nicht bei den Marxisten).

Aber bevor wir die Frage nach Hegel, dem heimlichen Rebellen, stellen, haben wir uns nach seiner Abkunft und den Resonanzen seines Lebens umzutun. Der Kannengießer Johannes Hegel steht am Anfang der schwäbischen Hegel-Generationen. Im Reformationsjahrhundert ist er mit den evangelischen Auswanderern von den Erblanden Ferdinands II. aus Steiermark und Kärnten nach Württemberg gekommen; daß die Hegel-Sippe aus dem Schwäbischen dorthin ausgewandert war, ist neueren Ergebnissen zufolge nicht ausgeschlossen. Im lutherischen Herzogtum und im Weinort Großbottwar hat sich Johannes Hegel bald recht heimisch gefühlt. Späterhin hat man ihn zum Bürgermeister dieses munteren, reichen Hauptortes des Bottwartales gewählt, Hegel residierte in diesem überaus mächtigen, prächtigen Fachwerkrathaus. Seine Nachkommen sind Pfarrer und Dekane, Advokaten und Stadtschreiber, in Sindelfingen, in Reutlingen, in Winnenden, in Marbach (wo das Kindlein Schiller von einem Pfarrer Hegel getauft wird). Hegels Großvater ist Oberamtmann, modern zu sagen Landrat zu Altensteig im Schwarzwald, sein Vater Sekretär bei der Herzoglichen Rentkammer und später Expeditionsrat.

Die Schwester Christiane, lange Jahre Gouvernante, an einem Nervenleiden erkrankt, in der Heilanstalt Zwiefalten und 1832 in Bad Teinach durch Selbstmord geendet, liefert nach dem Tod des berühmten Bruders und ein paar Wochen vor ihrem eigenen das Curriculum des Bübchens: »Als Knabe von 3 Jahren wurde er in die Deutsche und im 5. Jahr in die Lateinische Schule geschickt, in welchem Alter er schon die erste Deklination und die dahin gehörigen lateinischen Wörter kannte, die ihm unsere sel. Mutter lehrte, die für die damalige Zeit eine Frau von Bildung war und darum vielen Einfluß auf sein erstes Lernen hatte.«

Der junge Hegel gibt das Urbild eines Primus ab, vom zehnten bis zum achtzehnten Lebensjahr ist er im Stuttgarter Gymnasium illustre – außer den Klosterschulen der einzigen auf das Tübinger Studium vorbereitenden Lehranstalt des Landes – in seiner Abteilung der erste. Merkwürdig steif, philiströs, ältlich, diese Stuttgarter Jugend. Hegel liest furchtbar viel, aber immer mit säuberlich gefertigten gleichzeitigen Exzerpten, er ist Stammgast in der Öffentlichen Bibliothek (»ich war heute wieder auf der Bibliothek und bat um Dusch's Briefe zur Bildung des Geschmacks . . .«), gehört zu den Vertrauten des Lehrerkollegiums (»Ich ging mit Herrn Prof. Cleß spazieren«), ereifert sich arg gegen den »alle Jare erneuerten ClaßSchlendrian«, kann sich

kaum von »Sophiens Reise von Memel nach Sachsen« losreißen, zeigt sich dafür »beym Tanzmeister ganz linkisch«.
Die späteren Stimmen, man habe damals alles in diesem jungen Mann gewittert, nur nicht den großen Philosophen, gelten der letzten Stuttgarter Zeit, vor allem aber der im Tübinger Stift, in das Hegel am 22. Oktober 1788 aufgenommen wird. Neben Schelling und Hölderlin zeigt der »Compromotionale« Hegel keine Spur von Genialität, dafür ein gegenüber dem Metaphysischen überwiegendes praktisches Interesse, Nachlässigkeiten im Äußeren, eine eigentümlich kränkliche Behäbigkeit. Es gibt in Hegels Stammbuch eine Karikatur des Neunzehnjährigen, eine gesenkten Hauptes daherschleichende Krücken-Gestalt, daneben der fromme Wunsch »Gott stehe dem alten Mann bei«!
Daß in den Tübinger Jahren die geistigen Grundlagen für dieses Leben doch in sehr konkreter Weise gelegt wurden, erkennen wir an des Studenten Hegel Entschluß, nicht Theologe werden zu wollen. Im übrigen ahnen wir den geistigen Aufbruch in diesem schwerlebig-verhärteten Studentenleben mehr, als daß wir Belege dafür hätten. Es ist beides da, die unumgängliche Karzerstrafe für Hegel wegen häufigen Zuspätkommens, aber auch Platonlektüre zusammen mit Hölderlin und anderen Freunden. Daß Hegel am 27. September 1790 zum Magister der Philosophie promoviert wurde, daß er im Sommer 1793 gruppenweise mit anderen »Kompromotionalen« vor dem Konsistorium in Stuttgart das Schlußexamen ablegte, sind kein besonderes, nur ihn allein charakterisierendes Zeichen, eher dieses fragmentarische Manuskript aus der Tübinger Zeit, in dessen Zeilen Hegel sich um das Problem der Volksreligion müht (»Es liegt in dem Begriff der Religion, daß sie nicht blosse Wissenschaft von Gott . . . nicht eine blosse historische oder raisonnirte Kenntnis ist, sondern daß sie das Herz interessirt«) und mit dessen Niederschrift Hegel die Lektüre Kants und Fichtes demonstriert.
Das Stuttgarter Examen hat Hegel früher abgelegt, weil er die ihm angebotene Hauslehrerstelle in Bern rechtzeitig antreten

wollte. Im Oktober 1793 reiste er nach Bern, bleibt dort für drei Jahre, wir wissen kaum etwas über diese Zeit. Hegel hat als Hofmeister eine rechte Vertrauensstellung im Hause Carl Friedrich von Steigers, er unterrichtet die Kinder, wandert auch wohl in die Alpen und tut sich um in der reichen Privatbibliothek seines Herrn. Hölderlin, mit dem er wie mit Schelling eine höchst lebendige Korrespondenz führt, bewegt ihn schließlich, seine Berner Stelle mit einer gleichartigen in Frankfurt zu vertauschen.

Die Frankfurter Zeit von 1797 bis 1800 ist in mancherlei Hinsicht ein Weg ins Freie. »Ich werde hier in Frankfurt wieder etwas mehr der Welt gleich«, läßt er im März des Jahres seine Jugendfreundin Nanette Endel wissen. 1798 erscheint – anonym – seine erste Veröffentlichung, die Übersetzung einer politischen Streitschrift über die staatsrechtliche Situation des Waadtlands. Die weitere Beschäftigung mit der Verfassungsfrage, vorab im Hinblick auf die Heimat Württemberg, dann auf Deutschland überhaupt, findet ihren Niederschlag in Manuskripten. Am Ende der Frankfurter Zeit steht ein – leider nur sehr fragmentarisch überlieferter – Systementwurf, in dem für Hegels Denken so charakteristische Begriffe wie »Aufhebung«, »dialektischer Fortschritt« oder »Versöhnung« auftauchen. Der Entwicklungsgang des Christentums schreitet vom Katholizismus durch den Protestantismus zur Philosophie fort, von der Anschauung der Offenbarung zur Feststellung und zum Wissen der Erkenntnis. Dieses sogenannte Frankfurter Systemfragment mit Datum vom 14. September 1800 hat die Vermittlung der Philosophie im Auge, aus der sich eine höhere Form der Religion ergibt: in ihr sind die Gegensätze aufgehoben und versöhnt. In einer schwerfälligen, von Hölderlins Frankfurter Hyperion meilenweit entfernten Gedankensprache ist diese dialektisch gefundene Aufhebung in einem Höheren so formuliert: »Jeder Einzelne ist ein blindes Glied in der Kette der absoluten Nothwendigkeit, an der sich die Welt fortbildet. Jeder Einzelne kann sich zur Herrschaft über eine größere Länge dieser Kette allein erheben, wenn er erkennt, wohin die große Nothwendigkeit will und aus dieser Erkenntniß die Zauberworte aussprechen lernt, die ihre Gestalt hervorrufen. Diese Erkenntniß, die ganze Energie des Leidens und des Gegensatzes, der paar tausend Jahre die Welt und alle Formen ihrer Ausbildung beherrscht hat, zugleich in sich zu schließen und sich über ihn zu erheben, diese Erkenntniß vermag nur die Philosophie zu geben.«

Im März des Jahres 1799 reiste Hegel nach Stuttgart, um an den Nachlaßverhandlungen – am 15. Januar starb der Vater – teilzunehmen. Er erbte die beachtliche Summe von 3154 Gulden Bargeld, genug, um für die nächste Zeit eine gewisse Unabhängigkeit zu haben und an den Plan einer Dozentur zu denken. Schelling, noch immer der von Hegel rückhaltlos bewunderte, als philosophisch »fertig« empfundene Freund, rät Hegel, ohne Umschweife nach Jena zu kommen und vorerst bei ihm, dem Philosophie-Professor Wohnung zu nehmen. In den folgenden sechs Jenaer Jahren entfaltet Hegel eine geradezu unglaubliche Schaffenskraft, eine ganze Reihe größerer und kleinerer Schriften erscheint, die sein Ansehen begründen, wenn sie ihn (welchen Ruf Schelling damals schon genießen konnte) auch nicht ausweisen als den Mann mit dem vorzeigbaren System. Am 27. August 1801 habilitiert er sich an der Philosophischen Fakultät der Universität, ein paar Wochen später erscheint sein erstes philosophisches Buch, die Schrift über die Differenz zwischen den Systemen Fichtes und Schellings. Noch sondiert er die Möglichkeiten des gedanklichen Terrains, noch ringt er um die Konzeption seiner eigenen Schau und Antwort. Mehrfach werden Partien seines Gedankengebäudes, bedingt nicht zuletzt durch die Vorlesungsdidaktik, neu geordnet und neu gefaßt. Veröffentlichungen zum »System« kündigt Hegel seit 1802 an, aber sie kommen nicht zustande. »Nur« die Phänomenologie des Geistes wird fertig: der Höhepunkt der Hegelschen Philosophie überhaupt. Sie entwikkelt, ohne daß der Mechanismus der Dialektik schon eigengesetzlich wirkte, einen großen Bereich seelisch-sittlicher Standpunkte

zugleich als Epochen, das heißt als geschichtlich repräsentierte Selbstbezeugungen und Weltanschauungen.
Als das Buch erschien, nach großer Not, weil der Verleger vor allem weiteren das vollständige Manuskript in Händen haben wollte, war Hegel schon in Bamberg. Niethammer, der väterliche Freund, Philosophieprofessor und seit 1803 als Schulorganisator in bayerischen Diensten, hatte ihm eine Redakteursstelle bei der Bamberger Zeitung vermittelt. Aber Hegel, dem auch die seit 1805 verliehene außerordentliche Professur in Jena nicht die wirtschaftlich gesicherte Stellung ermöglicht, kommt vom Regen in die Traufe. Das »Zeitungsjoch«, wie er das Geschäft zuzeiten nennen kann, die »Zeitungsgaleere« bringt ihm 1300 Gulden im Jahr, mit denen kann er so recht und schlecht leben. »Wie wäre Ihnen ums Herz«, meint Niethammer, inzwischen Oberschulrat in München, – er legt seinen Brief in das als »Küchenpräsent« abgegangene Paket seiner Frau – »wenn Sie zu einem Rektor eines Gymnasiums vorgeschlagen würden?«
Hegel sagt Ja. Nach einem Jahr Journalistenarbeit wird er Rektor des Gymnasiums zu St. Ägidien in Nürnberg und bleibt in diesem Amt acht Jahre, gibt Philosophieunterricht, keinesfalls in läppisch-»kindergerechter« Manier (»abstrakt lernt man denken durch abstraktes Denken« heißt es, in Hegelscher Härte, in seinem »Amtlichen Gutachten über den Philosophie-Unterricht«), kauft Schulbücher ein für sein Haus, guckt nach der Lehrerbesoldung, unterrichtet auch Griechisch, wenn es sein muß, auch deutsche Literatur oder Differentialrechnung. Die »Herren« Schüler der Oberstufe wissen nur zu gut, daß ihr Rektor ein bekannter Schriftsteller ist, und die Honoratioren der alten Reichsstadt goutieren die »Verbindungs-Anzeige« sehr, die da im Januar 1811 »in's Blatt« eingerückt ist: »Wir haben die Ehre, unsern hochzuverehrenden Anverwandten und Freunden unsere am 15. dieses vollzogene eheliche Verbindung hiemit gehorsamst anzuzeigen, mit der Bitte, uns Ihre Gewogenheit und Freundschaft ferner zu erhalten. Dr. und Professor Hegel, Rector am

hiesigen Königl. Gymnasium. Maria Hegel, geb. von Tucher.« Marie, die Senatorstochter, ihr Vater war der Freiherr Tucher von Simmelsdorf, war damals gerade zwanzig geworden, ihr Mann war einundvierzig. Die Ehe muß, bis zum frühen Tod Hegels am 14. November 1831, eine Verbindung ungetrübten Glücks und gegenseitiger Liebe geblieben sein. Das erste Kind, eine Tochter, starb bald nach der Geburt. Das zweite, ein Sohn, erhielt den Vornamen des Großvaters Karl und wurde Geschichtsprofessor in Erlangen, der »Städte-Hegel«, das dritte, auch ein Bub, erhielt vom Paten Niethammer den Vornamen Immanuel und starb siebenundsiebzigjährig als Konsistorialpräsident der Provinz Brandenburg.

Hegels philosophische Gedankenarbeit in der Nürnberger Zeit ging zunächst ganz in den Schulunterricht ein. Das Fach »philosophische Vorbereitungswissenschaften« stellte hohe sachliche und didaktische Anforderungen. Erst am Ende dieser Schullehrersjahre erschienen drei Bücher, nun freilich das gewichtigste Werk in Hegels ganzem Schaffen: die Wissenschaft der Logik, in drei Büchern von 1812 bis 1816 veröffentlicht. Logik war für Hegel nicht das, was herkömmliches Verständnis darunter begreift. Was in seiner Logik entwickelt werde, sagt er einmal, das seien »die Gedanken Gottes vor der Schöpfung«. Die Selbstentfaltung des Geistes stellt zugleich den gesamten Weltprozeß dar, der nach dialektischem Gesetz in drei Entwicklungsstufen erfolgt. Hier verrät sich der eigenwillige Gedanken- und Geschichtskonstrukteur ganz. Es scheint nur zu natürlich, daß sich gleich nach Erscheinen des ersten Logik-Bandes kritische Stimmen vor allem aus Erlangen meldeten. Der witzige Mathematiker Pfaff, ein Landsmann, glossiert, mathematisch betrachtet hätten »alle Unrecht, wenn sie etwas beweisen wollen«.

Hegel wollte nicht nur beweisen. Er wollte auf den Katheder zurück. In Tübingen soll sein Name gefallen sein, aus Erlangen kommt eine am Ende eher pflichtschuldige als freudige Anfrage, schließlich eine vorsichtig-zurückhaltende aus Berlin. Hegel sagt

auf die im Juli 1816 ergangene herzliche Einladung nach Heidelberg Ja, er ist gerne »geneigt«, die dortige Stelle eines ordentlichen Professors der Philosophie anzunehmen. Man hat sich über den zerstreuten Denker schon in Jena Geschichten erzählt, wie er, eine Stunde zu früh, eigentlich wäre der Kollege dran, der verschwindet in der Meinung, *er* habe sich geirrt, seine Vorlesung beginnt. Während des Sommersemesters 1817 sei er über den regenweichen Heidelberger Universitätsplatz gegangen, ein Schuh sei im Schmutz steckengeblieben, aber der Philosoph sei, ohne irgend etwas zu bemerken, strümpfig weitergeschritten.
Die drei Jahre Heidelberg von 1816 bis 1818, während der im Sommer 1817 die Encyclopädie der philosophischen Wissenschaften erscheint, bricht Hegel, als Ende 1817 das preußische Kultusministerium sein Berliner Angebot erneuert, gerne ab. Das liebliche Badener Land bietet nicht die nötige Resonanz für seine Lehre. Die Kritik ist bezeichnend. Die badisch-liberale Verbindlichkeit und wohl auch die württembergisch-schwäbische Bonhomie sind kein adäquates Gewicht für sein Denken. Berlin, die preußische Prägnanz, die sprichwörtlich gewordene Härte des Landes: das ist die Folie, die dieser sehr politisch denkende Kopf, der den Staat ins Zentrum seines gesellschaftlichen Philosophierens rückt, vonnöten hat. Hegels Haus am Kupfergraben 4 zu Berlin, an einem Arm der Spree, unweit der Universität, aber dem Lärm der großen Avenue entzogen: es ist merkwürdig, wie sehr der Schwabe mit der schweren Zunge, der würdige Alte mit dem kantigen, monarchenhaften Gesicht, das still zu stehen schien, wären nicht die wasserblauen, hellen, ungemein wachen Augen gewesen: es ist merkwürdig, wie dieser Nekkarschwabe in Berlin repräsentativ werden, nein mit Berlin auf so selbstverständlich-feste Weise verwachsen konnte. Der Kupfergraben ist durch ihn so weltberühmt geworden wie Sanssouci durch den königlichen Philosophen. Berlin und Preußen sind für Hegel die Entsprechung.
Die badisch-württembergische Lieblichkeit, so sieht er sie,

konnte nur Durchgangsstadium sein. Die immer ernsthafter werdende Kritik am Württembergischen in Hegels Manuskripten und Veröffentlichtem ist gar nicht zu überhören. Schon 1798, noch in Frankfurt, entwirft er eine – Handschrift gebliebene – Flugschrift »An das Wirtembergische Volk«, deren Titel er dann ändert in »Über die neueste innere Verhältnisse Wirtembergs, besonders über die Gebrechen der Magistratsverfassung. An Wirtembergs Patrioten«. Wir erinnern uns an Hölderlins vielfältigen und immer höhergreifenden Gedanken über das »Vaterländische«, an seine schmerzliche Sorge, die eigene politisch-geistige Heimat werde den Anschluß an die großen und eben aufgebrochenen geistigen Bewegungen verlieren. Hegel: »Es wäre einmal Zeit, daß das Wirtembergische Volk aus seinem Schwanken zwischen Furcht und Hofnung, aus seiner Abwechslung von Erwartung und von Täuschung in dieser Erwartung herausträte, ich will nicht sagen, daß es auch Zeit wäre, daß jeder, der in einer Veränderung der Dinge, oder in der Erhaltung des Alten, nur seinen beschränkten Nuzen oder den Nuzen seines Standes wünscht, nur seine Eitelkeit um Rath frägt, – jene dürftigen Wünsche aufgebe, diese kleinliche Sorge fahren ließe, und die Sorge fürs Allgemeine sich auf die Seele bände.«
Mag sein, daß aus der Perspektive moderner pragmatischer Politik diese Verbalmonierung als zu vage empfunden wird, auch dann, wenn Hegel ohne viel Federlesens fordert, daß die Magistrate zu Württemberg vom Volke gewählt werden müssen. Zwanzig Jahre später läßt er in den Heidelbergischen Jahrbüchern der Litteratur eine Rezension erscheinen, aber nicht die eines philosophischen Werks, sondern der Verhandlungen in der Versammlung der Landstände des Königreichs Württemberg anno 1815 und 1816. Da wird nun freilich sehr klar und sehr entschieden zugegriffen. Das vernünftige Staatsrecht liege in der Verfassung des Königs: man muß wissen, daß damals Alt-Württemberg ums »alte, gute Recht« gekämpft hat, bis zum Exzeß, daß König Friedrich die altständischen, privilegienumzäunten

Vorstellungen überspielen und eine neue, andere, moderne Verfassung präsentieren wollte. Das Land steht am Scheideweg zwischen Konservatismus und Modernismus. Hegel: die Vernunft, das Recht, der Staat liegt beim König. Die Landstände, so der Alt-Stuttgarter, kämpfen für nichts anderes als für ihre Privilegien. Nicht fürs Volk. Sie geben »das verkehrte Schauspiel, daß sie dieses im Namen des Volkes tun, gegen dessen Interesse noch mehr, als gegen das des Fürsten, gegen den jene Privilegien gerichtet sind«. Von den Landständen einerseits und der »unangemessenen und doch so anmaßlichen Wirklichkeit« andererseits ist da die Rede. Hegel hat, hier ganz im Gegensatz zur romantischen Version von Staatsphilosophie und ihrer versöhnlichen Hinneigung zu einem angeblich organisch gewachsenen Staatsgebilde: Hegel hat hier einen radikalen Schnitt gewagt. Die Realität, vor allem die staatlich-politische Realität, zieht er sich in aller Härte heran. 1802, zwei Jahre vor dem endgültigen Tod des Heiligen Römischen Reiches Deutscher Nation, er, der Dreiunddreißigjährige, in einem Manuskript über die Verfassung des Reichs: »Deutschland ist kein Staat mehr.«

Er, der Monarchenkopf, der sich sein System in granitener Ganzheit zusammenfügt, schaut der Wirklichkeit unumwunden ins Gesicht. Seine Kritik des Bürgertums, wiewohl von Marx seltsamerweise so gut wie nie beim Namen genannt, ist von wegwerfender Schärfe. In ihrem »Realismus« ist sie von größter Wirkung, wobei wir nicht vergessen, daß Hegel »Macht« nicht nur seziert und analysiert, sondern auch in seinem persönlichen Bereich praktiziert hat. »Er hatte eine große Kraft des Zornes und des Grimmes, und wo er einmal glaubte hassen zu müssen, da that er es recht gründlich. So auch im Schelten war er fürchterlich. Wen er anfaßte, dem schlotterten alsbald die Gebeine und zuweilen wies er Manchen, der es nicht vermuthete, wie einen Schuljungen zurecht, daß ein solcher und die etwa Anwesenden zusammenschraken.« So der Schüler und Biograph Rosenkranz. Die Frage also: war er ein Revolutionär? Als 1821 die Ausgabe

seiner Rechtsphilosophie unter dem Doppeltitel »Naturrecht und Staatswissenschaft im Grundriß« und »Grundlinien der Philosophie des Rechts« erschien, gab er dem Werk auch ein Vorwort mit. Es hat eine traurige Berühmtheit erlangt. Jakob Friedrich Fries, dessen Kollege er in Jena und dessen Nachfolger er in Heidelberg gewesen war, nannte er da den »Heerführer aller Seichtigkeit« und verwarf des Wartburgianers – Fries war 1817 mit beim Wartburgfest dabei – Begeisterung für Vaterland und Freundschaft als den »Brei des Herzens«. Einer der Hegel-Biographen hat in dieser Präambel eine »wissenschaftlich formulierte Rechtfertigung des Karlsbader Polizeisystems und der Demagogenverfolgung« gesehen. Altenstein, der preußische Kultusminister, der Hegel nicht nur nach Berlin holte, sondern ihn während seiner Amtszeit auch nach allen Möglichkeiten unterstützte und begünstigte, habe Hegel »gleichsam zum officiellen Restaurations- und preußischen Staatsphilosophen erklärt«. Das wäre nun freilich die Kehrseite eines Revolutionärs.
Aber wir werden uns das Ziel und die Summe dieser Philosophie beschauen müssen. Philosophie ist für Hegel nicht nur absolutes Wissen für den Menschen, sondern die Vollendung der Wirklichkeit Gottes. Am Ende seines Systems steht die Philosophie der Philosophie, das heißt: die Selbsterkenntnis des menschlichen und des göttlichen Geistes, vor der höchsten Aufgabe, die ihr je ein Philosoph zugesprochen hat. Sie führt nicht in eine, wie immer geartete oder motivierte »Veränderung«, das hieße in eine revolutionäre Umgestaltung der den Menschen umgebenden Wirklichkeit. Hegel spricht nirgendwo davon, daß die Wirklichkeit »ein Abbild der absoluten Idee« sei, er belegt durch keinen seiner Sätze das, was ihm Marx angesonnen hat, nämlich daß »das Bewußtsein das gesellschaftliche Sein« bestimme. Hegels erster und letzter Anspruch: ein metaphysisches System der Welterklärung und der globalen Sinndeutung geliefert zu haben. Nimmt man mit Hegel an, daß Philosophie sich in der Hauptsache mit dem Absoluten zu beschäftigen hat, dann sollte seine Phi-

losophie mehr sein als eine bloße Erkenntnis des Absoluten. Es gibt Äußerungen von Hegel in Hülle und Fülle, die beweisen, daß sein Begriff des Absoluten weitgehend mit der christlichen Gottesvorstellung identisch ist. Sein Philosophieverständnis meint ein zweifellos grandioses Konzept: den auf die Philosophie übertragenen Gehalt der christlichen Offenbarungslehre.

Aber nun sind es zwei Bereiche, denen innerhalb dieser »wahrhaften Überzeugung«, »daß der Inhalt der Philosophie und der Religion derselbe ist«, eine besondere Bedeutung zukommt, die Problemstellungen von »Staat« und »Geschichte«. Was den »Staat« anlangt, so hat Hegel seine Definition auch hier ungeniert an die Wirklichkeit, an die preußische, angebunden. Es sei, so in der Berliner Antrittsvorlesung vom 22. Oktober 1818, »insbesondere dieser Staat, der mich nun in sich aufgenommen hat, welcher durch das geistige Übergewicht sich zu seinem Gewicht der Wirklichkeit und im Politischen sich emporgehoben, sich an Macht und Selbständigkeit solchen Staaten gleichgestellt hat, welche ihm an äußeren Mitteln überlegen gewesen wären«. Das Grundmoment dieses – und »seines«, Hegels – Staates sei »das geistige Leben überhaupt«, noch mehr » jener große Kampf des Volkes im Verein mit seinen Fürsten um Selbständigkeit«, um »die Freiheit im Gemüte«. »Es ist die sittliche Macht des Geistes, welche sich in ihrer Energie gefühlt, ihr Panier aufgesteckt und dies ihr Gefühl als Gewalt und Macht der Wirklichkeit geltend gemacht hat.« Die noch breite Behandlung der Stände, der Korporationen und Zünfte geht ebenso wie die Heeresverfassung in Hegels Staatslehre von Preußen aus. Die höchste Form des objektiven Geistes ist ihm »der« Staat. Alle besonderen Geschäfte und Gewalten müssen in einer Einheit zusammenlaufen, die ihr Dasein in der Person des Monarchen hat. Die Volkssouveränität wird verworfen, die richterliche Gewalt der Regierungsgewalt untergeordnet, in der Gesetzgebung soll eine Ständeversammlung mitwirken. Die Staaten, sofern sie das geschichtliche Dasein des »Volksgeistes« bedeuten, »vollstrecken« das sich entwik-

kelnde Selbstbewußtsein des Weltgeistes. Jedes Volk kann hier nur einmal »Epoche machen«.
Dies, daß es in jeder Epoche der Weltgeschichte ein »weltgeschichtliches Volk« gäbe als Träger der jeweiligen Entwicklungsstufe des allgemeinen Geistes, muß dem rein historischen Empfinden eine unleidliche und starre, vergewaltigende Sache sein. Denn so gewiß nicht alle Nationen für den Historiker gleichwertig sind, so sehr erkennt er doch in jeder höherentwickelten Nation einen eigenartigen und unersetzlichen Wert der Geschichte: jede inhaltsreiche geschichtliche Individualität ist etwas Unersetzliches. Hegels Anschauung, das Gewalttätige, das Revolutionäre an seinem Denken, führt konsequent dahin, alle Individualitäten der Geschichte ihres Eigenrechtes zu berauben, sie zu bloßen bewußtlosen Werkzeugen und Funktionären des Weltgeistes zu machen.
Zwei Möglichkeiten der Nachfolge, sie sind beide praktiziert worden: im Hegelschen Erbe nicht nur die Absolutheit der Theorie, knapp mit »Vernunft« oder »Absolutes« oder »Weltgeist« umschrieben, zu erkennen, sondern vor allem die Einheit von Theorie und Praxis. Marx: wenn Hegel behauptet, die Philosophie sei Offenbarung, ist dies für mich, Marx, Idealismus im kritischen Sinn, oder: die wahre Verwirklichung des Hegelschen Anspruchs liegt nicht in der reinen Erkenntnis, sondern in der wirklichtätigen Umsetzung des Sinnes dieser Behauptung durch gesellschaftlich-revolutionäre Praxis.
Zum anderen: im Hegelschen Erbe die Preisgabe der Freiheit des Menschen an ein gedachtes Allgemeines zurückzuweisen, wo es sein muß, in eigener Reklamation von Geschichte und geschichtlichen Phänomenen. Ranke hat dieser Hegelsche Instrumentcharakter des Menschlichen zutiefst abgestoßen. »Alle Menschen«, urteilte er einmal, »wären bei solcher Ansicht Hegels bloße Schatten oder Schemen, die sich mit der Idee erfüllten, und die aufeinanderfolgenden Epochen und Generationen der Menschheit würden dadurch gleichsam mediatisiert und an und

9 Georg Wilhelm Friedrich Hegel. Stahlstich von Sichling nach dem Gemälde von L. Sebbers 1828

10 Hegel bei der Vorlesung an der Universität Berlin. Nach der Natur gezeichnet 1828 und lithographiert von F. Kugler

für sich eine Bedeutung nicht haben. Ich aber behaupte: Jede Epoche ist unmittelbar zu Gott, und ihr Wert beruht gar nicht auf dem, was aus ihr hervorgeht, sondern in ihrer Existenz selbst, in ihrem eigenen Selbst.«

Aus der zunächst noch zögernden Feststellung, daß Hegels Universalismus nicht völkerverbindend ist, hat man den universalistischen Zug in seiner Lehre vergröbert und bedauernd konstatiert, der Weltgeist bei Hegel sei nichts anderes als der Ausdruck für die sittliche Berechtigung der nationalistischen Weltmacht. Ob Hegel »Staatsvergottung« betrieb oder nicht: man kann eine ganze Reihe von Hegelianern nachweisen (wenn auch nicht immer Philosophen, die Hegel gründlich kannten), die in der Tat mit dem Bismarck-Wilhelminischen Machtstaat einig waren und Hegelsche Kategorien zu dessen Legitimation benützten. Und es braucht schließlich nicht geleugnet zu werden, daß es eine »Tradition« von apologetisch jedem Machtstaat zu Diensten stehender Hegelbenützung gibt, die im Dritten Reich unter Rechtsphilosophen ihren letzten Höhepunkt hatte. Darf, muß dem Hegelianismus eine Mitschuld für das Dritte Reich aufgebürdet werden?

Macht ist für Hegel ein zentrales Problem. Gesehen von der Seite seiner Propaganda für die Machtidee, bezeichnet Hegel den epochalen Abfall des deutschen Geistes von der ethischen Stufe der klassisch-kantischen Lebens- und Weltanschauung, die ausging von der dem Menschen eingeborenen Vernunft und Sittlichkeit, zu einer – wie wir nicht anders sagen können – Vergötzung des Staates, und zwar als Macht, nicht als bürgerlicher Rechtsstaat. Dieser Idee und dem Weg zu ihr durch »Eisen und Blut«, wie Bismarck dann proklamierte, wollte seine Lehre Anhänger werben. Doch als radikaler Denker schoß Hegel hinaus über das Machtvolumen, an dem der Täter und Taktierer Bismarck interessiert sein konnte. Der Etatist, der Hegel war, da und dort in superlativistischer Betonung, hat den machiavellistischen Amoralismus hoffähig gemacht, er hat damit Kraftsprüche Nietzsches vorweggenommen und auch, unfreiwillig wohl, wir konzedieren ihm das, den programmatischen Unrechtsstaat philosophisch gerechtfertigt.

Herr und Knecht haben Hegel nicht nur im staatlichen, sondern auch im anthropologischen Sinne beschäftigt; das Kapitel über Herrschaft und Knechtschaft im Abschnitt »Selbstbewußtsein« der Phänomenologie des Geistes legt berühmte Rechenschaft darüber ab. Der Herr, so Hegel, ist das eigentliche Für-sich-Sein, der Knecht dagegen durch sein Entäußern in der Arbeit nur ein Für-ein-anderes-Sein und damit nur Mittel zum Zweck. Auch diesem Part war ungemein weitgreifende Nachwirkung beschieden. Marx sieht die Arbeit als ein Produzieren und setzt die Gedanken Hegels im Anschluß an seine Dialektik von Herr und Knecht folgenschwer um: der Mensch setzt etwas aus sich selbst heraus und läßt es in der Natur gegenständliche Wirkung werden. Der arbeitende Mensch gehört nicht mehr sich selbst, sondern dem Ding, dem Produkt seiner Arbeit. Die Entfremdung des Arbeiters vom Produkt seiner Arbeit ist für Marx – und für mehr als ein Jahrhundert – die Wurzel aller Übel im Leben der Gesellschaft.

Schließlich: die Geschichte wird von Hegel zum Problem ihrer selbst gemacht und die Welt als Geschichte erklärt. Am Anfang des modernen historischen Denkens – Marx unterstreicht mehrfach, für ihn und seinesgleichen sei »nur die Geschichte« Wissenschaft – steht ein Philosoph, steht Hegel: er proklamiert und prognostiziert das Verständnis der Welt aus ihrer Geschichte. Er hat damit die Geschichte auf sich selbst gestellt und sie zur selbständigen Wissenschaft von der Welt gemacht. Dies hat, um der Frage nach dem Revolutionär Hegel auch von dieser Sicht auf den Leib zu rücken, eine eminent »revolutionäre« Bedeutung. Es sei nicht schwer zu erkennen, so in der Vorrede zur Phänomenologie des Geistes, »daß unsere Zeit eine Zeit der Geburt und des Übergangs zu einer neuen Periode ist. Der Geist hat mit der bisherigen Welt seines Daseins und Vorstellung gebrochen und steht im Begriffe, es in die Vergangenheit hinab zu versenken, und in der Arbeit seiner Umgestaltung. Zwar ist er nie in Ruhe, sondern in immer fortschreitender Bewegung ergriffen. Aber wie beim Kinde nach langer stiller Ernährung der erste Atemzug jene Allmählichkeit des nur vermehrenden Fortgangs abbricht – ein qualitativer Sprung – und jetzt das Kind geboren ist, so reift der sich bildende Geist langsam und stille der neuen Gestalt entgegen, löst ein Teilchen des Baues seiner vorhergehenden Welt nach dem anderen auf, ihr Wanken wird nur durch einzelne Symptome angedeutet; der Leichtsinn wie die Langeweile, die im Bestehenden einreißen, die unbestimmte Ahnung eines Unbekannten sind Vorboten, daß etwas anderes im Anzuge ist.« In anderen Worten: der »qualitative Sprung« kommt einer Revolution gleich. Seit Marx pflegt man immer wieder diese Formel Hegels gegen alle bourgeoisen Forderungen nach »organischem Wachstum« zu stellen. Mit der Aufklärung als einem wissenschaftlichen Vorgang hatte es begonnen. Sie schlug jäh in Revolution um. Weshalb Hegel fortfährt: »dies allmähliche Zerbröckeln, das die Physiognomie des Ganzen nicht veränderte, wird durch den Anfang unterbrochen, der, ein Blitz, in einem Male das Gebilde der neuen Welt hinstellt.«

Hegel ist der erste, der das von Jacob Burckhardt so empfundene Zeitalter der – die Julirevolution ist die epochale Zäsur – nie mehr abreißenden Revolutionen und Improvisationen in geschichtsphilosophischem Gewicht prognostiziert und kommentiert hat. Mit ihm beginnt Geschichte Deutung und Werkzeug zu werden, ein Instrumentarium zur Beeinflussung, zur thematischen Selbstbestimmung des Menschen. Das geschichtliche Denken wird mit Hegel der Ausgangspunkt für die menschliche Autonomie. Freilich: der Mensch erscheint im Lichte des Geschehens, er ist – auch – Objekt des Geschehens. Die Vernunft beherrscht die Welt. Die Menschen wähnen nur, ihre individuellen Zwecke zu verfolgen, in Wahrheit bedient sich die »List der Vernunft« ihrer für die allgemeinen Ziele. Sie sind nur die »Geschäftsführer des Weltgeistes«. Der Weltgeist: der Leiter, der Lenker des Vernunftreichs. Und diese letzte, höchste Instanz sieht Hegel einmal in Wirklichkeit. Am 13. Oktober 1806, als Napoleon vor den Mauern Jenas steht und dann in die Stadt kommt, schreibt Hegel in Bewunderung der »welthistorischen Individuen« den Satz nieder: »Den Kaiser – diese Weltseele – sah ich durch die Stadt zum Rekognoszieren hinausreiten; – es ist in der Tat eine wunderbare Empfindung, ein solches Individuum zu sehen, das hier auf einen Punkt konzentriert, auf einem Pferde sitzend, über die Welt übergreift und sie beherrscht . . .«

Geschichte als unmittelbare Gegenwart? Die Determination des Menschen auf einen einzigen Sinnprozeß hin? Die Opferung der Freiheit des Menschseins selber? Kierkegaard hat wohl zugegeben, daß ein Geschick über der Geschichte walte. Aber er hat hartnäckig geleugnet, Professor Hegel sei der Einblick in die Pläne der Vorsehung gestattet worden.

Friedrich Hölderlin

Denn dies ist meine seligste Hoffnung, der Glaube, der mich stark erhält und tätig, unsere Enkel werden besser sein als wir, die Freiheit muß einmal kommen, und die Tugend wird besser gedeihen in der Freiheit heiligem erwärmenden Lichte als unter der eiskalten Zone des Despotismus.

Hölderlin in einem Brief an den Bruder, Tübingen, erste Hälfte September 1793.

Es sind wohl drei Bilder, von denen Hölderlins Gemeinde nacheinander angezogen worden ist. Da war zunächst der Lyriker, dem Goethe in arger Verkennung des langen Hölderlinschen Atems einmal angeraten, sich möglichst auf kurze Gedichte zu kaprizieren, der mit Justinus Kerner zu reden, »besonders als Elegiker in Württemberg einzige Dichter«, dessen Oden und Hymnen, Jahrzehnte ohne große Resonanz, freilich dann zum Inbegriff einer großen, reinen, unendlich leidensfähigen Dichtung wurden. Da ist der bekennerhaft-völkische Dichter, der Vates der Nation, die Inkarnation eines geheimen Deutschlands, was immer man auch darunter verstehen möchte, der Verkünder einer »anderen« Idee des Deutschtums, »der ein Jahrhundert hindurch«, wie man im Dritten Reich dann emphatisch erklärt hat, »fast unbeachtet auf die Bereitschaft des deutschen Volkes, seinen Ruf zu vernehmen, warten mußte«. Und da ist der Repräsentant eines jakobinischen oder wenigstens republikanischen Geistes, dessen Dichtung nicht nur einen poetischen Revolutionär, sondern auch einen gedanklich-politischen Kritiker und Gestalter tiefster Kraft offenbart.

Alle drei Bilder zwingen, will man sie gelten lassen, auf das Gesicht des Dichters durch die Dichtung zu blicken. Hölderlin lebt in seiner Dichtung und, nebenbei bemerkt, im ungemein vielschichtigen, einzigartigen Œuvre seiner Briefe am reinsten. Das Biographische spielt eine Rolle, und sogleich eine, die in dieser Dichtung, eben noch greifbar unter Überschriften wie »Die Teck«, »Keppler«, »Burg Tübingen«, »Stuttgart« oder »Der Neckar«, das Konkrete, Tatsächliche, Heimatliche überwindet und in eine höhere Ebene von Wirklichkeit hinaufhebt. Heimat im einfachen und schützenden Sinne des Wortes gibt es für Hölderlin nicht, er ist immer auf dem Wege, er ist, in den kurzen Jahren seiner erfüllten Gegenwart, nirgendwo ganz. Die »Abendphantasie«, niedergeschrieben 1799 in Homburg, die anhebt mit diesem sonoren Cantus firmus: »Vor seiner Hütte ruhig im Schatten sizt / Der Pflüger, dem Genügsamen raucht sein Heerd«, dieser scheinbar beruhigte Abendfriede endigt ja in Unruhe und Sehnsucht, die das Schicksal dieses Menschen, sein Verglühen, sein Verdämmern, seinen frühen inneren Tod vorwegzunehmen scheinen:

»Komm du nun, sanfter Schlummer! zu viel begehrt
Das Herz; doch endlich, Jugend! verglühst du ja,
Du ruhelose, träumerische!
Friedlich und heiter ist dann das Alter.«

In Wirklichkeit war Hölderlin, wir dürfen die sechsunddreißig Jahre, die der von »Apoll Geschlagene«, vom Genius Verlassene, seit 1807 in Schreinermeister Zimmers Haus zu Tübingen verbracht hat, nicht rechnen, in Wirklichkeit war er ein Wanderer. Mit vierzehn Jahren verläßt er »der Mutter Haus« und geht nach Denkendorf in die Klosterschule, mit sechzehn nach Maulbronn, mit achtzehn nach Tübingen. Das Tübinger Stift hält ihn, seine Mutter bittet inständig um Gehorsam, für fünf Jahre fest. Dann bietet dem im September 1793 Entlassenen der »felsichte» Schiller, eben in Ludwigsburg, Besuche machend, an der alten Lateinschule Erinnerungsstunden haltend, eine Hofmeisterstelle bei Charlotte von Kalb in Woltershausen bei Jena an. Der Aufenthalt in Woltershausen endet nach knapp einem Jahr, der sich anschließende in Jena, wo Hölderlin unter Fichtes Zuhörern ist und Goethes und Herders Bekanntschaft macht, nach einem halben Jahr. Ende Mai Flucht aus Jena, ein unglücklicher Sommer in Nürtingen. Im Dezember 1795 kommt Hölderlin in Frankfurt an, im Januar tritt er seine neue Hauslehrerstelle bei der Familie Gontard an. In Susette Gontard, der Hausherrin, findet er seine Diotima, in einer von beiden schmerzlich getragenen Liebe schier übermenschlichen Formats. Zwei Jahre darauf verläßt er das Haus und siedelt, um in der Nähe Susettens zu bleiben, nach Homburg über. Dort ist er, mit Unterbrechungen, nicht ganz zwei Jahre, dann im Hause Landauers und im Kreis der Freunde in Stuttgart. Anfang 1801 zieht er für vier Monate als Hauslehrer ins schweizerische Hauptwil, das übrige Jahr 1801 bleibt er in Nürtingen, im Winter 1802 wandert er zu Fuß nach Bordeaux, von wo er schon im Frühsommer in verwirrtem Zustand zurückkehrt. In Nürtingen bei der Mutter, ein paar Reisen. Im Juni 1804 holt Sinclair den kranken Freund nach Homburg. Zwei Jahre eines langsamen, in Stößen sich meldenden inneren Todesprozesses. Im September 1806 liefert Sinclair den schwerkranken Freund in der Autenriethschen Klinik in Tübingen ein.

Rührende, keinesfalls sprachlose Anhänglichkeit an die Gefilde des eigenen Ursprungs. ». . . und jetzt kehr ich an den Rhein, in die Heimat, / Zärtlich, wie vormals, wehn Lüfte der Jugend mich an; / Und das strebende Herz besänftigen mir die vertrauten / Offnen Bäume, die einst mich in den Armen gewiegt . . .«, so in der zweiten Fassung der Elegie »Der Wanderer«. Rührend dort das aufscheinende Selbstbildnis: »Alt bin ich geworden indes, mich bleichte der Eispol, / Und im Feuer des Süds fielen die Lokken mir aus.« Wieder denken wir an die ersten Verse der Ode »Der Neckar«, mehr und mehr konstituiert sich Hölderlins Welt als eine Welt der Erinnerung, die ihn vielleicht noch nährt, als sein Leben in der Tübinger Stube am Neckar Jahr für Jahr in immer engeren Grenzen dahindämmert: die Strophen sind das Schönste vielleicht, was Heimatbegegnung in deutsche Sprache gebracht hat:

»In deinen Thälern wachte mein Herz mir auf
 Zum Leben, deine Wellen umspielten mich,
  Und all der holden Hügel, die dich
   Wanderer! kennen, ist keiner fremd mir.
Auf ihren Gipfeln löste des Himmels Luft
 Mir oft der Knechtschaft Schmerzen; und aus dem Thal,
  Wie Leben aus dem Freudebecher,
   Glänzte die bläuliche Silberwelle.
Der Berge Quellen eilten hinab zu dir,
 Mit ihnen auch mein Herz und du nahmst uns mit,
  Zum stillerhabnen Rhein, zu seinen
   Städten hinunter und lustgen Inseln . . .«

Indessen machen ihn die Suebica und Württembergica nicht zu einem aus der schwäbischen Umgebung und Mentalität zu erklärenden Dichter, um es ganz verkürzt zu sagen, nicht zum Heimatdichter (wie sie in den Kreisen um Balthasar Haug in den siebziger Jahren in Württemberg ihren Anfang genommen, in mancherlei Schattierungen und Ausdrucksformen, versteht sich). Natürlich hat man auf Lauffen am Neckar, »den lieben Geburtsort / Und die Insel des Stroms blaues Gewässer« zu verweisen, auf das alte Kloster dem Dorf gegenüber, das »Dörfle«, wo Hölderlin am 20. März 1770 geboren ist. Auf den »Schweizerhof« in Nürtingen, wohin die Familie mit dem Vierjährigen übersiedelte, auf Heim und Herd bei der Mutter, wohin sich der Geistgetriebene immer zurückzieht, bevor sein Weg ins Verglühen führt. Auf das halbe Jahrzehnt im Stift, als die Mutter eine Liste mit den »Ausgaben vor den L. Friz« führt und vor ihren sorglichen Anfang die Bemerkung setzt, die eingetragenen Ausgaben sollten dem Sohn nicht abgezogen werden vom väterlichen Erbe, »wan Er im gehorsam Bleibt«.

So sehr sich die Blätter mit schwäbisch-lokalen Zusammenhängen füllen ließen: suchen wir nach der heimatlichen Essenz in seinem Werk, nach verläßlich-besten Resonanzen, dann wird alles rasch seltsam unwirklich und transparent. Nirgendwo dieses volkstümliche »Bodengefährt« wie in Schubarts handgreiflichem, theatralischem Curriculum. Sehr bezeichnend, daß Schubart Dialektgedichte oder wenigstens Gedichte im mundartlich-schwäbischen Anklang schreiben kann, die Frankfurter Druckerei hat mit dem »Lisle« im bekannten Lied ihre liebe Not gehabt. Hölderlin setzt sich sozusagen auf theoretischer Ebene für seine Heimatsprache ein (». . . und nicht soll einer / Der Rede Schönheit mir / Die heimatliche vorwerfen«). Aber wer die Verse weiterliest, bemerkt, daß sich der Gang zur heimatlichen Schönheit der Sprache in seltsam märchenhafte Richtungen bewegt. Hölderlins Dichten und Sagen ist von einer heilig-mächtigen, numinosen Wirklichkeit betroffen, sie wird nicht danach in Worte gefaßt, sondern im Wort geschieht die Bewältigung. Fast ließe sich sagen, daß es die Sprache selbst sei, welche die jeweilige Wirklichkeit als eine Ganzheit und eine Einheit bewältigt. Auch die inhaltlich-schwäbischen Ingredienzien, vorab das breite, aber in seinen Formen bei ihm höchst heterogene pietistische Erbe, natürlich auch die humanisierend-antikisierende oder die idealistisch-klassizistische Tradition verlieren sich bei ihm bald in einem Raum sekundärer Aggregate: primär ist die Sprache da, erste und letzte Instanz. Er verfügt nicht über sie, sondern sie über ihn. Späterhin soll er einmal, Bettina von Arnim erzählt uns das, gesagt haben, »die Sprache bilde alles Denken, denn sie sei größer als der Menschengeist, er sei ein Sklave nur der Sprache . . . sie werfe das Netz über den Geist, in dem gefangen er das Göttliche aussprechen müsse«. Dichten ist bei Hölderlin ein eigener Akt des Umgangs mit dem Sein. Ihn erklärbar oder ableitbar machen zu wollen, in Kontrollen und Nachweisen, hieße den Ursprung des Genius in eine einfältige Kette von Derivaten zwingen zu wollen.

Nun aber ist dieser Mensch in ganz eigenartigem Maße an seinen Ursprung gebunden. Die Seminarstationen und auch »der Mutter Haus« in Nürtingen sind noch keine Zäsuren, die ihn in seiner Geistigkeit nachdrücklich bestimmt haben. Sein »Herz« mag dort erwacht sein, sein Geist hat sich in Tübingen entfaltet; dort hat sich, am greifbarsten in der Stiftsfreundschaft mit Hegel und Schelling, jener großen Stunde auf dem Weg des deutschen Geistes, das geistige »Schicksal meiner Zukunft« vorgezeichnet; dort bäumt er sich auf gegen die beiden Riesen, die wie ein Schatten über sein Leben fallen; dort findet er, schlecht sind die Anteile der Drei auszusondern, zum dialektischen Denken als dem Ur-Denkakt selbst. In dieses dialektische, wachstümliche Denken gehört das Begreifen des Geistes als eines geschichtlichen Phänomens. Der Geist entfaltet das Zeitbild, sagt Hölderlin in der »Friedensfeier«, jener wiederaufgefundenen großen Hymne, auf deren Entstehung möglicherweise im erschütternden letzten Brief vor der Krankheitszeit vom 2. April 1804 hingewiesen ist. Der Geist »legt sich aus« in der Geschichte, so sagt es Hegel. Tübingen ist der Anfang spezifisch Hölderlinschen Dichtens, das immer auch ein ungemein dichtes, symbolgewordenes Denken ist, der Anfang der poetischen Überschreitung von Raum und Zeit, des Zusammenklangs von sprachlicher Setzung und philosophischer Reflexion.

Nach Tübingen ist er zurückgekehrt. Dort hat sich der Ausgang wieder gefunden und vollendet, in einem langen, von der Außenwelt kaum mehr wahrgenommenen Hiatus. Wer bloßen Zufall darin sehen mag, wird dem biographischen Konnex zwischen Ursprung und Schicksal in einem Betracht dann doch die Realität zugestehen müssen. Wir meinen die Verbindung zur Mutter, die Hölderlin sicherlich beides war, Liebe und Last. In ihrem achtzehnten Lebensjahr heiratete Johanna Christiane geborene Heyn den um zwölf Jahre älteren Klosterhofmeister Heinrich Friderich Hölderlin in Lauffen. Im fünften Ehejahr verlor sie eine Tochter, im sechsten verschied der Mann an einem Schlaganfall.

Zwei Jahre später schloß sie eine neue Ehe mit dem Nürtinger Bürgermeister, Kammerrat Gock. Von vier Kindern in dieser Ehe starben ihr drei abermals im Säuglingsalter. Völlig niedergeschlagen aber hat sie dann der Tod des zweiten Mannes im fünften Jahr dieser Ehe. »Als am schröklich stillen Sterbebette / Meine Mutter sinnlos in dem Staube lag«, dichtet der sechzehnjährige Sohn. Die kindliche Drastik, wir würden das als arg überhöht ausgedrückt empfinden, kann über die lähmende, die ausweglose Stille des Sterbehauses nicht hinwegtäuschen. »Ewig schwebt vor mir der schwarze Sterbetag«: es ist keine Frage, daß Hölderlins Mutterhaus – von einem Vaterhaus kann ja nicht die Rede sein – ihm unter den Vorzeichen Tod und Trauer im Gedächtnis geblieben ist. Die »tägliche Trauer und Thränen« der Mutter hinterlassen im Kind und im jungen Manne einen unauslöschlichen Eindruck, der seinerseits das kindliche Gemüt frühzeitig in den schwermütigen Ernst rückt und den reiferen Dichter dann jenen Mythos vom Leid zum Ausdruck bringen läßt:

»es nährt
Das Leben vom Laide sich . . .«

Was Krankheiten innerhalb des schizophrenen Formenkreises sind, ist heute, je differenzierter die Nomenklatur wurde, desto fragwürdiger geworden. Neuerdings ist Hölderlins Krankheit mehrfach negiert oder in ihr nur das Ergebnis einer »falschen« Umwelt und Gesellschaft gesehen worden. Bei der zunehmenden Unsicherheit in Definition und Diagnose kann das nicht wundernehmen. Das Phänomen der Schizophrenie, wir nehmen die Bezeichnung beim Wort, ist die »Gespaltenheit«, bis hin zu ihrem Auftreten und ihrem Erscheinungsbild. Auch die Diagnose und der Mut dazu können »gespalten« sein. Daß Hölderlin spätestens seit der Rückkehr aus Bordeaux Zeichen einer seelischen Krankheit zeigte, und zwar in zunehmendem Maße, ist vielfach belegt, wenn auch zugegebenermaßen viele dieser Zeugnisse aus der Retrospektive des Alters gegeben worden sind: in den dreißiger und vierziger Jahren des letzten Jahrhunderts konnte man

nicht mehr gut anders als vom kranken, dies formelhaft, vom »armen Hölderlin« sprechen. So erinnert sich der zweiundsiebzigjährige Schelling an eine Begegnung mit Hölderlin in Murrhardt, ein halbes Jahr nach der Rückkehr aus Bordeaux. »Ohne Begleitung, zu Fuß, querfeldein« sei er angekommen, ein trauriges Wiedersehen sei es gewesen, »denn ich überzeugte mich bald, daß dieses zart besaitete Instrument auf immer zerstört sey.«
Wie immer auch, die Bindung an die Mutter spielt im Leidensgang Hölderlins eine Rolle. Das Schicksalhafte dieser Beziehung liegt darin, daß der Sohn in der Mutter sich ständig selbst begegnete, daß ihr Ernst sich mit dem seinen verband, ihre Dunkelheit mit der seinen. »Werden Sie nur heiter, liebste Mutter!« Immer wieder sucht er, selber doch anfällig und bald belastet genug, seine Mutter aufzurichten. »Ich weiß es, liebste Mutter, daß sich nicht alles vermeiden, und daß Ihr zartempfindendes Gemüth sich nicht so leicht abhärten läßt«, oder: »Unsere gute Mutter bedaur ich herzlich.«
Recht besehen, ist es vor Diotima, deren wunderbar große Liebe nur für eine kurze Spanne Zeit in diesem Leben leuchtet, die Mutter, die den Sohn, den geliebten, fast fürs ganze Leben umfängt (achtzigjährig ist sie erst 1828 gestorben), mit einer Schwermutskraft, mit einer Frömmigkeit ohnegleichen. Zu ihr als alter Frau findet Hölderlin noch den innigsten Zugang. 1805, die Krankheit des »allerliebsten Sohnes« kennt sie lange schon und in aller Tiefe, schreibt sie ihm, Menschen könnten »auf dieser Erde keine grösere Glückseligkeit erlangen, als wan wir bey unserem l. Gott in gnaden stehen«. Und mit dem unmißverständlichen, unmittelbar auf den Sohn bezogenen Zusatz: »Nach diesem wollen wir mit allem ernst streben, daß wir dort einander wieder finden wo keine Trennung mehr sein wird.« Wie sehr Hölderlin um eine schicksalhaft-dunkle Bindung gewußt hat, zeugt diese seltsam eindringliche Rückschau des Neunundzwanzigjährigen aus Homburg: »Sie, liebste Mutter! haben mir diesen Hang zur Trauer nicht gegeben, von dem ich mich freilich nicht

ganz rein sprechen kann. Ich sehe ziemlich klar über mein ganzes Leben, fast bis in die früheste Jugend zurück, und weiß auch wohl, seit welcher Zeit mein Gemüth sich dahin neigte.« Die Zäsur habe begonnen, meint er im folgenden Satz, »da mir mein zweiter Vater starb . . . da stimmte sich meine Seele zum erstenmal zu diesem Ernste«.

Nun hat dieser Ernst, dem Hölderlin wie letztlich seine Umgebung nur in Ohnmacht entgegensah, nicht nur eine elegische Musik in antiken Versmaßen hervorgebracht, die einsam-trauernde Schönheit in einer entgötterten, mit der Natur entzweiten Welt, sondern auch Verlautbarungen zur zeitlich-politischen Wirklichkeit, die man von der mythisch tiefen Zeichensprache des gottergriffenen und weit über sich selbst hinausgeführten Sehers nicht erwartet hätte. »Wie Apoll ist er geschritten«, sagen Zeitgenossen vom jüngeren Hölderlin; man darf darin auch eine ins Soziologisch-Politische hinüberspielende Beobachtung sehen. Immerhin war der zweite Vater so etwas wie der Repräsentant der Führungsschicht der Amtsstadt Nürtingen, über ihn und seinen eigentlichen Vater ist Hölderlin unmittelbar mit der altwürttembergischen Ehrbarkeit versippt und verschwägert.

Er scheint sich dessen bewußt gewesen zu sein. Er sei »die Münzgasse herunter gegangen«, meldet der Mägdleinprovisor Majer dem Leiter des Tübinger Stifts, dem Ephorus, »neben ihm her sei ein Stipendiat gekommen«, der habe ihm, dem Provisor, »den Hut von dem Kopf auf den Boden geschlagen mit den Worten: ›Weiß Er, daß es Seine Schuldigkeit ist, vor einem Stipendiaten den Hut abzunehmen?‹« Die beiden gehen zum Stift, der Stipendiat, der meinte, das sei ihm ganz recht, geht durch das Tor, während der Provisor an der Pforte fragt, wer der Stipendiat sei. Antwort: »er heißt cand. Hölderlin«. Hölderlin bestreitet nachher bei der Vernehmung den Vorfall nicht, dem Provisor wird »beditten, daß er es künftig an der Höflichkeit gegen Stipendiaten nicht ermangeln lassen soll«. Nur die Form der Lektion entsprach nicht ganz den Vorstellungen des Herrn Ephorus, Hölderlin bekommt sechs Stunden Karzer (von denen wir freilich nicht wissen, ob er sie auch alle abgesessen hat).

Das Bild vom engelsgleichen und wohltemperierten Jüngling, hätte man es je einmal erwartet, trügt also sehr. Gegen die Enge und Reglementierungen des Stifts demonstriert Hölderlin unüberhörbaren Widerstand. Als der Herzog im Frühjahr 1792 dem Stift autoritäre neue Statuten offeriert, kommentiert er in aller Ruhe: »Mir sollte laid thun, wenn sie so eingerichtet wären, daß kein vernünftiger Mensch, one seiner Ehre zu vergeben, sie eingehen [kann]. Gott weis, wie lieb mir die Meinigen sind, und wie ser ich wünsche, nach ihrem Gefallen zu leben, aber unmöglich ist's mir, mir widersinnischer, zweklose Geseze aufdringen zu lassen, u. an einem Orte zu bleiben, wo meine besten Kräfte zu Grunde gehen würden.« So spricht keiner, der auf Anpassung aus ist. Daß Hölderlin hier sogar ein Entweder–Oder zwischen Familiengehorsam und individuellem Recht auf »vernünftiges« Leben sieht, macht einmal mehr deutlich, wie wenig seine in den Tübinger Diskussionen geformte Haltung nurmehr pietistisch-frömmlerischer Akkommodation oder idealistischer Selbstvervollkommnung verhaftet bleibt: er kennt sehr wohl die Konsequenzen, die mit der naturrechtlich begründeten Mündigkeit des Menschen sichtbar geworden sind, und er bezieht sie in ganz konkretem Maße auch auf sich selber.

Hölderlin hat die Französische Revolution, seine Dichtung, vor allem aber seine Briefe bezeugen das unmißverständlich, durchgehend bejaht, einer der Hauptgründe, warum die Feier des völkisch-deutschen Hölderlin in den schwarz-weiß-roten und braunen Zeiten gelinde gesagt eine recht einseitige Sache war. Als im Juni 1792 im Ersten Koalitionskrieg zwischen den Franzosen und Österreichern die Waage zwischen der alten und der neuen Ordnung noch nicht gefallen ist, schreibt er seiner Schwester, ebenso parteilich wie klar beurteilend: »Es muß sich also bald entscheiden. Glaube mir, liebe Schwester, wir kriegen schlimme Zeit, wenn die Oestreicher gewinnen. Der Misbrauch fürstlicher

Gewalt wird schröklich werden. Glaube das mir! und bete für die Franzosen, die Verfechter der menschlichen Rechte.«

Hölderlin war und blieb Partei für die Franzosen und ihre Revolution, wenn sich auch die Leidenschaft etliche Jahre darauf, davon später, geglättet und geläutert hat. Das Urerlebnis der Revolution drüben über dem Rhein löst bei ihm zwei verschiedene und zunächst scheinbar konträre Reaktionen aus, die Perspektive in die neue, große Zeit, und die konkrete Kritik an den eigenen, »vaterländischen« Verhältnissen daheim. Natürlich ist beides nicht nur Impuls von draußen und also Fremdgut, das aufgenommen und nacherzählt wird. Die Potenz, das Ereignis der »Großen Revolution« als solches zu erkennen, zu analysieren und zu werten, ist Hölderlins höchst originäre Mitgift. Es gibt eine Vielzahl deutscher Geister der frühen neunziger Jahre, die den Hintergrund der Vorgänge in Paris und in Frankreich weder registriert noch begriffen haben.

Zunächst zum Pathos von der neuen Zeit. Was sich in den Gassen von Paris abgespielt hat, empfindet Hölderlin nicht als Faktum, sondern als den Anfang eines Prozesses. Wenn der – genannte – Krieg zu Ende sein wird, wird der durch die Revolution in Deutschland schon entwickelte stärkere »Sinn für Schönes und Großes« sich weiter entfalten. »Wahrheit und Kunst« werden dann »einen seltnen Wirkungskreis leben«, und »die heiligen Grundsäze des Rechts und der reinen Erkenntniß« werden dann »ganz ins Andenken kommen, und ewig nimmer vergessen werden«. Hölderlin ist allemal bereit, das Volk (die Franzosen) und die Tat (die Revolution) vor ihren Verrätern zu schützen, Marat ist ein »schändlicher Tyrann«, Robespierre der Schmied »niedriger Ränke«, die Sprache der »Räuber« schlägt hier immer wieder durch.

Aber das Allzumenschliche wird den Siegeszug des Guten ebensowenig hindern können wie die Revolution sich schon ihrer Natur nach für den »guten Bürger« einsetzt. »Daß Robespierre den Kopf lassen mußte, scheint mir gerecht, und vieleicht von guten

Folgen zu sein. Laß erst die beiden Engel, die Menschlichkeit und den Frieden kommen, was die Sache der Menschheit ist, gedeihet dann gewis! Amen.« Immer erregter verfolgt Hölderlin dieses »neue Drama«. Er sieht in Deutschland »große Bewegungen« in »den Herzen, der Jugend«, und die große, wir würden heute wohl sagen, Veränderung der Gesellschaft lasse nicht mehr lange auf sich warten. Der eigene, nur mit eschatologischen Kategorien zu fassende Schwebezustand zwischen einem (noch unzulänglichen) Heute und einem (endgültig besten) Morgen schlägt sich dann zu Ausgang der Tübinger Zeit im dialektischen Dreischritt, in der dritten Stufe des versöhnenden Friedens nieder, im Reich Gottes, das, wie Hegel 1795 an Schelling schreibt, im Vereinigungspunkt von Vernunft und Freiheit aufblühen wird, in der »neuen Kirche«. Hingerissen von dieser Perspektive, antwortet Hölderlin dann später im »Hyperion« auf die Frage, wann dieser Frühling uns blühe: »Dann, wann die Lieblingin der Zeit, die jüngste, schönste Tochter der Zeit, die neue Kirche, hervorgehn wird aus diesen befleckten veralteten Formen, wann das erwachte Gefühl des Göttlichen dem Menschen seine Gottheit und seiner Brust die schöne Jugend wiederbringen wird, wann – ich kann sie nicht verkünden, denn ich ahne sie kaum, aber sie kömmt gewiß, gewiß.«

Die andere Wirkung scheint wie gesagt in der entgegengesetzten Richtung greifbar, in der konkreten Kritik am Wirklich-Seienden. Weist die Heilserwartung von der neuen Kirche auch in Hölderlins frühe Lernzeit, vorab auf den von ihm rezipierten vorwärtsgerichteten Blick der Pietisten, der auf das Ergebnis dieses Prozesses sich richtet, auf den »neuen Menschen«, so fußt auch die Kritik an der eigenen politischen Umwelt auf früher Gelerntem, im besonderen auf der breiten Lektüre Rousseaus. »Jeder sei, wie er wirklich ist«, lautet die frühe, deutlich rousseauisch gefärbte Losung. Das Menschenbild, das dahinter steckt, ist in seinen Ansprüchen – glücklich, anspruchslos, »männlich-stolz« und so fort – so unpolitisch nicht. Immerhin bedauert Hölderlin

in einem Brief vom Rastatter Kongreß an den Bruder, »daß die diplomatische Klugheit die Gesichter und Gemüther aller in Banden hält und wenig offne gesellschaftliche Äußerung zu Stande kömmt«.
Das ist noch halb Rousseau, und schon halb Hölderlin. »Offner gesellschaftlicher Äußerung« hat er ohne Umschweife gehuldigt, wenn er bei den »Würtembergischen Herren Deputirten« in Rastatt »Muth und Geist« vermißt, wenn er die Reichen in Frankfurt »gerad so läppisch, schwindlich, grob und übermüthig« daherkommen sieht wie die schwäbischen Bauern. Das Haus Gontard, mit dessen Herrin ihn eine so übermächtige Liebe vereint, hat immer wieder vehemente Kritik in ihm hervorgelockt. Reichtum mache die Menschen zu »lauter ungeheuren Karikaturen«. Was die Frankfurter Geldaristokratie anlange, Gontard war ein brillanter Geschäftsmann, lasse sie »jeden, der von ihnen abhängt«, die Erbitterung über die derzeitige politische Misere entgelten, was Hölderlin (er geniert sich da nicht, seine eigene soziale Situation ins Spiel zu bringen) schon deshalb nicht akzeptieren kann, da »die Hofmeister auch Bedienten wären«.
Sie tanzten »noch immer um ihre güldenen Kälber«: die Kritik an den Frankfurter Verhältnissen springt unmerklich über zu einer Kritik an der gesellschaftlichen Struktur deutscher Wirklichkeit überhaupt. Am Neujahrstag 1799 hat Hölderlin dem Bruder in einem umfänglichen Brief – er bittet selber um Verzeihung, daß er so »langsam und fragmentarisch« mit seiner Epistel daherkomme – seine Ansichten über die gegenwärtigen Deutschen dargetan. Ihre »gewöhnlichsten Tugenden und Mängel« reduzierten sich »auf eine ziemlich bornierte Häuslichkeit«. Es sei kein Sinn da »für gemeinschaftliche Ehre und gemeinschaftliches Eigentum«, die Alten, die Griechen, hätten auch hier in großer Vorbildlichkeit gelebt. Zwar erweitere sich der Horizont der Menschen, aber das Interesse für Philosophie und Politik sei nichts weniger als hinreichend für die »Bildung unserer Nation«. Über »den Einfluß der schönen Künste auf die Bildung der Men-

schen« sei schon viel geschrieben worden, »aber es kam immer heraus, als wär es keinem Ernst damit, und das war natürlich, denn sie dachten nicht, was die Kunst, und besonders die Poesie, ihrer Natur nach, ist«.

Man fühlt sich hier an Hyperions seherhafte, vielzitierte Scheltrede auf die Deutschen erinnert, mit der ja nun nicht das deutsche Volk gestraft wird, sondern die Untreue dieses Volkes gegen seine eigene Idee. Letztlich meint sie die Deutschen als Industrievolk, als »allberechnende Barbaren«, »durch Fleiß und Wissenschaft und selbst durch Religion barbarischer geworden, tiefunfähig jedes göttlichen Gefühls«: Worte von seltener prophetischer Prägnanz. Es sei eben auf Erden alles unvollkommen, das sei das alte Lied der Deutschen. »Wenn doch einmal diesen Gottverlaßnen einer sagte, daß bei ihnen nur so unvollkommen alles ist, weil sie nichts Reines unverdorben, nichts Heiliges unbetastet lassen mit den plumpen Händen, daß bei ihnen nichts gedeiht, weil sie die Wurzel des Gedeihns, die göttliche Natur nicht achten, daß bei ihnen eigentlich das Leben schal und sorgenschwer und übervoll von kalter stummer Zwietracht ist, weil sie den Genius verschmähn, der Kraft und Adel in ein menschlich Tun, und Heiterkeit ins Leiden und Lieb und Brüderlichkeit den Städten und den Häusern bringt.«

Die Antinomie zwischen Zukunftsvision und Gegenwartskritik ist nur scheinbar. Das eine, zumal dort, wo beide Perspektiven zur Sprache kommen, scheint das andere zu relativieren, die Revolutionsteilnahme, die unrevolutionäre Friedenssehnsucht, die konkrete Gesellschaftskritik, die allgemeine Kritik an Zeit und Welt und so fort. Indessen, Hölderlin ist Republikaner »im Geist und in der Wahrheit«, wie Freund Böhlendorff einmal sagt, Hölderlin und Sinclair würden, »wenn es Zeit ist, aus ihrem Dunkel hervorbrechen«. Und er ist doch kein Republikaner. Hölderlin ist in Tübingen jeder geschlossenen revolutionären Organisation ferngeblieben (ganz abgesehen davon, daß die Rede vom jugendlichen Tanz um den Freiheitsbaum mit Hegel, Hölderlin und

Schelling sich als eine Legende erwiesen hat). Da und dort könnten Briefstellen auf aktive Mitarbeit hinzielen: »Und wenn es sein muß, so ist es auch süß und groß, Gut u. Blut seinem Vaterlande zu opfern, und wenn ich Vater wäre von einem der Helden, die in dem großen Siege bei Mons starben, ich würde jeder Träne zürnen, die ich über ihn weinen sollte.« Aber das ist seltsam unpersönlich und literarisch, auch andere Briefstellen zielen nicht auf konkrete Tat.

»Du wirst mich«, so im Oktober 1796 an den revolutionsbegeisterten Bruder, »weniger im revolutionären Zustand finden, wenn Du mich wieder siehst ... Ich bin seit einiger Zeit sehr stille über das, was unter uns vorgeht.« Es geht Hölderlin schon gar nicht mehr um ein äußeres Revolutionieren, um das Ersetzen der einen Verhältnisse durch die anderen, sondern um eine innere Revolution. Beide Stränge, die Hoffnung auf eine bessere Zukunft, und die kritische Bestandsaufnahme der gegenwärtigen Gesellschaft, werden jetzt zusammengeführt in *ein* Bett, von dem aus Hölderlin sich zur Proklamation einer anderen Revolution entschließen darf, »einer künftigen Revolution der Gesinnungen und Vorstellungsarten, die alles bisherige schaamroth machen wird«.

An dieser Revolution mitzuarbeiten, will Hölderlin sich nicht entsagen. Und »wenn das Reich der Finsterniß mit Gewalt einbrechen« wolle, »so werfen wir die Feder unter den Tisch und gehen in Gottes Nahmen dahin, wo die Noth am grösten ist, und wir am nöthigsten sind«. Indessen kann hier eine konkrete politisch-gesellschaftliche Wirklichkeit gar nicht mehr gemeint sein: das »Reich der Finsterniß« meint eine totale Entfremdung gesamtmenschlicher innerer Wirklichkeit. Auf die kommende Verwandlung in eine bessere, harmonische Menschengesellschaft kann nur die »Bildung« des einzelnen hinführen. Schon 1793 spricht Hölderlin in einem Brief an den Bruder von der »Aufgabe einer Bildung des Menschengeschlechts«, zu der er beitragen möchte, und Anfang 1797, unter Nennung der Elemente, »woraus ein vortrefliches Volk sich bildet«, gesteht er Deutschland »viel Bildung, und noch unendlich mehr! bildsamen Stoff!« zu.

Letztlich aber ist Liebe der Stoff und das Ziel dieses vorgegebenen großen Weges. Was Hölderlin selber dreingibt, ist Liebe. Aus Tübingen, im September 1794: »Meine Liebe ist das Menschengeschlecht, freilich nicht das verdorbene, knechtische, träge, wie wir es nur zu oft finden, auch in der eingeschränktesten Erfahrung. Aber ich liebe die große, schöne Anlage auch in verdorbenen Menschen. Ich liebe das Geschlecht der kommenden Jahrhunderte.« Was Hölderlin sich erhofft aus diesem breiten, menschenverändernden Erziehungsgang, ist Liebe. Es ist ein Weg zur inneren Selbstvervollkommnung, im genaueren aber der Anstoß zu einer individuellen, seelisch-geistigen Revolution des inneren Menschen, Beginn der Verwirklichung einer inneren absoluten Harmonie des Menschen, die von vornherein die politisch-gesellschaftliche Revolution verbraucht und aufgehoben haben wird. Denn am Ende dieser tiefen, in heiliger Nüchternheit sich vollziehenden Wandlung steht, höchste, ewig läuternde, ewig heilende Kraft des Menschenlebens, die Liebe. »Wie der Zwist der Liebenden«, so am Ende des »Hyperion«, sind die Dissonanzen der Welt. »Versöhnung ist mitten im Streit und alles Getrennte findet sich wieder.«

Daß Hölderlin diesem Hochziel erlegen, daß er, in eine bürgerliche Formel gebracht, gescheitert ist, spricht nicht gegen ihn. Er steht vor uns in einer Unabdingbarkeit, in einer Reinheit, die das Vor-Bildliche an ihm gar nicht in Zweifel ziehen kann. »Aber daß der Egoismus in allen seinen Gestalten sich beugen wird unter die heilige Herrschaft der Liebe und Güte, daß Gemeingeist über alles in allem gehen, und daß das deutsche Herz in solchem Klima, unter dem Seegen dieses neuen Friedens erst recht aufgehn, und geräuschlos, wie die wachsende Natur, seine geheimen weitreichenden Kräfte entfalten wird, diß mein' ich, diß seh' und glaub' ich.«

11 Friedrich Hölderlin. Pastell von Fr. K. Hiemer 1792

12 Friedrich List. Lithographie mit der Bez. »Kriehuber 845«

Friedrich List

Nirgends Ehre, nirgends Einkommen, nirgends Fröhlichkeit, denn allein in dem Dienstrock...

Reutlinger Petition, verfaßt Anfang Januar 1821 von Fr. List, nach Werke, hrsg. von der Fr.-List-Gesellschaft, 1, S. 684

»Verkannt« war die Vokabel für List eigentlich immer. »Verkannt«, das sollte besagen, daß dieser »Deutsche ohne Deutschland« seiner Zeit voraus war, daß man das Zutreffende und Geniale seiner Petitionen nicht verstehen konnte oder wollte, daß die Tragik dieses Lebens, das in der Selbstsicherheit eines Reutlinger Gerberhauses begann und mit Selbstmord in einem Wäldchen unweit eines Kufsteiner Gasthauses endete, in Reaktionen außerhalb seiner eigenen Persönlichkeit begründet lag. Nicht er war schuld, sondern die Zeit, die Verhältnisse, die Gesellschaft. Aber nun braucht auf das Widersprüchliche in dieser Persönlichkeit, sieht man nur einmal genauer und ernsthafter hin, gar nicht erst aufmerksam gemacht zu werden. Hier ist der Romanheld, dessen phantastisch-imponierende Pläne in vielerlei unsichtbaren Kanälen versickern, dort der politische Kronzeuge, dessen Projekte heute oder morgen realisiert worden sind, hier der illusionäre Verfechter einer – primär volkswirtschaftlich motivierten – Allianz zwischen Großbritannien und dem Deutschen Bund, dort der bemerkenswert nüchterne Analytiker der deutschen Geschichte, der frei von irgendwelchen lokalpatriotischen Aufwallungen »jederzeit rebelliert gegen solche Gefühle«, der

das »reichsfreie Herze«, wie er sagt, »niederräsoniert«, hier der atemlos von Sitzungen zu Audienzen, von Resolutionen zu Vertragsabschlüssen Jagende, der, wenn wir ihm selbst Glauben schenken dürfen, gleich zwei Preisschriften auf einmal nebeneinander bearbeitet und seine Kerze an beiden Enden entzündet, dort der erstaunlich instinktsichere und ganz aufs Warten sich verlegende Gestalter und Systematiker, hier der loyale, naive, bis zur Erschöpfung mithaltende Kombattant, dort der immer wieder aufs neue überraschende Einzelgänger, der Mißgriffe oder Zurückweisungen, Schikanen oder Intrigen wittert, wo keine sind, hier der hastig vorpreschende, ehrgeizige, überziehende Projektemacher, dort der ernste, den geschichtlichen Kräften souverän vertrauende »erste Bürger Deutschlands«.
Was stimmt? So recht läßt List sich nicht in die vielen Falten seiner Persönlichkeit schauen. Aus der intellektuellen, aus der schöpferischen Perspektive gesehen, zeigt er eine facettenreiche Gestalt, bald technologischen Studien sich widmend, bald Hebels alemannische Gedichte mit dem lapidaren (damals gar nicht selbstverständlichen) Prädikat bedenkend »sie sind einzig«, bald volkswirtschaftliche Statistiken aufstellend, bald mit der Herausgabe von Übersetzungen in einer »Staatsbibliothek« ausländischer Werke aufwartend, bald militär-politische Beiträge schreibend, bald Unternehmer im Steinkohlenbergbau, bald Journalist, bald Professor, bald Syndikus, bald Staatswissenschaftler, bald Volkswirt.
Schwer zu sagen, was in diesem Manne mit den »kolossalischen Ideen« eigentlich zu Hause war: vielleicht wird deshalb heute eine wirklich umfassende und gültige List-Biographie reklamiert, obwohl es wahrlich an derlei Unternehmungen nie gemangelt hat. Der Pygniker, der ein Fanatiker war. Einig war man sich nur in der Feststellung, »aufbrausende Leidenschaft« und »Mangel an Politesse« – Eigenschaften, die sich List selbst zuschrieb – seien ihm nie verlorengegangen, eine gewisse Derbheit und Direktheit, die dem altschwäbischen Motto »Rauhe Schale, guter

Kern« ganz selbstverständlich verpflichtet scheinen. Es gibt einen Holzschnitt Lists, geschaffen von Walch im Jahre 1844, ein gedrungener, stumpfiger Körper mit einem massigen Kopf darauf, der Hals untergegangen in dieser breiten Körperlichkeit, kein eigentlich schönes Bild, die Tochter Emilie hat es gar nicht gemocht. Wer sich die seltsame und provozierende Massigkeit dieses Konterfeis danebenstellt, wird Wolfgang Menzels Charakteristik recht verläßlich finden: »Er war der leidenschaftlichste Mensch, der mir je vorgekommen ist, damals noch jung, aber schon dick. Wer ihn gesehen hatte, vergaß ihn gewiß nie wieder, denn auf seiner kurzen und bequemen Figur erhob sich ein unverhältnismäßig großer löwenartiger Kopf. Seine Augen funkelten umher. Immer spielte ein Gewitter um seine breite Stirne, und sein Mund flammte beständig wie der Krater des Vesuvs.« Und wie zur Gebrauchsanweisung, daß man sich über einen Menschen wie den Urgrobian List so von obenhin kein Urteil erlauben könne: »Wer ihn kannte, verzieh ihm gern alles.«
List ist am 6. August des Revolutionsjahres 1789 in Reutlingen geboren. Als der Vater 14 Jahre zuvor die Tochter des Weißbäkkers Schäfer aus Reutlingen heiratete, wurde der im Familienregister als »Herr« eingetragen: »Herr Johannes List, Gerichtsverwandter und Weißgerber«. Freilich war er der erste, der unter den Reutlinger List den magistratischen Herrenstand erreichte, die Großväter, Gerber, Tuchmacher blieben einfache Zünftler, ohne in gewählte, für die ganze Stadt wichtige Positionen aufzurücken. Übrigens waren die List »erst« zu Ausgang des Dreißigjährigen Krieges nach Reutlingen eingewandert. Der erste nachweisbare List findet sich um 1500 als Schultheiß (und wohl Bauer) in Marbach am Neckar, seine Söhne und Enkel haben im Herzoglich-Württembergischen Jagd- und Forstämter innegehabt, einer war Pfarrer in Holzelfingen.
Keine Frage, daß die mit allerlei Sonderheiten ausgestattete historische Exklave Reichsstadt Reutlingen für Lists ganzes Leben ihre besondere Bedeutung hatte. Man hat ein Ölbild vom Vater,

die Züge des Sohnes meint man vorgezeichnet zu sehen, ein waches, aber auch selbstsicheres Gesicht. Unter dem beigegebenen Gerberzunftzeichen steht so etwas wie ein Motto: »Ich leb' nach meinem Stand / Und bin mit Gott zufrieden...« Aber wir haben Beweise, daß der Mann mit den Ärmelstulpen und den weißen Spitzenmanschetten nicht nur wohlhabend, sondern auch politisch aktiv und nicht ohne Eigensinn war. In Paris schreibt Friedrich List einmal in sein Tagebuch, »dieses reichsstädtische demokratische Politisieren« sei ihm »leider angeboren wie einem ehemaligen rheinischen Vogtjunker das Hasenschießen«. Als er den Fuß auf amerikanischen Boden setzt und die öffentlich-politischen Verhältnisse der jungen Vereinigten Staaten des näheren kennenlernt, meint er, überall auf Prinzipien und Praktiken zu stoßen, die nur die Res publica Reutlingen so gehandhabt hatte. Bezeichnend, daß Hermann Kurz, Reutlinger Reichsstädter wie er, in den Forderungen des tollen Jahres 48 Leitbilder aufleuchten sieht, die er mit dem Ende der Reichsstadt Reutlingen für immer verloren glaubte.

Gerade dieses Ende, man hat 1802 von einem Tag auf den anderen die halbtausendjährige Reichsstadtherrlichkeit annulliert, wird freilich zu bedenken sein. List war damals ein dreizehnjähriger Bub; das meiste, was er vom reichsstädtischen Stadtstaat haben mochte, konnte ihm nur vom Hörensagen bekannt sein. Indessen: die soziale Spannung zwischen der politisch unmündigen Handwerkerschicht und dem zum »Herren« aufgestiegenen magistratischen »Verwandten« bleibt in ihm ebenso wirksam wie die Spannung zwischen dem – wie immer existenten und von ihm gedeuteten – reichsstädtischen Demokratie-Modell und der ihn umgebenden politischen Wirklichkeit. Dazu traten zwei sehr persönliche Erlebnisse. Für Wladimir Uljanow, der sich Lenin nannte, wurde der Tod seines älteren Bruders, der 1887 wegen Beteiligung eines Anschlages auf den Zaren hingerichtet wurde, der Stachel zum Revolutionär. Lists Bruder sollte, da die Musterung bevorstand, eine Heiratserlaubnis in Stuttgart einholen.

Der Reutlinger Oberamtmann, der ein Bestechungsgeld erwartet hatte, schickt ihn ohne Stammrollenauszug nach Stuttgart. Dort angekommen, erklärt man ihm, die Stammrolle müsse bis morgen da sein, sonst sei es zu spät. Der Bruder nimmt ein Pferd, reitet in wildem Galopp nach Reutlingen zurück, stürzt aber so unglücklich, daß er zwei Tage später stirbt.
Die Begleitumstände wiegen für den jungen Friedrich List mindestens ebenso wie der Verlust: ein Beamter, dem es auf die eigene Tasche ankommt und nicht auf die Menschen. Der Riß zwischen ihm und den »Schreibern« wird schon sichtbar, für ihn selbst eine radikale, eine unerbittliche Trennung, wie wir noch erfahren. Zwei Jahre nach dem bösen Tod des Bruders Johannes, des Rotgerbergesellen, stirbt die Mutter einen verhängnisvoll gleichartigen Tod. Sie war als Witwe wegen Versäumung einer ganz unbedeutenden Anordnung »vor Amt geschleppt« und »in Gegenwart einer großen Menschenmenge von dem Beamten auf das Brutalste behandelt« worden. Er wolle ihr, brüllte der Beamte, »den himmelsakramentischen reichsstädtischen Hochmut« schon austreiben. Zu Hause angekommen, murmelt die zitternde Alte, das sei ihr Tod. Ein paar Wochen später ist sie gestorben, an »Nervenschlag«, wie das Sterberegister vermerkt.
Wir verstehen, warum sich im Lebenskampf des rast- und heimatlosen Weltfahrers List diese zwei Stoßrichtungen so kräftig herausschälen: *gegen* einen selbstherrlich sich gebärdenden Staat und *für* einen unverzüglichen Anschluß an ein demokratisiertes, industrialisiertes Zeitalter. Tatsächlich meldet sich im jungen List schon bald der Kritiker und Opponent. Nach der Reutlinger Lateinschule geht es in die Lehre; wie der Bruder soll er Weißgerber werden. List hat den altwürttembergischen Bildungsgang von der Klosterschule übers Stift ins Pfarramt (den der jüngere Kurz dann gehen kann) nicht einmal in Umrissen angedeutet gesehen. Dafür wird ihm, wie Justinus Kerner, die Welt des Handwerkers und überhaupt der sozialen Wirklichkeit zu einer a pueris vertrauten Sache. Bezeichnend, wie der gar nicht arbeitswüti-

ge, pfeifenschmauchende, den Schatten der Bäume liebende Lehrling sofort auf »Besserungen« sinnt. Das Abschaben der Häutehaare, meint er gelassen, sei keine Handarbeit mehr, da habe man doch Maschinen dafür.
Der Sohn des »Senators«, welches Prädikat der Vater noch erhalten hatte, war kein Lehrling. Vor allem dem Reden der Mutter verdankt er es, daß man ihn »Schreiber« werden läßt und für eine dreijährige Inzipienten-Lehre nach Blaubeuren schickt. Die Laufbahn, die er getreulich durchmißt, als Inzipient, Substitut, Aktuar, in Blaubeuren, Schelklingen, Wiblingen, Ulm, Tübingen, hätten wir heute mit »mittlerer Beamter« übersetzt. Man muß indessen wissen, daß man in Alt-Württemberg, der »terra scribarum«, damit nicht nur einen Berufsstand meint unter einigen anderen, sondern eine vorherrschende und allumfassende Kaste. Sie hat sich, vor den Landständen und den herzoglichen Räten, den größten Einfluß im Lande gesichert. Im Württembergischen fehlt der Adel. Die im Landtag versammelten Stände sind von der staatsmännischen Konjunktur abhängig, nur die wenigsten der Herzöge finden ihren Lebensreiz in der Handhabung des Politischen, die übrigen geben sich als große Barone. Die Schreiber sind die eigentlichen Platzhalter der Macht, die kennen die Verhältnisse, die »Vorgänge«, die Gesetze, die Schleichwege, die Fallen, die Kerker.
List wird nicht nur Schreiber, sondern auch ein wacher und ein reformfreudiger Schreiber. In der Aktuarliste des Landes bezeugt man dem jungen Mann schon nach wenigen Monaten Praxis, daß er »in der kurzen Zeit seines hiesigen Aufenthalts gute Fähigkeiten, auch besonders im Schreibereifach, und Kenntnis der Kgl. Verordnungen, auch Fleiß und Applikation gezeigt« habe. Wohl noch in der Ulmer Zeit entstand die Niederschrift eines »Plans zur Organisation der Formen des Steuerwesens«, das erste literarische Produkt Lists, das wir kennen. Der Autor vergißt nicht, seinen durchgreifenden Reformvorschlägen den Hinweis voranzustellen, daß er sie »vielen Geschäftsmännern«, also

Leuten des Verwaltungsdienstes, mitgeteilt habe, die ihrerseits deren »Vorzüglichkeit anerkannt« hätten. Das wird bleiben in seinem Leben, die Selbstsicherheit, die Unverbrüchlichkeit seiner Argumentationen, die, wie er meint, »auf unwandelbaren Grundsätzen« ruhen. Man kann nur für ihn oder gegen ihn sein. Ist die Zeit danach, klafft sie auf zwischen dem, was sein sollte, und dem, was immer noch ist oder gar künstlich konserviert wird (wie im Vormärz), dann kann eine solche Persönlichkeit nur zum Stein des Anstoßes werden.

Es scheinen Zufälle zu sein, die diesen vorgezeichneten Weg beschleunigen. List hat seine Tübinger Lehr- und Amtszeit als Oberamts-Aktuar auch zum Mithören von Vorlesungen benutzt. Einer seiner – freilich nur sporadischen – Lehrer war der Rechtshistoriker Johann Christian Majer, ein Mann von Welterfahrung und größter literarischer Fruchtbarkeit. Bei einem von ihm angestellten Examinatorium über Rousseau soll List gesagt haben, Rousseau habe sich seine Lehre nicht aus den Fingern gesogen, sondern von den Verfassungen der deutschen Reichsstädte und wohl seiner eigenen Vaterstadt Reutlingen abstrahiert. Der Reutlinger Schwörtag als Keim des Contrat Social: Lists Gedanken, Kombinationen, die man bei längerem Zusehen aber doch als stimmig empfinden möchte, haben allemal etwas ganz Unkonventionelles an sich.

Als »neuerungssüchtiger« Fremdling wirkte in Tübingen damals als Universitätskurator auch der Herr von Wangenheim. Dem war der plänereiche und selbständige Schreiber aufgefallen. Die schöpferische Art des Mannes hatte er erspürt, und seine geistvolle Unbefangenheit möchte er dem eigenen Wesen als kongenial empfinden. Im Vertrauen auf dessen Geschick macht ihn der junge und noch liberal gesonnene württembergische König Wilhelm, der 1816 dem absolutistischen Friedrich gefolgt war, zum Minister. Wangenheim seinerseits, überzeugt, daß man den Zukunftsaufgaben nur mit liberalen, unbürokratischen Reformen gerecht werden könne, holt den inzwischen zum Rechnungsrat

avancierten und zu allerlei gutachtlichen und kommissarischen Regierungsgeschäften herangezogenen List in seine Mannschaft. Doppelt erfreulich, daß auch ein Publizist und ein journalistischer Könner in die ministerielle Arena getreten war. Eine der ersten, die Landesuniversität Tübingen berührenden Aktionen des Kultministers Wangenheim ist die Anfrage vom 12. März 1817 betreffend eine »Schreiberei-Lehranstalt zu Tübingen«. Aus dem Projekt wird eine neue Staatswirtschaftliche Fakultät, an der Friedrich List mit Datum vom 27. Dezember 1817 zum ordentlichen Professor für Staatsverwaltungspraxis berufen wurde.
List, sein Leben lang auf einem Tübinger Lehrstuhl sitzend: es wäre reizvoll, über die Färbungen und Tönungen dieses gediegenen Bildes nachzudenken. Indessen bleiben derlei Überlegungen angesichts des in immer wieder neue Pläne und immer wieder neue Aktivitäten getauchten Lebens müßige Spekulationen. List provoziert (noch uns Heutige) durch sein Denken. Aber er besticht durch sein Leben. Seine Biographie ist das eigentlich Faszinierende und, nebenbei bemerkt, kaum Darstellbare. Merkwürdig genug, daß es immer eine neue begrenzt historische Situation ist, die sein Leben prägt und umprägt, die sein Temperament zur Entscheidung vorantreibt.
Nicht Rechnungsrat, nicht Professor. Nicht einmal: Württemberger. Am 3. November 1817, also noch vor der amtlichen Bestallung Lists, war Wangenheim als Kultminister ausgeschieden und als Bundestagsgesandter nach Frankfurt abgeschoben. In Stuttgart hatte die antiliberale Partei gesiegt, der Kurs hielt auf Restauration und Reaktion. Schon ein paar Wochen später hat List, Wangenheims nunmehr isolierter Günstling, zweimal im Stuttgarter Ministerium zu erscheinen. Bei der zweiten Aussprache wird dem Professor List »durch mündliche Eröffnung« des Herrn Ministers »Allerhöchstdero Mißfallen mit seinen Vorlesungen zu erkennen« gegeben. List hat später erzählt, der Innenminister habe ihm im Namen des Königs vorgeworfen, »daß er sich in seinen Vorlesungen eine Kritik der bestehenden Insti-

tutionen und Gesetze erlaube, welches durchaus nicht angehen könne«.
Dies das erste Warnungszeichen. Gleichviel schreibt List am 17. Januar 1818 seiner Braut, er wolle ihr von seinem »öffentlichen Treiben« Rechenschaft geben, er habe eine Gesellschaft von Vaterlandsfreunden gestiftet, welche ein Volksblatt schreibe und den Bürgerschaften unentgeltlich Gutachten gebe »in ihren Angelegenheiten gegen die Regierung«. Das zweite Warnungszeichen: ein paar Tage nach Ostern 1819, das Semester hatte eben begonnen, List hatte die Osterpause zu einer Reise benützt (keiner in Tübingen wußte, wohin), teilt der amtierende Rektor den Dekanen mit, er sei in einem Ministerialerlaß aus Stuttgart um Bericht über die Vorlesungen von Herrn List und ihren Erfolg gebeten. Er, der Rektor, hätte gerne einen Rat, wie eine Anfrage »so neuer Art« zu behandeln sei.
Man weiß bis heute noch nicht, ob man in Stuttgart schon vor Diktat dieses Erlasses wußte, wohin List gefahren war. In Frankfurt, wo gerade Messe war, kamen deutsche Kaufleute zusammen und zu ihnen stieß, fast zufällig, auf einer Reise nach Göttingen der Professor List. Im größer gewordenen, um westliche Partikel erweiterten Preußen sollten die Binnenzölle niedergelegt und aus diesem neuen Preußen ein einheitliches Zoll- und Wirtschaftsgebiet gemacht werden. List: wenn schon ein solcher Zusammenschluß, dann nur für ganz Deutschland. Er bietet sich an, eine Denkschrift zu verfassen. Die soll an den Bundestag, List stört das nicht weiter, daß der gar nicht zuständig ist. »In einem Lande, wo notorisch die Mehrzahl der Fabriken entweder eingegangen ist oder ein sieches Leben kümmerlich sich dahinschleppt, wo die Messen und Märkte mit Waren fremder Nationen überschwemmt sind, wo die Mehrzahl der Kaufleute fast untätig geworden ist, bedarf es da noch näheren Beweises, daß das Übel den höchsten Grad erreicht habe?« 38 Zoll- und Mautlinien in Deutschland lähmten den Verkehr. Sie bringen, auch im Sprachlichen schließt sich List an lebendigste Traditionen an,

dieselbe Wirkung hervor, »wie wenn jedes Glied des menschlichen Körpers unterbunden wird, damit das Blut ja nicht in anderes überfließe«. Und in einem entschlossenen Schlußstrich: nur die Aufhebung der Zölle und Mauten »im Innern Deutschlands« und »die Errichtung einer allgemeinen Zollinie des ganzen Bundes« helfe dem deutschen Handels- und Gewerbestand »und somit dem Nahrungsstand überhaupt« wieder auf.

Man hat List späterhin, als aus dem zunächst wieder zerrinnenden Kampf um eine Zolleinheit ein wirklicher, ein funktionierender Deutscher Zollverein geworden war, in das zweite oder gar dritte Glied zurückzudrängen oder seine Priorität überhaupt zu negieren gesucht. Daß er mit seinem überlegenen Blick für »Handelssuprematie«, für die territoriale Zerrissenheit im Inneren und das Wiedervordringen des englischen Handels – die Kontinentalsperre bleibt überhaupt einer der stärksten Lebenseindrücke für ihn – in die eigentliche Gründerrolle hineinwuchs, ist ohne Zweifel. Die Frankfurter Adresse an den Bundestag, ein Meisterstück von Diktion und Agitation, markiert eine entscheidende Zäsur in Lists Leben. Der Kreis der engeren, württembergischen Opposition ist verlassen, List greift nach Deutschland, als er, dies die wiederum lebensentscheidende Resonanz des Amerikaaufenthalts, im dritten Akt nach Kooperationen vor dem Hintergrund der Weltwirtschaft verlangt.

Die Arbeit, die 1819 für den Handelsverein begann, hat ihm ebenso Zweifel an den Lehren von Adam Smith wie erste Einsichten in Fragen der ökonomischen Theorie gebracht. In Amerika hat er am Handelssystem und seinen großen Resultaten die Lehre von Adam Smith durch die praktische Wirklichkeit »aufs Glänzendste widerlegt« gesehen. Schon ein Jahr später hat er dort seine »Outlines«, die Grundzüge einer Nationalökonomie der Vereinigten Staaten entworfen: der gedankliche Durchbruch zum »Nationalen System der Politischen Ökonomie« von 1841, das der größte buchhändlerische Erfolg seines Lebens wird und ihn vollends zu einer Institution in deutscher Zunge macht. »In

München, Augsburg, Stuttgart«, so an die Frau, die ihm liebevoll zur Seite steht durch alle Höhen und Tiefen hindurch, »sind alle Exemplare vergriffen, also wahrscheinlich auch an anderen Orten. Es macht Furrore. Ohne Zweifel wird nächstens eine zweite Auflage nothwendig werden, wo ich dann wieder tausend Gulden erhalten werde.«

In seiner Politischen Ökonomie bekämpft List das klassisch-englische System, die »Schule«, wie er das einfach nennt, und sucht deren abstrakt-deduktive Methode durch eine realistisch-historische zu ersetzen. Der »Theorie der Werte« stellt er eine »Theorie der produktiven Kräfte« gegenüber. Entgegen der Freihandelsforderung des Liberalismus verlangt er, daß die in Entwicklung stehende Industrie eines Landes durch »Erziehungszölle« so lange geschützt werden müsse, bis sie sich aus eigenen Kräften zu behaupten vermag. Der Bezug zur Wirklichkeit – die Bestimmung der Wissenschaft sei es, »die Praxis zu erleuchten« – ist ebenso unübersehbar wie die Distanz von jeder auf nur materielle Werte bezogenen Wirtschaftslehre. »Wer Schweine erzieht, ist nach ihr ein produktives, wer Menschen erzieht, ein unproduktives Mitglied der Gesellschaft.« Die geistigen und kulturellen Werte stehen bei ihm unter den Bedingungen der produktiven Kräfte der Nation und die materiellen Werte wiederum unter den Bedingungen des kulturellen und geistigen Lebens. »Die Manufakturen und die Fabriken sind die Mütter und die Kinder der bürgerlichen Freiheit, der Aufklärung, der Künste und Wissenschaften, des inneren und äußeren Handels, der Schiffahrt und der Transportverbesserung, der Zivilisation und der politischen Macht.«

Ein brauchbares System, meint List, müsse eine tüchtige historische Grundlage haben. Die Nationen durchlaufen in verschiedener Weise verschiedene Entwicklungsstufen. Im Anschluß an ältere, bis auf Aristoteles zurückreichende Stadien unterscheidet List in Aufeinanderfolge den wilden Zustand, Hirtenstand, Agrikulturstand, Agrikultur-Manufakturstand, Agrikultur-Manu-

faktur-Handelsstand. Für die wirtschaftliche Entwicklung entscheidend ist die Gestaltung des Außenhandels. Ist im System von Marx und Engels der Wille – der sozialen Klassen – nichts als der Vollstrecker der geschichtlichen Notwendigkeit, so hängt bei List das Passieren der Entwicklungsstufen vom Willen der Nation ab. Ihn zu wecken, ist das Anliegen von Lists, der Titel schon besagt es, Politischer Ökonomie. Was bei Marx ein Gesetz der Bewegung ist, ist bei List Voluntarismus. Seine dynamische und politische Wirtschaftslehre ist der große, leidenschaftlich gelebte, leidenschaftlich demonstrierte Kontrapunkt zu Marxens mechanistisch-naturgesetzlicher Entwicklungstheorie.
Aber wir haben dem Lebensgang vorausgegriffen. Des Professors List Frankfurter Reise und Frankfurter Adresse sind den Stuttgarter Behörden ein ganz unerhörter Kasus. Wie kommt dieser junge Tübinger Professor dazu, in einem »fremden« Staat wie Frankfurt, vor dem Deutschen Bundestag, ohne vorher gefragt zu haben, zu Dingen Stellung zu nehmen, die ihn dienstlich überhaupt nichts angehen. Die Regierung verlangt eine Erklärung. List, er kann in seinem Leben wegwerfend sein bis zum Ende, verlangt sofortige Entlassung. Und während sich dies abspielt, kommt der Ruf aus Reutlingen, für die Stadt in den Landtag zu gehen. Jetzt ist ihm ein Schicksal, ein abträgliches, ein widersinniges, schon auf den Fersen. Die erste Wahl ist ungültig, weil der Abgeordnete List nicht das gesetzliche Mindestalter erreicht hat. Ein anderer Wahlgang in Waldsee im Sommer 1819 mißglückt gleichfalls. Erst bei der zweiten Wahl in Reutlingen im Dezember 1820 wird List gewählt, diesmal mit absoluter Mehrheit.
Der König will wissen, dies kein gutes Zeichen, »auf welche Weise es geschehen sei, daß der ehemalige Professor List zum Deputirten von Reutlingen« gewählt worden sei. Zu spät. List ist rechtens gewählt. Hinter dem Baron Cotta von Cottendorf hat der Reutlinger Abgeordnete in würdig-schwarzseidenem Mantel seinen Platz. Aber auch jetzt, wo das Ziel erreicht ist, kann er sich nicht in Bürgerruhe einlassen. Die weihnachtliche Parlaments-

pause benützt er, um in seiner Zeitung, dem »Volksfreund aus Schwaben«, allerlei Tabus auf den Leib zu rücken und etwa zu fragen – sein Schreiberhaß beginnt sich in funkelnden Worten zu entladen –, wer denn die Stickereien an den Amtstrachten der Geheimräte und Regierungsräte und Domänenräte zahle, wenn allein ein Geheimratsschmuck auf 800 Gulden zu stehen komme. »Im Widerschein dieser goldenen Stickereien sehen die Thränen der Armen blutrot heraus.« Das ist die Sprache von Büchners Hessischem Landboten, von Schillers »Räuber«, das ist die Brandfackel, geworfen in Metternichs umzäunten, umstellten Polizeistaat.

Deutlicher, provozierender wird diese Sprache in Lists Reutlinger Petition vom Januar 1821, Frucht der Weihnachtstage, eine Abrechnung mit dem altwürttembergischen Schreiberstaat, ein wunderbares Stück polemisch-pamphletischer Kraft und klarer Sachlichkeit, ein glutvolles Verlangen nach Radikal-Reform, die der liberalste Staat des Vormärz nicht hätte akzeptieren können. »Jammer und Not überall. Nirgends Ehre, nirgends Einkommen, nirgends Fröhlichkeit, denn allein in dem Dienstrock, – die Verwaltungsbehörden ohne Kenntnis des Handels, Gewerbes und Ackerbaus und, was noch schlimmer ist, ohne Achtung für die erwerbenden Stände, auf tote Formen und veraltete und unpassende Bureaugesetze versessen, die Nationalindustrie meist mehr hemmend als fördernd, die Rechtpflege kostspielig, endlos, unbehilflich, aller Öffentlichkeit und einer gesunden Gesetzgebung ermangelnd...« List will eine Neuordnung des Gerichtswesens, Verwaltungsvereinfachung, Selbstverwaltung von Gemeinden und Kreisen, Beseitigung der Feudallasten, ein gerechtes Steuersystem. Die Reutlinger Petition, viele der Adressaten saßen als oberste »Schreiber« ja neben ihm auf den Landtagsbänken, ist die zweite große Zäsur in seinem Leben. Schon beginnt man an zahlreichen Orten des Landes Unterschriften unter die – mittlerweile vervielfältigte – Petition zu sammeln. Da erscheint am 21. Januar der Oberpolizeikommissar von Katzmeier in Lists Wohnung mit einem Exemplar der Schrift und verlangt die Herausgabe der noch vorhandenen übrigen Exemplare: Anfang eines Strafprozesses mit weitläufigem Verhör Lists und gnadenlosen Suchaktionen der Kriminalämter im Lande. Unter dem – rechtlich nicht eben haltlosen – Vorwand, gegen List sei ein Kriminalverfahren anhängig, verlangt die Regierung seinen Ausschluß aus dem Landtag. Die Nürnberger hängen keinen, sie hätten ihn denn, beziehungsweise: bevor man einen Abgeordneten vor das Tribunal stellen kann, muß seine Immunität aufgehoben sein. Qualvolle, beschämende Sitzungsstunden im Halbmondsaal des Stuttgarter Landtags. Der Samstag, der 24. Februar 1821, ist der Entscheidungstag. »Unglaublich war der Zudrang zu den Galerien, selbst badische Repräsentanten waren gekommen.« Die zweite der drei Fragen hieß, ob List aus dem Landtag austreten solle. Angenommen mit 56 zu 36 Stimmen. Uhland war in der mit auffallend vielen Adligen bestückten Gruppe, die mit Nein gestimmt hatte. List war ausgeschlossen, nicht aus dem Landtag nur, aus Württemberg, aus der Heimat. Unfaßlich, mit welch geheimpolizeilicher Schärfe dieses »Deleat« eingehalten wird. Sooft List später an die heimatliche Türe klopft, so hämisch, so brutal wird ihm der Einlaß verweigert.

Das Kriminalverfahren, mit allen Schikanen einer allmächtigen Bürokratie geführt, konnte nach dem fatalen Ausschluß seinen Fortgang nehmen. Man ist gründlich verfahren. Erst am 6. April 1822 ist im Kriminalgerichtshof zu Esslingen das Urteil ergangen: zehn Monate Festungsstrafe »mit angemessener Beschäftigung innerhalb der Festung«. List flieht. Er kann an das Urteil nicht glauben. Straßburg, Paris, Baden sind die Stationen, schließlich die Schweiz, hier hofft er, Ruhe zu finden. »Alles ist gegen Dich auf eine unbegreifliche Weise«, meldet Menzel aus Stuttgart, »die Leute ziehen die Hand von Deinem Prozeß wie von einem heißen Eisen weg.« Liegt das Unbegreifliche darin, daß man vor der dämonischen Unrast in ihm, vor diesem radikalen, das heißt zu deutsch bis an die Wurzel greifenden Willen zur

»Besserung« zurückschreckt? Kann man einen heimlichen Rebellen dulden, wo man selbst nur mit Mühe (dies weder in Preußen noch in Österreich) eine schriftlich fixierte Verfassung als einen Verhandlungsboden zwischen Monarchen und Staatsvolk erreicht hat? List ist ebensowenig zur Tragik und zu Schuld veranlagt wie zur Einsicht in die langsamen, unter Kompromissen und Konzessionen sich vollziehenden Prozesse. Er kann das nicht glauben, daß seine Heimat ihn aus der Liste gestrichen hat. Er kehrt im Juli 1824 nach Stuttgart zurück, »im Vertrauen auf die Gerechtigkeit des Königs«. Ein paar Tage später wird er in Stuttgart verhaftet und auf den Hohen Asperg abgeführt. Was ist die für einen ehemaligen Professor der Staatswissenschaft, das wollte das Urteil ja, »angemessene Beschäftigung«? Daß er Uniformstücke sortiert und Kleiderlisten kopiert.
»Höllenberg, den 7. November 1824«. So hebt ein Brief an, den List vom Asperg an Justinus Kerner, den alten Vertrauten schreibt. Hinter vorgehaltener Hand erzählt er, daß er seinen »Pack machen« und mit Weib und Kindern auswandern wolle. »Dazu werde ich hauptsächlich durch die Rücksicht auf meine Kinder bestimmt, die ich nicht dem Moloch erziehen und von Eurer Schreiberzunft zu tot regieren lassen will.« Wenn irgendwo auf neckarschwäbischem Boden vor 48 unbändiger Freiheitsdrang zu Wort kommt, dann hier. List hat nur einen einzigen Wunsch: daß sein »Häuslein nicht auf europäischem Grund und Boden« steht, »sondern in der freien Luft einer Republik, wo man die Leute nicht bei den Haaren herumzieht und einsperrt, wenn sie Vernunft reden«. Es sei höchst gefährlich geworden in Württemberg, »einen Menschen meines Gelichters bei sich zu haben«. Er hat mit den Schreibern, hie gut Württemberg allweg, reinen Tisch gemacht. »Aber zu Euch«, gemeint ist der Herzensfreund Kerner, selber ein heimlicher Republikaner, »komme ich noch, das lasse ich mir nicht nehmen, und sollten Euch die Schreiber Eure Pferdsration, die Ihr von Stadt und Amt bezieht (Kerner war als Oberamtsarzt Beamter), deswegen nehmen.«

Die Haft auf dem Asperg ist vorzeitig abgebrochen worden. Am 9. September 1824 hatte List Cotta gebeten, für ihn eine »Strafverwandlung« in »ewige Verbannung« zu erwirken. Tatsächlich läßt der Innenminister dem Häftling einen Paß »zu einer wissenschaftlichen Reise nach Nordamerika« zukommen. Am 27. Januar 1825 verläßt List Württemberg, nachdem er fünf Tage vorher, das Dokument wird heute noch im Staatsarchiv zu Stuttgart aufbewahrt, die Urkunde zur Aufgabe des württembergischen Bürgerrechts unterschrieben hatte. »Im Begrif mich nach Pensylvanien einzuschiffen, wo ich meinen bleibenden Aufenthalt nehmen werde, mache ich bekannt, daß ich in bedeutenden Erbschafts- und Rechts-Angelegenheiten, die im Umfange der vereinigten Staaten zu betreiben sind, Aufträge annehme«. So eine Geschäftsanzeige aus Le Havre vom 24. April 1825. Tags darauf besteigt er mit der Frau und den vier Kindern das Schiff. Daß die Lists Schubarts Kaplied »Auf, auf ihr Brüder« gesungen haben, berichten verschiedene Zeugen. »Nun reiße Dich los und schlage die Sorgen in den Wind. Auf! Heraus aus dem alten Quark fünfhundertjähriger Verruchtheit in die Neue Welt!« ruft er der besorgten, der tapferen Gattin zu.
Es war also nicht der Weltschmerz der Alten Welt, der List, wie diese Vormärzgeneration unter den Amerika-Auswanderern von Lenau bis Sealsfield, nach Amerika getrieben hat. Letztlich liegt dem Schritt ein Politikum zugrunde; neben Carl Schurz ist List die größte deutsche Erscheinung in Amerika. Schurz bleibt dort Reformer, List findet seine Heimat auch drüben nicht. Schon ein halbes Jahr nach seiner Auswanderung schickt er eine Eingabe an König Ludwig von Bayern, in der er von seinem deutschen Herzen spricht und von seinem Wunsch, sich seinem deutschen Vaterland nützlich zu machen. List hat Amerika, »dieser hohen Schule der Nationalökonomie und des politischen Lebens«, das mit der »wissenschaftlichen Reise« war also gar nicht so falsch, viel gegeben: ob Amerika ihm das gleiche gab?
Auch hier bei seinem Erscheinen eine historische, eine entschei-

dende Situation: Er kommt an, nach vierzigtägiger Seefahrt übrigens, als drüben eben die Auseinandersetzung zwischen den agrarischen Rohstoffgebieten und der jungen Industrie des Ostens in Gang gekommen war. Entweder-Oder, entweder Freihandelsargument oder Schutzzölle. Auch hier die Kerze, die an zwei Enden brennt, der Landwirt, der keinen Erfolg hat, der Publizist, der den »Adler« in Reading leitet und dort mit herrlicher Unbefangenheit nun auch in Amerika zugleich große und kleine Politik macht, der Unternehmer, der ein Kohlenlager entdeckt, es mit auszubauen beginnt und glauben kann, daß sein Weg damit endlich bürgerlich gesichert sei.
Das gibt ihm, meint er, den Boden, in Deutschland wieder Fuß zu fassen. Präsident Andrew Jackson, für dessen Wahl List die Deutsch-Amerikaner gewonnen hatte, ernennt ihn am 8. November 1830 zum amerikanischen Konsul in Hamburg. Er fährt zunächst allein nach Europa zurück. Aber der Vorsatz, das Hamburger Amt anzunehmen, zerschlägt sich. Aus Stuttgart, wo Freunde sich einsetzen, wird ihm bedeutet, er solle das Land nicht betreten. Dennoch kehrt er 1832 mit seiner Familie endgültig nach Europa zurück. Jackson hatte ihn zum Konsul von Baden, dann für Leipzig ernannt, im Herbst 1834 hatte er seine konsularische Tätigkeit dort aufgenommen.
Aber noch mehr als diese den selbstgewählten Beruf des Promotors eines deutschen Eisenbahnsystems. Schon im September 1833 hatte er eine Denkschrift an die Behörden gesandt: »Über ein sächsisches Eisenbahn- als Grundlage eines allgemeinen deutschen Eisenbahnsystems und insbesondere über die Anlegung einer Eisenbahn von Leipzig nach Dresden.« Die Schrift erregt ebensoviel Aufsehen wie törichte Ablehnung. List als Publizist, als Propagandist, als Gründer, als Sammler von Kapitalien, als Schöpfer der ersten großen deutschen Eisenbahnlinie Dresden – Leipzig: in der Ruhelosigkeit dieses für uns heute unvorstellbar gewagten Unternehmens verrät sich noch einmal seine im Grund zutiefst optimistische Natur, dieses kindhafte Er-

stauntsein, daß die anderen die Dinge nicht auch so sehen (oder sie am Ende gar nicht sehen wollen). Sein Selbstbewußtsein ist stark, naiv und großartig, aber offenbar für viele verletzend oder peinlich. Mit der Intensität seiner Forderungen, mit seiner insistierenden Gläubigkeit mochte er selbst den Besseren, ja den Besten auf die Nerven gehen. Weil er ein Mann der schöpferischen Phantasie war, mußte er den einen als »Projektemacher« oder »Scharlatan« gelten, den anderen als ein unzuverlässiger Kollege, der schon wieder zu einem anderen, zu einem weiteren Plan überspringt, bevor er sich mit dem augenblicklich zur Diskussion stehenden so recht identifiziert hat. Einer, der als Querulant erscheinen mußte, zumindest denen, die durch seine Turbulenz gestört waren, einer, der in die biedermeierliche Kaffeekränzchen- und Liedertafel-Welt hineinbraust wie der rauhe Wind von der Achalm herunter.

Und doch: seine Gedanken-Projekte sind, merkwürdig genug, ebenso in Erfüllung gegangen wie seine Prophetien (etwa die, daß Amerika und Rußland die Mächte der Zukunft seien). Wenn man im Plan des »sächsischen Eisenbahnsystems« den Kern eines künftigen gesamtdeutschen Eisenbahnwesens erkennt, so sieht man, wie modern und hochpolitisch er die Frage der deutschen Einheit, nämlich verkehrspolitisch angepackt hat. Die großen Linien sind mit geringen Abweichungen in den kommenden Jahrzehnten so gebaut worden, wie er die Entwicklung 1833 gedeutet hat. Er hat dieses Gitternetz letztlich nicht als ein nationales oder gar nationalistisches Instrument verstanden; die ideologischen Verzeichnungen des Dritten Reiches, unter denen man Hölderlin sozusagen als Parteigenossen feierte, haben uns da ein sehr korrekturbedürftiges Erbe hinterlassen. Neben Moeller van den Brucks zitierter Version von List als dem »Deutschen ohne Deutschland« muß man sich nur daran erinnern, daß seine – bemerkenswert systematische, von der Gemeinde als der sich selbstverwaltenden Zelle ausgehende – Staatslehre nicht in irgendeinem »völkischen« Panegyrikon endet. Gewiß erlebt List den Wert der Nation in einer sehr starken Form. Aber die »ökonomische Erziehung der Nation«, hier erweist sich einmal mehr, daß er nicht im Raum der Romantik, sondern der Aufklärung groß geworden ist, soll nur zum »Eintritt in die künftige Universalgesellschaft« vorbereiten. List hat die Nation, so Edgar Salin einmal, als »Glied der Weltgemeinschaft« gesehen, »nicht als Prätendent der Weltherrschaft«.

Selbst im beginnenden Eisenbahnfieber, dem der hastig von Kabinettstüre zu Kabinettstüre Eilende auf seine Weise Tribut gezahlt hat, hat List keinen festen Platz, kein festes Amt, keine Beteiligung, keinen Associé gefunden. 1837 wandert er zum zweitenmal aus, nach Paris. Von seiner Preisschrift, seiner verunglückten, sprachen wir. Das Paris des Bürgerkönigtums erkennt das Fruchtbare seiner Anregungen. Thiers bietet ihm den Staatsdienst an. List lehnt ab. Er geht sozusagen zum Feind über, nach England, wo man ihn als Denker großen Formats erkennt und den gedrungenen, schweren Mann als eine Art Gegenkraft zum eigenen »System« und zur eigenen Staatspraxis feiert. Ein neuerlicher Anlauf, die eingefahrenen Geleise auseinanderzubiegen und unter anderen politischen Konstellationen den von ihm gespürten Druck von Ost und West auf Deutschland zu paralysieren: die Denkschrift »Über den Wert und die Bedingungen einer Allianz zwischen Großbritannien und Deutschland«. In wunderbarer Konsequenz steigt dieses Leben und Wirken vom Lokalen über das Territoriale zum Nationalen und Kontinentalen auf, vom Zollverbund über die Gemeinde- und Staatslehre zum Nationalen System und zur atemberaubenden Vorahnung, »daß erst neue, noch unbekannte Erfindungen materieller Art geschehen müssen, um die Errichtung einer internationalen Gesetzgebung nötig und möglich zu machen«.

Der Londoner Plan sackt in sich zusammen, noch ehe die Gesandtschaften ihn sich richtig zu Gemüte geführt haben. List kehrt aus London als ein Gebrochener zurück, die Gereiztheit von früher weicht Erschlaffungen und Depressionen. Im November 1846, keine anderthalb Jahre vor Ausbruch der Revolution, die sich in mancherlei Forderungen als den Vollstrecker Listscher Forderungen entdeckt, entschließt er sich zu einer Reise nach München. Von dort will er weiter zur Erholung nach Meran. In Tirol kehrt er wegen des stürmischen Wetters um und mietet sich in einem kleinen Gasthaus bei Kufstein ein. »Ich bin der Verzweiflung nahe.« So an den alten Freund Gustav Kolb, der in Tübingen sein Hörer gewesen war. »Gott erbarme sich meiner Angehörigen. Was Sie und andere Freunde an meinen Angehörigen tun, wird Ihnen Gott lohnen.« Stunden später fand man den schweren Körper tot, von einer milden Schneedecke verhüllt.

13 Wilhelm Zimmermann. Lithographie »nach Biows Lichtbild« von F. Hickmann, erstmals in Zimmermanns »Geschichte der Hohenstaufen« von 1865

14 David Friedrich Strauß. Stahlstich von Adolf Neumann um 1865/70

Wilhelm Zimmermann

Aber ob auch Welle um Welle sich bricht
und zerschellt, der Strom geht vorwärts.

W. Zimmermann in einem Brief an Fr. Th. Vischer vom 30. Oktober 1864 aus Leonbronn. Marbach, Schiller-Nationalmuseum/Deutsches Literaturarchiv, Vischer 42.224

Als Wilhelm I. von Württemberg am 15. September 1847 mit Bleistift sein »Zimmermann. W« auf die Vorschlagsliste schrieb und damit den Pfarrer Wilhelm Zimmermann zum Professor am Stuttgarter Polytechnikum machte, müßte er zumindest geahnt haben, daß er sich da einen ganz unsicheren Kantonisten an seine Schule holte. Wollten Seine Majestät den Teufel mit Beelzebub austreiben? Zimmermann war kein unbeschriebenes Blatt damals. Am 2. Januar 1807 in Stuttgart geboren, kam er nicht, wie seine Seminar- und Stiftsfreunde Mörike, Vischer, Mährlen und so fort, aus den Reihen der Ehrbarkeit. Als Strauß, selber aus vornehmem, gebildetem Kaufmannshaus, sich einmal für eine eigene historische Arbeit nach den Vorfahren Vischers erkundigte, genierte es den beinahe, ihm »nur« eine Ahnentafel mit Pröpsten, Prälaten, Professoren, Obristen und Regierungsräten nennen zu können. In Zimmermanns Bewerbung von 1847 wird der Beruf seines Vaters als »Lackierer« angegeben. Er selbst schreibt in seiner Bewerbung um die Pfarrei Dettingen vom 8. April 1840, sein Vater sei Hofküchenbedienter gewesen, später Lackierer, die Großväter seien Weingärtner gewesen und Kabinettsdiener. Zimmermann ist der Sohn kleiner Leute. Das soziale Ambiente im Werk dieses Mannes hat gar nichts von der sozial-patriarchalischen Fürsorge der »besseren Kreise« für die Armen. Seine Heirat mit der Tochter des Pfarrers Ditzinger in Kusterdingen hat ihn vielleicht, wie Kurz das nannte, dem altwürttembergischen Verwandtschaftshimmel ein bißchen nähergebracht. Aber das Heraufdienen und das Stillehalten lag diesem kräftigen jungen Mann mit dem breiten, üppig-fröhlichen Gesicht ganz und gar nicht.

Die amtliche Biographie war kurz beieinander. Nach beendigtem Studium habe er 1829 die erste, »im Jahr 1831 die zweyte theologische Dienstprüfung, die letztere mit dem Classenzeugniß 2a« bestanden und sei, »nachdem er acht Monate lang eine Pfarrgehülfenstelle versehen, sodann aber mehrere Jahre hindurch außer dem Kirchendienst mit literarischen Arbeiten ästhetischen und historischen Inhalts sich beschäftigt hatte, durch höchsten Entschl. v. 13. Mai 1840 zum Helfer in Dettingen Dec. Urach ernannt« worden. »Von dieser Stelle aus erstand er im Jahr 1843 die kirchliche Dienstbeförderungsprüfung mit dem Zeugniß 2a, so wie im Jahr 1846 bei dem Studienrath die Prüfung fürs Professorat gleichfalls mit dem Zeugniß 2a.«

So weit das kirchenamtliche Curriculum bis zum Vorabend der Berufung an die polytechnische Schule. Für moderne Weltkinder wäre vielleicht nur zu erklären, daß die Prüfungsnoten allemal brillanten Erfolg bestätigten. Indessen war Zimmermann kein Streber à la Wagner, kein anspruchslos-treuer Arbeiter im Weinberg des Herrn. Mit Strauß und Vischer gehörte er zur berühmt gewordenen Blaubeurer »Genie-Promotion«, die im Herbst 1825 ihren Weg durchs Stift antrat. Bei Baur hat Zimmermann, später der Zeitgeschichtler par excellence, Entscheidendes gelernt, und Hegel ist ihm bis zur Witzelei geläufig. Im Blaubeurer »Lagerbuch«, jenem köstlichen Konterfei und literarischen Tagebuch dieser Geniepromotion, stehen auch »Carcergedanken von Zimmermann im Stift 1828«, derbe Knittelreime, in denen des Weltgeists dankbar gedacht wird, »Ich müsste vor

Langeweile verrecken, / Wie eine schnöde Katz' oder Ratt', / Die über gute Tage just zu klagen hat.«
Durch seine Mitarbeit an dem von Rudolf Lohbauer wesentlich gestalteten »Hochwächter« hatte er sich, gleich Johannes Mährlen, politisch exponiert. Und durch seine an Waiblinger erinnernde Renommiersucht – im Stift war Zimmermann eine Zeitlang sein leidenschaftlichster Verehrer – hatte er sich den Unwillen Uhlands und Schwabs zugezogen, die ihm deshalb auch für das von ihm und Mörike herausgegebene »Jahrbuch schwäbischer Dichter« keine Beiträge gaben. Das Jahrbuch brachte neben Mörikes Beisteuer Gedichte von Zimmermann, zwei Novellen und Gedichte von A. Treuburg, mit welchem Pseudonym sich Fr. Th. Vischer getarnt hatte, und Gedichte von Ludwig Bauer und Karl Mayer.
Der Poet in Zimmermann ist bald verstummt. Neben arg sentimentaler Lyrik und von romantischen Schleiern überzogenen Balladen stehen Zeitgedichte auf den Heldenkampf der Polen oder das 1833 veröffentlichte Trauerspiel »Masaniello, der Mann des Volkes«, wo der Held des Stücks in rhetorisierendem Jambenton gegen die spanische Herrschaft Sturm läuft. War Mörike gegen den Politiker Zimmermann, der mehr und mehr zum Vorschein kam und die längere idyllisch-lyrische Teilhabe an der »Schwäbischen Schule« verwehrte, von der gleichen Skepsis, die er allen absoluten politischen Naturen gegenüber hatte, so schätzte er den Dichter Zimmermann doch sehr. Was »Behandlung« anlange, so 1832, »und noch mehr, was den süßen, sonnerwärmten Kern der Poesie selbst« betreffe, sei ihm Zimmermann sehr viel lieber als Gustav Pfizer. Und Mörike war, so verbindlich er sich in persönlichem Umgang gab, in Dingen des Worts von unbestechlichem Urteil.
Wer Ohren hatte zu hören, dem hätten einige »Unregelmäßigkeiten« im bisherigen Lebensgang Zimmermanns auffallen können. Als im Oktober 1832 die Neben- und Unterlehrerstellen der Gewerbeschule zu besetzen waren, für die in Deutsch und Ge-

schichte sich neben Mährlen – der obsiegt hat damals – auch Zimmermann bewarb, hieß es in der aus den eingeholten »Erkenntnissen« zurechtgemachten Personalakte Zimmermann, er habe 1829, kurz vor seinem Abgang von der Universität, das Stift verlassen müssen, »nicht wegen grober Vergehungen, sondern wegen gehäufter Verfehlungen gegen die Gesetze des Seminars«. Das war nun freilich eine sehr sibyllinische Auskunft, die aber doch klar machen mußte, daß man mit Zimmermann keinen Leisetreter bekam. Er selbst hat damals übrigens ohne Skrupel dem Konsistorium gegenüber die Erklärung abgegeben, nicht an unerlaubten Verbindungen teilgenommen zu haben. Dann bewirbt er sich um Pfarreien, um halb Württemberg, um Gaisburg, Linsenhofen, Stammheim, Grunbach, um das Helferamt in Marbach, um Calmbach, Tamm, Merklingen, Grafenberg: bei der vakanten Pfarrei Dettingen hat es am 14. Juni 1840 schließlich geklappt.

Aber zufrieden kann Zimmermann mit dem Erms-Dorf nicht gewesen sein, zumal mit der Pfarrei, die der hoch auf der Alb liegenden Filialgemeinde Hülben verbunden war, ein armseliges Nest: ein so beschwerliches Doppelamt, daß der Dekan des Uracher Amts bei Zimmermanns Auftritt vorsorglich gleich erklärte, beides zusammen könne auf die Dauer niemand aushalten. Zimmermann bewirbt sich 1846 um die Pfarreien Weilheim bei Tübingen und Zaberfeld, und dann, als nur noch die Flucht nach vorne Erfolg zu versprechen schien, um die zweite Helferstelle in Reutlingen und schließlich an der ersten Kirche des Landes, an der Stuttgarter Stiftskirche.

Mittlerweile aber hatten die Ministerien des Innern und für das Kirchen- und Schulwesen einen Bericht angefordert über das Verhalten Zimmermanns vor und nach der Abgeordnetenwahl in Urach (vor dessen Haustür Zimmermann seines Pfarramts waltete). Am 4. Januar 1847 bestätigt Zimmermann den Empfang einer Vorladung zur Untersuchung der Uracher Vorgänge. »Ich werde mit Vergnügen erscheinen«, schreibt er in das Brieflein, das übermütig-ironische, und fügt am Schluß an den Herrn Dekan auch noch einen persönlichen Gruß an, mit »den besten Wünschen für das Neue Jahr«. Bei der Verhandlung selbst muß Zimmermann, dem die Gelegenheit günstig kam, wie ein Buch geredet haben, der Oberamtmann Schott von Münsingen hat ein 52seitiges Protokoll darüber unterschrieben. Zimmermann sieht sein Verhalten nicht als Einmischung in die Wahl an. Anfänglich sei er für den jetzigen Abgeordneten Deusch gewesen. Als er aber bemerkt habe, daß der von der Behörde »mit nicht gesetzlichen Mitteln« gefördert werde, habe er den Kandidaten Dr. Mohl unterstützt. In Hülben habe Zimmermann privat, öffentlich und auf dem Rathaus die »Candidatur des Würdigsten und Tüchtigsten« unterstützt, zwar ohne Namen zu nennen, aber doch so, »daß jeder Denkende auf die Überzeugung habe gelangen müssen, daß damit nur Dr. v. Mohl gemeint seie«. Auch den Namen des Ministers Schlayer hat Zimmermann in seiner pfarramtlichen Wahlkampagne mehrmals fallen lassen. Und als er nach der Wahl bei einem Hülbener, dem »Oberen Schill«, ein Kindlein im Namen Christi zu taufen hatte, ließ er nachgewiesenermaßen zwischen den Zähnen die Bemerkung durch, der Schill, der nicht nach des Pfarrers Überzeugung abgestimmt habe, könne »der Hülbener Hundsfott heißen«.

Nicht sehr christlich. Aber politisch. Als die Wahlniederlage deutlich geworden war, sammelt Zimmermann Materialien zur Wahlanfechtung und überredet die Wahlmänner zur Unterzeichnung einer Beschwerdeschrift. Zimmermann gibt dies alles zu und – lacht. »Durch Alles dieses glaubt jedoch Helfer Dr. Zimmermann da oder dort höchstens nur in der Form gefehlt, im Anbringen aber doch nur als Staatsbürger, Schriftsteller und Geistlicher seine Pflicht erfüllt zu haben.« Und wenn auch für das Stuttgarter Konsistorium die Dreiheit Staatsbürger-Literat-Pfarrer eine sehr moderne Erfindung gewesen sein dürfte, im Schreiben an das Ministerium betont man doch, daß Zimmermann – man mißbillige sein Tun – mit Polizeigesetzen nicht in

Konflikt geraten sei. Mit disziplinarischen Maßnahmen dürfe man also wohl kaum kommen.
Und Zimmermann bleibt der spaßige Rocher de bronze. Als er sein bewegt-abenteuerliches Stuttgarter Jahrzehnt hinter sich und nach äußerlich schwerer Zeit wieder eine Pfarre hat, diesmal, seit September 1854, ein noch ärmeres Nest, Leonbronn am Anfang des Zabertals, bei dessen »Leon« man heute noch rätselt, ob es von der Waldrebe oder der Wildsau kommt, da schreibt der Brackenheimer Dekan in seinen Erstbericht vom November 1855 nach Ablauf eines Jahres: »Von anstößigem Wirthshausbesuch und von Übersehen im Trinken, das er sich früher je und je zu Schulden gebracht haben soll, hat auch sonst nichts verlautet.« Wer das geschraubte Dekansdeutsch auf seinen Kern reduziert: Zimmermann hat das Saufen eingestellt, aber seine frisch-fröhliche Demokratenart so für sich beibehalten. Er sei nicht strenggläubig, hat der scharfsinnige Dekan beobachtet, aber er habe auch keine negierende Auffassung von Christentum. Bei der Gemeinde sei er sehr beliebt, wenngleich ihm, Herrn Dekan, seine Freundlichkeit zu jedermann ein bißchen zu weit gehe. Es sei halt wünschenswert, daß »seine und seines Hauses Erscheinung den Typus des geistreichen Literatenthums noch mehr ablegte und den solideren geistlichen Gevatter annähme«.
Ausgerechnet diesen munteren Kämpfer, dem es in seinem Leben zum braven und ruhigen geistlichen Gevatter nie reichte, den hat der König also im September 1847 zum Geschichtsprofessor an der polytechnischen Schule gemacht. Er sei, dieser vierzigjährige Vater von fünf Kindern, »ein talentvoller Mann, von Geschmack und blühender Darstellungsgabe«, er habe in der Professorenprüfung von seinen wissenschaftlichen und philologischen Gaben beste Proben gegeben, er habe sich »durch seine historischen ästhetischen und poetischen Schriften in der literarischen Welt einen Namen erworben«.
Eine Berufung also, die, das sei ihr zu Ehren gesagt, den Mann und seine (politischen) Allüren hinter sein Werk zurückstellte:

das drängte die übrigen Bewerber, alles Landeskinder und die meisten davon aus Seminar und Stift, in unbedeutende Ecken. Den Zimmermann, den hat man damals gekannt, die polytechnische Schule sollte keine Durchschnittstypen haben. War die zweibändige »Geschichte des großen Bauernkriegs«, deren Vorwort er am 8. November 1843 unterschrieb, nicht ein großartiges Werk, das einsam herausragt aus der Kling-Klingel-Historie biedermeierlich-nostalgischer Machart? Im Juni 1856 (»Leonbronn in Württemberg«) hat Zimmermann der neuen, eigentümlicherweise dem alten Schlosser in Heidelberg gewidmeten Auflage eine Handvoll theoretischer, methodologischer Reflexionen mitgegeben. »Die Geschichte duldet keinerlei Octroyierung. Ihr Leben, weil sie die leibhafte Wahrheit ist, ist mächtiger und energischer, als die Gewalt der Waffen, der Dekrete und der gelehrten Einbildungen.« Ehrenvolle Sätze, doppelt ehrenvoll für den, der für sie einzustehen und für sie zu zahlen hatte, mit einem Stück seiner unbändigsten geistigen Vitalität. Tatsächlich hat es solcher Sätze damals, als das Buch erschien, ein halbes Jahrzehnt vor Ausbruch der 48er-Revolution, gar nicht bedurft: wer lesen konnte, hatte eine bemerkenswert quellennahe Darstellung vor sich, die keinesfalls nur Arbeiten wie Ferdinand Friedrich Oechsles Bauernkriegs-Beiträge von 1830 ausschreibt, sondern riesige Mengen von Originalhandschriften aushebt und verwertet, sie selbst wieder kritisch überprüft und aus dem Trümmerfeld von geheimer Korrespondenz und Augenzeugenberichten, von Urkundenexzerpten und barocken Relationes einen Bericht zusammenfügt, der imponierender nicht hätte sein können. Zimmermanns Bauernkrieg, in einem Winkelverlag erschienen, war ein Wurf, der freilich gar nichts, wie man beim Temperament des Autors hätte erwarten können, von genialischer Gebärde an sich hatte, sondern die künstlerische Komposition mit der wissenschaftlichen Solidität zu verbinden weiß.

Das Buch hat denn auch in neuerer und neuester Zeit mancherlei Neuauflagen erlebt, weniger aus pietätvoller Reminiszenz als aus

Gründen neuerlichen Bekenntnisses zu einer besseren liberaldemokratischen Geschichtstradition. Und es hat, von der Fachwissenschaft immer noch mit sehr mäßigen oder gänzlich ideologisierten Kommentaren bedacht, Nachwirkungen erlebt, die niemand einem in geschichtsversunkener Zeit erschienenen Dutzendbuch – mehr konnte Zimmermanns Bauernkriegsgeschichte zunächst nicht sein – zugetraut hätte. Friedrich Engels hat Zimmermann nicht nur weidlich ausgeschlachtet, sondern auch die Disposition und die Wertungskategorien übernommen. Er hat sie in die materialistisch-marxistische Geschichtsphilosophie überführt und damit, mit »seinem« Bauernkrieg, die spätere marxistisch-leninistische Geschichtsschreibung nachdrücklich beeinflußt. Aber auch die gemäßigt-sozialdemokratische Gruppe hat in Zimmermanns Bauernkrieg eine Offenbarung gesehen; Wilhelm Blos, in diesem Zusammenhang eine der wichtigsten Editionen, hat das Buch 1891 und 1907 in Stuttgart bei Dietz als »billige Volksausgabe« herausgegeben. Für Gerhart Hauptmanns »Florian Geyer«, diesen im Luthergewand daherkommenden Vorkämpfer gegen die Knechtschaft der Bauern und für eine soziale Reichsordnung, ist Zimmermann die Hauptquelle; hier wird das Material seines Buches zum theoretisch entwickelten naturalistischen Grundkonzept, zur möglichst reinen »Reproduktion« der »natürlichen« Bedingungen. Und in Käthe Kollwitz' Folge »Bauernkrieg«, entstanden zwischen 1903 und 1908, wird Zimmermanns Sujet – Käthe Kollwitz hat selbst erzählt, wie sehr sie Zimmermanns Bericht inspiriert hat – zum Ausgang einer in zwingende Härte gebrachten sozialen Anklage. So unscheinbar diese Bauernkriegsgeschichte war, vielleicht gerade weil sie so unscheinbar war, so sehr hat sie ihre Wirkung getan, bei den Leuten, nicht in den großbürgerlichen Salons. In der zu Paris erscheinenden, von Wilhelm Weitling redigierten deutschen Arbeiterzeitschrift »Die junge Generation« wird Zimmermanns Werk besonders empfohlen. Es sei »ganz in der Sprache des Volkes geschrieben«, kein Stammregister regierender Häu-

ser, »wie wir das in allen deutschen Geschichten bis zum Ekel lesen«, sondern eine »wirkliche Volksgeschichte«. Zimmermann »folgt dem Faden der Entwicklung des Fortschritts nach allen Winkeln der deutschen Gauen und Europas. Wohin sich derselbe verläuft, der Verfasser hebt ihn hervor und zieht ihn ans Licht. Keines der vorhandenen Werke deutscher Geschichte ist in dieser Beziehung mit demselben zu vergleichen.«
Berücksichtigt man die hier unverhohlen erklärte »innige Sympathie« der Arbeiterredaktion mit Zimmermann, dann mag dies Lob, sicherlich eines der wenigen im Vormärz, arg übertrieben erscheinen. In Wirklichkeit ist das Besondere und »andere« an Zimmermanns Geschichtsschreibung in diesen Formulierungen eher zu niedrig angesetzt. Dies, daß er der historischen Realität zum Durchbruch verhilft und mit der Geschichte der Gegenwart zu Leibe rückt, indem er mit den Petitionen der Bauern in nuce den Katalog der eigenen oppositionellen Forderungen vorwegnimmt, dies ist in der Tat ein neuer Ton in der deutschen Geschichtsschreibung.
Noch neuer und ungewohnter, daß Zimmermann der Theorie die Tat folgen läßt. Ein Jahr nach der Berufung an die polytechnische Schule, der Vorläuferin der heutigen Stuttgarter Universität, ist er der ungeniert politische Professor des Hauses. Während Mährlen für eine Weile seinen Rückzug angetreten hat und Vischer noch nicht an der Schule ist (aber in den Märztagen noch den letzten hinter dem Ofen hervorholt), steigt Zimmermann als Mann der polytechnischen Schule geradezu mit Genuß in die politische Arena. Er gewinnt den Wahlkampf gegen Gottlieb Rau, den einzigen radikalen Theoretiker in Württemberg im Jahre 1848 und gewiß weitbekannten und unerbittlichen Demokraten, und zieht in die Frankfurter Paulskirche ein. Rau hat im September des Jahres in seiner republikanischen Zeitung »Die Sonne« Zimmermanns Rede über das Grundrecht der Glaubens- und Gewissensfreiheit abgedruckt: Zimmermann gehört, auch in der Paulskirche, zur äußersten Linken, die den Forderungen der Re-

volution auf eine möglichst kompromißlose und möglichst prinzipienreine Weise zur Wirklichkeit verhelfen will.
»Als einen der Besten« aller Paulskirchenmänner hat ihn Engels hernach gesehen, und wer die von Zimmermann lancierten oder unterstützten Anträge durchmustert, zur Abschaffung des Adels, zur kompromißlosen Gewährung von Preßfreiheit, gegen die Wahl eines Reichsverwesers und mithin für die konsequente Konstituierung einer Republik, der wird dem Abgeordneten Zimmermann nicht gerade politische Naivität oder Hilflosigkeit bescheinigen wollen. Eigene Notizen und Konzepte zur Frankfurter Parlamentsarbeit finden sich im Nachlaß, so sein vor dem Plenum abgegebenes Votum in Sachen Staat und Kirche. Tausende wüßten es aus seinen Schriften, daß er kein Freund dessen sei, was man so Kirche nenne. Man habe gesagt, das Volk wolle keine Trennung. Er aber glaube, das Volk wolle sie. Er nehme diese »Freigebung der Kirche« nicht so leicht, und wenn man etwas beschließe in diesem Falle, so möge man vor allem die zukünftige Funktion der Kirche bedenken, der »Schützerin des Geistes und der Armen«.
Nicht nur eigene Aufzeichnungen über die Paulskirche haben sich erhalten und sind ja auch teilweise von ihm publiziert worden, nebenbei bemerkt, sehr viel sachlichere Berichte als die arg egozentrischen Kommentare seines Landsmannes Vischer, sondern auch Notizen seiner Frau Luise Zimmermann. Sie bleibt nicht zu Hause, wie Frau Uhland, sie besucht ihren Mann in Frankfurt und entpuppt sich dabei als eine politisch versierte und urteilskräftige Genossin: »Dahlmann gering nach Gesinnung, Charakter und Geist«, »Erster Redner war Hecker, dialektisch, redegewandt, guter Vortrag, aber nicht rechtschaffen«, »Robert Blum, auch seine Rede ist blühend, bilderreich, aber voller Herz und Marck« und so fort. Die Uhlandin hat sich von Tübingen aus nach den Socken des Herrn Gemahls erkundigt und zu melden gewußt, daß die Hutzeln jetzt trocken seien. Luise Zimmermann, alles andere als eine einfältig-biedermeierliche Pfarrerstochter,

scheint eine geistvolle und mutige Gefährtin gewesen zu sein. Daheim an der polytechnischen Schule war Zimmermann in diesem Revolutionsjahr 48 scheinbar mehr darauf bedacht, die Kirche im Dorf zu lassen. Am 18. April 1848 schickt er seelenruhig eine Eingabe an den Studienrat, man möge ihn »in Betracht« seiner »wissenschaftlichen und literarischen Stellung« in Sachen des Gehalts dem Kollegen Dr. Mönnich am Oberen Gymnasium gleichstellen. Aber einer, der jahrelang den Tag X anvisiert hat, darf verschnaufen, wenn es soweit ist. Kaum war Zimmermann im Stuttgarter Amt, hält er der Gesellschaft Stauffia, die Namensgebung könnte sogar auf diese Veranstaltung zurückgehen, einen »glänzenden und von patriotischem Feuer getragenen Vortrag über die Geschichte der Hohenstaufen«, den die jungen Staufer nächtlings »mit Trompeten und Pechpfannen« quittieren. Zimmermann ist der erste Lehrer an der polytechnischen Schule, mit dem sich die Schüler identifizieren, für den sie durchs Feuer gehen. Sicherlich ist die »Gehorsame Bitte der Polytechniker wegen einstweiliger Aufhebung des Zwangs wornach sie die Lectionen in der deutschen Sprache besuchen müßen«, sicher ist diese Petition vom 12. Juni 1848 die erste dieser Art in der Geschichte des Hauses. Eine stattliche Namensliste, worunter die Wintterlin, Bossert, Binder, Strebel, Klett, Roschmann, Geyer oder Zahn, die »Betroffenen«, wie sie sich nennen. Zimmermann ist seines politischen Mandats wegen nach Frankfurt beurlaubt (ein paar Stunden müssen ausfallen wegen Zimmermanns »Vorbereitung zu seiner Abreise nach Frankfurt zum Reichstag«) und hat einen Vertreter namens Mack erhalten. Die Herren Zöglinge: »Die unterzeichneten Polytechniker besuchen den Unterricht, den gegenwärtig Herr Mack in der deutschen Sprache gibt. Derselbe hat aber bis jetzt durch die Art, wie er uns behandelt und seinen Unterricht ertheilt, den Ansprüchen, die wir als Schüler billigerweise an ihn machen, nicht zu entsprechen vermocht. Der bestehende Zwang zum Besuch dieser Lectionen ist uns daher um so lästiger, als wir durch die Leistungen des Professor Zimmermann in diesem Fache in hohem Grade befriedigt wurden, und mancher Zögling, besonders in den obern Klassen, nur durch die Persönlichkeit dieses Lehrers veranlaßt wurde, sich für dieses Fach einzeichnen zu lassen.« Sie wollen keinen anderen als den Dr. Zimmermann. Fischer bemerkt in seinem Begleitschreiben, der tiefere Grund liege wohl im Selbständigkeitsbedürfnis der »gegenwärtigen Jugend« überhaupt, die sich dem Einfluß des Studienrats entziehen und sich »wie Universitäts-Bürger behandelt« wissen wolle. Im übrigen vergißt der liebe Kollege Fischer nicht anzumerken, er erinnere sich genau an das Erstaunen Macks bei Übernahme des Unterrichts über die »geringen sprachlichen Kenntnisse« von Zimmermanns Klasse, »bis zur Rechtschreibung«. Zu Mack hätten die Schüler gesagt, bei Zimmermann habe jeder »deklamieren dürfen, wenn er gemocht« hätte und »dazu aufgelegt gewesen« wäre. Schließlich habe Zimmermann in der ersten Klasse nicht deutsche Grammatik gegeben, sondern »Vorträge über Mythologie« – das wiederum erfordere bei Mack längere Einarbeitung. Beschluß des Studienrats: dem Antrag der Schüler könne auf keinen Fall stattgegeben werden.

Die Ordnung hat wieder gesiegt. Aber als die Revolutionsschwaden vorüber waren, war Zimmermann nicht mehr im Haus. Zwar hat der Ministerialbericht über ihn von 1854 mit der Meinung nicht hinterm Berg gehalten, daß der Fall Mack keine objektive Nachlässigkeit in der Amtsführung Zimmermanns erbracht habe. Zimmermanns Zeugnisse stimmten mit denen seines Vorgängers und Nachfolgers wesentlich überein. »Das Ministerium erkannte in seiner hierauf erfolgten Entschließung vom 8. Oktober 1849 an, daß Zimmermann bei seiner einseitigen und vom demokratischen Standpunkt ausgehenden Auffassung der Geschichte als Lehrer derselben, zumal an Instituten, deren Schüler nach dem gewählten Lebenslauf zu selbständigen historischen Studien nicht veranlaßt die entscheidende und bleibende Richtung ihres historischen Urtheils in der Regel durch Insti-

tutsunterricht empfangen, nicht am rechten Platz sey. Dafür aber, daß der mit dieser Anstellung Zimmermanns gemachte Mißgriff, vor welchem man durch seine bisherigen herausgegebenen Schriften sich hätte warnen lassen können, durch eine Kündigung gegen Zimmermann gut gemacht werde, welche einer schweren Strafe gleichkäme, fand es in den Bemängelungen der Dienstthätigkeit Zimmermanns, so weit eine thatsächliche Grundlage für dieselben als erwiesen angenommen werden könnte, keine zureichende Rechtfertigung und trug daher dem Studienrath auf, die Versetzung Zimmermanns auf ein philologisches Lehramt an einer größeren Unterrichtsanstalt, wo seine extreme politische Richtung durch die übrigen Lehrer neutralisiert würde, so bald sich hiezu Gelegenheit biete, anzubahnen. Außerdem traf es wegen einer strengeren Controlirung der Amtsthätigkeit Zimmermanns in seiner damaligen Stelle die geeignete Verfügung.«
Die Neutralisierung Zimmermanns fand nicht statt. Er ist vorher gegangen, gegangen worden, wie man will. Im Grunde war das dienstrechtlich ja gar nicht so leicht, ihn abzuhalftern, wenn ihm auch 1854 der Akten-Vorwurf gemacht wurde, er habe versäumt, die ihm zustehenden Rechte eines Hauptlehrers an der polytechnischen Schule geltend zu machen bzw. einen Schritt »für die Beibehaltung seines bisherigen Verbandes mit der geistlichen Wittwenkasse« zu tun. Dafür schreibt er weiter, diesmal ausgerechnet an der Deutschen Geschichte von Johann Georg August Wirth, dem geistigen Kopf des Hambacher Festes von 1832, dem Altmeister des politischen Radikalismus im Vormärz. Die Fortsetzung von Wirths Deutscher Geschichte erregt höheren Orts »Bedenken gegen seine Beibehaltung im Dienst«. »Die Nachforschungen über seine Dienstfähigkeit lieferten in mehrfacher Beziehung ein für Zimmermann günstigeres Ergebnis, namentlich fand sich in seinem in der polytechnischen Schule gegebenen Unterricht in deutscher Sprache keine Spur von Verfolgung einer politischen Tendenz. Auch der Vorstand der Oberrealschule

versicherte, in den Geschichtsheften der dortigen Schüler Zimmermanns bei wiederholter Durchgehung nichts Anstößiges gefunden zu haben. Bei der Schulprüfung fand er in dem Benehmen Zimmermanns zu wenig Rücksicht auf das junge Alter seiner Schüler, ja selbst Leichtfertigkeit, und aus Prüfungsfragen und Antworten, welche die Vertreibung der Könige des alten Roms und die Stiftung der Republik zum Gegenstand hatten, schien dem Schulvorstand und dem anwesenden Mitglied des Studienrats eine Neigung, auf das Königthum und Aristokratie Schatten zu werfen, hervorzugehen, wiewohl das wörtlich hierüber Angeführte nichts enthält, was der historischen Wahrheit widerspricht oder nicht auch unter Kaiser Octavian geschrieben werden durfte und geschrieben wurde. In den die jüngste stürmische Vergangenheit umfassenden und noch im Sturme derselben geschriebenen Heften deutscher Geschichte von Zimmermann tritt nicht nur überall der radikale Parteimann heraus, der das Heil nur in dem Gelingen der Bestrebungen seiner Partei erblickt und diese der auf alle Weise und mit vielfacher Verletzung der historischen Treue schwarz gemachten anderen Partei gegenüber in das günstigste Licht stellt, sondern es entwickelt sich insbesondere auch eine politische Moral, die vom Grundsatz der Volkssouveränität als der Quelle aller Rechte ausgehend und dem Volke das Recht der jederzeitigen beliebigen Verfassungsänderung, namentlich also auch der jederzeitigen beliebigen Abschaffung des eingesetzten fürstlichen Regiments vindicirend für die entschiedensten politischen Verbrechen das Mittel der Beschönigung, ja Heiligsprechung bereit hält und dieses Mittel zugunsten der die Richtung des Parteistrebens einhaltenden Verbrechen eifrig genug anwendet.«

Als Zimmermann noch 1851 im Stuttgarter Volksverein und anderen Ortsgruppen historisch-politische Vorträge hält und die konservative Presse darin ein neues Agitationsmittel der kaum zu Kreuze gekrochenen Liberalen und Radikalen erkennt (Zimmermann hatte unter anderem davon gesprochen, daß sich unterdrückte Völker und Stände »mit zähem Fanatismus« und notfalls mit Gewalt ihre Freiheit erkämpfen müßten), als er im Landtag während einer Rüstungsdebatte erklärte, daß mit der Behauptung, die Rüstung diene dem Frieden und der Ordnung, »Kirchhofsfriede« und »Ordnung des Zuchthauses« gemeint seien, als man ihm in der Zeitung bescheinigt, daß seine Deutsche Geschichte mit hochverräterischen Partien bestückt sei und selbst mit Angriffen gegen die Württembergische Regierung nicht zurückhalte, da ist sein Stand unhaltbar geworden. Im März 1851 verläßt er die polytechnische Schule, »wegen seines politischen Gebahrens«, wie es drei Jahre später in den Akten heißt, ohne daß ein förmliches Verfahren gegen ihn nach Artikel 47 der württembergischen Verfassung eingeleitet worden wäre. Mit der Neuausschreibung der Sprach- und Geschichtsprofessur an der polytechnischen Schule läßt man sich Zeit. Beim anscheinend meistqualifizierten Mann der Ministerliste ist vermerkt, daß er, der Realschulprofessor Erhart, seine künftige Stellung »mit demselben sittlich-religiösen Ernst behandeln« werde, »dessen es so sehr bedarf, um unserer in der neuesten Zeit so vielfach verführten Jugend die allein richtige Grundanschauung ihres künftigen Lebensberufs zu geben und sie zu Gehorsam und Pietät zurückzuführen«.

Den Abgesang auf Zimmermann konnte sich der Ministerialreferent also nicht verkneifen. Ein Jugendverführer wie Zimmermann konnte nur noch am Rande geduldet werden. Als unser fröhlich-heimlicher Rebell 1854 sich nach einem möglichen Wiedereintritt in den aktiven Kirchendienst erkundigt, steht er offensichtlich vor dem Ruin seiner vielköpfigen Familie, die Pfarreien Leonbronn, Schnaitheim (»Endlich komme ich an eine Eisenbahnstation und auf einen grünen Zweig«, seufzt er damals, im Oktober 1864 auf) und Owen verraten noch am Lebensende einen gelinden sozialen Aufstieg, wenngleich ihm das noch in der letzten Dekanatsbeurteilung vom November 1872 bescheinigt wird, widerwillig und mit einem kleinen Horror: »Liberale Weltanschauung«. Der »Beobachter«, natürlich, würdigt im Nachruf auf seinen Tod am 27. September 1878 Zimmermanns politische Verdienste und 1906, am Vorabend des hundertsten Geburtstages, feiert ihn der Stuttgarter Liederkranz als einen Volksheros in schwäbisch-gedämpfter Ausgabe.

In der polytechnischen Schule war Zimmermann aber bald vergessen, wohl auch die Tatsache, daß die Polytechniker dem Professor Zimmermann, »dem seine Opposition im Ständesaale die Entlassung vom Amte zugezogen hat«, ihrem Lehrer am 19. März 1851 ein Abschiedsständchen bringen wollten. Sie kamen dabei auf die einfallsreiche Idee, eine Militärmusik zu bestellen, die – nicht kam. Zwei Tage später rückten die Polytechniker dann barhäuptig und ohne Tambourmajor an und brachten »ein Ständchen mit Gesang«. »Herr Zimmermann hielt dann eine kurze Anrede, worin er seinen Dank für die ihm gebrachte Anerkennung und dafür aussprach, daß die Schüler trotz der Hindernisse sich nicht abhalten ließen, ihm noch ihre Liebe und Anhänglichkeit zu beweisen.«

Die wenigen und geringen biographischen Würdigungen, die Zimmermann bis heute widerfahren sind, haben alle etwas von einer leisen Enttäuschung an sich: der Mann, der in seinen jüngeren Jahren Großartiges versprach, und als einer der vielen in einem Pfarrdorf landete. Nun hat Zimmermann, armer Leute Kind, »ursprünglich«, wie er selber später einmal angibt, »zu einem Handwerk bestimmt, besuchte er bis in sein elftes Jahr nur die deutsche Volksschule«, sein Leben – und sein Werk – nicht als einen aristokratischen Ausnahmefall konzipiert. Das Odi profanum eines Strauß oder Vischer kennt er gar nicht. Er ist für die Leute da, weil er einer von ihnen ist, weil er auf sie hört, weil er in ihnen, bei allem Verwalten und Regieren und Reformieren, die Hauptsache sieht. Der Staat ist für den Menschen da, und der ist historisch-organisatorisch faßbar im Volk. Im großen, unendlich fleißigen und umfangreichen Lebenswerk Zimmermanns stehen die »Für das Volk« konzipierten und ihm ausdrücklich zugedachten Bände obenan, eine Hohenstaufengeschichte »für das deutsche Volk« aus dem Vormärz, eine Geschichte der englischen Revolution von 1851, »Allen Parteien des deutschen Volkes gewidmet«, eine »Weltgeschichte für gebildete Frauen und Jungfrauen« (1854), Vaterländische Erzählungen, eine voluminöse Illustrierte Geschichte des deutschen Volkes (1873 ff.), eine »Geschichte der Poesie aller Völker«, »Für die Leser aller Stände«.

Wir wissen, daß derlei sogenannten populären Schriftstellern die Nachwelt keine Kränze flicht, und Zimmermann hat natürlich bei diesen Publikationen auch auf die – teilweise beachtlichen und auch von ihm nicht ohne Selbstgefühl registrierten – Auflagenhöhen geschielt, weil er das schon im Hinblick auf seine zahlreiche Familie und seine jahrelang mittellose Berufsstellung tun mußte. Aber es ist keine Verlegenheit in diesem respektablen Œuvre und kein Absacken in billige Aktualität. Selbst dort, wo er, wie in den sechziger und siebziger Jahren, in der Gartenlaube oder »Über Land und Meer« die Kolumnen füllt, greift er statt nach billiger Unterhaltung zu gesellschaftskritischen und schließlich gegenwartskritischen Stoffen. Selten, daß er, wie 1838, eine Prinz-Eugen-Biographie auf den Markt bringt, ein übrigens in seiner Quellennähe und -kritik erstaunlich modernes Werk, das auch die Epoche und den Zeitumbruch aufzeigen will. Im Grunde hat Zimmermanns ganze Geschichtsschreibung zwei große Themen, von denen er immer wieder neu fasziniert ist: das Phänomen der Revolution und die Schwelle, die zur eigenen Gegenwart führt. Nirgendwo hat diese Geschichtsauffassung bloß nostalgischen Reiz – 1836 erscheint einmal eine »Geschichte Württembergs« aus seiner Feder –, nirgendwo gönnt er ihr das ästhetisch-unschuldige Vergnügen an Vergangenheit. Immer wieder treibt es ihn dazu, zu untersuchen, wie und warum es zu Revolutionen kam. Schon 1836 nähert er sich diesem Grundthema mit einer Geschichte der Befreiungskämpfe der Deutschen gegen Napoleon, 1838 und 1839 erscheinen die beiden Bände

über die Hohenstaufen, mit dem bezeichnenden, gefährlich verkürzenden Doppeltitel »oder der Kampf der Monarchie gegen Papst und republikanische Freiheit«, zu Anfang der vierziger Jahre als berühmtestes seiner Bücher die Bauernkriegsgeschichte: alles Werke, die vor der Revolution, vor 48 erschienen sind. Und als der Sturmwind der Märztage, aber noch nicht einmal das Kalenderjahr 1848 vorüber ist, legt er sich selber Rechenschaft ab in diesem riesenhaften Werk über »Die deutsche Revolution«, im darauffolgenden Jahr über die englische, noch in den sechziger Jahren, als man längst in bismarckisch-bürgerlichem Preußenpatriotismus machte, meldet sich eine Auswahl »aus den patriotischen Schriften« Friedrich Carl von Mosers und eine Detailstudie zu den achtundvierziger Tagen.
Schließlich Zeitgeschichte. Quantitativ nimmt sie sicherlich den größten Raum ein unter allen seinen Veröffentlichungen: hier konnte Zimmermann aufklären, erhellen, bewußt machen. Ja, es gibt in seinem Œuvre auch ein kleines Kapitelchen Theologie und Kirchengeschichte, 1855, in seiner dunkelsten und hoffnungslosesten Zeit, läßt er »Stunden der Andacht« erscheinen, von 1857 bis 1859 eine wiederum mächtige, vierbändige »Lebensgeschichte der Kirche Jesu Christi«. Aber auch hier in diesem Genre ist das Willentlich-Emanzipatorische, das verborgene Revolutionäre nicht zu übersehen. In einem Titelblattentwurf von ihm, »Sieben Predigten auf unsere Zeit an die Gebildeten und Ungebildeten teutscher Nation«, finden sich auch Überschriften wie »Von den falschen Propheten«, »Von der Muckerei, der Wiedertaufe und dem neuen Schwarmgeist überhaupt«, »Von den Revolutionären in der Zeit, oder von der christlichen Freiheit, von Fürsten und Völkern«.
Dieses »in der Zeit« ist es, was ihn anzieht, er schreibt die Geschichte nicht nur fort, von 1830 bis 1848, von 1840 bis 1860, er gibt auch die Kriegsgeschichte von 1866, von 1871 heraus, sozusagen historischer Reporter in vorderster Linie. Dann und wann sind Zeilenfüller dabei, bloße illustrierende Kommentare, zuge-

geben. Eine Zeit, die in allen Spektralfarben jetzt dem Großen Manne huldigt, Bismarck, Lenbach, Wagner, Nietzsche, und die den aus Paris heimkehrenden Helden zum Dank eine üppige Germania mit Glühbirnen umrahmt, ist dem nicht günstig, der immer noch an die Mündigkeit des Volkes und die Priorität des einfachen Mannes glaubt. Zimmermann ist den Weg der Bismarckschen Reichseinigung, bei allem unvermeidbaren publizistischen Tribut, nur zögernd mitgegangen, er hat sich des Beifalls, wie ihn Strauß und vor allem Vischer gegeben, ganz enthalten. 1864, zwei Jahre, bevor Bismarck auszog, die Österreicher zu schlagen und damit einer kleindeutschen Lösung den Boden zu geben, schreibt er Vischer, sähen sie beide sich wieder, »so würde sich bald herausstellen, daß wir in den politischen Haupt- und Grund-Puncten jetzt wieder viel näher sind als früher«. Für ihn wie für den Freund liegt das Ziel noch »in weiter Ferne«. »Aber«, einmal mehr blitzt die Kampflust und Zuversicht des unverbesserlich-heiteren Demokraten auf: »Aber ob auch Welle um Welle sich bricht und zerschellt, der Strom geht vorwärts.«

David Friedrich Strauß

Daß er courage hat, hab' ich immer geglaubt,
sonst hätt' er nicht mit den Theologen angebunden.

König Wilhelm I. von Württemberg
über D. Fr. Strauß, nach Ges. Schriften
I, S. 21

Erschütternd die Szene im stillen Sterbezimmer zu Ludwigsburg, wo die sechzigjährige Freundschaft zwischen Strauß und Vischer zu zerbrechen schien, weil der Verfasser des Alten und Neuen Glaubens in der bittersten Enttäuschung seines Lebens sich auch vom alten Freund Vischer verlassen fühlte. Mit Recht? Wie immer auch: Vischer hat tief darunter gelitten. Er war nicht imstande, nach Hause zurückzukehren. Die Lösung des schweren Banns, der auf ihm lag, kann nicht ergreifender ausgesprochen werden, als das in Vischers Rede zur Enthüllung einer Gedenktafel für Strauß zum Ausdruck kam. Er habe sich nur schwer entschließen können zu diesem Gruß. »Ein Schatten schien sich zwischen mich und den Entschluß zu stellen, ein Schatten mit Geistermienen, die mich als Sprecher nicht willkommen hießen. Ich nenne das Wort Pflicht und darf hoffen, daß seine Blicke sich erhellen. Verzeihung, daß ich diesen Nerv berühre. Nie hat mir jener Schatten das Licht getrübt, worin die lebendige Gestalt des Toten leuchtet und leuchten wird, dessen wir heute gedenken.«
David Friedrich Strauß, am 27. Januar 1808 zu Ludwigsburg in einem gebildeten Kaufmannshaus geboren, ist, wie sehr er den opferschweren Weg eines wissenschaftlichen Einzelgängers ging,

nur in den Kontroversen seiner Zeit und nur im Gruppenbild zu verstehen. Sein Werk ist ganz aus der Diskussion und aus der Zuträgerschaft von anderen heraus entstanden, und es hat am heftigsten und provozierendsten in die Nähe, in den Kreis der Kollegen und Freunde zurückgewirkt. Von der Ludwigsburger Lateinschule kam er ins theologische Seminar Blaubeuren, wo vor Wilhelm Zimmermann und anderen der Mit-Ludwigsburger Friedrich Vischer sein vertrautester Freund wurde: das Dioskurenpaar, wie die beiden sich selber nannten. Beide kommen sie aus der Heimatstadt auch Kerners und Mörikes, beide sind sie Schüler Ferdinand Christian Baurs und Hegels. Beide ziehen sie, wie Strauß einmal vermerkt, als »wissenschaftlich-künstlerische Maulesel« des Wegs, der eine, Vischer, als Philosoph, Literaturwissenschaftler, Kritiker, Romancier, Novellist, Lyriker, als der alte Schartenmayer und Deutobold Mystifizinsky, der andere als einer der ersten großen Essayisten von Rang, als Biograph und Dichter, als Verfasser jener großen theologischen Werke, deren Grundthesen bis zu Rudolf Bultmann hin die evangelische Bibelforschung zur Auseinandersetzung zwangen und sicherlich lebendiger fortwirken, als man das heute wird wahrhaben können. Das Aneinander-Gebundensein der beiden, das sich widerspiegelt in Dutzenden, in Hunderten von Briefen hin und her, reizt zum Vergleich und zur schärferen Pointierung der Verschiedenheiten. Hier ist der »heißgrätige«, feine, weiche, ein wenig menschenscheue und schwerblütige Aristokrat Strauß, dort der ursprünglichere und humorvollere Biedermann Vischer, der sich bei aller Verbitterung über Katarrhe und Objekt-Tücken und Unvollkommenheiten »dieser Lumpenwelt« hinwegzuhelfen weiß. Hier ein eleganter, etwas melancholisch dreinblickender Florettfechter, dort einer von den grobschlächtigen Recken, die ihr Schlachtschwert haben. Wer den Kontrast noch feiner haben will, wird den Katzenfreund Strauß befragen. Der schreibt dem Hundefanatiker Vischer einmal in lächelnder Selbsterkenntnis: »In der Tat ist unsere Hunde- und Katzenliebhaberei für uns beide bezeichnender als man glaubt, und wenn wir uns einmal ...malen lassen, so wird man uns diese Tiere wie den Evangelisten ihre Ochsen, Löwen etc. beigeben müssen.«

Strauß, Vischer, Wilhelm Zimmermann, Gustav Pfizer, Christian Märklin, in summa die »Genie-Promotion«, sind 1825, aus Blaubeuren kommend, im Tübinger Stift aufgezogen. Der große, romantisch-biedermeierliche Freundschaftsbund erweist sich zugleich als ein Boden ungemein lebendiger geistiger Auseinandersetzung. Für jeden »Stiftler« sind Seminar und Stift auch eine geistig-geistlich prägende Lebensform. Noch als gestandene Männer waren sie Freunde, übrigens alle vereint in der Kritik an der »Krätze des württembergischen Pietismus«, Vischer verteidigt den Genossen in der großartigen und bis heute unerledigten Schwaben-Analyse »Dr. Strauß und die Wirtemberger« (1838), Strauß nimmt den eben verstorbenen Christian Märklin in Schutz in einem warmen, weitausholenden »Lebens- und Charakterbild aus der Gegenwart« (1851). Sie mußte, zumal in derart eminenten Übergangszeiten, wie der Vormärz nach 1830 eine war, zugleich eine Lebenslast und ein Stigma sein, das man los haben wollte und es doch nie mehr von sich schütteln konnte. Keiner unter den Aufgeweckteren der damaligen Stifts-Jahrgänge, »Promotionen« genannt, der das breite Haus am Neckar nicht mit prinzipieller Kritik verlassen und im späteren Leben nicht seiner Distanz das Wort gegeben hätte. Bei Strauß und Vischer ist Kampf und Haß daraus geworden. Vischer kann in einem Brief an Mörike vom 21. Dezember 1847 nur bedauern, daß er im Vorwort zu seinen Kritischen Gängen »nicht unsere Stifter und Klöster an dieser Stelle verfluchte, die Dir Dein Leben, Deine Dichterlaufbahn verhunzt haben, wie sie in irgendeinem Grade uns allen einen falschen Stoff in das Leben geworfen haben, den uns keine Zeit austilgt«.

Das wichtigste, daß diese Gruppe von jungen Männern einen Lehrer hatte, der ihr geistiges Arbeiten wesentlich bestimmt hat: Ferdinand Christian Baur. In Schmiden bei Stuttgart geboren, war er selber Seminarist und Stiftler und bis 1826 Professor am Blaubeurer Seminar. Strauß ist dort, Briefe bezeugen das, tief von ihm angezogen worden. Baur war ein ehrfurchtgebietender Mann von ungesuchter Würde, ungelenk und nicht ohne Trokkenheit: vielleicht war gerade deshalb seine Ausstrahlung von so nachhaltiger, lange aktuell gebliebener Resonanz. Baurs erste und sogleich berühmt gewordene Arbeit ist 1831 erschienen, das wäre, wenn wir von Wirkungen auf Strauß oder Zimmermann reden wollten, fünf Minuten vor zwölf gewesen. Aber Baur hat schon früh seine Verpflichtung zu historisch-philologischer Quellenkritik mit dem Interesse an einer chronologisch-genetischen Konstruktion der Weltgeschichte verbunden. Schon eine Rezension von 1818 verrät die charakteristischen Merkmale Baurschen Arbeitens: kein Urteil, keine Geschichte des Urchristentums ohne genaue Kritik der Urkunden. »Ohne historische Gründe«, heißt es da, »kann über das, was als historische Wahrheit betrachtet werden muß, nicht entschieden werden.« Das ist schon der echte Baur. Er macht es sich zur Aufgabe, und unter dieser Flagge dürfte er auch schon vor seinen Blaubeurer Seminaristen aufgetreten sein, die Schriften des Neuen Testaments zu untersuchen, wie der Historiker Quellen untersucht, zunächst nach der Verfasserschaft, dann nach der Glaubwürdigkeit, schließlich nach der Genese. Wie das Endergebnis aussieht, ob es sich positiv oder negativ darbieten wird, kann niemand voraussagen, am wenigsten der Historiker selbst. Darin lag die Brisanz. Und darin sicher auch Baurs Anziehungskraft bei den jungen, in Metternichs System zu kurz gekommenen Leuten. Der »Heidenbaur« begreift das Kirchlich-Dogmatische als Geschichte, als Entwicklung. Objektivität ist der strikte Versuch, die leitenden Ideen des Geschehens an ihm selbst zu begreifen und darzustellen. »Wahre Wirklichkeit der Geschichte« ist nach Baur nicht dort, »wo auch Leben und Bewegung, Zusammenhang und Fortschritt der Entwicklung und der tiefere Blick in Gegensätze sich eröffnet, die erst durch Kampf und Widerstreit hindurchgehen müssen, um überwunden und vermittelt zu werden«. Längst erledigt und verneint die Frage, ob er den Hegelschen Dreitakt einfach übernommen hätte. Es geht Baur nicht mehr um das genetische, sondern um ein dialektisches Prinzip, nicht mehr um die – bis dato einzige – Geschichtsfrage, wie das im Urzustand und in der Frühzeit ausgesehen hat, vielmehr darum, wie Zusammenhang und Kontinuität zueinander stehen, in welchen Brechungen sich die Dinge entwickelt haben, welchen Stellenwert das eine im Ganzen hat: die komplexe und vielfältige Verkettung von Ursachen und Wirkungen steht zur Debatte, keinesfalls, wie bis zum Auftreten Baurs in Tübingen, bloß die Reduktion des Heutigen auf seinen angeblich originalen Einst-Zustand. Baurs Geschichtsbild will und meint das Ganze, also auch dasjenige geschichtliche Material, das bis an die Schwelle zur eigenen Gegenwart reicht: Zeitgeschichte. Baur selbst hat mit seiner Vorlesung über die »Kirchengeschichte des neunzehnten Jahrhunderts«, 1862 als Buch herausgegeben, ein großartiges und bis heute diskutables Exempel statuiert. Man schreibt im Württembergisch-Schwäbischen, das ist sein Verdienst, in diesem angeblichen Wolkenkuckucksheimerland, das nach Heines gnadenlosem Verriß über die Kling-Klingel-Reimerei der Schwäbischen Schule nur triviale Veigelespoesie kennt: man schreibt in diesem Lande Zeitgeschichte, man geht die eigene Existenz und Realität mit den Werkzeugen des Historikers oder auch über die Umwege der Historie an. Es gibt einen breiten schwäbischen Realismus in diesen Jahren, zur gleichen Zeit, als in Stuttgart die (heute tatsächlich unerheblichen) Almanach-Fabriken arbeiten: Mährlen schreibt »Die Geschichte unserer Tage« (1832/34), Ludwig Bauer präsentiert nahezu zur gleichen Zeit (1836/39) eine mit zwei landsässigen Freunden geschriebene »Allgemeine Weltgeschichte«, Zimmermanns Bauernkrieg von 1843 beginnt mit Meditationen über das »große Weltgedicht« und mit Prognosen über den Weg der Menschheit: Gegenwart und Zukunft, interpretiert über das Medium Geschichte.

Strauß publiziert unter den Freunden solche Zeitgeschichte zweifellos am versiertesten. Als 1849 seine beiden Bände »Christian Friedrich Daniel Schubart's Leben in seinen Briefen« erscheinen, betont er in der Vorrede, die Briefbiographie – Vischer hat mancherlei einschlägiges Material entdeckt und beigesteuert – sei vor der Revolution im Jahre 1847 abgeschlossen worden. Abgesehen davon, daß Straußens Kommentar in diesem Jahrhundert das Einsichtigste und Qualifizierteste geblieben ist, was über Schubart geschrieben wurde, töricht, wie neuerdings geschehen, in ihm den »moralinsauren« Schubart-Kritiker sehen zu wollen: abgesehen von dieser Leistung will das Buch als geschichtlich verschlüsselte Beisteuer zu Gegenwartsproblemen verstanden werden. Schubart gehöre »nicht blos der literarischen, sondern ebenso der politischen Geschichte an«. Im Grunde konnten die Briefe des »seelenguten Kerls«, Strauß ist der erste, der neben der Größe auch die Grenzen Schubarts erkennt, nicht nur an seine »Gute Seele«, an sein Weib gerichtet sein, an den Dichterfreund Miller in Ulm, an den Bruder Stadtschreiber in Aalen, sondern auch an die verantwortlichen Männer am Vorabend der Revolution von 48.

Auch in seinen folgenden Biographien hat Strauß je einen zeitgeschichtlichen, einen politischen Akzent gesetzt. Seine Hutten-Biographie, deren geschichtsschreiberische Qualität in neuerer Zeit, entgegen den Kommentaren noch der zwanziger Jahre, unterstrichen worden ist, bringt ein kolossales Zeitgemälde, aber auch einen Mann, der sich in revolutionären Umbrüchen ganz auf die Antworten seines eigenen Ichs verläßt. Man erinnert sich, daß Schubarts Sohn sich bereits an eine Hutten-Biographie gemacht und der alternde Vater mit Sehnsucht auf diese Darstellung gewartet hat: »Kaum kann ich es erwarten, bis der edle große Mann so ganz vor mir dasteht, wie du ihn aus dem Tode gewekt hast.« Hutten als Synonym für alle diejenigen, die ein geeintes deutsches Volksreich im Auge haben.

In eine ganz andere Richtung scheint die Biographie Voltaires

aus Straußens Feder zu gehen: außerdeutscher Kulturkreis, Darstellung einer mit der Großen Revolution ausgelöschten Epoche, Geschichte als ästhetisches Vergnügen. Indessen ist auch Voltaire, wie Strauß ihn präsentiert, nicht ohne gewisse Eindrücke brüderlicher Verbundenheit, nichts anderes als ein mahnendes Gegengewicht zur eigenen Zeit: Voltaire als die vollkommenste Verkörperung einer kämpferischen Vernunftidee, als der unerbittliche Streiter gegen jede Kirche, sofern sie ihr Amt der moralischen Hüterin überschreitet, als der große Negierer einer Kultur, die nur noch reproduzierbare Stoffmassen aufarbeitet. Das alles muß 1870, als die sechs Voltaire-Vorträge in einem Buch erschienen, ebenso befremdlich wie provozierend gewirkt haben.
Und als Strauß vollends sein Buch über den Kaiser Julian erscheinen ließ, war das jedem einigermaßen wachen Leser klar, daß es sich hier nur um eine Kritik an dem Romantiker auf dem Throne Preußens, Friedrich Wilhelm IV. handeln konnte. Einer der Rezensenten des Buches, der Kunsthistoriker Anton Springer, meinte denn auch: »Dieses Werk ist keine historische Abhandlung mit bloß gelegentlichen Seitenhieben auf moderne Romantiker, sondern eine durch und durch politische Schrift. Die reaktionäre Partei in Deutschland zu bekämpfen, das Halt- und Bodenlose ihrer Pläne, das Rad der Geschichte zurückzudrehen, die Schimäre der Romantik in ihrem wahren Wesen als ohnmächtiges Sperren gegen die unaufhaltsame Entwicklung des Geistes aufzudecken, dies ist nicht bloß sein nebenher beabsichtigter, es ist sein voller ganzer Zweck. Insoweit ist seine Tendenz die allen liberalen Politikern gemeinsame.«
Wer die politische, wir sagen wohl richtiger, die öffentliche Wirksamkeit von Strauß in ein paar Sätzen zusammengefaßt haben will, könnte sich die Springerschen zu eigen machen. Die größte Wirkung auch in diesem Zusammenhang brachte freilich Strauß' »Leben Jesu, kritisch bearbeitet«, das 1835/36 in zwei Bänden erschien. Der Baur-Schüler Strauß sieht in den abweichenden Darstellungen des Lebens Jesu, wie sie die Evangelien bringen, ver-

schiedene Stufen einer Mythenbildung. Einzelne biblische Aussagen gelten zwar auch noch für die Gegenwart, jedoch nur mit der Einschränkung des »Lessingschen Wortes, daß zufällige Geschichtswahrheiten nie den Beweis für notwendige Vernunftwahrheiten bilden können«. »Man hört es nicht gern«, schreibt Strauß in der »Schlußbetrachtung«, »und glaubt es darum auch nicht, wer sich aber einmal ernstlich mit dem Gegenstande beschäftigt hat und aufrichtig sein will, der weiß es so gut wie wir, daß wir über wenige große Männer der Geschichte so ungenügend wie über Jesus unterrichtet sind.«

Strauß stand damals vor einer glänzenden Universitätslehrerlaufbahn, seine philosophischen Vorlesungen waren berühmt. Das »Leben Jesu« hat diese Karriere ein für allemal beendet. Die Ergebnisse, zu denen Strauß in diesem Werke kam, waren ein nie verziehener Schlag ins Gesicht der damaligen Orthodoxie. Aber nicht nur die Theologen haben gegeifert, die Pietisten unter ihnen vornean, auch das Fußvolk sozusagen, die Landpfarrer draußen, die Kirchenchristen, die Stundenleute. Im Mai 1836 schreibt Justinus Kerner an eine seiner Geistesfreundinnen, die hochgebildete und couragierte Sophie Schwab, ein Pfarrer, »der bei dem jungen Schelling, der in Marbach starb, kurz vor dessen Ende war, sagte mir, daß derselbe ausgerufen: ›Hegel und Strauß haben mir meinen Gott gestohlen, erbarme dich, Jehovah Zebaoth!‹« Und ein Jahrzehnt später, »Strauß hat nie mehr heilende Wunden hinterlassen, wieviel er zertrümmert hat, dafür ist diese Stelle nur ein Beleg für Hunderte aus anderen Federn«, schreibt Sophie zurück: »Was Du mir von Strauß schreibst, kommt mir ganz natürlich vor und würde mich eher wundern, wenn es anders wäre. Wie könnte auch ein solches Zerstören der Seele Befriedigung geben. Ein solcher Mensch hat ja gar nichts mehr, was andern im Leben noch Interesse gibt. Die Kritik der Theologie von Strauß kommt mir gerade vor, wie wenn man eine herrlich duftende Blume zerhackt, nicht nur der Duft geht verloren, der Geruch kann einem fast ekelhaft werden, da sind dann wir andern Menschenkinder viel besser dran als ein solch gelehrter Herr, wir schwelgen im Duft des göttlichen Evangeliums, und wenn heute mir einer beweisen will, es sei alles nicht wahr, so denke ich nur, ich wisse es besser, denn ich spüre es in meinem ganzen Wesen, daß es wahr sein muß. Ein einziger Ausspruch im Evangelium kann mich oft tagelang begleiten und beglücken, wie es nichts Irdisches thun kann.«

Die Sünde, die Destruktion von Strauß: daß er mit der lange fälligen Textkritik des Neuen Testaments als erster tödlichen Ernst gemacht hat. Er deckt nicht nur die Widersprüche zwischen verschiedenen Textstellen auf, ihm schwebt offensichtlich auch ein Jesusbild vor, das rationalistische Ahnen hat: Jesus war einfach ein Mensch. Ungewiß freilich blieb, wieweit er selber phantastische Illusionen über sich selbst genährt habe. »Der Glaube an seine Auferstehung kommt auf Rechnung Jesu selbst«, zitierte später Nietzsche höhnisch einen freilich reichlich saloppen Ausdruck des Straußschen Textes, in dem beides, die supranaturalistische wie die rationalistische Wundererklärung abgelehnt wird. Ersetzt wird sie durch die mythische, dies Wort im Sinne der Hegelschen Religionsphilosophie: Kämpfen, Sterben, Auferstehen, In-Gott-Eingehen gilt nicht von Christus allein, sondern vom ganzen Menschengeschlecht überhaupt. Noch sind Theologie und Philosophie, Glauben und Wissen im »Leben Jesu« zwar formell verschieden, inhaltlich aber identisch. Schließlich wird auch noch diese Vorentscheidung fallen gelassen, in Strauß' 1840 erscheinender »Christlichen Glaubenslehre«, die nach seinem eigenen Wort als letzter Nagel am Sarg des alten Dogmas gedacht ist. Das eigentliche Ende dieser Entwicklung markiert das 1872 erschienene Werk »Der alte und der neue Glaube«, mit dem Strauß dem bisherigen Glauben einen neuen entgegensetzt, einen, der mit dem Christentum nichts mehr zu tun haben will, da wir, mit ihm selbst zu reden, »nicht mehr Christen sein können«, einen Glauben, der auf den Erkenntnissen der modernen Natur- und Geschichtswissenschaft aufgebaut ist.

Vor allem diese letzte Kampfschrift hat man rasch in viele europäische Sprachen übersetzt; Strauß ist zu einer europäischen Figur, ja zu einer Gestalt von globaler Ausstrahlung geworden. Indessen sind die Größen einer Leistung an der Größe des Opfers zu bemessen, das für sie gebracht wurde. Strauß hat alles für sein Werk geopfert, sein persönliches Glück, seinen Beruf, die geruhsame Existenz, und schließlich auch die aus Seminar und Stift herausgewachsene Gemeinschaft bis hin zum Weggefährten Friedrich Vischer: alles. Was er eingehandelt dafür, war das unstete Leben eines Kämpfers, ewigen Wohnungswechsel, von 1849 bis 1851 wohnte er allein in München, dann mit seinen beiden Kindern in verschiedenen Städten, am längsten in Heidelberg (1854/60) und Darmstadt (1865/72), wo er sich von den Damen des hessischen Hofes hat Auszeichnungen gefallen lassen.

Ehe und Familie hätten ihm doppelt viel ersetzen können. Aber gerade hier bricht die größte Tragik seines Lebens auf. 1837 lernt er, der Sturm über das »Leben Jesu« war gerade so recht losgebrochen, in Stuttgart als kunstbeflissener Opernbesucher die Agnes Schebest, eine Wiener Sängerin böhmischer Abstammung kennen. Sie war die Tochter eines tschechischen Unteroffiziers der k. u. k. Artillerie, der einem Unglücksfall zum Opfer fiel. Die Mutter zog mit einer kleinen Pension nach Theresienstadt, wo sie der Fürst Ypsilanti, interniert in der Festung, entdeckte und in Dresden ausbilden ließ. Ein mangelhaft gebildetes Menschenkind, das je nach Stimmung und Laune den Übergang vom Feschen zum Vulgären meisterlich rasch fand, in ihrem religiösen Leben auf einen volkstümlich-vordergründigen Katholizismus sich beschränkend, ein leichtes Leben liebend, ihren Ruhm genießend. Strauß, der Noble und Lautere, aber auch Empfindsame, sieht in ihr, wie er Vischer im April 1837 schreibt, die »anmutigste Erscheinung«. Die Schebest sieht in Strauß den Autor, der es gewagt hatte, sein Jahrhundert in die Schranken zu fordern.
1842 vermählt er sich mit der gefeierten Sängerin. Die beiden

ziehen, weiß Gott, wer Strauß auf diese Idee gebracht hat, nach Sontheim bei Heilbronn. Die unerträgliche Windstille des Bauerndorfs gibt allerlei sich einschleichenden Widerwärtigkeiten Nahrung. Die alten Freunde trauen sich nicht, oder trauen dieser Mariage nicht. Emma von Niendorf, eine der dichtenden Frauen des Kernerkreises, weiß zu berichten, dann und wann hätten Bauern im Straußschen Hause angeklopft, sie hätten gehört, »er leihe Geld zu niedrigen Procenten aus, wenn man seine Lehre unterschreibe und darum seyen sie da!« Bei der jungen Frau stellen sich Mädchen ein, die meinen, hier sei eine Leihbibliothek, sie wollten Bücher von der neuen Lehre.

Das Bündnis zwischen Anmut und Geist wird zur Hölle, auch die Übersiedlung nach Heilbronn ändert nichts daran. Mit dieser Frau habe er »freilich viel Gutes bekommen«, meldet Strauß noch am 9. Dezember 1842 dem Freund Vischer. »Wir haben jetzt auch die erste Wäsche gehabt, und die hat meine Frau mit Ausnahme meiner Hemden ganz selbst gebügelt. Wie der Wäscheschrank wieder voll und eingeräumt war, hatte sie eine solche Freude über den stattlichen Vorrat, daß sie mich hinausholte, es mit anzusehen.« So war das einmal. Ein Jahr später schlägt die Liebe in Haß um, einen Haß, der immer tiefer und immer unergründlicher bohrt, auch nach Vollzug der Trennung von schrecklicher, von quälender Präsenz, als schwarze Wolke auch hinter dem Streit um die Finanzen, um die Regelung (häufiger: Verbote) der gegenseitigen Besuche, um die Unterbringung der Kinder (es gibt ein eigenes, auch literarisch entzückendes Kapitel »Strauß als Vater«).

Als Schriftsteller ist Strauß, ohnehin in der Öffentlichkeit angegriffen wie wenige seiner landsmännischen Zeitgenossen, durch diesen häuslichen Schiffbruch auf Jahre hin wie gelähmt. »Meine Existenz«, wie das Bekenntnis eines Existentialisten unserer Tage klingt dieser Satz, »das ist eine Wunde, mit einer Säge gerissen, mit Gift ausgeträufelt, und kann nicht heilen, weil sie täglich frisch aufgerissen wird.« Wir können, als Kenner der Biographien von Moser und Schubart, von Kurz und Abt, ermessen, was Strauß damit sagt, wenn er in einem Brief an Vischer vom 3. Januar 1858 sein Leben in eine voraspergische und nachaspergische Zeit einteilt, »da ich billig meine Ehe als meinen Asperg betrachte«. Als Agnes, nie in eine förmliche Scheidung einwilligend, endlich stirbt, ist es für den Sechzigjährigen, der einmal gefühlt hat, daß er mit der liebenswerten Mina Locher aus Darmstadt, mit der ihn ein beglückendes Liebeserlebnis verbunden hat, hätte glücklich werden können, zu spät. Er hat verzichtet. Und er hat gekämpft. Großartig und unvergeßlich, wie sich dieses Leben und sein geistiger Anspruch behaupten, bei allen Demütigungen, bei allen Niederlagen. Straußens Ehe zerbrach wie die von Vischer und Mörike, eine pietistische Dame hat damals einen vielgelesenen anonymen Roman veröffentlicht mit der Überschrift »Eritis sicut Deus«, »Ihr werdet sein wie Gott«, die Worte der Schlange an Adam und Eva in der Versuchungsgeschichte. Das war nicht nur an die Adresse von Fritz Vischer und seine Frau gerichtet, sondern an die ganze Tübinger Schule und die Hegelsche Linke: da könnt ihr sehen, wohin die Hybris der ungläubigen Pantheisten führt, das endet in Sinnlichkeit und schließlich in Nihilismus. Gehet nicht hin, wo die Spötter sitzen. In Wirklichkeit hat diese so grandios vollzogene Hinwendung zur Realität in dieser großen Tübinger Generation zwar mancherlei Spannungen und Brüche und mithin höchst Unkonventionelles mit sich gebracht, aber keine Kapitulation, keinen Konkurs. Keiner aus dieser Tübinger Schule hat die Segel gestrichen, auch Mörike – auf seine Weise – nicht. Von der Geniepromotion des Jahres 1825 haben allein sechs Mitglieder für das Paulskirchenparlament von 1848 kandidiert, Märklin in Heilbronn, Gustav Pfizer in Herrenberg–Horb–Nagold, Strauß in Ludwigsburg, Süskind in Münsingen-Ehingen, Vischer in Reutlingen, Zimmermann in Schwäbisch Hall. Zwei von ihnen, Vischer und Zimmermann, sind gewählt worden. Vischer am 23. März 1848 an Strauß und Märklin: »Ich befehle Euch beiden, im Namen des

Vaterlands, daß Ihr sowohl alle Blasiertheiten als auch alle Skrupel und falsche Bescheidenheit abwerft und Eurer Pflicht gehorcht, Euch um Abgeordnetenstellen umzutun.«

Bei Strauß war derart höherer Kasernenhofton wohl angebracht. Schon als Student liebt er aristokratische Distanz und haßt politisch-patriotische Sentimentalität, und wenn die Freunde »über Fürsten und Beamte, über Gott und Welt zu schimpfen« anfangen, rümpft er die Nase oder amüsiert sich über solchen Eifer. Jetzt, in den Märztagen des tollen Jahres 48, hört er auf Fritz Vischers strikten Befehl, gewiß nicht aus der Lust am Gehorchen, sondern weil er den Zusammenklang zwischen den geistig-weltanschaulichen Prämissen (etwa seines eigenen Werkes) und den Forderungen des Tages deutlicher hört. Als die Ludwigsburger, mit dem benachbarten Marbacher Oberamt zu einem Wahlbezirk zusammengekoppelt, sich des berühmten Theologen und Sohnes der Stadt erinnern, wollte er anfangs gar nicht hören. Von einigen Vertrauensmännern des Wahlkomitees in seinem Heilbronner Schlupfwinkel aufgestöbert, ließ er sich dann doch bereden, anzunehmen und persönlich auf der Walstatt zu erscheinen.

Strauß ist in sechs Wahlversammlungen aufgetreten. Sein Gegner: der orthodoxe Pietist Christoph Hoffmann, Lehrer an der Erziehungsanstalt auf dem Salon bei Ludwigsburg. Das Gerücht durchzieht den Bezirk, Christus sei dem Kandidaten Hoffmann erschienen, habe ihm die Hand aufs Haupt gelegt und gesprochen: »Du bist mein Gerechter, durch dich werde ich siegen.« Christ und Antichrist (das ist Strauß) scheinen sich gegenüberzustehen, wie es auch den Anschein hat, als ob in Frankfurt hauptsächlich über die Beibehaltung der Bibel und das Christentum debattiert werde. Straußens Parole auf diesem ersten deutschen Parteien-Wahlkampf: »Fortschritt ohne Umsturz.« Er will, Gegner einer Republik, eine konstitutionelle Monarchie, ihm ist die nationale Einheit mehr wert als die bürgerliche Freiheit, und wenn man ein Bundeshaupt benötigt, so würde er seine Stimme »selbt dem jetzigen König von Preußen geben« (dem von

ihm aus historischem Hinterhalt angegangenen Friedrich Wilhelm IV.). Wesentlich ist ihm das Volksreich. »Trachtet am ersten nach der Einheit, so wird euch das übrige alles zufallen.«
In der Abstimmung erwiesen sich Marbach und sein Oberamt als Hochburgen des Pietismus: 5851 Stimmen für Hoffmann, 3365 für Strauß. Ludwigsburg legte Trauer an, auf den Straßen Trauerweiden, die schwarz-rot-goldenen Fahnen schwarzbeflort. Man kam auf den rührenden Versuch, mit Baden ein Tauschgeschäft zu vereinbaren und auf diese Weise Strauß doch noch für Frankfurt zu retten. Weil der badische Staatsmann Mathy vom württembergischen Wahlkreis Calw-Neuenbürg gewählt wurde, wollte man »Strauß um Mathy« haben. Auch schlug man Vischer den Verzicht zugunsten von Strauß vor, der freilich gar nichts geholfen hätte.
Schließlich blieb nur eines übrig: Strauß am 20. Mai 1848 in den Stuttgarter Landtag zu wählen. Da Ludwigsburg als Gute Stadt allein einen Abgeordneten wählen und entsenden durfte, ohne das Bleigewicht ländlicher Wähler, schien die Situation günstig. Tatsächlich waren dann auch von 126 Wahlmännern 113 zur Abstimmung erschienen, und 110 von diesen 113 stimmten für Strauß. Über der Rathaustür erschien kurz danach die sinnige Inschrift: »Und Gott sprach: Es werde Licht! und es ward Licht.« Ein halbes hundert Böllerschüsse donnerten von einer Anhöhe der Stadt herab. Und dabei blieb's nicht, die Ludwigsburger wollten ihre »Lieblingspuppe«, wie Strauß meinte, persönlich haben. Boten über Boten wurden nach Heilbronn geschickt, bis der gewählte politische Sprecher der Stadt unter den Seinen war, fahnendekorierte Türen und Häuser erwarten ihn, im Waldhornsaal war Mittagessen mit 200 Honoratioren, dann zog man wieder in großer Prozession und mit Musik in einen Garten, wo ein Hagel von Reden und Toasts auf den Gefeierten niederging.
Indessen wurde die politische Praxis für den Mann, der, wie der württembergische König damals meinte, courage genug hatte, sich mit den Theologen anzulegen, ein einziges Fiasko. Inmitten

der schimpfenden und streitenden und johlenden Abgeordnetenbänke verlor der Gelehrte leicht seine Sicherheit, und damit die Besonnenheit und die Selbstbeherrschung. Im parlamentarischen, wir würden heute sagen emotionalen Handgemenge waren die Praktiker, die ihm sonst nicht das Wasser reichen konnten, geübter und gewandter. »Eine radikale Mehrheit überwog, die mich ebensosehr durch die Roheit ihres Auftretens abstieß, als mir die Reinheit ihrer Absichten zweifelhaft war. Ich sah nur Zerstörungslust, aber wenig Bauverstand; ich konnte mir von aufgeregten Massen unter ehrgeizigen Führern, bei denen ich ebensowenig Einsicht als politische Tugend zu entdecken wußte, kein Heil für das Allgemeine versprechen.«

Zunächst hört man nicht viel von ihm im württembergischen Halbmondsaal. Dann freilich gerät er, je mehr er sich von der Fortschrittpartei entfernt und schließlich einem gemäßigt konservativen Club beitritt, desto deutlicher in das Kreuzfeuer von Anschuldigungen aller Seiten. Als er in der Sitzung am 15. November (schon sein schwarz in schwarz gemaltes Bild von der Presse am 6. Oktober erregt Entrüstungsstürme) den württembergischen Pfarrerstand gegen das Konsistorium ausspielt und die anwesenden Prälaten bis zum Zorn reizt, jubelt ihm die Linke zu, um ihn am nächsten Tag zur moralischen Kreuzigung zu verurteilen: um Blum ging es da, wegen dessen sogenannter kriegsgerichtlicher Hinrichtung in Wien man in Frankfurt vorstellig werden wollte. Unter dem fast einmütigen Widerstand des Hauses vertrat Strauß die Meinung, ein Mann, der in Wien als Hauptmann der Aufständischen aufgetreten sei, habe im gleichen Augenblick aufgehört, Abgeordneter der deutschen Nationalversammlung zu sein. »Beide Stellungen vereinigen sich nicht, und wenn er in der eroberten Stadt als Rebellenhäuptling ergriffen wird, so hat der Eroberer ein Recht, ihn als solchen zu richten.«

War das politische Gefühlskälte, eine fast unheimliche Nüchternheit, die in diesem Augenblick unmöglich ankommen konnte? In einem Brief an Märklin hat Strauß damals eingeräumt, einen bedeutenden Fehler gemacht und die menschlichen Sympathien verletzt zu haben, die Blum habe beanspruchen können. Die Ludwigsburger hatten, wie zu erwarten, vom Hosianna zum Kreuziget ihn übergewechselt. Der dortige Vaterländische Verein übersandte ihm eine Mißbilligung, gegen die sich Strauß in der Presse zur Wehr zu setzen versuchte. Aber seinem – im wesentlichen auf die Unverbindlichkeit dieser Vereinsaktion abzielenden – Einspruch folgte alsbald ein fast einstimmiges Mißtrauensvotum der Ludwigsburger Wählerversammlung.

Strauß war der letzte, der ein imperatives Mandat anerkannt hätte. Mehr und mehr bricht der alte, genauer gesagt, der junge Strauß durch, dem die Demagogen schon als jungem Studenten suspekt waren. Im Grunde ist sein Verhalten im Landtag nichts anderes als – freilich spontaner und prinzipiell nirgendwo abgesicherter – Widerwille über dieses Ineinander und Durcheinander von Mehrheiten und Adressenkommissionen und Petitionskommissionen, über politische Arbeit, der er ebenso über- wie unterlegen war. Unter dem russischen Zaren, so an Vischer im Oktober 1850, könne er zur Not noch leben. »Massenherrschaft würde mich vernichten. Daher hasse ich, was dahin führt, so sehr wie ich nie etwas gehaßt habe.«

Am 20. Dezember 1848 teilt er dem Präsidenten der Landtagskammer seinen Austritt mit. Der Verdruß über das Ludwigsburger Mißtrauensvotum, so in den Merkur-Spalten »An meine Mitbürger in Ludwigsburg«, sei nicht die Ursache gewesen. »Mit meinem Austritt aus der Kammer«, schreibt er an Eduard Zeller, »habe ich meiner Natur gemäß gehandelt, und zu einem höheren Moralprinzip habe ich mich, wenigstens praktisch, niemals zu erschwingen vermocht.« Die eigene Natur als Leitprinzip. Das ist es, wonach sich die staunenswerte Selbstsicherheit und Unüberwindlichkeit dieses Lebens gerichtet haben.

Friedrich Theodor Vischer

Du hast keine Launen. Du leidest nicht an der kranken Innerlichkeit unserer Zeit. Du bist grundgescheit und doch naiv. Hols der Teufel, was bin ich für ein grimmiges verbissenes Tier dagegen! Mir ist's nirgends recht. Ich lebe nie in der Gegenwart, ich bin der Hund, der nach dem Spiegelbild seines Fleisches im Wasser schnappt...

Fr. Th. Vischer in einem Brief vom 21. Juni 1845 an seinen Freund, den Pfarrer Rau

Man kannte ihn und ertrug ihn, man liebte ihn und verehrte ihn, man brachte ihm zu seinem Achtzigsten in der Kgl. Haupt- und Residenzstadt Stuttgart einen Fackelzug dar, um den ihn Könige hätten beneiden können. Die Studenten aller Couleur und aller Fakultäten waren auf den Beinen, die jungen Damen, die ihn anhimmelten in seinen überfüllten Königsbau-Vorträgen, die Herren Oberaktuare und Regierungsräte und etliche Stadtpfarrer waren mit von der solennen Fackel-Partie, die Herren Bibliothekare, Organisten, Präsidenten, Präzeptoren, die flinken Polytechniker, die Leutnants, die auch einmal einen Blick in die Gedichtseiten des alten Goethe geworfen hatten: das gebildete Württemberg war unterwegs, dem alten Schartenmayer zu huldigen.

Dem liebenswürdig-lächelnden Repräsentanten des Landes? Dem strahlenden Sieger? Er hat sie mit seiner tückischen, zynischen, stählernen Feder kritisiert, verdonnert, verdammt. Keiner hat auf den Klaviaturen der Sprache so zu spielen vermocht wie er. Und selten hat man öffentliche Hiebe so angenommen wie damals im Württembergischen der siebziger und achtziger Jahre, ein bemerkenswertes Stück gründerzeitlicher Unterwerfungs-

lust. Der Große Krieg – als den man 1870/71 empfand –, der große Bismarck, der große Wagner, der große Lenbach, der Nietzsche, der den Übermenschen im Beutel hatte: man mußte, man wollte seinen großen Zuchtmeister haben.
Vischer hat ihn in aller Selbstverständlichkeit gestellt, der alte Schartenmayer war eine Instanz, lange vor dem mit Börsenkrach 1873 eingeleiteten Gründerzeitdebakel. 1869 hat er anonym seine »Epigramme aus Baden-Baden« erscheinen lassen, in denen er, allemal mit leicht pathetischem Patriotismus gegen die internationale Spielepidemie vom Leder zog und überhaupt gegen die Unsitten und Laster seiner Tage. Die nationale Erhebung ist der Stoff seiner vielleicht volkstümlichsten Dichtung geworden, »Der deutsche Krieg 1870–71, ein Heldengedicht aus dem Nachlaß des seligen Philipp Ulrich Schartenmayer, herausgegeben von einem Freund des Verewigten« (1872). Den Schlachtenlärm und die großen Ereignisse besingt da einer von den ganz Unschuldigen, einer aus dem dritten Glied, ein fingierter Biedermann, alles ist im Naiven-Gemälde reproduziert. Vischer kann gar nicht anders als die großen Mäuler der Kanonen auch ein bißchen in – verharmlosenden, relativierenden – Humor zu wickeln. Schließlich läuft alles auf eine gar nicht mehr humorige »Schlußpredigt« hinaus, mit welcher der Sittenrichter Vischer das anbrechende Neue Reich nach allen Regeln der Kunst seziert und in die Schandecke stellt.
Er hat sich den »Repetenten der Nation« gefallen lassen. Dabei war er das gar nicht, im wortwörtlichen Sinne, ein großer Mann. Klein, unter Mittelmaß und von zierlichem Körperbau: man denkt an den »großen« Menzel, an den (in diesem Punkt heiklen) Gottfried Keller mit seinen zwerghaften Beinen, in dessen Gesellschaft sich Vischer so wohl gefühlt hat. War er von der gleichen Sehnsucht verfolgt wie sein Zeitgenosse Nietzsche, nämlich als stattlich und athletisch, als Heros zu erscheinen? Deshalb der altväterische Schnitt seines Rockes, der die Schulterbreite und die Brustwölbung bedeutend betonte, deshalb der kühne

Schwung des Schlapphutes, der das allenthalben zu kurz und zu eng und zu klein Geratene ausgleichen sollte? »Ich pflegte halb im Scherze, halb im Ernste zu sagen«, notiert sich der Staatsrechtler Robert von Mohl in seinen Erinnerungen an die Tübinger Dozentenzeit, »das Unglück sei, daß Vischer nicht um einen halben Schuh länger sei; dann würde er nicht immer notwendig finden, vor seiner Ehre Schildwache zu stehen. Bekanntlich sind die kleinsten Studenten und Offiziere die größten Krakeeler.«
Der Kampf seiner Philosophie gegen die »Tücke des Objekts« ist auch sein eigenes, sein persönliches Thema. Er steht sich selbst am breitesten im Weg. Und er demonstriert die Zerrissenheit und Entzweiung des Vormärz auf eine ganz individuelle und unverwechselbare Weise. In Ludwigsburg am 30. Juni 1807 geboren, einer der ersten und ältesten Familien altwürttembergischer Ehrbarkeit entstammend (Johann Jacob Moser hat sich 1714 mit einer Vischerin vermählt), zieht er, auf dem Stuttgarter Gymnasium illustre vorbereitet, 1821 im Kloster Blaubeuren ein, mit der Seminarpromotion, der auch Christian Märklin, Gustav Pfizer und Wilhelm Zimmermann angehören. Baur ist der Lehrer, der hochverehrte. Aber schon die im Herbst 1825 beginnende Tübinger Stiftszeit ist ihm nur noch halbe Gegenwart, er hat sich nie so recht wohl gefühlt im Stift. Entzieht er sich damals der Kleinheit seiner Umgebung durch Komik und Satire, durch seine ersten Schartenmayeriaden (»Dieses hat mich sehr erschöpft, / Daß man einen Helfer köpft...«), so entlädt sich die Zweiheit seiner Seele ein paar Jahre später in offenen, scharfen, kaum mehr wiedergutzumachenden Ausfällen. Das Visier ist herunter, ein bitter kämpfender Geist ist ans Licht getreten, von Kantischem Ideengut ebenso geschult wie vom Völkisch-Ursprünglichen, vom Rationalistischen ebenso wie vom Mystischen.
Nach Vikariatszeit und Magisterreise tritt er 1833 am Tübinger Stift eine Repetentenstelle an, unter anderen alten Kameraden gehören Strauß und Märklin zum Kollegium. Während über Strauß die Katastrophe mit dem »Leben Jesu« hereinbricht, be-

glückt Vischer sich mit ästhetischer und literarischer Lektüre. »Wenn ich gegenwärtig besonders über die Natur des Schönen nachdenke, so stehe ich denjenigen, die das Ewige suchen, näher, als manche in meiner Umgebung meinen, welche nun mich ganz entschieden unter die Weltkinder rechnen, was ich mir gefallen lasse.«

Er hat es sich nur scheinbar gefallen lasse. Der Austritt aus dem Stift am 1. April 1836, die Habilitationsschrift, die er unter der Überschrift »Über das Erhabene und Komische« einreichte, der von Baur unterstützte, schon 1837 gelungene Aufstieg zum außerordentlichen Professor können das innere und seelische Dilemma kaum kaschieren. Tübingen bleibt ihm ein geistloses Bierdorf, auch die Kampfstimmung während des öffentlich-engagierten Eintretens für Freund Strauß, auch die Mitarbeit an Albert Schweglers und Eduard Zellers Tübinger »Jahrbüchern der Gegenwart«, womit so etwas wie ein Kampfbund Gleichgesinnter hätte geboten sein können, auch die Verlobung mit Thekla Heinzel, einer Lehrerstochter aus dem Innviertel – die Freunde sahen von Anfang an skeptisch zu – ändern an dieser latenten Misere nichts.

Vischer glaubt sich, eine der vielen Verstricktheiten und Vertracktheiten seines Lebens, durch diese und andere Hemmnisse eher gestärkt. Er beginnt, seine Kampfschriften zu sammeln und gibt sie unter dem Fanfarenstoß »Kritische Gänge« in zwei Bänden heraus. »Die Feinde sollen sehen, daß es noch Männer und eine Gesinnung gibt, die Freunde erkennen, daß ich ihnen gehöre mit jedem Atemzug und Wort!« Das ist der Vischer, wie man ihn dann bis zu seinem Tode geliebt oder gescheut hat, der Mann, dem Wissenschaft nur vom Leben und nur von der konkreten, der greifbaren Wirklichkeit her ihren Sinn empfängt. Die Verheiratung öffnet den Weg zu weiterer Universitätskarriere; am 4. September 1844 wird er zum ordentlichen Professor für Ästhetik und deutsche Literatur ernannt.

Was die – erkannten und unerkannten – Pietisten in Kirche und

Staat jahrelang zu verhindern wußten, ist jetzt wiedergutgemacht. Vischer hätte nicht der allzeit kampfgewohnte Abmesser und Abrechner sein müssen, um nicht jetzt, in diesem biographischen Augenblick, der schon ein landeshistorischer Augenblick war, mit aller Entschiedenheit abzurechnen. Man hat sich die Schlußworte seiner Antrittsrede, die bezeichnend genug der sozusagen innerbetrieblichen Situation der Gelehrtenrepublik am Neckar, dem Verhältnis der Ästhetik zu den Fakultätswissenschaften galt, man hat sich dieses Schlußfanal gemerkt und es verständlicherweise als eine Kriegserklärung empfunden. »Ich bin ganz Mann der Partei, weil ich meine Partei nicht für bloße Partei, sondern, so Gott will, für die Sache selbst halte. Ich kenne auch keine Überzeugung, die bloß Überzeugung ist, sondern ich fordere, daß die Überzeugung ganz zur Gesinnung werde, ganz in Blut, Nerv, Empfindung, Glut und Feuer der Energie und des Charakters übergehe. So verspreche ich denn den Feinden – im Prinzip – einen Kampf ohne Rückhalt, ich verspreche ihnen – im Prinzip – meine volle, ungeteilte Feindschaft, meinen offenen und herzlichen Haß!«

Das war unzweideutig. Von jetzt ab ist Vischers Leben öffentliches Leben. Man zetert und wettert, in den Blättern, auf den Kanzeln, auf den Amtsstuben. Seine Majestät wollen einen Bericht haben. Und Seine Majestät lassen Vischer durch den zuständigen Minister auf zwei Jahre die Lehrbefugnis – bei Amt und Gehalt – entziehen. Am gleichen Tag, an welchem dem – tief verletzten – Professor die Suspension bekanntgemacht wird, bekommt seine Frau ein Kind. Im Kolleg dieses Tages, seinem letzten, soll er seinen Hörern eine willkommene Unmuße und eine willkommene Muße, »einen großen Wischer und einen kleinen Vischer« angezeigt haben. Des Schartenmayers Reservoir an lebenserhaltendem und hinter allen Verquältheiten und Härten versöhnlich-vermittelndem Humor hat sich nie ganz leer machen lassen.

Vischer benützt die Zeit seiner unfreiwilligen Muße zur Arbeit

an seinem Lebenswerk, einem großen Handbuch der Ästhetik, jenem Opus, das seinen Namen dann in ganz Europa bekanntgemacht hat. Erst Anfang 1855 hat man ihn nach Zürich berufen, einer von seinen Freunden, der von Tübingen dorthin gegangen war, hatte die Berufung eingefädelt. Die elf Jahre Schweiz, die auch Jahre der Trennung von Frau und Kind waren, brachten in Sachen Wissenschaft sicherlich guten Ertrag. 1857 schloß er nach zehnjähriger Arbeit die »Ästhetik« ab. Aber sie schenkte einem Mann, der kein Zuhause hatte, nicht den ruhigen und nicht den vollen Genuß des Daseins. Das Mitgefühl mit der einsamen Frau wird erhöht oder zerstört durch herzzerreißende oder ausfallende Briefe aus der Hand dieser Frau; manchmal erscheint ihm, der seine engsten Freunde immer wieder verzweifelt um Rat fragt, der Selbstmord als glücklichster Ausweg.
Daheim, in Stuttgart, im Kultusministerium weiß man, trotz Vischers lapidarem Satz, ein Talent sein und das Vaterland verlassen müssen, sei »in wissenschaftlichen Sachen für einen Württemberger gleichbedeutend«, daß der Gefürchtet-Gefeierte gern wieder zurückkehren würde. Mörike, der Herzensfreund, zeigt sich von einer ganz ungewohnt-aktiven Seite und vermittelt zwischen dem Kultusminister und dem Zürcher Auswanderer unermüdlich. Am 13. Mai 1866, nach einem schier endlosen, halb dramatischen, halb behördenlangweiligen Präludium, ist es soweit: Vischer ist Ästhetik- und Literaturprofessor in Tübingen und am Polytechnikum in Stuttgart. Er wohnt in Stuttgart beim Dritten im Bunde, beim gemeinsamen Freunde Mährlen. Mörike hat dort ein Zimmerchen für Vischer ausgemacht, die Bettlade geprüft, für Hausschuhe gesorgt, einen günstigen Mietzins ausgehandelt: unser Wolkenkuckucksheimer und Allerweltsträumer Mörike konnte ein ganz geschickter Zeitgenosse sein, wo es ihm die Dinge wert waren dafür.
Und Vischer, warum hat er gleichsam kapituliert und sich wie der Verlorene Sohn wieder daheim gemeldet? »Das Gefühl der Pflicht gegen die Heimat«, wie er in einem Brief vom Mai 1865 an

Mörike das nennt, hat gewiß eine große, eine ehrliche Rolle gespielt. Obwohl er zunächst immer in einem Einspruch des Königs und der Königin die eigentliche Schuld sieht – und dankbar ist, als Herzog Wilhelm von Urach, Graf von Württemberg, der Infanteriegeneral, im März 1865 seine Protektion anbietet –, ist Vischer doch mehr mit seiner Heimat verbunden, als man das von der Perspektive der »großen« Biographie her wahrhaben könnte. Zur möglichen, im Spätherbst 1865 ausgesprochenen Berufung nach Karlsruhe: »Gehe ich nach Baden, so bin ich Coriolan, der zu den Volskern überlauft. Das würde mich doch drücken.« Vischer fühlt sich, wenn das auch manches von Haßliebe an sich haben mag, als »Württemberger«. Auch hier wiederholt sich diese seltsame Umkehrung, die schon der Antipietist Vischer verraten hat: er kritisiert, er lästert sein Land und kann doch nicht loskommen von ihm. Württemberg ist ihm eine pädagogische, eine vaterländische Aufgabe. »Das ist es ja! Dem Wünschen und Wollen so Vieler widerstehen, im Ausland bleiben, wo man unsere Nation (sc. die Württemberger, d. Vf.) verachtet – vielleicht für immer –, das war ja nicht möglich.« So an Strauß aus Zürich am Tag nach der Ernennung.
Natürlich haben auch die Bewertungen von Tübingen und Stuttgart als Universitätsorte eine Rolle gespielt, das Nachzeichnen dieser Urteile gäbe interessanteste Aufschlüsse zur bildungspolitischen Absicht der Vischer-Strauß-Generation. Tübingen ist für Vischer, so an Strauß im März 1850, ein Saunest. Das ist unmißverständlich. »Auf diesem Misthaufen soll ein für allemal keine Universität sein.« Noch klarer. Das Wiedersehen 1866 mit Tübingen nach elf Jahren macht ihn krank. »Die ganze Kraft mußte ich anwenden, von einem Gefühle der Trostlosigkeit nicht ganz geknickt zu werden. Schon die Häuser! Die elenden Baracken!« Stuttgart bietet, bei aller Unzulänglichkeit, die ihm auch hier nicht verborgen bleibt, ein Stück Gesellschaft und ein Stück Öffentlichkeit. »Auf Stuttgart würden wir wirken«, schreibt er an Strauß im Februar 1867. Das liest sich wie ein Programm. In

Stuttgart bleibt Vischer fortan bis zu seinem Tode, ein tatsächlich ungemein wirkender Geist, der kulturelle Gewährsmann der groß gewordenen Gründerzeitstadt und ihres Landes.
Das Bild vom Ästhetiker Vischer (der sich übrigens der Ästhetik nur zögernd und wie auf einem Ausweg näherte), gilt nur zur Hälfte und gilt für den Stuttgarter Vischer überhaupt nicht mehr. Die Tragödie des deutschen liberalen Bürgertums hat er in einem exemplarischen Maße ausgetragen, und diese Tragödie schloß den Zusammenbruch der idealistischen Philosophie mit ein. Hegel hatte gelehrt, die Geschichte als dialektische Entfaltung der Weltvernunft zu verstehen. Dieser Glaube an die immanente Sinnordnung des Wirklichen brach sich an den Ereignissen der Zeit. Er konnte auch dem Empirismus des modernen kausal-psychologischen Tatsachensinns nicht widerstehen. Wie Gott schwand, entzog sich die Idee, das Absolute dem konkret erfahrenen Leben, das mehr und mehr in das Relativistische sich auflöste. In den sechs Bänden der Aesthetik wollte Vischer enzyklopädisch die objektiven Gesetze der Kunst als Offenbarung der objektiven Harmonie des Weltganzen darlegen. Es ging ihm um Normen der Kunst und des Schönen als Erscheinungsformen des Ideellen, die sich im Einzelkunstwerk zwar immer nur als Spiegelungen sehen und begreifen lassen, aber doch in seinem Schein, durch die Illusion des Vollendeten, des Göttlich-Wahren erweisen. Das Kunstwerk birgt das metaphysisch Unendliche und Allgemeine in der durch die Form vervollkommneten Anschaubarkeit des Wirklichen. Es ist die Sprache des Ideellen in dem klärenden Abbild unserer konkreten Wirklichkeit. Das Schöne ist, zwischen der Abstraktion reiner Stilisierung und dem Zufälligen ungeordneter Realität, höhere Vermittlung der Idee in der begrenzten Erscheinung. In solcher Mittlerschaft zur Versöhnung der Widersprüche liegt das bürgerliche Ausgleichsethos dieser ästhetischen Theorie.
Als Vischer das riesige Werk unter Stöhnen und Klagen zu Ende geführt hatte, entdeckte er, von der Denk- und Geschichtsent-

wicklung der Zeit überholt, daß er sich auf falschem Wege befand und sich in Hegels System verfangen hatte. Plötzlich lagen der klassische Idealismus der Schönheit und der tragische Realismus gespaltener Menschlichkeit auseinander. Das Ideell-Objektive und das Modern-Subjektive fanden sich nicht mehr. Die Stuttgarter Zeit füllt nichts anderes als die Hinnahme dieses Widerspruchs oder der Kampf gegen ihn. Jetzt hatte die Ästhetik, wie Vischer in Stuttgart 1874 schreibt, ihre Stellung zu den induktiven Wissenschaften zu überdenken, »zur Physik, zur Physiologie, d. h. vor Allem zu der Lehre von den Sinnenfunktionen, und zur Psychologie in ihrem jetzigen, durch den Einfluß der empirischen und exakten Forschung völlig veränderten Stand. Man kann wirklich sagen, das Problem des wahren Verhältnisses zwischen Philosophie und Naturwissenschaft springe gerade in der Aesthetik mit seiner ganzen unendlichen Schwierigkeit hervor.«

Vischer erlebt, bis in die Dämpfungen seines hohen Alters hinein, das Wirkliche, das ihn Umgebende nie mehr ohne Widersprechen. Sein Stuttgarter Stil: die Polemik, erst dann die Verklärung. Sein Ziel: diese Versöhnung von Sein und Schein, von Absolutem und Wirklichem, ein immer schwerer werdendes Unterfangen, das nach außen hin in bewundernswerter – und bewunderter – Weise seinen in antiromantischem Affekt sich gefallenden, prononciert männlichen Geist nicht zu erschüttern schien. Der Stuttgarter Vischer, schon aus Oppositionsgründen gegen Alt-Tübingen jetzt der eigensinnige Polytechniker, für den Zürich, wie er selbst sagt, die »Ehrenrettung« war und Stuttgart die Erfüllung: der Stuttgarter Vischer erscheint als der Grimmig-Verläßliche, als der Sprecher und Stellvertreter, der die unauffällige Emigration nach Zürich ebenso hinter sich gebracht hat wie das »Löwengebrüll« dort.

Aber das Bild vom Kämpen mit herabgelassenem Visier, der so gar kein Organ haben konnte für empfangendes, gar für frauenhaftes Fühlen, der den Kampf liebt und schließlich immer noch aus naivem, unkompliziertem Idealismus schöpft, ist nur die

15 Friedrich Theodor Vischer bei der Vorlesung in Stuttgart. Aus der Studienmappe (Bleistift) von Camilla Zach-Dorn

16 Hermann Kurz. Photographie um 1865

Vorderseite. Wer Vischers Vivisektion der Wirklichkeit in der dritten und letzten großen Lebensphase, in seiner Stuttgarter Zeit, näher kennenlernen will, stößt zunächst einmal auf ein Lied, das, lamentoso gesungen, mokant und selbstbemitleidend bis zur Lächerlichkeit, immer wieder zu neuen Strophen und Varianten kommt. Man begegnet dem Professor von Vischer, Lehrstuhlinhaber für deutsche Literatur, Ästhetik und Redeübungen am Kgl. Polytechnikum, der auf immer wieder neue Art von den Widerborstigkeiten des Alltags geplagt wird, der, sic transit gloria mundi, die eigentlich hohen Stunden seines Lebens nicht genießen kann, ohne von dümmlichen Zeitgenossen angestoßen zu werden, der seine Feder ansetzt, um allen Ernstes »Ueber Podoböotismus oder Fußflegelei auf der Eisenbahn« zu handeln, und, noch in den Frühlingstagen der Eisenbahnerei und vis-à-vis vom Eisenbahnfachmann Mährlen, den Leuten den felsenfesten Satz ins Gesicht schleudert: »Eisenbahnfahren kann überhaupt nur ein sehr kindischer Mensch für ein Vergnügen halten«, der als gewählter württembergischer Abgeordneter in der Nationalversammlung zu Frankfurt gewiß der Tragweite seiner Mitarbeit bewußt ist und auch das Wort ergreift, aber nach etlichen Wochen Parlamentarismus niederschreibt, daß »die Vertreter des deutschen Volkes« verpflichtet seien, dem Vaterland ihre Bequemlichkeit, ihre geistige Kraft, ihre Nerven und ihre Verdauung zum Opfer zu bringen, gleichwohl sei die Paulskirche »ein Lokal wie vom Satan erfunden«, dem Ohr und dem Auge und den feinsten Sinnen eine Schauerhöhle.

Und Vischer, der Gewaltige, der »Kämpfer«, mitten zwischen Präsidium und Tribüne, zwischen Stenographen und Diskussionen von historischem Ernst, beginnt zu sinnieren und zu meditieren. »Ich blicke zu Boden, um mir zu helfen: nun höre ich vollends nichts, weil ich den Redner nicht sehe; ich wende mich um, aber nach allen Seiten blicke ich ins volle Licht und auf dunkle Körper.« Ein Revolutionär, der nichts sehen kann, leider, Vischer, der Landesheros, im ersten Parlament der deutschen Ge-

schichte, der nichts hören kann, leider. »Eine Stunde in der Paulskirche: und die Augen starren mir glühend vor Schmerz wie feurige Kugeln aus den Höhlen.« Schnupfenluft: Vischer konnte auf gar nichts anderes stoßen. Drinnen in dieser lästerlichen »Kirche« sei es stickig, und draußen auf dem Paulsplatz sei es zugig. Gefahr genug, »um durch immer neue Erkältungen den Giftstoff von Rheumatismen, Katarrhen, Gicht in sich aufzunehmen«. Ein Kampf, anscheinend nicht gegen Despotismus und Polizeistaat, sondern gegen »jenes zehrende, arsenikalische Übel, den Zug«. Die Sitze seien zu schmal. Leiden muß er: »Jedermänniglich weiß, was es heißen will, sechs Stunden und länger schmal zu sitzen.« Man rutsche abwärts, wenn man sich nicht mit den Füßen anstemme. Verrückterweise habe man unter den Paulskirchsitzen lange Holzzapfen zum Aufhängen der Hüte angebracht. Und wenn man sich auch dieses Übels mit einem kräftigen Fußtritt entledigen könne: die Rücklehnen der Bänke steigen, dies das Ergebnis seiner sorgsamen Parlamentarier-Analyse, »statt in zurückgeneigter Fläche in überhängender Linie auf und schließen oben mit einer scharfen Kante, wovon die Wirkung ist, daß man furchtbar unbequem sitzt und jede Woche einen Rock abschneidet.« Jede Woche einen Rock. Das ihm, dem Schwaben. In grimmigem, verbissenem Schartenmayer-Humor fügt er an, man sei »zwar dem Vaterland Gut und Blut schuldig«. »Aber ohne Grund und Zweck jede Woche einen Rock auf den Altar des Vaterlandes niederzulegen – das ist zuviel verlangt.«
Verspätete, in das Zeitalter der Schnellpressen und Kreditvereine herübergezogene Misanthropie? Vischer, der vergötterte Professor Vischer einer, der sich selber nicht leiden kann? »Über das Erhabene und Komische« hat er geschrieben, in den frühesten seiner wissenschaftlichen, 1837 in Stuttgart veröffentlichten Arbeiten; er hat wohl gar nicht geahnt, wie sehr er, der Zerleger der Bestandteile des Komischen, selber zum Prototyp des höheren wie gemeinen Komischen werden sollte. Nicht, daß der Ausdruck des Unbehagens an sich und der Umwelt eine Alters-

schnurre wäre. 1845, er ist noch ein junger Mann, beneidet er seinen Briefadressaten, den Pfarrer Rau, ob seiner »nicht unzufriedenen« Art und fügt an: »Hols der Teufel, was bin ich für ein grimmiges verbissenes Tier dagegen! Mir ist's nirgends recht. Ich lebe nie in der Gegenwart, ich bin der Hund, der nach dem Spiegelbild seines Fleisches im Wasser schnappt, dann aber fallen läßt, was er hat und nicht besitzt.« Im Alter bekommt dieser latente weltanschaulich-ideologische Katzenjammer nicht selten Züge von Lächerlichkeit.

1879, im Jubiläumsjahr des Polytechnikums, ist in Stuttgart Vischers »Auch Einer« erschienen, sicher nicht, wie man wollte, ein »Volksbuch« der liberalen Bourgeoisie, aber doch bis lange nach dem Ersten Weltkrieg ein Lieblingsbuch professoraler und anderer akademisch gebildeter Kreise in Deutschland und sozusagen das Unterpfand für den »Stuttgarter« Vischer. Das ungemein kompliziert und unübersichtlich gebaute Buch einen »Roman« nennen zu wollen, wäre verwegen. Ein episch-essayistisch-aphoristisches Sammelsurium, die Doktrin von der »Tücke des Objekts« unvergessen zu machen? Humor als Weltanschauung, eingepackt in so etwas wie eine Reiseerzählung? Vischer ist im »Auch Einer« der letztlich Tatenlose, der weitab gekommen ist von den vormärzlichen Emanzipationsgelüsten, der die Dinge sich selbst überlassen muß und – er hat ja auch in seinem Philosophieren darauf verzichtet – eine Rücksicht auf soziale Fragen gar nicht kennt. »Auch Einer« ist ganz mit sich selbst beschäftigt, auf eine ungute, auf eine hoffnungslose Weise.

Aber das ist kein Ende. Die Unsicherheit und die Existenzangst des eigenen Ich haben die Taxierung der Umgebung nicht nur notwendig, sondern sie zu einer artistisch entwickelten Lebensaufgabe und Lebensleistung gemacht. Vischer ist von einer nervösen Sensibilität, wo es »Umwelt« zu registrieren und in eine noch eigenverantwortliche Lebensspähre zu integrieren gilt. Er ist einer der ersten, wo nicht überhaupt der erste unter den Gebildeten dieses Jahrhunderts, der sich der »Umweltgefahren«

annimmt und – dafür, dagegen – die Feder ergreift. 1877 veröffentlicht er ein Traktat über »Die (vorläufig) letzte Handlung des deutschen Reichskanzlers«. Man denkt an Hochpolitisches, oder zumindest an Preußisches aus der Sicht eines Süddeutschen. In Wirklichkeit ist es Vischer – auch – um Bierfälschung zu tun. Und man versteht, warum dieser Mann Professor an einer Technischen Hochschule ist, wenn er in Sachen Hopfensurrogate anfügt: »Ich bitte die Chemiker – diejenigen unter ihnen, die gerne von ihrer Wissenschaft die Schmach des Bundes mit dem Betrug abwenden helfen –, daß sie mich nicht ohne Beistand lassen.« Das sei eine Schandwirtschaft und ein Schmutzfleck für die Nation.
Vischer läßt da nicht locker, zieht gegen die Lebensmittelfälschungen, die staatlich konzedierten, überhaupt zu Felde und verschweigt nicht, daß eine Mitursache der Fälschung der Getränke und der Fälschung des Begriffs der Fälschung »die Fortschritte der Chemie« seien. »Mitursache, nicht Schuld; die Schuld trägt nicht die Chemie, sondern ein Theil der Chemiker.« Ist das »Trinkwasser der großen Städte« in Ordnung, sind es Brot und Milch? Manchmal ist die Grundleidenschaft dieses Mannes der »zerlegenden Wissenschaft« mit im Spiel, dessen Leben sich dem Kritein verschrieben hat, dem Sichten, dem Analysieren, Typisieren, Systematisieren. Und häufig wohl auch der Schulmann, der Zensor, wenn es nicht um die Reinigung der Luft, aber um »Sprachreinigung« oder, in den »Betrachtungen über das deutsche Ehrgefühl und die Spielhöllen«, um diese abenteuerlichen Stelldicheins »in unsern Bädern« geht (»Der schnödeste Anblick sind die überwachten, verbuhlten Weiber am Spieltisch«). Aber schon die am Ende der fünfziger Jahre aufgenommenen »Gedanken über die jetzige Mode«, die Vischer zu Ausgang der siebziger Jahre wieder aufgreift, sind nicht allein von ästhetischen oder gar moralischen, sondern auch »natürlichen« Kategorien bestimmt: auch in der Art, wie man sich anzieht, gibt es Abweichungen, Entgleisungen. Und in Vischers leidenschaftlichen Anklagen »In Sachen der Tierquälerei«, in

der ersten Tübinger Zeit beginnt das schon, meldet sich wieder ganz der unbestechliche Mahner zu Wort, der sich für die gesellschaftlichen Haltungen verantwortlich weiß. »Eine neue Form der Tierquälerei« scheine »bei uns einreißen zu wollen: man begegnet neuerdings in Stuttgart das eine und andere Mal einer Hundefuhr.« Und noch einmal 1875: »Einen andern großen Exerzierplatz der Roheit bieten die vielen Steigungen in unserem Bergkessel, vollends jetzt, seit die Stadt nach allen Seiten über die Höhen sich ausdehnt.«

Das »Lokale« ist ihm zugleich das Feld einer generellen und prinzipiellen Verantwortlichkeit. 1877 wehrt er sich in einer Leserzuschrift erbittert dagegen, daß man dem wunderschönen botanischen Mustergarten ums Polytechnikum seine Ruhe nehmen und mit »Wirthschaft und Musik« die Besucherzahl aufreizen will. Und das letzte, was seine Feder geschrieben und zum Druck hat befördern lassen, war gleichfalls eine Leserzuschrift, eine Stellungnahme zur Stuttgarter Rathausfrage vom 7. Juni 1887, die er als eine »Fürsprache für das malerisch Alte« verstanden wissen will. Er wisse sich mit der Mehrzahl der Künstler und Kunstfreunde einig, wenn er für das plädiere, »was der Ausdruck ›Historisches Gepräge‹ besagen will«. In seinen temperamentvollsten Stunden faßt er seine Einsichten in die – ökologische und ästhetische – Gefährdung seiner Umwelt in Vorschriften, so auch im »Auch Einer«, wo der klare Satz steht: »Alles schnelle Fahren in Städten ist eigentlich Unfug, Unverschämtheit gegen die Fußgänger, Beschämung, Beleidigung.« Sind hier humanitäre Argumente mit im Spiel, so auch Aversionen gegen moderne Zivilisation in einer schon 1843 abgegebenen Meinung, die Völker hätten einst, als das öde und gleichmachende Maschinenwesen noch nicht um sich gegriffen habe, anders geatmet, und wir hätten es nun schwer, für »die verlorene Jugend und Frische« Ersatz zu finden. »Selbst auf die Tierwelt erstreckt sich diese Ertötung. Die fortschreitende Kultur vertilgt alles Wild.« Kuriosa eines Sonderlings? Provinzialismen? Wir denken da heute anders.

Dem Reisen gehörte immer seine geheime Leidenschaft. Er hat großartige, bezaubernde, bestechende Reisebriefe geschrieben, und die schönsten Partien im »Auch Einer« sind die Reisepassagen. Auf einer Reise in den sehnsüchtig geliebten Süden ist er am 14. September 1889 in Gmunden, zwei Jahre nach dem großen Stuttgarter Fackelzug, gestorben. Zu Beginn des folgenden Jahres hat sich im Schwäbischen »auf mehrfache Wünsche und Anregungen« hin ein Komitee »hervorragender Männer« gebildet, dem unvergessenen Vischer »ein würdiges Denkmal zu errichten«. Aber es bleibt, trotz mehrfacher Anläufe in den folgenden Jahren, beim Wollen. Die Vischer-Rezeption ist so kantig und so sonderlich geblieben wie er, der Denkmalverdächtige, selber.

Christoph Friedrich Grieb

Die jetzige Bewegung ist nicht bloß politischer, sondern auch, und zwar vorherrschend, socialer Natur.

Christoph Friedrich Grieb, Populäre Gesellschafts-Oekonomie. Stuttgart: Verlag der Franckh'schen Buchhandlung 1848, S. 346

»Ich habe mich oft gefragt, worauf dieses so hartnäckige und so erstaunliche Schweigen zurückgeführt werden könnte, und ich begann bereits, den praktischen Geist des deutschen Volkes in Zweifel zu ziehen.« So ein Korrespondentenbericht aus Paris, zu finden in »La Phalange«, der Zeitschrift der Fourieristen. Bis jetzt, gemeint war der Jahresausgang 1842, sei in Deutschland kein ernsthafter Versuch unternommen worden, »die sozietären Ideen einzuführen, also die Ideen, die in Frankreich, England und in den Vereinigten Staaten bereits so viele und so glühende Verteidiger zu den ihren zählen«. Man habe in Deutschland lange, zu lange den Bemühungen Frankreichs und Englands, der Politik und der Industrie eine solidere Basis, nämlich eine soziale Grundlage zu geben, stumm zugesehen. Er, der Korrespondent, habe freilich Beweise, daß sich die Lage in Deutschland ändere. Und er prophezeit, im Hochgefühl auf schönere, auf herrliche Zeiten sehen zu dürfen, daß man in Deutschland »in einem Jahr ganz im Fahrwasser der sozietären Theorie schwimmen werde«. Der Korrespondent war Christoph Friedrich Grieb, und der ungenannte Garant dieser sozietären Goldenen Zeit Charles Fourier. Der Kaufmannssohn aus Besançon konnte das Heilmittel gegen die überschweren Zugriffe des Industrialismus nur in den föderativen, auf Frieden und Glück gerichteten Vereinigungen autarker und sich selbst genügender Gemeinschaften sehen, in seinen »Phalanstères« oder »Familistères«. Natürlich hat damals in Deutschland und vor allem im deutschen Südwesten den bessere Zukunft verheißenden französischen Sozialisten, der zu einem der Väter der Genossenschaftsbewegung werden sollte, niemand gekannt.

Wie Grieb zu seinem Entdecker und Vermittler geworden ist, ist schwer zu sagen. Christoph Friedrich Grieb ist am 12. November 1810 in Sindelfingen geboren. Sein Vater war der Bauer Isaak Friedrich Grieb, Nachkomme eines seit der Reformationszeit in Sindelfingen nachweisbaren Geschlechts, das in der Mehrzahl dem zünftlerischen Gewerbe zugetan war und Generationen von Rotgerbern, Secklern und Zeugmachern stellte. Der Vater unseres Christoph, der Bauer Isaak Friedrich, fällt merkwürdig aus der Reihe, *sein* Vater ist der einzige Beamte unter allen Sindelfinger Griebs vor 1800, Steuerverwalter und Ratsherr, sein Enkel, unser Christoph Friedrich, hat die gleichen Vornamen. War der Sohn Isaak Friedrich, der wieder Bauer geworden und die Bauerstochter Marie Dorothee Klemm geheiratet hat, die mit fünfundzwanzig Jahren starb: war der Sohn ein wenig glücklicher »Absteiger«? Hat unser Christoph Friedrich, sein ältester Sohn, die standes- und klassenbezogene Unsicherheit, das Gefühl, zwischen den Fronten zu stehen, schon in der (gewiß derbhölzernen) Wiege mitbekommen?

Die drei am Leben gebliebenen Brüder Christophs sind späterhin alle ausgewandert, ein Kupferschmied, Vornamen wie der Vater, der Bauer, ging 1848 nach den USA, ein anderer folgte ihm 1853, acht Jahre später zog der letzte nach Frankreich, ins Elsässische. Aber man trifft auf Grieb, auf nächste Verwandte unseres Christoph, die 1817 und 1820 nach Amerika ausgewandert sind, also verhältnismäßig früh, als die große und politisch anklagende – von List in amtlichem Auftrag registrierte – Auswandererwelle erst zögernd einsetzte. Ein Johannes Grieb hat lange nach der Jahrhundertwende in Mortcaux in Frankreich geheiratet, ein anderer, Johann Georg, ist 1830 – Christoph war damals zwanzig – nach Frankreich ausgewandert, ein Christoph Grieb 1842 nach Besançon, dem Geburtsort Fouriers gezogen. Sollte Christoph Friedrich diesen Fingerzeigen gefolgt sein?

Sicher ist, daß er den gewohnten altwürttembergischen Bildungsweg nicht gegangen ist, nicht gehen konnte, man findet ihn nicht im Theologischen Seminar zu Schöntal oder Maulbronn, nicht im Tübinger Stift, nicht an der Landesuniversität Tübingen. Auch in Heidelberg war er nie immatrikuliert. Er hat später auf dem Titelblatt seiner Bücher immer Doktor der Philosophie mitgeführt, zu Recht, wie wir ohne Argwohn annehmen, Grieb war ein eminent sprachbegabter Kopf mit breiten historischen, literarischen Kenntnissen. Aber wo hat er promoviert? Eine der alten Sindelfinger Familienstiftungen stand ihm für das Studium nachweislich nicht zur Verfügung. Hat er, die ersten Sprachkenntnisse bei einem der Verwandten in Frankreich sich erwerbend, gleich an der Sorbonne zu studieren begonnen?

Wie immer auch: in Paris hat er am 26. Dezember 1837, siebenundzwanzigjährig, die einundzwanzigjährige Margarete, die Tochter des Schultheißen Franz Jakob Gärtner in Weyher im Badischen geheiratet. Von den sieben Kindern, die aus der Ehe hervorgingen, sind vier im Kindbett gestorben, ein Theodor Friedrich ist am 23. Februar 1838 in Paris geboren und ein Jahr danach gestorben, eine Emma Luise wurde 1845 in Stuttgart geboren, vier Jahre später ein Heinrich Ludwig Oskar, der 1869 nach Frankreich ausgewandert ist. Dem Heiratseintrag vom Dezember 1837, der einen »bürgerlichen« Rechtsakt gemäß dem Code Napoléon meinte, ist mit Bleistift angefügt »Hier getraut nachträglich.«

Indessen wandelt der Pariser Sprachlehrer Grieb auf gar nicht so ausgetreten bürgerlichen Bahnen. Bald nach der Hochzeit und der Geburt des Söhnleins zieht er nach Amerika weiter, offenbar

ganz unter dem Eindruck der Lehren dieses entwurzelten Bürgers namens Charles Fourier, der für Grieb der attraktivste Protagonist einer neuen Ordnung war. 1803 hat sich Fourier, lange Jahre in Lyon, der sicherlich lebendigsten Industriestadt Frankreichs verbringend, einmal in einem merkwürdigen Schreiben als »der Erfinder des mathematischen Kalküls der Schicksale« vorgestellt. Durch die Theorie der »attraction passionnée« glaubte er es gefunden zu haben. Es geht im Grunde um nichts anderes als um die Bloßlegung der göttlichen Schöpfungsordnung, deren Teilaspekt ist die »soziale Bewegung« der menschlichen Gesellschaften. Im Mittelpunkt dieses Ordnungsplans steht der Falanster (»le phalanstère«) als die architektonische Inkarnation der sozietären Kommune. Ein Riesenbau für zweitausend Personen »von verschiedenem Geschmack, Charakter, Rang und Vermögen«, der erst noch alle Wirtschaftsräume umfaßt. Das Siedlungsmonstrum wäre – eine zeitgenössische Projektskizze zeigt das allen Ernstes, und das »Hôtel des Invalides« wird ausdrücklich als Vorbild der Kommune erwähnt – so etwas wie ein sozialistisches Versailles geworden.
Für Grieb, so viel hat er als aufgeweckter junger Mann von der geistig-geistlichen Atmosphäre seiner Heimat mitbekommen, mag dieses Ineinander von mathematisch-pragmatischer Kalkulation und enthusiastischer, gläubiger Hoffnung besonders anziehend gewesen sein. Die pietistische Aura seines Vaterlandes hat genau die beiden Ziellinien, die des Rechnens und die der sehnsüchtigen Christusverehrung, zusammengebogen und in den Schnittpunkt den Kollektivbau, die Kommune gestellt. Andreae hat in seiner »Christenburg« diese erste Kommune nicht nur im baulichen, sondern auch im sozialen, im soziologisch-technologischen Sinne entworfen; Korntal (1819) und Wilhelmsdorf (1823) sind die Verwirklichungen dazu. Der erweckte Weber Georg Rapp aus dem schwäbischen Iptingen, der »Räpple«, hatte schon Jahre vorher seine Gefolgschaft, das »ausgezogene Leibkorps des Heilands«, um sich geschart und drüben eine

eigene christliche Kommune gegründet, eine Siedlung namens »Harmony«, mit bemerkenswertem fabrikatorischen und unternehmerischen Zubehör, die Wirtschaftsverfassung auf dem ideellen Fundament der Urgemeinde. List oder Lenau haben die wachsende und wachsende Schöpfung Rapps besucht, aus dem temperamentvollen Rebell von ehedem war ein milder Patriarch geworden, der das Abenteuer in Christo überstand und 1847, fast neunzigjährig, starb.

Grieb geht einen ähnlichen Weg, nur macht er sich nicht so zum Führer und wählt (zunächst) die sozialistisch-sektiererische, nicht die christlich-sektiererische Version. Als er im Juni 1839 wieder aus den Staaten zurückkommt, kann er in die Hauszeitschrift »Phalange« die Meldung einrücken, daß der »Phalanstère« in New York »seit seiner Gründung einen klugen und anhaltenden Eifer« entfalte und »zweifellos bald die glücklichsten Resultate für unsere Sache erbringen« wird. Die »Lehre« (gemeint die Fouriers, des »Herrn«) werde drüben bald eine eigene, englischsprachige Zeitung haben. »Wenn einmal die Fahne öffentlich gehißt ist, wird sie die Blicke der Menge auf sich lenken, und wir zweifeln nicht, daß von dieser Menge bald Menschen mit Herz kommen werden, die sich bald um unsere neue Standarte versammeln werden, um diese Standarte des Friedens, und sie werden überall, wo sie aufgepflanzt sein wird, ein Pfand des Glücks, des Reichtums und der Harmonie sein.«

So hätte das auch in einer Pietisten-Stunde bei einem der Weber oder Seckler in Sindelfingen klingen können, nur daß Grieb eben in seinen Worten die säkularisierte Ausgabe der »Harmonie« im Auge hat und nicht auf dem Boden der Laienbibel, sondern der Aufklärung steht. Er ist, in dieser intellektuellen Schärfe, in dieser sprachlichen Universalität, in dieser gänzlichen Unabhängigkeit vom Konventionellen einer der Minderbrüder Lessings, freilich mit einem leidenschaftlichen Hang, mitten in den aufbrechenden Bahnen der Industrialisierung die Insel der Seligen zu finden und die – ein Schlagwort Fouriers – »Association« zu ver-

wirklichen. Der aufklärenden Tagesarbeit fügt er die Seligkeit derer zu, die hier und heute auf ein besseres Diesseits hoffen.
Grieb muß in Amerika, ganz im Gegensatz zum schließlichen Schiffbruch der europamüden Amerikafahrer vom Schlage Lenaus, in enthusiastischem Aktivismus gelebt haben. Jeden Tag entstehen neue Fourier-Kolonien. Zunächst wollen die nichts anderes sein »als Dörfer und gewöhnliche Marktflecken«. Grieb schafft es, daß das New Yorker Phalanx-Zentrum sich entschließt, nun wirklich auch ein phalanstère zu werden, eine Fourier-Gründung in Reinkultur. Am 16. Mai 1839 bricht die erste Kolonne dieses Original-Unternehmens von New York aus auf, unter der Leitung eines F.-P. Gärtner. Griebs Frau war eine geborene Gärtner, es ist denkbar, daß es sich da um einen nahen Verwandten handelt. In Texas wird jedem Siedler, das hat man schriftlich, ein 640 Morgen großes Land überlassen. Grieb hat die Verfassung der Kolonie ausgearbeitet. Er ist nicht mit von der Partie. Er ist nach Europa zurückgefahren, Verstärkung für das Vorhaben zu holen. Kurz bevor er das Schiff besteigt, veranstaltet man in New York eine große Familienfeier, auf der Albert Brisbane, einer der ersten Schüler Fouriers, die große Festrede zu Ehren des »Herrn« hält. Christoph Grieb bringt einen Toast aus: »Auf alle diejenigen, welche leiden, auf alle, welche die Leere und die Nichtigkeit der Zeit in sich fühlen! Könnten sie doch bald für immer befreit werden und zum Glück geführt werden, durch die Gründung der ersten Phalangisten!«
Wieviel Nachschub Grieb für seine amerikanisch-fourieristischen Kolonisten geholt hat, wissen wir nicht. Als er wieder in Paris ist, muß er (auch) Geld verdienen, als Sprachlehrer, als Übersetzer. Da gibt es eine – die Leute zweifellos interessierende – Aufsatzsammlung von Dominique François Arago, dem Naturwissenschaftler, dem Forscher vor allem auf dem Gebiet der Optik und des Elektromagnetismus, dem Freund Alexander von Humboldts. Grieb übernimmt Ausgang 1839 die Übersetzung der Fortsetzungsreihe, der erste von ihm bewältigte Band er-

scheint 1840 in Stuttgart bei Hoffmann, der letzte 1854 ebenda: 1879 Druckseiten zusammen. Viel Physikalisches ist in der Reihe, eine »Historische Lobrede auf James Watt«, ein Bericht der Französischen Akademie über Beobachtungen zur Meteorologie und Physik, zu Donner und Blitz. Aber auch Populärwissenschaftliches ist dabei, verständliche und lesbare Erzählungen »Von den Kometen«, »Von der Temperatur der Erde«, »Von den Fixsternen«, »Von der Konstitution der Sonne« usw., eine spannende »Geschichte der Astronomie«. Und dann kann Grieb etwas geradezu Sensationelles in deutsche Sprache bringen, den »Bericht über das Daguerréotyp. Erstattet in der Sitzung der Deputiertenkammer vom 3. Juli 1839 und in der Sitzung der Akademie der Wissenschaften vom 19. August 1839«. In den späteren, nach 48 erschienenen Bänden überwiegt das Historische mehr und mehr, der letzte, achte Band bringt nur zwei große Stücke, eine Abhandlung über die Skintillation der Gestirne und über den Kalender.
Summa: hier hat der »Literat« Grieb seine später im eigenen Werk erscheinenden außergewöhnlichen naturwissenschaftlichen Kenntnisse geholt, hier schult sich der Pragmatiker, der »Materialist«, wenn wir so wollen. An ihm ist ja die altwürttembergisch-humanistische Tradition vorübergegangen. Jetzt verrät sich der schwäbische »Realist« und Pragmatiker, dem das Technizistische eine Selbstverständlichkeit ist und der seinen Hang zum Rechnen und Berechnen gar nicht verbergen will. Daß er seinen Landsleuten etwas Neues und Ungewohntes bringt, das intime Urteil über französischen und anglo-amerikanischen Geist und im speziellen über die frühsozialistischen Handlungsanweisungen aus Frankreich, das dürfte er bald gespürt haben.
Tatsächlich trägt er wie wenige in die doch gemeinhin kleinbürgerliche Umwelt der alten schwäbischen Demokratie eine bemerkenswerte Unbefangenheit gegenüber der Problematik von Besitz und Macht. Grieb ist in dieser Perspektive »Übersetzer« in doppeltem Sinne des Wortes. Von 1842 bis 1850 ist er einer der

fleißigsten Mitarbeiter am Magazin für die Literatur des Auslandes, dort ebenso Belletristisches vorstellend wie politische Theorie oder die Rückwirkungen der naturwissenschaftlichen Forschung auf Habitus und Zukunft der Industrie, für damalige Begriffe soviel wie eine Abhandlung von heute über die Rückwirkungen produzierender Industrie auf die ökologische Situation ihrer Umwelt.

1841 wird Grieb erstmals unter den Einwohnern Stuttgarts geführt. Er bleibt Stuttgarter bis zu seinem Tode, zunächst mit der Familie in der Charlottenstraße wohnend, dann in der Rosen- und schließlich, ab 1853, in der Heusteigstraße. Obwohl alles andere als Stubengelehrter, mit Leib und Seele davon überzeugt, daß nur das Organisieren und nur das Tun einen weiterbringe und daß es ein – an Darwin erinnerndes – Naturgesetz sei, das Mangelhaftere gegenüber dem Vollendeteren unterliegen zu sehen: er bleibt sein Leben lang in Stuttgart sitzen. Alle, oder fast alle anderen gingen nach »draußen«, er wirkt von daheim aus, mit einer bewundernswerten Wachheit, vor allem mit einer ausgeprägten sozialen Verantwortlichkeit. Er ist der promovierte Mann der Wissenschaft, den die Redaktionen, davon hören wir noch, um Mitarbeit an ihren großen Werken bitten. Und er ist zugleich einer der ganz wenigen, die sich um den neuen »Stand«, die Arbeiter kümmern, ihre Situation ebenso zu verstehen wie zu analysieren versuchen und praktische Lösungsvorschläge zu bieten haben.

Am klarsten verrät sich dieses, nun ganz »europäische«, ganz deutsch orientierte Engagement im großen Beitrag »Die Organisazion der Arbeit betreffend«, den Grieb 1846 in der Zeitschrift »Die neue Zeit« veröffentlicht hat. Das Blatt, in Esslingen gedruckt und von Heinrich Loose, dem deutschkatholischen Prediger redigiert, erschien fünfmal in der Woche. Wahrscheinlich ist es dieser Verzicht auf die Funktion einer Tageszeitung, der die Mißhelligkeiten mit der Zensur minderte. Immerhin haben so moderne Liberale wie Johannes Scherr und Hermann Kurtz –

vor 48 noch mit dem traditionellen tz – sich dort zu Wort gemeldet, hat man (der Deutschkatholizismus blieb das weltanschauliche Fundament des Unternehmens) über Karl Gutzkow und den Sozialismus referiert oder über die badische Ständedebatte zur Judenemanzipation. Man wolle »ebenso entschieden das wenn auch noch so alte Afterchristenthum wie das neue die kirchliche und gesellschaftliche Reform gleich diesem, aber nur aus andern Gründen, verwerfende atheistisch kommunistische Widerchristentum bekämpfen, und aus dem Kampfe mit beidem soll die neue Zeit erstehen, welche jedoch nicht unser eigenes, sondern das Werk unseres Gottes, unseres Volkes und unserer Zeit ist«.

Wenn Grieb also je seinen Sozialismus mit Religionslosigkeit verbunden haben sollte, scheint er sich schon am Vorabend der 48er Revolution einem letztlich christlichen Weltverständnis nicht verschlossen zu haben. Nur bleibt das jetzt noch der Hintergrund. Grieb wagt, bei aller realistischen Beurteilung der Arbeiterlage, auch von der Bedeutung christlichen Glaubens für die Sozialsituation der Leute zu sprechen. Vieles von dem, was er vorschlägt, basiert auf eigener Erfahrung und auf der Begegnung mit den Theorien des französischen Sozialismus. Am Beispiel Rapps in Amerika habe er kennengelernt, »welch' unglaubliche Resultate eine auch nur einiger Maßen durchgeführte Einheit in der Felderbebauung« habe. Die müsse man in Deutschland auch »in anderen Zweigen menschlicher Industrie herbeizuführen im Stande« sein. Man brauche »Konzessionirung und Unterstützung von Auswanderungsgesellschaften« und müsse dadurch »eine Ordnung in die Auswanderung« bringen, man brauche Sparkassen, sie könnten »in ihrer konsequenten Weiterbildung ein wirksames Mittel des Fortschrittes« werden. Jeder, der eine Familie gründen wolle, müsse »ein gewisses«, von der Sparkasse gewährtes »Kapital besitzen«. Und schließlich wäre als letzte Maßregel und eine der mächtigsten Garantien, um »ein harmonisches Ganzes« zu bilden, die »Organisazion der Arbeit«. »Wir

könnten z.B. von der integralen, allseitigen Association sprechen, wodurch nicht allein sämmtliche Interessen nach Arbeit, Talent und Kapital ausgeglichen, sondern auch die jetzt in so manchen Fällen abstoßende Arbeit zum wahren Genusse erhoben, die jetzt oft in so zerstörender Gestalt auftretenden Leidenschaften der Triebe in einer höhern Einheit harmonisirt und durch eine einheitliche Erziehung, durch ein einheitliches Leben zum Guten, Wahren und Schönen gelenkt werden könnten.« Man meint den amerikanischen »Sektierer« zu hören, wenn er sagt: »Der Mensch, niedergedrückt wie er ist, der Mensch in seiner Zerfallenheit mit sich, mit Gott und der Welt fühlt sich zu elend, zu schwach, als daß er sich zu einer harmonischen Weltanschauung aufschwingen möchte und könnte. Der alte Mensch muß ausgewogen, der häßliche Egoismus verbannt werden; es muß wieder mehr Schwung in das Leben kommen durch eine lebendigere, geistigere Auffassung des Christenthums, bevor Freude in das Herz des Menschen zurückkehren, bevor der Mensch wieder mit kindlicher Zuversicht zu seinem Schöpfer aufzublicken vermag.«
Im gleichen Jahr 1846 hat Grieb unter dem Pseudonym »Michael« ein fast 400 Seiten starkes Buch unter dem Titel »Abbruch und Neubau oder Jetztzeit und Zukunft« in der Franckh'schen Buchhandlung zu Stuttgart erscheinen lassen. Merkwürdig anonym und unergiebig die ersten Kapitel über Geburt und Erziehung und Schule. Lebendiger, erfahrener die Studentenszene, eine die Nacht füllende Diskussion: in der »komparativen« Stellung des Studenten liege der Hebel für die Entfaltung seiner Eigentümlichkeit. Prognosen und Prädikate: für den Deutschen »unserer Zeit« gebe es kein »passenderes Zeichen« als den Gänsekiel, der Frankfurter Wachensturm werde in Bälde eine Revolution nach sich ziehen, das stehe für ihn fest. Von dieser – bewundernswert klaren – Vorhersage her gesehen wird die Überschrift über das Werk verständlich. Grieb fühlt sich wie die Gescheitesten und die Besten seiner Generation in einer Über-

gangszeit, in einer Epoche der Entzweiung. Das, was wir Vormärz nennen, entpuppt sich als eine Zäsur, die einmal verbunden Gewesenes trennt, in Christentum und Philosophie, in Verfall und Reform, in resignative Entsagung und »wahre Socialität«, in biedermeierliches Sich-Drein-Schicken und zügige »Mündigung des Menschengeschlechts«.

Grieb geht einer ganzen Reihe politischer und sozialer Probleme zu Leib, den Bemühungen um Deutschlands Einheit, dem Zwiespalt zwischen »Soldaten- und Bürgermuth« wie überhaupt dem »Soldatentum« (das an den »Zustand der Barbarei« erinnere, weil es, »national-oekonomisch gesehen«, nur Werte zerstöre, aber sie nicht schaffe), den sinnlosen Querelen zwischen Feudal- und Papier- und Geldadel und so fort. Neben mutigen Hinweisen auf den großen Nachholbedarf der Zeit, vor allem auf »freisinnige« Pressegesetze und einen ebenso gebildeten wie organisierten Buchhandel, stehen so geistvolle Passagen wie das Streitgespräch zwischen Künstler und Kunstrichter, Sätze, in denen Grieb versucht, der zeitgenössischen Kunst ein neues Thema zu geben.

Das Buch mutet an, als ob sich der Autor mit ihm seiner Zeit und seiner Generation habe vergewissern wollen: so sieht das aus, so sehe ich das. Daß es im Grunde ein Buch sozialer Analyse und Synthese ist, macht es innerhalb der Griebschen Biographie doppelt bedeutsam. Es mündet nicht nur gegen Ende in Anweisungen an Handel und Unternehmertum, an Regierungen und »Priesterthum«, sondern es wendet sich im speziellen an den Arbeiter: ihr müßt euch assoziieren, organisieren. Es ist Christenpflicht, das »Recht auf Arbeit« zu erkennen, aber auch, mit Kapital, mit Maschinen, der Situation des Arbeiters zu helfen. »Die Theilung der Arbeit« hat ihre schicksalhaften Wirkungen. Aber sie ist notwendig und unumgänglich. Freilich müsse ihr »die steigende Abnahme der körperlichen und geistigen Kräfte des Arbeiters« als Tribut entrichtet werden, schließlich auch die »Konzentration des Kapitals in den Händen Weniger«.

Es sei »systematischer Obskurantismus«, die Lösung der Gesellschaftsfragen »durch die Association« als unmöglich hinzustellen. »Die Frage von der Vertheilung der Reichthümer ist nur deswegen eine so brennende geworden, weil man den Brennstoff sich um dieselbe hat anhäufen lassen. Regierungen und Völker laufen nur dadurch Gefahr, daß sie in dem Zustande der Unwahrheit verharren, wenn sie doch aus demselben heraustreten könnten.« Man sei augenblicklich in Deutschland dabei, die »gesellschaftlichen Lebens- und Todesfragen« fliehen zu wollen, wenigstens: sie vertagen zu wollen. Aber man könne die Dinge weder durch Vertagung lösen noch durch das Schwert: die »blutige Dämpfung der Arbeiter-Aufstände von Lyon, Manchester, Birmingham usw.« hätte gezeigt, wo Not am Mann sei und wohin die Geschichte treibe.

Als aus dem Wettertreiben ein Gewitter herausschlug, die Märzrevolution des Jahres 1848, war Grieb, der Mann, der die Entwicklung in bestechender Klarheit voraussah, nicht mehr »Literat«, sondern »Schriftführer« bei den Bemühungen der Arbeiter, sich zu organisieren. Am 4. April 1848, also bemerkenswert früh, findet in Stuttgart eine Versammlung von Arbeitern statt – es dürfte sich vorwiegend um Handwerksgesellen gehandelt haben –, für die Grieb eine Resolution verfaßt, und die von dieser als ausgesprochen radikal angesprochenen Gruppe angenommen wird. Grieb stellt in dieser an die Regierung abgegangenen Eingabe den Antrag auf eine deutsche Republik und eine föderative Bundesverfassung nach dem Muster der amerikanischen Freistaaten, dafür will er auch das allgemeine direkte Wahlrecht.

Jetzt, in diesen Tagen, in denen man rasch und präzis formulieren mußte, war niemand wichtiger als er. Im Mai 1848 gibt sich der »Bildungs-Verein für Arbeiter in Stuttgart«, vermutlich der erste seiner Art in Württemberg, seine Statuten. Grieb ist als »Schriftsteller« im gewählten fünfköpfigen Vorstand; wir dürfen mit Sicherheit annehmen, daß er maßgeblich am Zustandekommen der Paragraphen beteiligt war. Der Zweck des Vereins sei, »eine allgemeine und moralische Bildung des Arbeiters zu er-

streben und den Arbeiter mit allen gesetzlichen Mitteln in den Vollgenuß aller staatsbürgerlicher Rechte zu bringen, sowie überhaupt die materiellen und geistigen Interessen desselben nachdrücklich zu vertreten und zu fördern.«
Dies für die »Arbeiter«. Grieb ist auch für die Handwerker damals im Revolutionsjahr in die Bresche gesprungen. Am 24. Juli 1848 wählt man ihn auf einer in Esslingen abgehaltenen Delegiertenkonferenz württembergischer Handwerkervereine an erster Stelle in einen »Centralausschuß der Handwerkervereine Württembergs«. Grieb hat als Sprecher des beunruhigten Kleingewerbes zweifellos politische Resonanz gehabt, keine ganz ungefährliche übrigens und eben eine heimlich rebellische: sein »linker Liberalismus« ist für die gewählten Volksvertreter in Stuttgart und Frankfurt nicht eben bequem, weil Grieb an der Eignung und Zuständigkeit des Paulskirchen-Parlaments für die Belange von Handwerk und Handel und Industrie zu zweifeln beginnt. Grieb, der die Vereinigung der Gewerbe in Deutschland zu einem großen Verband vorschlug und der in der klassischen Geschichte der Revolution von 1848 als derjenige bezeichnet wird, »der wohl als erster bei uns den Assoziationsgedanken vertreten hatte«. Grieb dürfte es auch gewesen sein, der die Frankfurter Handwerks- und Gewerbeordnung für Deutschland auf dem in Esslingen am 17. September 1848 stattgehabten »Württembergischen Handwerker- und Arbeiter-Congreß« revidiert und ergänzt hat. In der mit einer »Vorbemerkung« Griebs in Stuttgart im Oktober gedruckten »Neuen Ausgabe« der Ordnung finden sich Sätze wie »aller unnötiger Visirzwang sowie das Vorzeigen von Reisegeld ist aufgehoben«, oder: »In allen größeren Städten sind Arbeits-Nachweisungsbureaus zu errichten.« Auch die Forderung: »Neben den Gesellen-, Kranken- und Gesellen-Wanderkassen hat der Staat für Errichtung zweckmäßiger Gesellen-(Arbeiter-)Sparkassen zu sorgen, damit endlich auch dem Invaliden der Industrie sein Recht werde.«
Daß Grieb neben diesen zeit- und menschenbeanspruchenden

organisatorischen Initiativen mitten im »tollen Jahr« 48 bei Franckh in Stuttgart noch eine »Gesellschafts-Ökonomie« von dreieinhalb hundert Seiten erscheinen lassen konnte, bleibt bewundernswert. Das Buch war Teil einer »Neuen Encyklopädie der Wissenschaften und Künste für die deutsche Nation«, an der Männer wie der Heidelberger Jurist und Staatsmann Julius Jolly oder der Tübinger Ästhetiker Friedrich Theodor Vischer mitgearbeitet haben. Griebs großer Beisteuer war die »Erziehungslehre« des bekannten Esslinger Pädagogen Riecke und Oppenheims »Philosophie des Rechts und der Gesellschaft« unmittelbar benachbart.

Im ersten, spezifisch historischen Teil gibt Grieb eine »Geschichte der politischen Oekonomie«, vom Proletariat der griechischen Polis bis zum »Fanatismus des Grundbesitzes« im Mittelalter und zum Zunftwesen, das bei allem Fortschritt die »Emancipation« des Bürgertums »noch keineswegs vollständig« macht. Der Weg von der – vor allem in der Arbeitsauffassung neu wertenden – Reformation zur Arbeitsteilung der Moderne ist voller Verhängnis: er bringt die Maschine und damit Schlimmstes. Die Fähigkeiten des Menschen verlöschen, der Mensch, »individuell betrachtet, artet aus«. Grieb ist jetzt in Sachen Arbeitsteilung nicht mehr so beruhigt wie vor zwei Jahren in »Abbruch und Neubau«. Ihn bedrückt es jetzt, daß der Arbeiter »nur ein Glied in einem Gewerbe« ist. »Der Zukunft bleibt es vorbehalten, hier die jetzt zur Verthierung des Menschen führende Arbeitstheilung zu seiner Veredlung und allseitigen Ausbildung zu benützen, dort die von den Maschinen erzeugten Reichthümer gleichmäßiger zu vertheilen.« Bedenklich dazuhin, daß das Kapital wuchernde Funktionen übernommen hat. Aber mit Hilfe der Assoziationen hat der Arbeiter unabsehbare Möglichkeiten. »Die Association ist eine neue Macht, die in das Gebiet der Arbeit eingedrungen, und Nichts kann ihr widerstehen.«

Die »politische Oekonomie« des zweiten Teils wird in drei Kapiteln präsentiert. Die »Production der Reichthümer« schließt die

Frage ein, was überhaupt »Producieren« heißt und was die Entfremdung des arbeitenden Menschen dabei bedeutet. Die Rolle des Kapitals, des staatlichen Dirigismus, des Staatsmonopols und vor allem des Geldes zielt auf die Grundfrage, nach welchen Prinzipien Reichtum verteilt und konsumiert werden soll. In der Bestandsaufnahme der bisherigen Sozialisten und Soziallehren kommen sie alle zu Wort, die »Communisten« oder Saint-Simon, Fourier, Proudhon, die Programme der deutschen Arbeitervereine in der Schweiz und in Frankreich – nur Marx nicht. Marx ist für Grieb anno 48 – das Buch hat eine erdrückend große Literaturliste – noch eine unbekannte Größe. Es ist eine historische, deskriptive Ökonomie, keine Neuschöpfung, eine ökonomische Weltgeschichte einerseits, eine sehr aktuell arbeitende – das Offenburger Manifest vom 12. September 1847 ist auch registriert – Bestandsaufnahme andererseits.
Grieb hat – ausnahmsweise – keinen eigenen Tatenbericht geliefert, als der Rauch der Revolution verzogen war. Aber er hat in den Schlußsätzen dieses seines Ökonomie-Werkes unmißverständlich zu verstehen gegeben, daß er diese Revolution als eine im Grunde soziale Bewegung erkenne, nicht nur als den Beleg dafür, daß die Völker »für und durch sich selbst regiert« sein wollten. Was jetzt komme, sei die Frucht dessen, was »durch die Arbeiten der Socialisten« während der letzten 30 Friedensjahre zur Reife gebracht worden sei.
Das Scheitern der Revolution, der er auf eine bemerkenswert realistische, ebenso gezügelte wie pragmatische Weise gedient hatte, hat er auf seine Weise verwunden: durch Aufklärung, durch Information, durch Erziehung, wie er wohl gesagt haben würde, durch Erziehung zur Mündigkeit.
Sein immer wieder aufgelegtes Deutsch-Englisches Wörterbuch muß ihm ein kleiner, aber sicherer wirtschaftlicher Rückhalt gewesen sein, die Übersetzerarbeit auch, vorab die fast 2000 Seiten von Thiers' Geschichte des Consulats und Kaiserreichs, die er in sechs Bänden von 1857 bis zu seinem Todesjahr 1861 besorgt hat.

Ungeniert greift er jetzt auch in die Unterhaltungskiste, mit seinen »Dunkle Thaten der civilisirten Menschheit« überschriebenen »Bildern aus den Gerichtssälen des In- und Auslandes«, die er freilich auch als ein »Repertorium für Gesellschafts-Kunde« versteht, derer man sich noch später erinnern werde. Aufklärender im ernsten Sinne ist das im gleichen Jahr 1850 erschienene Buch über »Die Wunder der elektrischen Telegraphie«. Das Werk besticht weniger durch seine Fachkenntnis im Bereich der Elektrotechnik und Telegraphie als durch die glänzende Diagnose seiner, Griebs Gegenwart. Die Beobachtungswissenschaften sind im Rückzug, alle Welt sei durch die Triumphe der Erfahrungswissenschaften »so elektrisirt worden, daß die allgemeine Meinung eine ähnliche Veränderung erfahren hat, wie durch die durch den Blitz beeinflusste Magnetnadel«. Das Interesse an supranaturalistischen Phänomenen, wir fügen hinzu, an nachromantisch-transzendentalen Fragestellungen habe sich ebenso verflüchtigt wie die gestern noch populäre Vorliebe für Geologie und »Naturgeschichte«. Physik und Chemie ziehen aller Augen auf sich, wobei Grieb zweierlei Gefahren lauern sieht, die Leichtgläubigkeit der Leute und das Gegenteil davon, einen Skeptizismus, der ihr die Waage zu halten sucht. »Zwei blinde Männchen, die sich mit Schaukeln vergnügen.«
Griebs traumwandlerisch-sichere Fähigkeit, Zeitläufte in ihrem Inneren zu erkennen und die Trends der Zukunft zu benennen, bewährt sich auch hier. Er umschreibt schon die Vorzeichen der materialistisch-kapitalistischen Ära, der Gründerzeit. Ein »allgemeiner Glaube an die Wissenschaft« habe sich breitgemacht, Hektik als wissenschaftlich-weltanschauliche Kurzatmigkeit. »Die Gasactien-Inhaber gehen ängstlich umher und fragen nach dem elektrischen Licht.« Das Lebensgefühl ist grundsätzlich anders, die Welt ist subjektiv kleiner geworden. Mußte man gestern eine Nachricht von draußen, von wem hast du diese Nachricht, wie sah der Überbringer aus, noch auf ihre Verläßlichkeit überprüfen, lohnt sich das heute schon nicht mehr: »Alle vierzehn

Tage kommt eine neue Post aus Indien und der neuen Welt an; so daß eine auch noch so plausible Lüge, wenn zu uns gebracht, durchschnittlich nicht länger leben kann als vierzehn Tage.«
Unser ehemaliger Fourier-Jünger sieht, dies am Tage nach der 48er-Revolution, eine Generation um sich, »die mehr in der Zukunft lebt als in der Vergangenheit«. Die »fieberhafte Anticipation der Zukunft« ist für ihn das Signum der Zeit, das hätte so auch Jacob Burckhardt sagen können. Man will überall das Nützliche haben, und man gründet sich auf diese Maxime vor allem in seinen wissenschaftlichen Bemühungen. Die Welt geht »mit Riesenschritten vorwärts«, kindische Furcht, kindisches Erstaunen, »Speculationsgeist und ein starker Beigeschmack von Habgier« greifen um sich. Das hat der Sindelfinger Bauernsohn wohlgemerkt nicht zu Zeiten Fontanescher, wilhelminischer »Pompositát«, sondern schon 1850 gesagt, als man sich nach der Revolution, die doch sehr viel mehr war als der Krakeel von prustenden und schwitzenden Bürgersleuten, gerade die Augen rieb und Grieb ein Wort wie »Contact« seinen elektrotechnisch unkundigen Lesern noch erklären muß. Mehr als verdächtig, verhängnisvoll, im Keime tragisch will es ihm erscheinen, daß das Publikum allenthalben »einem unbegrenzten Glauben an die naturbewältigende Macht des Menschen« huldigt. Und mit visionärem Blick in die Verselbständigung des Zwischenreichs der Technik: ein »elektromagnetischer Dampf-Feuerballon« sei jetzt die Attraktion schlechthin, und manche glaubten schon, »noch bevor die jetzigen Eisenbahnen ganz abgenützt seien«, der meistere als Vehikel die Zukunft.
Über Griebs letzte Jahre und Lebensausgang hat sich nur eine telegrammartige Zeitungsmeldung des Jahres 1861 erhalten, im »Schwäbischen Merkur«, der jedem Apotheker und jedem Präzeptor im Lande einen Doppelspalter als Nachruf gewidmet hat: »Gestorben: Den 22. Oktbr. zu Stuttgart Grieb, Dr. phil., Redakteur des allgemeinen deutschen Telegraphen, Schriftsteller, 50 Jahre alt.« Ein paar Jahre vorher, 1856, hat er ein »Belletristi-

sches Museum für deutsche Frauen und Jungfrauen« herauszugeben begonnen, mit deutlich volkspädagogischem Akzent: er will der Trivialliteratur deutscher Zunge gute ausländische Romane und Novellen entgegensetzen, er will die Frauen daheim zur Einsicht in die großen Fragen der Zeit erziehen. 1855 hat Grieb in einer sehr umfänglichen Einleitung zum übersetzten Lebensbericht eines amerikanischen Negersklaven die Zusammenhänge zwischen Sklavenhandel und der »Emancipation der europäischen Industriellen« aufgedeckt und seinem einstigen Hoffnungsland Amerika jetzt nur die »traurige Erschlaffung« seines »moralischen Sinnes« bescheinigen können. Er ist gegen Minderheiten-Verfolgung und gegen Rassenhaß. Nur im »freien und brüderlichen Verkehr der Menschen aller Länder, aller Himmelstriche, aller Zungen, aller Hautfarben unter einander« dürfe man das Ziel suchen, »das wir uns stecken müssen«. Die »Sklaven-Emancipation« muß kommen. Die menschliche Gesellschaft leistet das nur im Zeichen des Evangeliums. Die zwei Schilde, auf die er sich stützt: »Die Wirkung der Zeit, und das Vertrauen auf Gott.«

Hermann Kurz

Ich werde so von hinnen eilen
Mit tiefgeschlossenem Visier...
Doch was ich mir in mir gewesen,
Das hat kein Freund gesehn, wird keine
Seele lesen.

»Nachlaß«, H. Kurz, Sämtl. Werke,
ed. H. Fischer, I. S. 54 f.

Verdächtig die konstante Beteuerung, Kurz sei »eine festumrissene Größe«. Verdächtiger noch die Sätze, die schon vor 40, vor 70 Jahren von einem »verkannten« Kurz gesprochen haben. Nicht um die Lebendigkeit oder Tragfähigkeit irgendeiner Jury geht es, sondern um die seiner Dichtung. Das zweite Manko wird offenbar: immer nur vom Dichter Kurz war die Rede, nicht aber von seinen Leistungen als Übersetzer und Literarhistoriker, als Journalist und als politischer Schriftsteller. Ist der komplexe Ausdruck seiner geistigen Persönlichkeit bis heute übersehen worden? Liegt da der Schlüssel zum Verständnis seines Lebens und Schaffens?

Wer allein den Dichter im Auge hat, wird feststellen, daß dieser Teil seines Lebenswerkes zu sehr im landschaftlich Bedingten, im historisch Speziellen, im Schwäbischen – wie zu hören sein wird, nicht nur im Alt-Württembergischen – wurzelt, daß es im ganzen zu wenig bewältigt und zu sehr Torso geblieben ist, als daß man es der spielerisch-vollkommenen Poesie seines Freundes Mörike gleichsetzen könnte. Seltsam, wie »stumm« Kurz wirkt neben den anderen seiner Generation, neben den immer wieder neu ansetzenden Selbstanalysen und – mitgeteilten, publizierten

– Selbstdokumentationen eines Strauß oder Vischer. Mit »tiefgeschlossenem Visier« werde er »von hinnen eilen«, schreibt er in seinem Gedicht »Nachlaß«, auch vom Freunde nie gelesen und nie entziffert. Die Undurchschaubarkeit seines inneren Lebens steht wie eine Barriere vor ihm, er hat das nicht, das »Peregrina-Erlebnis«, jene Stunde, von der ab wir die Unverwechselbarkeit und die signierte Individualität einer Dichtung datieren. Fast wäre man versucht, das gänzliche Fehlen mythischen oder visionären Ergriffenseins Kurzens Dichtung zur Last zu legen. Wir sind das gar nicht mehr gewohnt: bei den zartesten Dingen wird sie nie sentimental, bei den kräftigsten nie frivol, beim Aussprechen von Überzeugungen nicht pathetisch, nirgendwo ist übertriebene Simplifizierung oder Komplizierung in Sprache und Gegenstand, nirgendwo auch nur der leiseste Anspruch auf die Höhen einer dominierenden, einer absolut sich gebärdenden Poesie.

»Hermann Kurz ist am 30. November 1813 zu Reutlingen geboren, der ehemaligen freien Reichsstadt, die ein Dezennium zuvor württembergisch geworden war. Die Eindrücke, die er dort empfing, haben all seinem späteren Dichten und Schaffen die Grundfarbe gegeben.« So schreibt die Tochter, die sprudelnde und doch so der Form und der Gestaltungszucht hingegebene Dichterin Isolde Kurz. Kurzens Leben und Werk in zwei Sätzen zusammengefaßt, mit einem Hinweis übrigens, den die Kurz-Biographie bis heute noch nicht hinreichend respektiert hat: die Vaterstadt hat ihm und seinem Werk »die Grundfarbe gegeben«.

Zunächst in einem sehr wörtlichen Sinne. Der Vater, der Handelsmann Gottlieb David Kurtz, den Hermann schon als dreizehnjähriger Bub verloren hat, galt als Parteigänger Lists, eine »Fortschritts- und Dissidentennatur«, die dem Jungen eine leicht ins Legendäre gehobene Autoritätsfigur werden mußte für alle Opposition gegen Gesinnungszwang und Staatshierarchie. Kurz – als das Revolutionsjahr 48 kam, hat er das bis dahin gebrauchte »tz« in bewußter Provokation fallenlassen – gehört zu einer, wie

er selber sagt, » im Schoße des mediatisierten Reichsbürgertums nachwachsenden Jugend«. Er kennt die Reutlinger Reichsstadttradition, und er kennt seine Vorväterreihe. Sie beginnt mit dem Stammvater Jakob, der die Tochter des berühmten Reformationsbürgermeisters Jos Weiß heiratete, der war der Sprecher der Stadt auf dem Augsburger Reichstag des Jahres 1530 und hat als einer der wenigen süddeutschen Bürgermeister das evangelische Glaubensbekenntnis in Reutlingens Namen unterzeichnet. Vom Fuggerischen Faktor Sebastian Kurtz, Agent des Hauses im Feldlager Karls V., geht der Weg über Josua Kurtz, Bürgermeister und »Pater Patriae« in den Nöten des Dreißigjährigen Krieges, zu jenem weitgereisten Michael Kurtz, der zu Ende des 17. Jahrhunderts die große Glockengießertradition der Familie begründet, eine imponierende Reihe von Männern, die ebenso die Zunftehrlichkeit repräsentieren wie städtisches Diplomatenamt oder patrizische Gelehrsamkeit.
Hermann Kurz, dies die Vaterstadt-Tradition im übertragenen Sinne, ist den »Zwiespalt zwischen Gegenwart und Vergangenheit«, wie er das selbst einmal nennt, nie mehr ganz losgeworden. »Ich bin zwischen die Zeiten gefallen«, kann er später sagen, oder, verquer und fast pathologisch, »ich lebe vor sechzig Jahren.« Im Grunde kann nur Ironie aus einem solchen Lebens-Dilemma heraushelfen. Er hat sie praktiziert, etwa in der – sehr viel späteren – Bemerkung, 1827 mit dem Eintritt in das Maulbronner Seminar sei er »aus dem Stande reichsunbemittelter Niedrigkeit in den alt- und neuwürttembergischen Verwandtschaftshimmel« gehoben worden.
Vielleicht hat keiner von seiner Generation die Spannung zwischen Alt- und Neu-Württemberg, das heißt zwischen dem Kern und dem, was von Napoleons Gnaden, schier zu großem Zuwachs, mit Beginn des 19. Jahrhunderts dazukam: vielleicht hat keiner diese in Kultur und Mentalität spürbar gebliebene Spannung so tief empfunden und so hartnäckig mitgetragen wie er. Sie wird nicht nur in den Seiten seiner Dichtung, etwa in der 1839

konzipierten, 1860 ganz veröffentlichten Novelle »Der Feudalbauer« spürbar, sondern eben auch in einem ganz persönlichen Sinne: »Im Auslande, das heißt in Württemberg«, sagt er einmal, habe er groß werden müssen. Wenn er dann als Vierundzwanzigjähriger seiner Stimmung Luft macht, »in diesem erbärmlichen Württemberg kann man nicht einmal auf honette Art zu Grunde gehen«, so spricht dieses gallige Wort nicht gerade für ein unbeschwertes »württembergisches Nazionalgefühl«, wie das Karl Pfaff und andere Zeitgenossen gerne so genannt haben. Vielleicht ist Kurz gerade deshalb zu einem der intimsten Kenner des württembergischen Schwaben geworden, weil er diese »schwäbische Kultur«, wie er sie selbst fast erstaunt einmal nennt, zunächst als etwas beinahe Fremdes kennengelernt hat und, während er mit ihr zusammenwuchs, fortwährend mit Gegenbildern zu vergleichen wußte. Daß er mit seinem letzten dichterischen Werk, den »beiden Tubus«, das feinste Genrebild eben dieser Kultur gezeichnet hat, das wir aus dem 19. Jahrhundert besitzen, war ein Geschenk seiner Dichternatur, die er, »der Fremdling« – Überschrift eines seiner persönlichsten und gelungensten Gedichte –, gegen alle äußere Unbill zu wahren suchte.
1831, vier Jahre Maulbronner Seminarzeit liegen hinter ihm, zieht Kurz im Tübinger Stift ein. »Gut, doch zu viel Selbstgefühl« lautet das knappe Gutachten, das von Maulbronn mit den Personalakten nach Tübingen kommt. Die bekannteren Bilder des älteren Kurz, des scheinbar so in sich ruhenden, schweren Mannes, mit prächtigem Bart, der freien Stirn und der breiten, fleischigen Nase, verführen freilich zu falschen Vorstellungen. Hinter der Männlichkeit und Massigkeit verbirgt sich viel Sensibilität; man habe den Vater oft tagelang nicht stören und sehen dürfen, erzählt die Tochter aus ihrer Jugend. Im jugendlichen Alter scheint seine Menschenscheu noch stärker gewesen zu sein als in den Jahren des »Beobachter«-Redakteurs. Schon die immer wieder gerühmten, bis in die letzten Tage dieses Lebens von seltsamem Glanz überzogenen blauen Augen – »Cäruleus« hieß

man ihn im Stift – machen klar, daß dieser Mensch nicht aus vierschrötigem Holz und nicht aus dumpfem Material geschaffen war. Das Empfindsame und Feinnervige der Jugendbilder verrät ihn in der Abseitigkeit seiner eigenen späteren Romanhelden, eines Lisardo oder Heinrich Roller. Er ist, auch die Mutter war 1830 gestorben, ein Jahr vor dem Tübinger Beginn, »im Stand des Waisen«, und man versteht von hier aus recht gut, warum Kurz sich ausgerechnet in das Leben des »Sonnenwirts«, des jungen, elternlosen, heimatlosen Schwahn versenkt hat.

»Nach dem, was ich gestern schon mündlich bemerkte«, heißt es in einem Protokoll des Stifts vom 23. August 1833, »hat mir Kurz gestern offen gestanden, daß er wirklich am 12ten d. Monats vormittags aus Lebensüberdruß einen Vergiftungsversuch durch Belladonnakörner an sich gemacht habe.« Rührend der Zusatz: »wobei er versprach, sich nun desto eifriger seinen Studien zu ergeben, namentl. auch Mathematik zu treiben, um seine Phantasie zu zähmen«. Das Ephorat, die Leitung des Stifts, hat den Vorfall, gewiß erleichtert, ihn auf so schmerzlose Weise überstanden zu haben, mit »falschem Streben nach Originalität« kommentiert. Wie tief der Riß ging, vermögen wir nicht mehr zu sagen. Daß eine schwere Lebenskrise sich verrät, ist außer Zweifel. Ein abschließender Bericht hat Kurzens eigene damalige Meinung – Gesundheit sei eine Gemeinheit – nur mit Schrecken zitiert und im übrigen vermerkt, Kurz sei nach dem Selbstmordversuch nach Reutlingen gefahren und habe »von da ohne Paß unter einem fremden Namen eine Excursion ins Badische« gemacht, durch Gendarmen sei er dann wieder zurückgebracht worden.

Weist die Flucht ins Badische, wo Welcker und Rotteck, Bassermann und Itzstein zu Hause waren und wo ein Oppositionsgeist vom Schlage Abts schon früh Kombattant war, auch auf politische Fährten? Kurz hat zehn Jahre später den Gang ins moderne, fortschrittlichere Nachbarland in aller Überlegtheit getan, und was sein Leben im Stift anging, so wurde es seit diesem Vorfall noch eingezogener und noch eigenmächtiger. Wir suchen gar nicht mehr Gründe, wenn ihm dort im Juni 1832 das Ultimatum verhängt wird. Nach weiteren Verstößen gegen die Hausordnung wird es am 12. Januar 1835 endgültig unterschrieben und führt am 18. Juni dieses Jahres, als zwei weitere scharfe Verweise hinzugekommen waren, zu seiner Entlassung aus dem Stift.

Die Kurz-Biographie hat dies bislang ebensowenig berücksichtigt wie den ersten Akt nach der Stifts-Ausweisung (der zweiten Heimatlosigkeit). Im Stift hat er, was seine »Leistungen« angeht, nachgelassen; er begann dort auf dem 20. Platz und verließ seinen Jahrgang auf dem 25. Wer die Rezension seiner Predigt vom Mai 1834 durch das Repetentenkollegium liest (»Ein Journalartikel, keine Predigt. Aus Katzenjammer über eignen genial-philosophischen Unfug eine widerwärtig-pretiöse Deklamation gegen neueste Philosophie, ohne echte Disposition. Vortrag unausstehlich gebildet«), der könnte wohl zu dem Urteil kommen, dieses junge Leben sei in Geistreichelei und Mißerfolgen zerronnen, noch ehe es recht begann. Allerdings fehlt dem Dichter Hermann Kurz, den man hernach in behaglichem Statistikerglück zu den »bürgerlichen Realisten« zählen wird, die bürgerlich-solide Sekurität von Anfang an. Dies nicht nur im biographischen, sondern auch im geistigen Sinne. Der Studiosus Kurz hört Strauß in vier Vorlesungen 1832 und 1833, Fritz Vischer im Sommer darauf und Ferdinand Christian Baur, den »Heidenbaur«, die drei Jahre von 1833 bis 1835, reißt ins Badische, ins Mekka der Liberalen, aus, glossiert in unzähligen Briefen der Stifts- und Nachstiftszeit Metternichs Maulkorbsystem und traktiert (auf seine Weise) in Stifts-»Predigten« neueste Philosophie (womit nur die »Hegelei« gemeint sein kann). Wer derlei Fakten ernst nimmt, niemand kommt darum herum, wird vom bisherigen Bild des zwar kauzigen, aber doch zur schwäbischen Poesieidylle à la Hauffs Lichtenstein rechnenden »Dichters« Kurz Abschied nehmen müssen.

Kurz ist mehr und weniger als das. Mehr, weil seine Dichtung, »Schillers Heimatjahre« und der »Der Sonnenwirt« vorneweg, auch immer das Gefäß einer spezifisch politischen, sozial engagierten und aus liberalem, radikal-demokratischem Bewußtsein gespeisten Haltung sein will. Weniger, weil diese ideologischen Zutaten und diese landespolitischen Absichten die reine poetische Substanz verdorben und – wir sehen einmal von allen wissenschaftlichen Arbeiten aus seiner Feder ab – einen am Ende nur schwer genießbaren und verstehbaren Mischtypus gezeitigt haben.

Der erste Akt nach dem Stifts-Rausschmiß: er versucht doch noch braver Pfarrer zu werden. Irgend jemand, vielleicht sein eigenes, »bürgerliches« Gewissen muß ihm das eingeredet haben. Zwei Monate nach seinem Examen (vom 9. September 1835) erscheint er bei seinem Onkel, dem Pfarrer Mohr in Ehningen bei Böblingen, ihn »im Predigtamt zu unterstützen«. So jedenfalls schreibt Mohr dem Konsistorium in Stuttgart. Aber die Herren Konsistorialräte sind nicht sonderlich erbaut von dieser Akquisition. Kurz könne »noch nicht als Vikar betrachtet und verpflichtet werden«, da er, auch ein Grund, »seine legalen Schulden auf der Universität noch nicht bezahlt« habe. Schreiben hin und her, der Dekan gibt auch seinen Segen dazu. Bevor die hohe Kirchenbehörde entschieden hat, wie man den jungen geistlichen Adjunkten in des Schönbuchs Wäldern zu »betrachten« habe, kommt »unterm 16. Januar« 1836 die Meldung aus Ehningen, »daß Candidat Kurz einen Geschäftsruf nach Stuttgart erhalten und angenommen habe«.

Der »Ruf« dürfte aus der Ecke von Cottas beziehungsweise Menzels »Morgenblatt für gebildete Stände« gekommen sein, wo Kurz, in diesem Jahr 1836 erscheint neben einer Reihe Novellen bereits ein Gedichtband von ihm, in der ersten Stuttgarter Zeit mancherlei abgeladen und publiziert hat. Das von 1836 bis 1845 durchkostete, mehr aber durchlittene Literatendasein in Stuttgart ist nur 1837 und 1838 durch längere Aufenthalte in Buoch beim Bruder, dem späteren Gerichtsnotar in Weilheim unter Teck, und 1840 durch einen Besuch bei Mörike in Cleversulzbach durchbrochen worden. Kurz ist nie viel gereist, als Student in die Nordschweiz, von Karlsruhe aus nach Frankreich, die spätere, auf Heyses Drängen zurückgehende Reise nach München war wohl die größte seines Lebens. Er hat nie viel aus sich zu machen verstanden, auch aus seiner »Gesellschaft« nicht, auch aus seinem »Arbeitssitz« nicht. Feine, fast scheue Beziehungen hat er von Stuttgart aus zur Frau Professor Caspart in Winnenden angeknüpft. Sie können ihm Züge des Zusammenlebens von Schiller »in Weimar mit Wilh. v. Humboldt, Dalberg und seiner Braut und Schwägerin« suggerieren; die Besuche bei Frau Caspart hallen tagelang, wochenlang in ihm nach.

Sonst bringt ihm Stuttgart, wie er selber einmal sagt, »grausame Jahre«. Er tröstet sich selber: »Es wird ja vorüber gehen, und wieder menschlich mit Menschen zu leben sein.« Er veröffentlicht, neben seinen in Stuttgart entstandenen Novellen, kleine wissenschaftliche, vorab germanistische Arbeiten, er übersetzt Hunderte, Tausende von Seiten, Thomas Moore, Walter Scott, Cervantes, Ariost und vor allem, bändeweise, Lord Byron. Der Stimulus für dieses übersetzerische Lebenswerk, als solches bis heute noch gar nicht gewürdigt, lag in der Not und Gequältheit der Stuttgarter Zeit. »Schillers Heimatjahre«, 1843 bei Franckh in Stuttgart veröffentlicht, Teile waren vorher im »Morgenblatt« erschienen, wurde ein Mißerfolg, ob zu Lasten des – am Manuskript vielfach ändernden – Verlags, wie Kurz meinte, sei dahingestellt.

Als er sich im Frühsommer 1844 nur noch mit Mühe von Tag zu Tag schleppen kann, weiß er, was es geschlagen hat. In diesen Wochen erreicht ihn ein Angebot des Karlsruher Verlages C. F. Müller, in der Redaktion des von Eduard Friedrich Müller herausgegebenen »Deutschen Familienbuches zur Belehrung und Unterhaltung« mitzuwirken. Kurz sagt zu. Vor allem Gustav Schwab hatte ihm dringend zugeraten. Aber er selber weiß, daß sein begonnenes »Sonnenwirt«-Manuskript, daß überhaupt sein dichterisches Arbeiten damit recht bedrängt ist. Tatsächlich

bringt die im Herbst 1844 zusammen mit Berthold Auerbach angetretene Stelle noch mehr Brotarbeit, als er angenommen hatte. Immer wieder klagt er aus Karlsruhe über das »bißchen Production neben dem Handwerk«, über die »unglaubliche« Verhinderung an eigener, schöpferischer Arbeit. Zwar heißt es auch: »Mit Matthy und Basserman bin ich sehr befreundet geworden« – aus der Gruppe der badischen Volkspartei, mit der Kurz in nächste Beziehungen trat, müßte zumindest noch Hecker genannt werden –, »fühle mich überhaupt heimisch im badischen Land«.
Aber der »Sonnenwirt«, das gehütete Geheimnis, kommt nicht weiter. Die Zeit fehlt, die Quellenstudien verzweigen und verzetteln sich. Noch mehr ist es die Politik, die an ihm zerrt. Er ist nicht wie Mörike, der sich »selig vor der Welt« verschließen kann, er muß und will politisch-gesellschaftlich wirken. Der jahrelange, schmerzliche, in tödliches Schweigen gehüllte Zwist mit Mörike beginnt mitten im »tollen Jahr« 48 auf der Stuttgarter Königstraße, wo Kurz seinen Freund am Portepee fassen will, und der sich mit großen Augen zurückzieht. Der durch die Ereignisse des Jahres 1830 in Baden noch kräftiger gewordene Liberalismus zieht ihn ganz in seinen Bann; die in Heidelberg gewonnenen, persönlichen Bekanntschaften mit Henle, Hettner und vor allem Röth tun das ihre. »Psychologisch-mythologisch-politische Extraktionen«, so nennt Kurz in einem seiner von barockem Humor durchsetzten Briefe diese Eindrücke und seine publizistischen Reaktionen darauf. Natürlich war das ein Lernprozeß, der seiner politischen Existenz nur zugute kam und, nebenbeibemerkt, die gesellschaftskritischen und die sozialen Perspektiven des »Sonnenwirts« erst möglich gemacht hat.
Der Drang, das liegengebliebene Manuskript fertig zu schreiben, noch mehr: die erwachte politische Verantwortung brachten Kurz gleich mit den ersten lauten Akkorden des Jahres 48 in seine Heimat zurück. Im Februar 1848 ist er für ein paar Tage bei seinem Bruder in Esslingen, dann zieht es ihn nach Stuttgart, ins Zentrum der Ereignisse. Im April nimmt er Wohnung in der

Paulinenstraße, dann im Königsbad. Im April tritt er die Stelle eines Redakteurs am »Beobachter« an, dem schon renommierten Liberalen-Blatt, das neben dem sozusagen offiziellen »Schwäbischen Merkur«, der Hauszeitung der Bürgerlich-Konservativen, das »andere Württemberg« repräsentiert.
Kurz hat also in den Revolutionswochen des Jahres 48 und während der kläglichen, in Stuttgart endigenden Fortsetzung des Frühjahres 49 als Zeitungsmann den neuen bürgerlichen – und seinen ureigenen – Idealen gedient, in einer aufreibenden und ihn bis an die Grenzen der Belastbarkeit fordernden Weise. Der »Beobachter« blieb im Grunde das einzige Blatt, das die revolutionären Deklarationen aus allen Richtungen bedingungslos aufnehmen konnte und doch auch nicht jede Augenblicksgeburt abdrucken durfte: eine ebenso schwierige wie hochpolitische Arbeit, wollte man die Hauptfunktion der Zeitung, politisches Gewissen aller demokratischen Kräfte im Lande zu sein, nicht aufs Spiel setzen. Wieviel Kurz damals an journalistischem Mut aufgebracht und an demokratisch-werbender Kleinarbeit geleistet hat, wissen wir heute im Hinblick auf das Revolutionsjahr ebensowenig wie in den folgenden Jahren (als Adolf Weißer, der Hauptschriftleiter, am 1. Januar 1851 floh, hat Kurz bis zum 31. Dezember 1854 seine Stelle übernommen).
Registrieren ließe sich dieses Engagement in Dingen der Tages- und Landespolitik, mithin das ganze politische Profil Kurzens nur, wenn wir wüßten, welche Beobachter-Artikel von ihm stammten. Das könnten allenfalls akribische stilistische Vergleiche an den Tag bringen. Wir wissen nur, auch dies ist bis jetzt in merkwürdiger Nebensächlichkeit registriert, daß er nach dem Zusammenbruch der Revolution und der Handhabung wieder engerer Pressegesetze am 25. September 1850 vor dem Schwurgericht des Kreisgerichtshofs zu Esslingen stand, angeklagt, durch einen Artikel im »Beobachter« »die Ehre der königl. Staatsregierung beleidigt zu haben«. Die Verhandlung ergab, daß Kurz gar nicht Autor des Artikels war, sondern ihm die Sa-

che zugesandt wurde, daß der Bericht sagen wollte, »alle Märzerrungenen Geseze seien über den Haufen geworden worden«. Das Gericht rügte weniger den Vorwurf des Wortbruchs an die Adresse der Regierung als das von Kurz zugelassene Zitat: »Ein Mann, ein Wort, ein – Herr.« Kurz hat in seinem Schlußwort männlich und klar die Vorwürfe gegen ihn zurückgewiesen und in seinem allerletzten Satz nicht einmal mehr für sich persönlich plädiert, sondern für alle: »An Sie, meine Herren Geschworenen, stelle ich nur die eine Bitte: schützen Sie die Preßfreiheit, denn an ihr hängt die Ehre Ihres Vaterlandes.«
Er ist damals zu acht Wochen Festungsstrafe auf dem Hohenasperg verurteilt, der Präsident des Esslinger Schwurgerichts nach der Nachmittagssitzung des gleichen Tags – wo Ludwig Pfau als Redakteur des »Eulenspiegels« verurteilt worden war – mit dem Orden der Württembergischen Krone bedacht worden. Kurz ist übrigens früher, schon nach drei Wochen, vom »Thränenberg« wieder entlassen worden und hat dort so recht und schlecht auch die Schriftleitung des »Beobachters« weiterführen dürfen. Als vom 4. bis 6. Oktober in dreitägiger umfassender Schwurgerichtsverhandlung wiederum gegen ihn Klage geführt und ermittelt wird, wiederum »wegen Beleidigung der Staatsregierung«, ein von Kurz selbst verfaßter Artikel zur württembergischen Wahlfreiheit steht zur Debatte, wird nach der zweistündigen Schlußberatung der Geschworenen »die Freisprechung des Angeklagten« verkündigt.
Keine Frage, daß der Mann, der ein paar Jahre vorher Gottfried von Straßburgs Tristan übersetzt, der 1837 für die deutsche Literaturgeschichte den Hans Jakob Christoph von Grimmelshausen als Verfasser des Simplicissimus entdeckt und den Schlußteil von Mörikes Opernlibretto »Die Regenbrüder« fertiggestellt, nein in zartester Weise anempfunden hat: keine Frage, daß diese tagespolitische, vor den Gerichtsschranken endigende Kärrnerarbeit dem fein angelegten Wesen Kurzens hart zugesetzt hat. Schon in der ersten Stuttgarter Zeit versucht er, Mörike allen Ernstes da-

von zu überzeugen, »das Mißlingen« sei das Fatum seiner Familie und seiner Person. 1840 kann er, in neuer düsterer Stimmung, einen Brief an Justinus Kerner hart und klar mit »Ihr Hans Unstern« unterschreiben. Und 1848, mitten in der Zeit des großen, alle bewegenden Aufbruchs, meint er, er müsse auf eine gänzlich »verfehlte Laufbahn« als Schriftsteller »mit bitterem Überdruß« zurückblicken. Das ist der dunkle Grundton seines Lebens geblieben, bis in die letzte, die Tübinger Zeit hinein. Sie bringt ihm zeitweise so viel Ungereimtheiten und so viel Widerwärtiges, daß er »den Mund wie voll Asche« hat.
Man wird in einer menschlich so komplizierten und schwerlebigen Umgebung nicht den Romancier mit dem großartigen und schneidenden Duktus erwarten wollen. Es ist wahr, Kurz hat mit seinen gewichtigsten Dichtungen, die ja alle der Materie Alt-Württemberg gelten, einen Befreiungsakt ersten Ranges eingeleitet. Was Strauß oder Vischer durch Philosopheme und wetternde Streitschriften erledigen, leistet er mit seiner Prosa: die Leute um ihn erkennen sich, werden der Bedenklichkeit ihrer Abkunft, der Fragwürdigkeiten ihrer historisch-politischen Entwicklung im Spiegel der Dichtung gewahr. Aber Kurz hat einem diesen Prozeß von Selbstaufklärung schwer gemacht. In »Schillers Heimatjahre« sind es mehr die technischen und akzentuellen Dinge. Heinrich, der Held des Romans sein sollte, wächst nie in die Rolle des Akteurs hinein; er hat allenfalls die Funktionen eines Vermittlers von Bildern und Eindrücken. »Sogar zum Helden eines Romans seid Ihr verdorben«, erklärt ihm einmal einer seiner Partner unumwunden. Man pflichtet diesem Wort ebenso bei wie dem deutlichen Vorwurf des Kommandanten Rieger: »Neben Moser werden Sie sich nicht zu stellen begehren.« Die Welt Immermanns hat sich hier vor die letzten, fast in Persiflage vorgebrachten Restbestände der Romantik geschoben, in der Sinngebung der Traumwelt Heinrichs, im Gang durch den Hohenheimer Wundergarten, in der tiefgreifenden Wirkung der »Lehrer«-Gestalten. Heinrich, trotz tatsächlicher Begegnungen, die

Kurz mit dem Namen »Roller« gehabt hat, ist doch eine erfundene Figur, zu sehr im Raum der »Bücherwelt«, zu sehr, wie es einmal heißt, »ein Zerrbild von Karl Moor«, als daß die biedermeierliche Bläßlichkeit von dem Werke hätte genommen werden können. Daß Kurz trotz dieser spürbaren Nachteile eine wohlabgerundete Komposition zuwege gebracht hat, ist das Meisterliche am Roman. Von dieser Sicht her darf das Buch als seine beste dichterische Leistung gelten, ganz abgesehen davon, daß die Sicherheit der historischen Wiedergabe weit über den schwäbischen Vorgängern des Buches steht und den Verfasser zusammen mit den Dialogen des Romans – Meisterstücke dramatisch-effektvoller Gestaltung – als den großen schwäbischen Erzähler seines Jahrhunderts ausweist.

Freilich, in dem mit vier Kapiteln 1846, vollständig 1855 erschienenen »Sonnenwirt«, der »Süddeutschen Volksgeschichte aus den fünfziger Jahren«, hat diese Kunst erst ihren eigentlichen Höhepunkt erreicht. Die Gestalt des Romans, der 1729 in Ebersbach an der Fils als Sohn des Sonnenwirts Johann Georg Schwahn geborene Johann Friedrich Schwahn, der ein Leben voller Schuld auf sich lädt und 1760 in Vaihingen an der Enz auf dem Rad endigt, ist schon in den »Heimatjahren« aufgetaucht, schon hier von Kurz in ausgebreitetem Quellenstudium erfaßt. Die schneidendste Tragik hinter den barocken Amtsrelationen wirkt so mächtig, daß das im »Sonnenwirt« wiedererstandene Leben dieses Menschen in der gleichen Härte und Konsequenz gezeichnet zu sein scheint wie der Lebens- und Leidensgang dieses jungen Menschen selber. Wenn auch Kurz einmal betont, er werde sich »im Wesentlichen der Historie getreu verhalten«, so hat er doch in den lebendigen Partien seines Romans, wie Schiller in seinem 1786 geschriebenen »Verbrecher aus verlorener Ehre«, nur Einzelzüge des historischen Schwahn übernommen. Den historisch bewanderten und gelehrten Verfasser spürt man hier – im Gegensatz zu den vielen anderen Erzählern des deutschen Realismus – nirgends. Das Gewesene als selbstverständliche, lebendig gegenwärtige, gänzlich unaufdringliche Folie zu behandeln: das war nur dem außerordentlichen Könner vorbehalten. Der »Sonnenwirt« ist keine Erfindung, kein Phantasieprodukt wie Heinrich Roller. Die Historie hat ihn als einen beschriebenen »merkwürdigen« Fall überliefert. Kurz hat ihn zum leibhaftigen Menschen erweckt. Und was hat er aus diesem Namen gemacht? Auf alles Bildungsbeiwerk ist gelassen verzichtet worden. Nichts von der feinnervigen Historienmalerei eines C. F. Meyer, nichts vom philiströsen Humor Gottfried Kellers, nichts vom Jahrhundert à la mode oder von liebenswürdiger, »typisch« schwäbischer Landschaft. Die Perücken sind gelüftet. Dahinter kommen trotzige, lachende, verschlagene, irregeleitete, herzlicher Liebe hingegebene, in wilde Sinnlichkeit verstrickte Menschenschicksale zum Vorschein: die Wirklichkeit. Wenn irgendso ein schwäbischer Dichter des letzten Jahrhunderts den grandiosen Stoff der Wirklichkeit entdeckt hat, dann hier. Im Feuerstrom ausgereiftester Kraft hat Hermann Kurz die Szenerie einer unerbittlichen Folgerichtigkeit abrollen lassen, in einer Dynamik, die das Gefühl des Teilnehmenden bis zum Zerreißen spannt, in einer in Sprache und Wortwahl unheimlich gehandhabten düsteren, dämonischen Stimmung.

Was das Werk von der vier Jahre zuvor auch im »Morgenblatt« erschienenen »Judenbuche« der Droste unterscheidet, ist nicht nur seine Realistik, sondern auch der bekenntnishafte, persönliche Charakter, der immer mehr an Boden gewinnt. Aus dem, was da gegen den Staat, seine Rechtspraxis, gegen den wegwerfenden Übermut des jungen Herzogs oder gegen das bigotte Regiment des Kirchenkonvents gesagt wird, spricht die ureigne Sprache von Hermann Kurz. Das Buch *ist* ihm nicht nur eine persönliche, sondern *wird* zugleich zu einer Art »württembergischer« Selbstbefreiung, ein Akt der Selbsterkenntnis für dieses junge Königreich, wie denn überhaupt Kurzens Gesamtbedeutung für seine Heimat und seine Epoche darin zu liegen scheint, daß er, gleich Strauß und Vischer, in seiner besonderen sittlichen Kraft reini-

gend, klärend gewirkt hat im schwäbischen Geistesleben zwischen 1830 und 1860.
Seit Paul Heyse ist es üblich geworden, den »Sonnenwirt« Kleists »Kohlhaas« an die Seite zu stellen. Zu Unrecht. Der Roßkamm dort lebt ein Sonderdasein, das sich aufreibt und endigt in einer fixen Idee. Das »Friederle«, das Sonntagskind, ist einer, der zwischen »Verständnis« und Freiheitsdrang, zwischen »dumpfer Ungeduld« und klüglicher Bescheidung seinen Lebensgang antreten muß, und den der heiße Durst nach Erfüllung seines Lebens und Liebens mehr und mehr hinunterreißt in die dunklen Gänge des Daseins. Am Ende ist er ein »Verbrecher aus verlorener gesellschaftlicher Stellung«, wie eine Kurzsche Variante zum Schillerschen Titel lautet. Das natürlichste Menschenrecht, das Anrecht auf Liebe, ist ihm zum abgrundtiefen Verhängnis geworden. Rührend, wie zwischen dem fruchtbaren Gang des Geschehens die Liebe zur blonden Christine immer wieder ihre zarten Fäden zieht. Da fällt auf den Sonnenwirt, auf den Verbrecher, auch immer etwas von versöhnlichem und entschuldigendem Glanz. In aller Verhärtung und Trostlosigkeit kann er ein Geschöpf bleiben, das seinen Nächsten sieht und liebt. Hinreißend die Schlußszene, die letzte Frage des Todgeweihten, der vom Schinderkarren herab das welke Gesicht jener Frau entdeckt, um deren »Besitz er so lange mit der Welt gestritten«: »Meine Christine!« rief er, »hast du mir auch gewiß verziehen?« »Von ganzem Herzen und von ganzer Seel'«, antwortete sie, »und ich hoff' gewiß, daß wir einmal in einer schöneren Welt wieder zusammenkommen, wo uns nichts mehr trennen wird.«
Neben der Zermürbung im politischen Kleinkrieg hat das Jahr 48 Kurz freilich auch einen Lebensgewinn gebracht, diese Eva-Maria von Brunnow, die längst den herkömmlichen Bahnen entflohene, stürmische junge Frau, die 1848 fast dem hochbegabten Metalldreher und Arbeiterführer August Hochberger in die Arme gefallen wäre. Deutschkatholikin war sie damals, was soviel heißen durfte wie: wenn jemand den revolutionsgerechten

Glauben hat, dann ich. Kurz hat das originelle und vitale Geschöpf zu sich gezogen. Am 20. November 1851 war die Trauung des bald Vierzigjährigen mit der Fünfundzwanzigjährigen in der Dorfkirche zu Oberesslingen. Die Tochter des königlich-württembergischen Kammerherrn hat alle die folgenden Jahre, mehr Tiefen waren es als Höhen, mit Treue und Hingabe geteilt. 1858 zieht die junge Familie nach Oberesslingen, ein einziger Schritt in die Unsicherheit, in die Armut, in die Vergessenheit. In Oberesslingen besteht die Hauptmahlzeit lange Zeit aus einem Teller schwarzer Brotsuppe, Kurz ist manchmal buchstäblich dem Hungern nahe. Oberesslingen, erst 1862 zieht man weiter nach Kirchheim, war die Sandbank, »auf die politische Verfemung und literarisches Nichtverstandensein meinen Vater geworfen hatten«. So die Tochter Isolde. »Sein Genius büßte dort in der Enge des Daseins und der Eintönigkeit der Landschaft, die dabei nichts Großartiges hatte, die Schwungkraft ein.«
Ein Silberstreifen am Horizont zeigt sich erst, als Kurz sich von Kirchheim aus am 24. Oktober 1863 um die vakant gewordene Stelle eines zweiten Unterbibliothekars an der Universitätsbibliothek Tübingen bewirbt. Der württembergische Kultminister Ludwig Golther hat ihm vor den übrigen elf Bewerbern den Vorzug gegeben und ihn berufen. Es scheint, als ob die Tübinger Jahre ihm zunächst einmal in politicis einen festeren, einen ausgereifteren Stand gegeben hätten. 1849 hat er mit dem Fabrikanten Carl Deffner, dem Gewerbe- und Industrieexperten Moriz Mohl und anderen einmal einen Wahlaufruf »An das württembergische Volk« unterzeichnet; da war, bei aller guten Absicht, viel Augenblickgebundenes dabei. Jetzt zielen seine politischen Schriften, verschlüsselt wie in der Studie über den »Bundestag von Altgriechenland« (1864) oder sehr direkt in der mit »Hegemonie, Dualismus und Trias« überschriebenen »Begriffserörterung vor, in und nach dem Sturme« (1866), auf eine dauerhafte Lösung hin, worunter er ein geeinigtes, auf dem Boden des Alten Reiches gebautes Vaterland versteht.

Man mag in derlei Plädoyer für »politische Gemeinbürgerschaft« eher restaurative Gedanken sehen, für die Stein oder Dahlmann Gewährsleute sein könnten. Aber gerade der alte Kurz hat einen sehr klaren Blick für die öffentlichen, für die politischen Dinge. »Als Deutsche müßten wir erst die Theorie los haben«, schreibt er 1864 mit sorgenvollem Blick. Er hat jahrelang für die Presse die Protokolle des badischen und württembergischen Landtags kommentiert (ein paar dieser politischen Fleißarbeiten haben sich in seinem Nachlaß erhalten), und die Erfahrung in Dingen öffentlicher Haushaltsführung hat er sich in seiner vornehm-bescheidenen Tübinger Bewerbung ausdrücklich zu vermerken erlaubt. Daß ihm 1847 die Redaktion einer liberalen Zeitschrift angeboten wird, verrät die Richtung, in der sich sein politisches Denken bewegte. Der Kreis seiner politischen Freunde in Württemberg, Gottlob Tafel und August Becher, oder das Triumvirat der schwäbischen Volkspartei Julius Hausmann, Ludwig Pfau und Karl Mayer bestätigen die Fortschrittlichkeit und Modernität seiner politischen Haltung.

Aber man wird Kurz mit parteipolitischen Maßstäben nicht gerecht. Die Leute haben ihn wahrscheinlich gerade deshalb gemocht, weil er sich nie von politischen Etikettierungen hat fangen lassen. *Daß* sie ihn geschätzt haben, zeigen Karl Mayers Verse auf ihn, der neidlose Hinweis darauf, was »dieses Dichters Rat und Spruch im Land / In Häusern und in Hütten damals galten«. Vielleicht ist die zu seinen Lebzeiten gelegentlich gefallene Bemerkung, man habe in ihm einen demokratischen Aristokraten vor sich, gar nicht so daneben gegriffen. Tatsächlich hat ihn die patrizische Distanz ja nicht davon abhalten können, mit Hochberger sich ernsthaft lange über die »soziale Frage« und ihre Lösungsmöglichkeiten auseinanderzusetzen. Man wird dabei auch an eine – nur scheinbar gelegentliche – Bemerkung denken müssen wie die, er habe »den socialistischen Incunabeln aus Anlaß der Fabrikhilfe« unter keinen Umständen ausweichen wollen. Die Feiern der Fortschrittlichen Volkspartei in Göppingen oder

Reutlingen zu Ehren seines 100. Geburtstages haben ihn denn auch als einen Mann zu ehren gesucht, der in »den sozialen Nöten unseres Volkes« die dringlichste Aufgabe sah.

Er hat es in Tübingen weder mit den Preußen noch mit den Österreichern gehalten. Als die Preußen dann 1871 Paris erobern, es zeigen sich schon Vorboten des Todes bei ihm, läßt er, wie die Tochter meinte, das ungreifbare schwarzrotgoldene Traumbild des liberalen Reichsstaats fahren für die schwarzweißrote Wirklichkeit. Wie weit die Begeisterung ging, wäre indes erst noch nachzuprüfen; die martialisch-teutschen Bekenntnisse, in denen sich die Tübinger und Stuttgarter Prälaten und Professoren gefielen und unter denen Friedrich Theodor Vischer zweifellos den Vogel abschoß, fehlen bei Kurz ganz.

Sie wären auch gar nicht zu denken in seinem Tübinger Haus. Seine Frau, eine Gestalt der Frauenbewegung dieses Jahrhunderts, bleibt die unüberredbare Dogmatikerin des Jahres 48. Über Kurzens Freund kam Ludwig Pfau, kam Edouard Vaillant ins Haus, der später als Minister der Kommune eine historische Gestalt geworden ist. Er hat bei den Kurzens die totale Veränderung der Gesellschaft und den republikanischen Sozialstaat gepredigt, mit offenbar unvergessener Verve. Arthur Mülberger, engstes Mitglied des Zirkels, hat man hernach in Württemberg als »ersten deutschen Schüler Proudhons« mehr bestaunt als beehrt, er wird Marxens »Elend der Philosophie« brillant replizieren und die proklamierte Diktatur des Proletariats für eine haltlose Nichtigkeit erklären, er wird, als Sozialdemokrat, mit Bebel ein Grundsatzgefecht über Arbeiterbewegung und Bauernfrage führen. Unter den Geschwistern ist der Bruder Eduard unter Vaillants glühendsten Trabanten, auch späterhin leidenschaftlich am Diskurs dessen beteiligt, was man »Proudhon-Mülbergerische Theorie« genannt hat. Isolde hat es offenbar bei der Übersetzung der Kommune-Geschichte von Marx' Schwiegersohn Lissagaray belassen.

Sollte der alte Kurz zu den sozialistischen Symposien unter seinem Dach nur geschwiegen haben? Sollte er, wie die Tochter einmal formuliert, nur zugehört haben, wie sich gärende Jugend ereifert? Immerhin hat er, auch das ein Diktum Isoldes, Vaillant, den Revolutionär, »geschätzt«. Immerhin hat er in der damals versuchten Fortsetzung der »Beiden Tubus« das Biedermeierstück in ein Zola-Stück münden und aus dem braven, lateingeborenen Wilhelm, Augapfel hausbacken-altwürttembergischer Familie, einen Umstürzler werden lassen, den die Polizei verfolgt. Immerhin hat er die fromme Pfarrhaus-Dichterin Ottilie Wildermuth schon in der Erstfassung der »Tubus« aufs Korn genommen. Immerhin war er dabei, als sein Tübinger Haus allmählich in den Ruf einer atheistischen Herberge für »Heidenkinder« geriet, er, von dem Heyse so lapidar gesagt hat, er habe »stets außerhalb der Kirche« gelebt. Daß ein Mann wie Albert Dulk, der erste wirklich populäre und geistig führende Kopf der württembergischen Sozialdemokratie, beim alten Kurz in Tübingen sich wesentliche Anstöße für sein Tun geholt hat, wird man nicht vergessen dabei.

Kurz war ein homo politicus in sehr viel stärkerem und radikalerem Maße, als wir das bisher zu sehen gewohnt waren. Seine Romane und nahezu alle seine Novellen meinen das Sozial-Politische unmittelbar, nicht das Nur-Ästhetische und Nur-Künstlerische, wie das die Tradition des deutschen Bildungsromans von Goethe bis Stifter nahelegte. Das in den Verlautbarungen der deutschen Romantik angekündigte, in der Restaurationszeit dann gültig gewordene Bündnis von »Thron und Altar« ist ihm ganz fremd geblieben. Seine inneren Beziehungen zur Lehre des Christentums waren gebrochen, noch ehe sie hätten zur Entfaltung und zur Reife gelangen können. Gewiß lebt auch er aus der christlich-humanistischen Tradition des neckarschwäbischen Geschichtsraumes; seine dem Sprachschatz der Lutherbibel verpflichtete Bildersprache verrät das sehr. Aber schon als Stiftler steht er dem pietistischen Kreis seiner Kompromotionalen verständnislos gegenüber, so sehr, daß er als Außenseiter gemieden

wird. Seine Predigten in der kurzen »Vikars«-Zeit werden bezeichnenderweise »als nicht spezifisch christlich« empfunden. Daß er späterhin in der evangelischen Kirche seines Landes in patibus infidelium mitgeschleppt wird, hat ihn oft sehr gebeugt. Aber sein Freidenkertum gibt er deshalb nicht auf. Seinen letzten Gang hat er sich ohne den Beistand der Geistlichkeit gewünscht (die in Tübingen dennoch geschlossen dem Zug folgte). Das Gespräch in den »Heimatjahren« zwischen Pfarrer Hahn und Heinrich, in dem Heinrichs Überzeugung, »daß Humanität das Mysterium und die Sendung des Christentums« sei, schließlich die Oberhand behält, ist Kurz' eigene Sprache und Meinung. Und auch der ketzerische Wunsch Schubarts dort: »Pereant alle Pfaffen und Pfaffenfreunde.« Auch die vielen kritischen, ja bissigen Auslassungen über die Bibel, den »Ersatz für verschüttete, heimische Überlieferungen«, über die Kirchenchristen und die Geistlichkeit im »Sonnenwirt« gehören hierher. »In ihrem Christentum ist so etwas Gegenwärtiges, das nicht bloß hoch im Himmel droben oder weit fort im jüdischen Land, sondern mitten in Tenzlingen drin ist und immer dem heutigen Tag und der jetzigen Stund gilt, ganz anders, als man's sonst in der Kirch und im Leben trifft.«
Aus welchem weltanschaulichen Grunde hat er gelebt? »Es gab eine Zeit, wo wir schlechtweg an die griechischen Mythen glaubten«, bekennt Isolde einmal. Wer weitergräbt, wird auf dieses ungedruckte Sonett an Kerner stoßen, ein erschütterndes Bekenntnis eigener Hilflosigkeit und Wehmut und so zugleich ein Dokument für den Leidensweg deutschen Geistes im 19. Jahrhundert: »Da fühlt' ich, was ich bin: Ein armer Geist in seiner ganzen Blöße.« Er »altere von innen heraus«, schrieb er schon 1867. Die Erregungszustände, die plötzlichen und erschreckenden Gewalttouren in die Umgebung, auf denen ihn nur Isolde begleiten konnte, nahmen mit dem Jahre 1872 zu. Dann, am 10. Oktober 1873, greift der Tod nach ihm. Unter »erschütternden Schreien« bricht sein Leben zusammen.

Gottlieb Rau

Es ist etwas Großes in meinem Leben, das sind meine Leiden, etwas Unauslöschliches, das ist meine Liebe zu Gott und dem Volke, etwas Unbeugsames, das sind meine Grundsätze!

Rau in seiner Schlußrede vor dem Schwurgericht am 27. März 1851, Rottweiler Schwurgerichts-Blatt. Rottweil: W. Willmann 1851, S. 272

Welchem Boden die geschichtliche Denkwürdigkeit, wir sagen nicht einmal die geschichtliche Größe eines Menschen erwächst, wissen wir bei aller Verfeinerung des Instrumentariums kaum zu sagen. Es gibt mancherlei plausible Erklärungen, aus der Perspektive der Soziologie, der Genetik, der Sozialpsychologie und so fort. Aber es gibt auch Fälle, die einen in Verlegenheit bringen und wo Fehlmeldung am Platze ist. Rau scheint ganz in diese Kategorie zu gehören. Er kommt, geboren am 15. Januar 1816 in Dürrwangen, einem heute Balingen eingemeindeten Dorf, aus einem Bauernhaus. Sein Vater ist kein bettelarmer Mann, aber die schulische Weiterbildung seiner zehn Kinder, gesteht Rau später einmal, sei ihm schwergefallen. Ein völliges Durchschnittsbild. Nichts, was nachträglich außergewöhnliche Perspektiven nahelegen könnte.
Rau genießt »einige Schule in Balingen«, womit nur die Volksschule gemeint sein kann, und kommt dort in eine Kaufmannslehre. Nach der Lehre bei Wolber lernt er bei den Kaufleuten Kreß in Heilbronn und Aichelin in Stuttgart. Da der Schultheiß Kieser von Gaildorf in seinem Rau'schen Curriculum dabei von »servieren« sprach, war jüngst davon die Rede, Rau sei abge-

sprungen und Kellner geworden. Wir haben die Vokabel indessen wörtlich zu nehmen: Rau ist noch im »Dienst«, er ist Handlungsgehilfe. Er hat sicherlich dabei bald, wie Kieser vermutet, »in die Formen äußerlicher Bildung gefunden« und ist »dadurch in den Läden seiner Prinzipale sehr beliebt geworden«.

Er braucht nicht hinter dem Ladentisch zu versauern. Man schickt ihn, geeignet dazu ist er, in Außendienst. »Als Reisender für ein Stuttgarter Haus« lernt er in Großerlach, auf der herrliche Weitsicht gewährenden Kuppe zwischen Sulzbach an der Murr und Mainhardt, in dessen Waldland damals das Hausiergewerbe ebenso blühte wie die Erinnerung an die alten Köhlermeiler oder die Glasbläser noch lebendig war: in Großerlach lernt er die Witwe des Glasfabrikanten Wenzel kennen, heiratet sie, eben dreiundzwanzigjährig, und wendet sich dem »heimischen Gewerbe« zu. Als die Witwe bald darauf »an unverschuldeter Vergiftung« stirbt und auch das einzige Kind aus dieser Ehe, sieht sich Rau, der bis dahin keinerlei Vermögen hatte, im Besitz von 16 000 baren Gulden.

Er wird Unternehmer. Er trennt sich vom Erlacher Geschäft, bewegt im Januar 1843 den Fürstlich-Löwensteinischen Steuerbeamten Mändlen, mit ihm zusammen die Wirtschaft und Brauerei »Zum Schwanen« in Gaildorf zu kaufen und dort eine Glasfabrik einzurichten. Ein Jahr darauf verheiratet er sich mit der Witwe Christiane Retter aus Winterbach; sein Schwager Eckstein besitzt die Wirtschaft »Zur Krone« in Unterrot bei Gaildorf und einen großen Hof dazu. »Aus Böhmen wurden dann eine Menge Arbeiter beschrieben (durch Ausschreibung angeworben), und insbesondere ein großes Comptoir-Personal angestellt.«

So weit, so gut. Aber bald zeigt sich »der Mangel an Fonds«. Rau sucht nach einem weiteren Associé. Ludwig Merker aus Heilbronn läßt sich finden dafür. Angeblich wegen seines Eintritts, in Wirklichkeit aber, wie hernach versichert wird, »weil Mändlen die Pläne des Rau in Beziehung auf die Glasfabrikation für viel zu großartig hielt, nahm er Gelegenheit, mit einer Entschädigung von 6000 Gulden auszuscheiden«. Später hat Rau vor dem Rottweiler Schwurgericht ausgesagt, er habe zwei Glasfabriken und vier Wirtschaften mit Brauerei und Bierkellern gehabt, 14 Gebäude hätten dazugehört. Gedenkt man dieses erstaunlichen Faktums, um wieviel erstaunlicher müssen die Pläne des nicht einmal Dreißigjährigen gewesen sein! Der schwäbische Unternehmer, wir rechnen die am Nordrand des schwäbisch-fränkischen Waldes aufwachsende, teilweise auf ältere Handwerkertradition zurückgreifende Frühindustrie dazu, hat sich immer durch seine sparsame und realitätsverbundene Haltung ausgezeichnet. Rau, von seiner beruflichen Herkunft her gesehen nicht einmal ein Außenseiter, macht eine Ausnahme. Seine Planerei, die bald auch den anderen Teilhaber Merker vertreibt, hat den Boden verloren, es mischt zu viel »Theoretisches« und Gedankliches in eine Arbeit, die sich zuerst um ordentlichen Glassand, um die Schlichtern, um gute Öfen und vor allem um den Absatz im Unterland und darüber hinaus hätte kümmern müssen. Rau lebt mehr im Morgen als im Heute.

Ob dies das Fiasko des Fabrikanten Rau eingeleitet hat? Den jähen Bruch in diesem Leben, den eklatanten Mißerfolg, den er – sein Vaterhaus war ein typisch altwürttembergisches Pietistenhaus –, erzogen im pietistischen Arbeitsethos, nie mehr wieder ganz verwunden hat? Des Gestrauchelten politischer Aktivismus hat viel von einer Kompensation dieser Schlappe an sich, das ist sicher. Die Honoratioren Gaildorfs und Schwäbisch Halls meinten später, die Bierwirtschaft, die sich Rau damals zugelegt habe, sei »mit der Glasfabrik unverträglich« gewesen. Rau habe damit einen »wirklich umfassenden Wirkungskreis« gehabt: sein Wirtshaus sei »die erste Ursache der Vernachläßigung der Glasfabrikation« gewesen »und der erste Anlaß zu seinen politischen Agitationen«.

Daß der Stammtisch in seinem Haus für ihn, der es immer mit den Leuten zu tun hatte und es im Umgang mit den Menschen zur meisterlichen Verve brachte, eine wichtige Sache war, bezweifeln wir nicht. Viele unter den 48er-Agitatoren im Lande waren damals Gastwirte. Entscheidender aber wohl war, daß Rau bald einen Schuldigen für den Niedergang gefunden und gegen ihn auch in zunehmender Lautstärke an seinem Biertisch gewettert hatte: den Staat, die gegenwärtige Regierung. Während er »eine ganz schlechte Aufsicht über seine Arbeiter« führt, so daß man sich hinter vorgehaltener Hand »allgemein einen üblen Ausgang« seiner Unternehmungen prophezeit, schreibt er Artikel »über gewerbliche Verhältnisse« in den »Beobachter« und, so über die Auswanderer-Praxis, auch einmal in den »Schwäbischen Merkur«. Seine zahlreichen, im Entwurf steckengebliebenen oder abgeschickten Petitionen »um Staats-Unterstüzungen« endigen in der großen Stunde: er wird im Spätherbst 1846 in Stuttgart vom Kgl. Finanzminister von Gärtner empfangen. Aber der gerade dreißigjährige »Fabricant« aus Gaildorf muß bei dieser Audienz so kräftig aufgetreten sein, »daß ihn dieser die Thüre gewiesen«.

»Von diesem Augenblike an war Rau der StaatsRegierung feindlich gesinnt.« So der Gaildorfer Stadtschultheiß, der Raus Karriere in allen wichtigen Jahren mitverfolgt hat. Ob man nun diesen Rausschmiß aus einem der Stuttgarter Ministerialgelasse wortwörtlich zum Anlaß der Wende in seinem Leben nehmen will oder nicht: das Jahr 1846 *war* eine Zäsur. Er fühle sich, so in seinem Schlußplädoyer vor den Rottweiler Geschworenen, gedrängt, »Ihnen zu sagen, daß ich glaube, im Jahre 1846 das heilige Licht gesehen zu haben, das einer Reihe von Männern der alten Welt erschienen ist!« Was immer Rau unter dieser in alttestamentarisch-pietistischem Vokabular vorgebrachten »Erleuchtung« verstanden haben mag: damals beginnt er, höhere Eingebungen für sich in Anspruch zu nehmen und im Ton des Propheten zu sagen, was faul ist und absterben soll, was besser werden muß und hinführt auf den neuen, den endlichen Tag.

Wenn geschichtliche Denkwürdigkeit – oder Größe – etwas in

nachprüfbarem Maße befördert, dann ist es das Ineinandergehen von Angebot und Nachfrage. Techniker und Erfinder profitieren davon ebenso wie Ideologen und Schreiber. Rau erwartet die Neugeburt der Welt, in immer gewichtigeren Worten, und die Neugeburt kommt auch, im Februar 1848: das wird seine Gelegenheit. Natürlich ist das kein Akt zwischen dem einen und dem anderen Tag, das hat seine Ankündigung und seine Vorgeschichte wie die Revolution selber.

Zunächst muß sich Rau noch, was das Publikum anlangt, auf seine Wirtsstube beschränken. Die »Preßverhältniße« erlauben nicht, daß er seinen Ansichten »öffentlichen Ausdruck« verleiht. Dann gelingt es ihm, im »Beobachter« anzukommen, und schließlich widmet er, im Januar 1847, von Gaildorf aus der »Hochansehnlichen Stände-Versammlung« eine Schrift mit der prägnanten Überschrift »Der Zustand des Landes, wie er war, wie er ist und wie er seyn sollte.« Das Traktätlein atmet schon ganz die Rau'sche Originalität. Wer unter den Zünftigen wäre damals auf die Idee gekommen, die Landesgeschichte auf ein wirtschaftlich-soziales Substrat zu reduzieren und in ihm lediglich zwei Prinzipien wirksam zu sehen: die Grund- und Lehensherren auf der einen, die Reichsstädte auf der anderen Seite. Drücken wir's modern aus, haben wir eine recht aktuelle Interpretation: feudal-herrschaftliche Kräfte gegen bürgerlich-genossenschaftliche.

Man habe in Württemberg, als die Beisteuer von Napoleons Gnaden eintraf und das Herzogtum zum großen Königreich machte, »etwas vergessen zu occupiren, vielleicht war es auch nicht mehr da: die alte reichsstädtische, kaufmännische und gewerbliche Klugheit und Geschäftskenntniß«. Schleunigst habe man das nachzuholen! Die soziale Situation im Lande sei bedenklich. »Die Prosperität der Fabriken einzelner Städte in Würtemberg vermag mein Urtheil nicht umzustoßen in den Augen dessen, der den Ruin der Winterbeschäftigung der Bauern im ganzen Lande und das Dahinsterben des kleinen Handwerkerstandes mit richtigem Maaße mißt.« Er sei weit davon entfernt, »eine Art von Expropriation zu bevorworten«. Aber die steuerlichen Praktiken Württembergs müsse man ändern, das Exportgeschäft unterstützen, die Kolonisation großer Ödungen im Innern fördern und »die allerbilligsten Zinsen« in Ackerbau und Aktivhandel stecken. In namentlicher Auseinandersetzung mit List: »Die Hebung der Produktivkräfte des Landes ist unendlich wichtiger, als die Eisenbahn selbst.«

Rau hat damals eine »durchgreifende Hebung der Gewerbsanstalten im Großen« vor allem »durch ein Handels-Ministerium und eine Landesbank« gefordert. Im Februar 1848, als in Esslingen die Abgeordneten der württembergischen Gewerbevereine zusammenkamen, hat er diesen Gedanken in leicht veränderter Gestalt noch einmal vorgebracht und für die Gründung einer Zentralstelle für die Gewerbe nach dem Vorbild der bereits vorhandenen Zentralstelle für die Landwirtschaft plädiert. Der Märzminister Duvernoy ist diesem Antrag ein paar Wochen darauf nachgekommen: Raus Forderungen, da und dort hätten sie natürlich der Modifikationen bedurft, waren keine Hirngespinste. Im Grund lebt er, trotz der ständigen Zitierung von Geschichte, so wenig in der Geschichte, will heißen in der Kontinuität faßbarer, möglicher Entwicklung, daß er seine Gegenwart ständig überfordert, in den gewohnte Maßstäbe scheinbar verabschiedenden Nachmärztagen zumal. »Seiner Zeit voraus«, sagt man dazu allemal.

»Vom Umsturz der bestehenden Regierungen und Einführung einer Republik«, das stellt man hernach erleichtert fest, war zunächst keine Rede. Rau hält vielmehr die »Bewohner des österreichischen KaiserStaates für die glücklichsten«, »weil die österreichische Regierung überall Sorge für die gewerblichen Verhältniße trage«. Wenn man in ihm je den Kopf eines Staatsstreichs sehen will, ausgelöst an jenem 23. September 1848, an dem Rau nach Rottweil fuhr, dort die Republik auszurufen und einen Marsch nach Stuttgart zu organisieren, so gleicht sein Weg diesem römischen Patriziersohn Catilina, der seinerseits einen Staatsstreich inszenierte: beide hatten sich zunächst dem legalen Weg verschrieben. Auch Rau will den Gang durch die Institutionen gehen, er will Landtagsabgeordneter werden. Er bewirbt sich um ein Landtagsmandat, vor dem Ausbruch der Revolution, in mehreren Kreisen, »wobei sein Geschäft und sein Beutel wegen seiner häufigen Abwesenheiten bedeutend nothleiden musste«. Aber das mißlingt ihm ebenso wie die Kandidatur zur Frankfurter Nationalversammlung im Frühjahr 1848. Im Wahlkreis Hall–Gaildorf–Crailsheim erhält sein Gegenkandidat, Wilhelm Zimmermann, fast doppelt soviel Stimmen.

Man wird überhaupt nicht davon reden können, daß Rau schon mit dem ersten revolutionären Fanfarenstoß als Verschwörer und Radikaler auf den Tisch gesprungen wäre. Die Pariser Februarrevolution habe »im ersten Anfang keinen Einfluß auf seine Ansichten über Staatsform« gehabt. »Erst nach einigen Wochen« habe er sich der republikanischen Partei zugeneigt und dann allerdings, auch öffentlich, auch in »Beobachter«-Artikeln, kein Hehl aus seinem politischen Standort gemacht. Dagegen spricht freilich, daß er schon am 4. März 1848 in Gaildorf eine Volksversammlung auf die Beine bringt, daß er am 12. März, andernorts reibt man sich erst die Augen, mehr als 1000 Menschen unter freiem Himmel versammelt und eine Adresse formuliert, die im Handumdrehen 738 Unterschriften hat und im »Beobachter«, selbst die berufsmäßigen Liberalen sind da verlegen, als »ein merkwürdiges Aktenstück« abgedruckt wird.

Jetzt *ist* Rau Revolutionär. Im »Beobachter« erklärt er am 7. April 1848 unmißverständlich, daß er »unter den jetzigen Umständen die Republik für das einzige Rettungsmittel Deutschlands« halte. Für das Württemberg von 1848, das unglücklicherweise auf seinen stärksten Mann, den Staatsminister Friedrich Römer, verzichten mußte, weil der auch seinen Abgeordnetenpflichten in Frankfurt nachkommen mußte: für Württemberg war das eine extreme, eine radikale Sprache. Die Lage im Lande war bös, die Erbitterung über die Feudallasten zeitigte den Wunsch auf völlig unentgeltliche Ablösung, die Standesherren im Oberschwäbischen und namentlich im Hohenlohischen waren verletzt, und die schlimmen Unruhen in Mergentheim, Schrozberg oder Niederstetten waren nicht zuletzt Ausfluß dieser unbeglichenen historischen Rechnung. Die Arbeitslosigkeit war groß, die Mühlräder der Nationalstaatsidee hörte man schon lange, und das schwerste Gravamen war und blieb die Unterdrückung der Meinungsfreiheit.

Aber vor der letzten Konsequenz, der, wenn es sein mußte, gewaltsamen Absetzung des Königs, vor der Ausrufung der Republik, davor scheute man sich. Rau hat diese Konsequenz gezogen. Zum äußerlichen Grund dafür wurde sein – letztlich vom Wahlvolk so gewollter – Ausschluß von der Volks-Institution, der Nationalversammlung. Rau, der als gewählter Gewerbevereinsvorsitzender in Gaildorf schon vor 48 organisatorische Verantwortlichkeit zeigte, bringt nach dem März 48 mancherlei lokale und überregionale Aktivitäten zustande. Sie verhallen aber ebenso wirkungslos wie seine schon 1847 abgedruckte Anzeige, er suche einen Käufer oder Pächter seiner Etablissements, er wolle mit allen seinen Arbeitern nach Amerika. Als er dann schließlich doch noch ein »Amt« erhält, indem man ihn Mitte Juni zu Frankfurt neben Fröbel und drei anderen weniger bekannten in den Parteivorstand des Demokratenkongresses wählt, gehört er zu den Motoren der außerparlamentarischen Bewegung innerhalb der Revolution. Der Demokratenkongreß, die Dachorganisation der deutschen Demokratischen und Arbeitervereine und in mancherlei »Cartellverhältnis« zu anderen »Zentralausschüssen« in Deutschland, ist das Anti-Parlament zur Nationalversammlung. Rau steht schon im Frühsommer auf der Seite derer, die zu einer anderen als der friedfertig-parlamentarischen Lösung des Revolutionsknäuels neigen.

Der Aufstieg des Bauernsohns und Kaufmannslehrlings ohne irgendwelche »höhere« Bildung zu einem der Sprecher der deutschen Demokraten mitten im Revolutionsjahr, das bleibt eine erstaunliche Karriere. Ein so redlicher und treuherziger Verwaltungsmann, wie der Gaildorfer Schultheiß sicherlich einer war, hat bei ihm den »Schulsack« vermißt. Wenn damit fleißiges, systematisches geistiges Arbeiten gemeint war, so galt die Mängelrüge zu Recht. Angelesen hat sich Rau gewiß viel, er kennt List ebenso wie David Friedrich Strauß, den radikalen Vormärz-Historiker Wirth ebenso wie Herweghs Lieder.

Aber er ist ein hinreißender Redner, wahrscheinlich der größte unter den württembergischen Rhetoren dieses Jahres. Während sich Strauß 1848, auch solche Reden sind erhalten, vor seinen Bauern mit den Kritikern seines »Lebens Jesu« herumschlägt und den gaffenden Zuhörern auseinandersetzt, daß das Werk für die Akademiker gemünzt gewesen sei, die hätten das freilich nicht verstanden, man könne ihn bedenkenlos wählen und so fort, fängt Rau die Masse mit seiner Rede wie mit einem Lasso. »Welches ist der Weg, den wir von nun an wandeln müssen?« So in der gedruckt erhaltenen Wiedergabe einer Rede vom Frühsommer 48 vor einer riesigen Volksversammlung in Heilbronn. »Es ist der Weg der Wahrheit, der Weg der Entschiedenheit, den wir einschlagen müssen, denn nur die Wahrheit kann uns frei machen. Wir müssen wegwerfen jene Halbheit der Gesinnung, jenes unentschiedene Schwanken, das uns von jeher Knechtschaft und Unterdrückung gebracht hat, und müssen offen bekennen die Farbe, der wir folgen. Wir müssen laut bekennen, daß das gedankenlose Geschrei für die constitutionelle Monarchie mit breitester Grundlage der Untergang ist für die deutsche Einheit, der Tod für uns und unsere Kinder.« Die Sätze könnten Paradebeispiele für Redekunst in deutscher Sprache sein, mit Anapher und Alliteration, mit deutlich rhythmischen Akzentuierungen bis hin zur Satzklausel: mit allen Mätzchen rhetorischen Effekts versehen, der Form nach eine Meisterleistung. Wenn irgendeiner in diesem Revolutionsjahr revolutionärer Demagoge im theatralischsten, aber auch gefährlichsten Sinne des Wortes

war, dann war es Rau. Ein Verführer, ein Rattenfänger, ein Apostel: die Leute sind ihm nachgelaufen.
Und welchem Ziel? Was Rau gewollt hat, hat er in seiner Zeitschrift »Die Sonne«, die vom 18. Mai für das ganze Jahr 1848 erschien und von Herrn Carl Mercy in Stuttgart in der Hirschgasse expediert wurde, zur Sprache gebracht. Das Blatt ist so originell wie sein Herausgeber. Während Abts »Republik« drüben in Heidelberg – mit Abt war Rau einmal in Berlin gelegentlich des Demokratenkongresses zusammen – auf die Profile einer sozusagen normalen Zeitung bedacht ist, fehlen bei Rau die Anzeigen weitgehend; er bringt sie kaum, die köstlich-unbeholfenen Werbekästchen. Man übernimmt das eine und andere aus übrigen Blättern, man hat auch eine Sparte »Politische Nachrichten«, man bringt »Bilder aus Frankfurt«, aber auch Gedichte, man bringt vor allem, und das zunehmend, Resolutionen und Petitionen, Adressen und Vereinsstatuten, Reden, Aufrufe. Im Juli schreibt er einmal im Vorspann, die »Sonne« erfreue sich einer »stets sich mehrenden Teilnahme«, von seiten der Politiker wie der »arbeitenden Klassen«. Am 10. November aber, der Unterzeichnete fügt jetzt »Asperg« hinzu, bittet Rau an gleicher Stelle um »Sammlung und Einsendung von Geldbeiträgen zu einem kleinen Betriebs-Capital für die Sonne«: auch dieses Unternehmen steht vor dem Bankrott.
Im Monsterprozeß hernach ist die »Sonne« immer wieder als Corpus delicti zitiert worden. Tatsächlich hat sie in ihrer entschiedenen Ablehnung von »Theorie« – »Die Blindheit der Theoretiker« ist ein Aufsatz überschrieben – eindeutig Stellung bezogen, in diesem Falle gegen alle Verabsolutierung eines wie immer auch konstruierten politischen Systems. »Die demokratische Republik ist die einzig mögliche Staatsform für Deutschland«, erklärt Bernhard Schifterling in einer Nummer, der aus Creglingen stammende examinierte evangelische Theologe, der jetzt in Ulm als Redakteur und eifriger Mitarbeiter an Raus »Sonne« tätig ist. In einem Beitrag »Was wollen die Demokraten

Deutschlands« im August 48 rechnet Rau mit der Nationalversammlung ab und glossiert sie als ein Monstrum, dem man nicht einmal mehr mit Mißtrauen begegnen könne. Es wälze sich von Sitzung zu Sitzung, unfähig, die politische Situation noch irgendwie von Grund auf zu verändern.

Wer die einzelnen, täglich außer Montag erschienenen Nummern liest, erkennt, wie sehr Rau und seine Leute die Revolution als ein Totalereignis aufgefaßt haben. Den sozusagen ordentlichen Politikern in Stuttgart und Frankfurt und natürlich weit über diesen legalen Kreis hinaus geht es um institutionelle, administrative, konstitutionelle Verbesserungen. Revolution ist in dieser Sicht partielle Angleichung an die anders gewordenen Verhältnisse. Rau sieht die Stunde gekommen, *alles* zu verändern, ein neues Leben zu gebären, das in allen seinen Facetten von der »Sonne« der neuen »Gesittung« gewärmt und gewandelt wird.

Natürlich macht dieser Anspruch die Revolution nicht nur zu einer politischen, vielmehr zu einer sozialen Sache. Rau sieht in den Umbrüchen seiner Tage, das ist das eigentlich Rebellische an ihm, einen sozialen Prozeß. Der bedingt, vielmehr sollte bedingen, daß der Gleichheit nicht nur vor dem Gesetz und der Gerichtsschranke, sondern auch daheim, in der Handwerksstube, in der Manufaktur, in der (eben erst installierten) Maschinenhalle Raum gegeben wird. »Die materielle Frage« solle man in Frankfurt obenan stellen, verlangt Rau gleich in einer der ersten Nummern, und in den folgenden melden er und seine Mitarbeiter sich zu konkreten ökonomisch-sozialen Problemen, zu »Der Handwerker Hoffnungen«, zum »Schutz für die Industrie«, zur Gewerbefreiheit, zum Hausierhandel, zur Einrichtung von »Spar- und Leibcassen« oder zum »Ganten«.

Fügt sich dieses Engagement für eine zeitgerechte Wirtschaftsorganisation und für die legislative Berücksichtigung damit verknüpfter sozialer Implikationen in die württembergischen Revolutions-Aktivitäten überhaupt – in Württemberg war man 1848 der wirtschaftlich-sozialen Problematik gegenüber ganz allgemein aufgeschlossen –, so ist der revolutionäre »Prospectus« auf das ganze Terrain von Gesellschaft, Kultur, Gesetz, Kunst, Bildung und so fort ein Charakteristikum der »Sonne«, das im Süddeutschen seinesgleichen sucht. Die Schule, »Die Schulreform und die Finsterlinge«, die Schulwahlen als »ein Mittel zur Hebung des Volksbewußtseins«, davon ist immer wieder die Rede. Die demokratische Funktion der Schule wird in der »Sonne« sozusagen permanent entdeckt. In einem köstlichen Artikel liquidiert man dabei auch das württembergische Landexamen: man will keine »Bibeltamboure« und keine »pietistischen Mistgabeln« mehr. Die Revolution, offenbar reine Vergeßlichkeit, hat die Latein- und Klosterschulen nicht begraben. »Uebergebt die jungen Klostergefangenen einer freieren Entwicklung und Bildung an den Gymnasien des Landes! Schließet die Pforte des Tübinger Stifts!«

Aber das Spektrum des revolutionären Aufrufs reicht sehr viel weiter. Man gibt der Kunst ein neues Thema (»Die Kunst und die Zeit«), das Militär, die Turner, die Feuerwehrleute, die Israeliten melden sich mit Reformwünschen an, die Arbeiter-Associationen werden erläutert, das »Denuncianten-Unwesen« bloßgelegt, die Situation »und Stellung der württembergischen Beamtenwelt«: es wird schlechthin alles in den notwendigen Veränderungsprozeß einbezogen, von der Auswanderung bis zum Bericht über »Das Schneeschäufeln, die Gemeindeumlagen und die Grundrechte«. Die »Sonne« ist insofern ein Revolutionsorgan, als sie ein Aufklärungsorgan sein will. »Zur Warnung von Benachtheiligung im Verkehr mit Behörden«, so und anders lautet die Gebrauchsanweisung für den einfachen Mann, der hier emanzipierende Kost haben kann. Und erbauen kann er sich freilich auch. Der Kunstmaler Friedrich Mühlecker, geborener Böblinger, mehr als zehn Jahre älter als Rau und Hauptschriftleiter des Ganzen, bringt neben seinen großen bildungstheoretischen Beiträgen auch einmal eine fromme »Christtagsbetrachtung«.

Und bei Lamennais, dem außerkirchlich-katholischen Sozialisten, hat Rau eine so große Anleihe aufgenommen, daß der Vorrat zu erbaulichen »Sonntagsbetrachtungen« für das ganze Jahr 48 ausreichen kann.

Verrät die »Sonne«, die ganz selten einmal andere Gewährsmänner sprechen läßt, Moriz Mohl, Wilhelm Zimmermann, Arnold Ruge, Julius Fröbel: verrät dieses anderen Zeugen gegenüber so spröde Blatt so etwas wie ein System oder Programm ihres Herausgebers? Selbst wenn man die übrigen, früher in Schriften und Zeitungsartikeln und Reden verlautbarten Äußerungen des Autodidakten Rau dazunimmt, wird natürlich kein geschlossenes ideologisch-philosophisches System daraus. Urgrund seines Denkens und Sagens ist jene »Erleuchtung«, ein religiöses Fundamentalerlebnis, das ihn zu einem höchst eigenartigen, wo nicht einmaligen Revolutionsapostel in religiösem Gewande macht. Er spricht die Sprache der Ältesten in der pietistischen »Stunde«, er variiert den schweren, feierlichen Prophetenton um diese aktuell-politische Nuance, die seiner Kreation aus Bibel und Sozialismus eine ganz unverwechselbare Farbe gibt. Die Lösung des »socialen Problems« ist ihm Aufgabe Numero eins. Er hält sie nur in demokratischer Verantwortung für möglich; sie ist gleich weit von »starrem Socialismus« entfernt wie von »rohem Communismus«. Er sieht innerhalb dieser Perspektive anarchische Zustände unter gesetzlichen Formen. Die Zeit sei barbarisch geworden, weil sich das Kapital »mit dem Talent« verbunden und »Maschinen, Dampfschiffe und Dampfwägen« geschaffen habe, die dem »Armen das Letzte« genommen hätten, was er besaß: »Die Möglichkeit, im Schweiße seines Angesichts sein Brod zu verdienen«.

Liegt diesen Gedanken eine verhältnismäßig triviale Arbeitsplatz- und Maschinenstürmer-Empfindung zugrunde, so hat seine Volks- und Geschichtsauffassung weniger aus der aufklärerischen als der romantischen Tradition geerbt. Er vergleicht »das ökonomische Leben einer Nation mit einem Körper«. Seine gro-

ße, in Brieffolgen »auf Hohenasperg« geschriebene und in den letzten Nummern der »Sonne« erschienene Abhandlung über »Die sociale Frage« richtet sich nicht an das Volk als der Summe von einzelnen. Die Bereinigung der sozialen Frage betreffe »das einzelne Volk als Familie und die sämmtlichen Nationen der Erde als Völkergemeinde«. Er wehrt sich heftig gegen die Ansicht, »die Menschheit mache einen ewigen Kreislauf«. Vielleicht sei der Schein dafür. In Wirklichkeit sprächen »tausend Zeugnisse« von »einem wahrhaften Fortschritt, von einer Annäherung an die Pforten des heiligen Tempels, über dem der blaue Himmel sich wölbt, in dem der Friede Gottes wohnt«.
Jesus Christus, dieser Geist überrage »die neuen Socialisten« bei weitem. Er, der »Sohn des Zimmermanns aus Nazareth«, sei der »große Volksmann, der kühne, großherzige Proletarier«, der »wahrhafte, getreuest verkörperte Ausdruck des Volkswillens«. Das Christentum ist eine Religion der Liebe; es gelte, sie zu praktizieren, auch in der Fabrik, auch in den Amtsstuben. Das Volk ist die Basis. »Erhebt Euch im Namen Gottes für das Volk.« So hat er am 24. September 1848 in Rottweil einen Brief »An die Bürger Halls« unterschrieben, wie einer, den das Volk zum Führer in das gelobte Land gemacht hat, wie ein Reformator, der die Anweisungen gibt zum Aufbruch in den Heiligen Krieg. Das Volk ist erste und letzte Instanz. Davon ist er, der Bauernsohn, der Glasfabrikant, dem die Großen die Tür gewiesen, zutiefst überzeugt. »Nur dann ist die Obrigkeit Gottes Dienerin«, das schleudert er in seinem Schlußplädoyer den Geschworenen ins Gesicht, »wenn sie dem Volke dient und Aufopferungsfähigkeit besitzt, wie Christus vorschreibt.« »Die Monarchie ist ein Rest des alten Heidenthums.« »Was ich wollte und was ich noch will, das ist die Verwirklichung des Christenthums, die Anwendung seiner Grundsätze auf das Leben der Einzelnen und der Völker, die Verkörperung seines Geistes in weisen Gesetzen und wohlthätigen öffentlichen Einrichtungen.«
Es mußte die Stunde kommen, in der diese Prinzipien zur Tat

drängten. Als sich der Herbst im Lande ankündigt, weiß auch der einfachste Bauer, daß die Revolution ihre Chancen vertan hat. Hier hilft nur noch Handeln. Heckers Gesinnungsgenosse Struve rüstet an der badischen Grenze. In Baden, das im April unter Heckers und Struves Führung einen gewaltsamen Umsturzversuch erlebt hatte, bricht eine zweite, von Struve angezettelte Revolution aus. Am 21. September fällt Struve in Baden ein und ruft die deutsche Republik aus. Der Aufstand wird rasch niedergeworfen.
Ob Rau davon, speziell vom Ausgang der Sache Kenntnis hatte, konnte später im Prozeß ebensowenig bestätigt werden wie ein Zusammenhang seines Unternehmens mit dem Struves. Am 23. September zieht er nach Rottweil, wo er tags darauf, an einem Sonntag, vor vier- oder fünftausend Menschen, die Stadt hatte damals ebensoviel Einwohner, eine große Rede hält. Man stecke in tiefster sozialer Not, der Staatskarren sei völlig verfahren, der Kutscher (der Monarch) müsse absitzen, die Passagiere (die Beamten, die zu hoch besoldeten), müßten aussteigen, mit der Regierung sei jetzt abzurechnen.
Frenetischer Jubel. Im April hatte Rau beim Wahlkampf gegen Zimmermann in Hall mit roter Halsbinde und roten Handschuhen gesprochen. Ein paar Tage vor dem Rottweiler Sonntag trat er in Esslingen vor die Volksmenge, eine rote Fahne in der Hand, die phrygische Mütze auf dem Kopf. »Was sind die deutschen Fürsten?« Seine eigene Antwort: »Tyrannen des Volkes.« »Was soll mit ihnen geschehen?«, war die nächste Frage. Tausend Kehlen: »Totschlagen! Ins Wasser werfen!«
In Rottweil mündet die heisere Zustimmung der Masse in die Proklamation der Republik. Es hat hinterher lange Diskussionen gegeben, ob Rau das wörtlich so sagen wollte oder ob Programmpunkt eins der von ihm verfaßten, von der Menge akzeptierten Proklamation damit identisch war: »Die Volks-Souveränetät ist hiermit feierlich ausgesprochen!« Rau selbst sagte aus, die Worte »Die Republik ist proklamiert«, hätten nur eine halbe

Stunde gelebt, er hätte sie nie so stehenlassen, und unter »Republikanischem Ausschuß«, in dessen Namen er die Proklamation unterschrieb, habe er »den republikanisch gesinnten« gemeint.
Sicherlich war die Stunde (»Der Augenblick ist groß und heilig«, stand auf dem Flugblatt) gewichtiger als die sieben Forderungen: unverletzliches Eigentum, Diebstahlbestrafung, jede Gemeinde wählt einen provisorischen Sicherheitsausschuß, Volksverräter werden vor Gericht gestellt. Aktuell freilich waren die beiden letzten Punkte: alle wehrhafte Mannschaft setzt sich in Bewegung nach Stuttgart »zu einem großen Volkstag«, mit dem württembergischen oder deutschen Militär wird gegebenenfalls Brüderschaft geschlossen. »Gott segne das Volk!«
Das Flugblatt ging zu Tausenden hinaus, am 28. September würde alles zum Cannstatter Volksfest kommen, Rau hoffte zudem auf den Zuzug von Freischärlern über den Schwarzwald: die Masse *mußte* siegen. Aber die Balinger Bürgerwehr rückte überhaupt nicht ab, die Rottweiler marschierten wieder nach Hause, von zweihundert mit Gewehren und Sensen bewaffneten Schrambergern kamen in Cannstatt (wo 5000 Mann Militär mit 20 Geschützen die Festwiese umstellten) nur sieben an, und so weiter. Die Masse kam gar nicht, vom Sieg zu schweigen. Es muß Heiterkeit im Saal erregt haben, als im Prozeß die Mahnung von Raus Vetter im Flur eines Balinger Gasthofes zu den Akten kam: »Gottlieb, laß das bleiben, es führt zu nichts Gutem.« Und auf gut schwäbisch der Instrumentenmacher Steiner: »Gend Ihr emol, do wird man Euch g'schwind am Fräckle ho!«
Rau, der sich im Prozeß in aller Selbstverständlichkeit als »der Urheber des Zugs« bezeichnete, flüchtete nach dem Scheitern dieser originär-württembergischen Revolution, was ihm hätte leicht gelingen können und seinen engsten Freunden auch gelungen ist, nicht in die Schweiz hinüber. In Oberndorf erfährt er, als er die Steige hinaufgeht, daß man Befehl gegeben habe, ihn zu verhaften. »Des andern Morgens nahm Rau eine Muskete auf die Schulter zur Abwehr, um nicht von einem allzu dienstfertigen

17 Gottlieb Rau. Lithographie, wohl nach dem im Februar 1851 im Rottweiler Verlag von W. Willmann herausgegebenen »Portrait von G. Rau«

Die Riesenversammlung zu Cannstadt.

Wie der Apostel Rau die Republik predigt, und wie die Rottweiler ausziehen gen Cannstadt von wegen der Riesenversammlung.

18/19 Zeitgenössische Bildberichte vom Revolutionsjahr 1848 in Schwaben sind so gut wie keine vorhanden, im nachhinein waren nur Karikaturen opportun. Immerhin ist am Ausgangspunkt von Rau's Marsch auf Stuttgart, in Rottweil der Balkon, von dem aus dieser die Republik verkündete, noch heute zu sehen. Rau ist, als Herausgeber der »Sonne«, auf beiden Blättern – Stuttgart bei Köhler, um 1850 – mit einem Sonnenstrahlenkranz versehen

20 Georg Herwegh. Kupferstich von C. Arnold nach einer Zeichnung von C. Hitz, um 1845

21 Herweghs Flucht, Stuttgart bei Anton Saile, um 1850, mit der Unterschrift: »Als das Gefecht bei Dossenbach den 27. April 1848 begann, entsank G. Herwegh, Führer einer republikanischen Freyschaar, der Muth so sehr, daß er sich unter dem Spritzleder auf einem Bauernwagen verbarg, wo ihn seine muthige Frau durch den Feind flüchtete.«

Geist arretirt werden zu können, und stellte sich bei dem Oberamtsgericht freiwillig, um über seine Schritte und Handlungen Rechenschaft abzulegen.« Fröbel hat später einmal gesagt, Rau sei »ein jugendlicher Demokrat kindlichsten Gemütes« gewesen. Er selbst hat sich als leichtgläubig bezeichnet, wobei wir uns wohl, um nicht das Bild von einem lustigen Vogel à la Eulenspiegel aufkommen zu lassen, der Kieserschen Charakteristik erinnern sollten: »Rau war im Umgange bescheiden, besonnen, ehrlich und offen, man hörte nie eine gemeine Äußerung, man sah ihn nie betrunken und sehr selten am Spiel.« Sein Bild paßt zu dieser Schilderung, eine feingeschnittene Nase, eine freie, breitgewölbte Stirn, ein im sympathischen Sinne des Wortes preziöser Mund, klare, feste, aber nicht ohne Güte dreinblickende Augen: wer dächte da noch an einen tumpen Bauernsohn von der Alb?
Und was die Naivität seiner politischen Praxis angeht, so ist im Prozeß die mehrfach belegte Zeugenaussage protokolliert worden, Rau habe solche Leute für das Stuttgarter Unternehmen abgelehnt, die keine echten Republikaner gewesen seien. »Wenn man eine große Sache durchführen will, muß man terrorisieren!« Nach der Festnahme in Oberndorf soll er, schon im Wagen, dem Landjäger gesagt haben: »Die Herren werden streng mit uns verfahren; wenn wir aber gesiegt hätten, wir hätten es auch so gemacht, wir hätten sie bis auf's Hemd ausgezogen, nicht einmal die Unterhosen hätten wir ihnen gelassen.«
Sie sind streng mit ihm verfahren. Auf dem Hohen Asperg verabreichte man ihm unter 28 Monaten Untersuchungshaft 20 Monate Einzelhaft, gibt ihn nach anderthalb Jahren und Beendigung der Untersuchung nicht frei gegen Kaution, stellt ihn dafür nach dreieinhalb Jahren vor das Gericht mit der Aussicht, wie er selbst sagt, auf ein »abermaliges lebendig Begrabenwerden«. Der Prozeß, »der größte politische Proceß, der seit dem Bestehen der Schwurgerichte in Würtemberg vorkam«, häufte die Vernehmungsakten zu – heute noch vorhandenen – Bergen. 1455 Leute sind vernommen, über 2500 Aktenstücke angelegt worden. Am

31. März 1851 ergeht das Urteil. Wegen »complottmäßig versuchten Hochverraths mit Einrechnung eines theils der erstandenen Untersuchungshaft« wird Rau »zu einer auf der Festung zu erstehenden Zuchthausstrafe von 13 Jahren« verurteilt.
Den vom Justizministerium am 27. Mai 1851 an den König gegebenen Antrag auf Begnadigung lehnte König Wilhelm ab und bestand auf Vollziehung in vollem Umfang. Noch im Februar 1851 hatte der dreißigjährige Schulgehilfe Johannes Herffer Rau vom Hohenasperg zu befreien gesucht. Er erbat Begnadigung zu vier Monaten Arbeitshaus »behufs Auswanderung nach Amerika«. Der Pfarrer Haas wollte die Kosten dazu aufbringen. Das Justizministerium befürwortete das Gesuch, »da die baldige Fortschaffung dieses schlecht prädizierten vermögenslosen Subjekts, dessen künftiges Fortkommen im Vaterlande durch seine seitherige Aufführung vernichtet ist, im öffentlichen Interesse als wünschenswert erscheint«. Im Sommer des gleichen Jahres will die Regierung einen Plan zur Befreiung Raus, ausgeheckt von Gesinnungsfreunden, entdeckt haben. Nachdem er drei Jahre abgesessen hatte, wird er zur Auswanderung nach Amerika begnadigt. Mit seiner Frau, einem Sohn und drei Töchtern zieht er, ungebrochen, in die Staaten und eröffnet in New York eine Gastwirtschaft. Auswanderer haben das »Hotel Rau« gerne empfohlen.
In New York ist er, mit 39 Jahren, am 2. Oktober 1854 gestorben. Als man jüngst in Dürrwangen, heute einem Balinger Ortsteil, ein Sträßlein nach dem Demokraten Rau benennen wollte, hat der demokratische Gemeinderat der Stadt Balingen das abgelehnt.

Georg Herwegh

Wir haben lang genug geliebt,
Und wollen endlich hassen!

G. Herwegh, Das Lied vom Hasse,
1841, in: Gedichte eines Lebendigen,
Stuttgart: Reclam 1975, S. 21

Man muß sich das erst einmal zurechtrücken: er hat noch die ersten Jahre des Bismarckreiches erlebt, in seinem Todesjahr 1875 sind »Neue Gedichte« von ihm erschienen. Er war damals, schon wurden die ersten Anzeichen des naturalistischen und expressionistischen Programms sichtbar, ein vergessener Name, der nämliche, den man eine Generation zuvor wie ein Naturereignis gefeiert hatte. Franz Mehring, nicht gerade einer von den bürgerlich-betulichen Kommentatoren, eine Stimme von vielen, zählte Herwegh »zu den glänzenden, aber unglücklichen Talenten, die mit ihrem ersten Wurf gleich ihr Bestes oder selbst schon ihr Alles geben. Seinem Dasein fehlte der heiße Sommer und der fruchtreife Herbst und selbst das wärmende Herdfeuer des Winters. Es war ein kurzer strahlender Frühling, und danach kam eine lange Nacht, arm an Arbeit und arm an Freuden.«
Georg Herwegh ist am 31. Mai 1817 in Stuttgart geboren. Am 15. Juni ist er in der dortigen, vom Feuersturm des Zweiten Weltkrieges in den Umrissen verschont gebliebenen Hospitalkirche auf die Namen Friedrich, Rudolph, Georg, Theodor und Andreas getauft worden. Sein Vater war aus dem Hessen-Darmstädtischen eingewandert. Er hatte damals noch kein eigenes Ge-

schäft, er war »Mundkoch beim englischen Gesandten«. Erst ein halbes Jahrzehnt später hat er sich eine Speise- und Weinwirtschaft in der Altstadt erwerben und sich »Restaurateur« nennen können. Zweieinhalbtausend Gulden Vermögen hat er gelegentlich seiner Aufnahme ins Bürgerrecht vorgewiesen, für damalige Verhältnisse keine allzugroße Summe. Als der kleine Speisenwirt im »Bohnenviertel« hat er dort sein Leben verbracht, gemieden, vergessen von der Familie.

Georg hatte noch eine um fünf Jahre jüngere Schwester, die sich später nach Washington an einen Deutschamerikaner, Julius Georgii, verheiratete; auch sie spielt in seiner Biographie keinerlei Rolle mehr. Nur die Mutter, die 1855 verstorbene Katharina Märklin aus Balingen, aus einem urschwäbischen Haus also, muß ihm noch lange etwas bedeutet haben. Sie war acht Jahre älter als ihr Mann und offenbar gar nicht das, was man unter einer landesüblichen, nämlich autoritätsgläubigen, dienendem Dulden bestimmten Hausfrau verstehen mochte. Die Ehe der Eltern war alles andere als glücklich. Es gab häufig Zwist, der bisweilen sogar, Georg erzählt noch seiner Braut mit Schrecken davon, zu Tätlichkeiten führte. 1832 wurde die Ehe geschieden. Der Vater ist schon 1828 und 1829, als Georg die ersten Landexamina hinter sich zu bringen hatte, nicht mehr über die Schulkarriere des Sohnes unterrichtet worden; der Rektor Planck hatte die notwendigen Unterschriften selber unter die Schriftstücke gesetzt.

Die Mutter war es denn auch, die mit allem Nachdruck daran ging, »ihren« Georg etwas Besseres werden zu lassen. Sie verstand darunter den Gang durch Seminar und Stift: ihr Bub sollte Theologe werden, zumal ihre Familie Berechtigung auf ein Tübinger Stipendium hatte. Sie setzt es durch, daß der Junge aufs Stuttgarter Gymnasium illustre kommt, auf die gleiche Schule also, die fast zwei Generationen vorher Hegel besucht hatte. Wahrscheinlich aber hat der laute Betrieb im elterlichen Haus dem stillen Lerngeschäft des Jungen arg zugesetzt: die Mutter schickt ihn aufs Land, »heim« nach Balingen, wo der dortige

Präzeptor, man denkt an den jungen Hesse in Calw, das Knäblein mit allen Schlichen fürs Landexamen vorbereiten kann. Georg, das Stuttgarter Pflänzchen, wird des Balinger Präzeptors Muster- und Meisterschüler. Dreimal erscheint er von Balingen aus im Landexamen und besteht es 1831 trotz unmittelbar vorausgegangener und schwerer Krankheit nicht unrühmlich als Vierundzwanzigster.

Man wird diese Krankheit nicht übergehen wollen. Während die Gesundheit des Kandidaten Herwegh noch 1830 als »gut« bezeichnet wird, heißt es im Beibericht zur Landexamensmeldung Ende Mai 1831: »Ich bemerke in Absicht auf die physische Constitution, daß der Candidat an einer langwierigen Krankheit litt, die, soweit ich hören konnte, mit Krämpfen und mit Erscheinungen einherging, die ins Gebiet des Somnambulismus fallen.« Pauschal gesagt war der kleine Georg von einer Nervenkrankheit befallen worden, man konnte sogar anmerken, daß sie sich am 21. Dezember 1830 angekündigt hatte und am 2. Januar 1831 zum Ausbruch gekommen war. In Stuttgart bei Professor Jäger war er dann behandelt worden – man beschränkte sich auf allgemeine Kräftigungsmittel –, und der Zufall wollte es, daß ein junger Medizinbeflissener namens Schmidt die ganze Herweghsche Krankengeschichte, Georg war noch kein Vierteljahr zu Maulbronn Seminarist, zum Gegenstand einer Dissertation machte, das erste Buch der Herweghliteratur, wenn man so will.

Was die sicherlich schwere gesundheitlich-seelische Krise – als »Hysterie und kleinen Veitstanz« diagnostizierte sie der junge Mediziner – verschuldete, ist schwer zu sagen. Vor den nicht zu unterschätzenden Strapazen in der kleinen Balinger Lernfabrik rangierten sicherlich die Spannungen zu Hause. Der Sohn empfand gegen den Vater eine »starke Abneigung« und hielt es mit der jetzt fünfzigjährigen Mutter. Sie hatte von ihrem Mann, der es auf keinen grünen Zweig brachte, innerlich schon Abschied genommen und besaß in diesem gelehrigen Söhnlein den Garanten eines gleichsam postumen gesellschaftlichen Aufstiegs.

Wie immer auch: der kleine Georg bringt eine zarte und durchsichtige Gesundheit mit und die leicht erregbaren Nerven einer empfindsamen Seele. Am 25. Oktober 1831 wird er, übrigens unbeanstandet, ins Seminar Maulbronn aufgenommen. Den Kameraden und Lehrern fällt er als einer auf, »der mitunter Momente gesteigerter Nervenaufregung hatte« und »öfters zwischen Nachlässigkeit und Eleganz in Kleidern wechseln konnte«. Im Tübinger Stift, in das er 1835 eintritt, nehmen diese Auffälligkeiten und Ungereimtheiten zu. Neben dem »nervösen« Herwegh präsentiert sich jetzt noch der Wolkenkuckucksheimer und der agressive Oppositionist. In Tübingen wird er als »problematische Natur ebenso beargwöhnt wie als aufmüpfiger und mimosenhafter Jüngling. Einmal kritisiert er unbotmäßig, das andere Mal, und das wohl sehr viel häufiger, lebt er mit einer gewissen künstlerisch-genialischen Attitude »im Himmel der Abstraktion«.

Die Tübinger Stiftszeit, mit der sich Herwegh, es fällt einem schwer, das heute noch zu rekonstruieren, der altwürttembergischen Geistigkeit und »Ehrbarkeit« akkreditiert hat, dauert nicht lange. Am 5. August 1836 teilt die Stiftsleitung dem Rektoramt der Universität mit, der Theologiestudent Herwegh müsse sein Studium in der Stadt fortsetzen, weil er »wegen Trunkenheit und Lärmens und besonders wegen des sich zur Schuld gebrachten höchst unehrerbietigen und beleidigenden Benehmens gegen zwei Repetenten, zugleich in Berücksichtigung der sich zuvor schon zugezogenen Strafen aus dem Seminar entlassen worden« sei.

Eines seiner früheren und ungedruckten Gedichte hat Herwegh »An meine Mutter« überschrieben. Dort heißt es, schon in dieser sprachlichen Munterkeit, die man bald an ihm gewohnt ist: »Die Kanzel hattest du mir zugedacht/ Und drauf zum Rechtsgelehrten mich gemacht;/ Was ist von alledem geblieben?/ Die Poesie!« Tatsächlich hat Herwegh zumindest im Wintersemester 1836/37 noch Jurisprudenz belegt. Großen Geschmack scheint er an der

Rechtsgelehrtheit nicht gefunden zu haben. Erschwerend mag dazugekommen sein, daß das Familienstipendium nicht mehr viel hergab. Herwegh verläßt 1837 die Universität Tübingen und nimmt in Stuttgart Wohnung, das Stuttgarter Adreßbuch von 1839 führt den »Studiosus Herwegh« als Wohnungsinhaber unter Friedrichsstraße 10.

Man hat keine verläßlichen Zeugnisse dafür, daß Herwegh die Zwangsjacke des Tübinger Stifts im Feuer einer politischen Leidenschaft, als aufgebrachter Schüler Fouriers, als Parteigänger Straußens, als Verfechter der »Hegelei«, als radikaler Weiterbildner der methodischen Handreichungen des »Heidenbaurs« abgestreift hätte. Die Hinweise geistigen Engagements während der Tübinger Zeit sind so klein beieinander, daß sie gar nichts taugen, daß wir mit gutem Gewissen gar nicht sagen können, wes Geistes Kind er damals war. »Schuldenhalber«, so in einer späteren Stuttgarter Behördenakte, habe er die Universität verlassen müssen. So trivial diese causa belli ist: am Ende war das so. Unglück ist im kurvenreichen Leben Herweghs immer wieder dagewesen, aber keine Tragik. Daraus erklärt sich auch das etwas dünne Menschentum, auf das man in seinen Gedichten seit den späten vierziger Jahren immer wieder trifft. Die Poesie versickert, und zurück bleibt nur der Umriß einer recht anempfindenden, recht vergänglichen Aktualität.

Der Wirtssohn, der hübsche, kränkliche Knabe landet nach Stift, Rechtsstudien, kurzem Literatendasein in einer Stuttgarter Kaserne: auch die leidige Kommißgeschichte geht nicht so tief, daß daraus ein Status confessionis gemacht oder auch eine Parallele mit Schillers Flucht gezogen werden dürfte. Weder die Zwingburg Stift noch das diktatorische Vaterland hat das »Proletarierkind« und den Freiheitskämpfer verstoßen. Er soll, im Mai 1837 zwanzig geworden, eingezogen werden. Weil er aus dem Stift entlassen wurde, mit der Auflage übrigens, die Studienkosten zurückzuzahlen, entfällt die sonst Stiftlern gewährte Befreiung vom Dienst mit der Waffe. Herwegh richtet dennoch ein Gesuch um

Befreiung an den König. Im Vertrauen auf einen positiven Bescheid leistet er mehreren Vorladungen keine Folge und muß deshalb polizeilich in der Kaserne vorgeführt werden.
Das war am 8. März 1838. Drei Wochen später schreibt der König auf den Bericht des Ministers neben Herweghs Namen: »beurlaubt«. Aber mittlerweile hatte man den Rekruten Herwegh wegen Insubordination in Strafarrest stecken müssen. Hatte er im Stift zwei Repetenten angerempelt, so hat er hier gegen die Befehle eines Hauptmanns gemeutert, »erschwert durch injuriöse Äußerungen in Gegenwart anderer Soldaten«. Er muß diesen Arrest erst einmal absitzen. Aber am 24. April 1838 verläßt er die verhaßte Kaserne.
Er ist nur beurlaubt, nicht vom Militärdienst befreit. Er übersetzt Lamartine, daheim, Friedrichstraße 10. Und wenn er die Königstraße hinauf flaniert und einen seiner ehemaligen Offiziere sieht – grüßt er nicht. Die Stadtdirektion soll ihm eine Zurechtweisung erteilen lassen. Aber noch ehe der Brief eintrifft, kommt es zum Eklat. »Am 22. Juni (1839) bei dem im königl. Hoftheater stattgehabten Maskenball erfrechte sich Soldat Herwegh abermals, gegen den Oberleutnant Grafen von Scheler des 8. Infanterieregiments, auf eine höchst injuriöse und respectswidrige Weise sich zu benehmen, so daß letzterer sich genötigt sah, ihn durch die Wache entfernen zu lassen und den Vorfall zur Meldung zu bringen.«
Was folgt, ist rasch erzählt. Herwegh wird wieder einberufen, diesmal nach Ulm. Er soll dort so lange »präsent« gehalten werden, »bis er mit den Gesetzen, der Militärdisziplin und Subordination besser bekannt gemacht sein wird«. Er erhält den eingeschriebenen Befehl zum Einrücken, unterzeichnet die Eröffnung, aber reist nicht nach Ulm, sondern in die Schweiz. Während der Deserteur sich fürs erste in Emmishofen in der Schweiz, nicht weit von der Grenze aufhält, nimmt die routinemäßige Fahndung ihren Gang, Steckbrief, Urteil durch das Oberkriegsgericht und so fort.

War die Flucht eine politische Entscheidung? Auch dafür haben wir keine rechten Beweise; das programmatisch-ideologische Material fehlt ganz. Man wird dem jungen Mann nachträglich kaum attestieren wollen, er habe seine Heimat als ein politisch geformter Charakter verlassen. Er selbst meint 1843 in Zürich laut Protokoll: »Ich habe meine Vaterstadt Stuttgart im Sommer 1839 verlassen und mich aus dem Grunde ins Ausland begeben, weil ich in Württemberg in Folge eines unangenehmen Auftritts mit einem Offizier plötzlich vom Militär einberufen und mitten aus meinen Arbeiten gerissen ward.«

Die »Arbeiten«: wer hätte damals, um Jahreswechsel 1839/40, zu sagen gewußt, worum es sich handelte. Herwegh, der Deserteur, der das jammerbare Elend des Heimatlosen zu kosten beginnt und heilfroh ist, als er sich im März 1843 in das Bürgerrecht der Gemeinde Augst einkaufen und am 10. April dieses Jahres Bürger des Kantons Baselland werden kann, der einen, zwei, nein vier Briefe an den König von Württemberg schreibt und nach der letzten Bittschrift vom 11. Februar 1843 acht Tage später vom König begnadigt wird, nicht mit der »Gestattung der Rückkehr in das Vaterland«, aber doch »in gnädigster Berücksichtigung seiner Verhältnisse und im Vertrauen auf sein Versprechen der Rückkehr zum Besseren« mit dem Freispruch von künftigem Militärdienst: Herwegh ist ein kleiner Journalist. Wirth, seine Broschüre über das Hambacher Fest hat er schon als Seminarist studiert, hat ihm im September 1839 die Redaktion des kritischen Teils der »Volkshalle« angeboten. Ein paar Gedichte hat er daheim niedergeschrieben, wer hätte das, als Stiftler, als Provisor, als verliebter Kommis damals nicht getan, gedruckt worden ist nicht viel davon, ein bißchen übersetzt hat er, dem »Album der Boudoirs«, dem lyrischen Beiblatt der Zeitschrift »Europa«, vom Heine-Freund August Lewald in Stuttgart geleitet, hat er Nachdichtungen aus dem Französischen und ein paar eigene Verse beigesteuert.

Natürlich, man muß der Sache einen Nenner geben, und Herwegh hat hernach auch den Titel gefunden: prinzipielle Gründe waren's, die mich veranlaßt haben, niemals Soldat zu werden. Dies sein Distichon dazu:

»Deserteur? – Mit Stolz! Ich habe des Königs Fahne, Die mich gepreßt,
Mit des Volks soldlosem Banner vertauscht.«

Man hat sich hinterher erzählt, die Amalie von Stubenrauch, des württembergischen Königs Geliebte, in deren Salon der taufrische Lyriker verkehrte, habe das »Begnadigt« lanciert. Wie immer auch: als er in die Schweiz kam, war er nichts als »ein armer, bedrängter Flüchtling«. Johannes Scherr hat diesen Lebensaugenblick festgehalten: »Damals trug er Haupthaar und Bart, beide von glänzender Schwärze, so lang, wie sie eben wuchsen, und seine feine, schmächtige Gestalt umschlotterten die Fragmente eines Schlafrocks. Auf dem Kopfe trotzte beim Ausgehen eine Jakobinermütze, unter welcher die schönsten Männeraugen hervorfunkelten, die ich je gesehen. Das blasse, ausdrucksvolle Gesicht, die ganze persönliche Erscheinung versprach etwas Bedeutendes und nahm die Teilnahme sofort in Anspruch. Er war damals noch ein armer, bedrängter Flüchtling, der von den meisten seiner Bekannten nur als ein Phantast und Tunichtgut angesehen wurde.«

Ein deutscher, ein schwäbischer Lord Byron. Und damit es kein Papiervergleich blieb: 1841, also kaum anderthalb Jahre nach Antritt des Schweizer Exils, erscheinen in Fröbels und Follens Literarischem Comptoir Winterthur und Zürich Herweghs »Gedichte eines Lebendigen«, von Follen »redigiert«. Sie werden zum größten lyrischen Bestseller der deutschen Literatur, Auflagen von 1000 bis 6000 Exemplaren folgen rasch aufeinander, ein Verbot für das Königreich Preußen fördert den Schwarzhandel (nicht um Schnaps, sondern um Lyrik).

Was hat diesen sensationellen Erfolg, der Herwegh über Nacht zum berühmten Mann und, so Gutzkow in seinem Lebensrückblick, zum »Matador des Jahres 1842« gemacht hat, veranlaßt? Auf die Gefahr hin, mit dieser Antwort als trivial empfunden zu werden: der Vers. Zeitdiagnosen in Prosa, in Form von Brieffolgen, von langen, gelehrten Ergüssen, die lang sein mußten, nämlich über 300 Druckseiten, wollten sie der Zensur entgehen und dem Zwang zur Augenwischerei, Zeitdiagnose in Prosa hatte man die Fülle. Herweghs Lyrik brachte das alles in eine läßliche Formel. »Die bange Nacht ist nun herum,/ Wir reiten still, wir reiten stumm . . .«, das ging leicht ein, und das ist gesungen worden, dies »Reiterlied« speziell auf den Kneipen vieler Studentengenerationen hernach. »Ich wohn ein Vogel nur im Neste,/ Mein ganzer Reichtum ist mein Lied«: das hat man verstanden, und das auch: »Der ist allein ein freier Mann,/ Und seiner sei gedacht,/ Der sie sich *selbst* verdienen kann,/ Die Freiheit in der Schlacht.«

Natürlich liegt nicht nur in der Prägnanz und in der Reduktionskraft des lyrischen Wortes das Erfolgsgeheimnis. »Auf Flügeln des Gesanges«, so Gutzkow später in leicht ironischem Unterton, habe sich der neue Schwarmgeist von Ort zu Ort tragen lassen. Herweghs sagenhafter »Triumphzug« durch Deutschland im Jahre darauf, 1842, sei »mit Hilfe der deutschen Liederkränze« in Szene gesetzt worden. Kurz, die Zeit bedurfte eines Ausdrucks für ihre Stimmungen. Herweghs Strophen waren dieser Ausdruck.

Wobei man freilich, überprüft man die Verse heute auf ihren konkreten weltanschaulich-politischen Gehalt, in einige Verlegenheit kommt. Es sind drei Richtungen, auf die sich die gedankliche Fracht der Gedichte zubewegt, die »Freiheit«, das »Volk«, der »Kampf«. Herwegh sagt das einmal ganz wörtlich: der Dichter sei »der Freiheit Priester«. Es sei seines Amtes, tatsächlich ist nahezu jedes Gedicht des Bandes auf irgendeine der »freiheitlichen« Tendenzen eingestimmt, »das freie Wort« zu wagen und »Der Freiheit eine Gasse!« zu bahnen. Er hat die Sympathisanten auf seiner Seite, er *muß* sie bei sich haben, die verschüchterten, gedemütigten, aber in irgendeiner Herzgrube rebellischen Biedermeier, wenn er, die Adressaten sind die Fürsten, in scheinbarer Schwachheit singt:

Doch zittert nicht! Ich bin allein,
Allein mit meinem Grimme;
Wie könnt' ich euch gefährlich sein
Mit meiner schwachen Stimme?
Dem Herrscher bildet sein Spalier,
Wie sonst, des Volkes Masse,
Und niemand, niemand ruft mit mir:
Der Freiheit eine Gasse!

Die geheime politische Sehnsucht des Vormärz meint die völkische Einigung Deutschlands, den liberalen Reichsstaat »von der Etsch bis an den Belt«. Herwegh hat die geheimsten nationalen Wünsche erspürt, er kennt des »Volkes Rechte«, und er faßt den nationalen Einigungsdrang in ein paar kräftige, unvergeßliche Zeilen. Das geht nicht ab ohne nationalistische Attituden (»O wehe, wer dem Franken traut«) und nicht ohne konfessionalistisches Neu-Germanentum (»Solang ich noch ein Protestant,/ Will ich auch protestieren«, und »Gegen Rom«: »Noch einen Fluch schlepp ich herbei:/ Fluch über dich, o Petri Sohn!«). Aber es wird zugleich auch immer zum Appell an das deutsche – zerstörte oder noch gar nicht gewagte – Selbstbewußtsein: »Seid stolz! Es klingt kein Gold der Welt/ Wie eurer Saiten Gold.« Er, Georg Herwegh, den preußischen König bittend, nach ihm, dem Dichter, nicht den Speer zu werfen, »weil eine Hütte ihn geboren«, kann sich auf das Volk berufen. Das Volk ist die Basis aller politischen und administrativen Aktionen, die latent-revolutionäre Konsequenz dieser Gedichte wird unter diesem Aspekt am deutlichsten:

Ja, ich bekenn's, die Stimme Gottes ist
Des Volkes Stimme! und wer ihr vertraut,
Der hat sein Haus auf Felsen sich gebaut,
Indes der Zorn des Herrn die Frevler frißt.

Der hundertfach zitierte und zur Zeit-Signatur gewordene Titel »Gedichte eines Lebendigen« ist auch dialektisch zu verstehen, als Antwort auf des Fürsten von Pückler-Muskau 1830/32 in vier Bänden erschienenen »Briefe eines Verstorbenen«. Herweghs Schöpfung meint einen Epochenabschied. Gerade darin hat er das eher noch dumpfe Zeitgefühl seines Publikums getroffen. Der Vormärz ist eine Epoche der Entzweiung. Hinter der modisch gewordenen »Zerrissenheit« kündigt sich der große Umbruch an, die industrialistisch-technizistische Ära, eine säkularisierte, eine materialistisch denkende Welt, die ihre eigenen und ihr gemäßen Formen haben will. Herweghs Reime reden von »Auferstehung« und vom Nahen des »Neuen Reichs«, vage auch hier, und gerade deshalb für die Gefühle der Tausende der verbale Ausdruck dessen, was sie spüren und erhoffen. Nirgendwo sonst in der Literatur dieser Tage ist die Wende der Dinge so Sprache und so greifbar geworden, und wenn Herwegh nur in diesem Sonett »Ludwig Uhland« das Zeitalter verabschiedet hätte, wäre das allein eine lyrisch-revolutionäre Tat geblieben. Hinter dem Pathos und der Rhetorik politischer Kampflyrik steht eine messerscharfe Zeitdiagnose. Sie macht den Leuten klar, was sie bislang nur geahnt haben: daß das Alte, daß die Goethezeit oder wie immer man die Welt der Väter heißen mag, vorüber ist.

Ein ander Hassen und ein ander Lieben,
Ist in die Welt gekommen, und von allen
Sind wenig Herzen nur sich gleich geblieben.

Schließlich der letzte und wahrscheinlich stärkste Stachel der schier unglaublichen Resonanz: Herwegh redet nicht von Entsa-

gung und von biedermeierlicher Resignation, sondern von dem, was die pfeifenschmauchenden Bürgersleute insgeheim für unausweichlich, ja für notwendig erachten: von der Tat. Der tatenhungrige Vormärz hat in der Kampfansage der »Gedichte eines Lebendigen« seine wunderbare Entsprechung. Die Fiktion des Kampfes weiß der Autor auf immer wieder neue Weise zu beschwören, und sicherlich hat mancher den Ofenhockern schon in den Worten den Ersatz für die Tat gesehen: »Herab die Büchsen von der Wand,/ Die alten Schläger in die Hand . . .« oder: »Noch hat der Deutsche eine Hand/ Und eine starke Wehr.«
Der kecke, breite Schmiß hat eine klare Technik, naiv, derb, selbstsicher, wie man's braucht. Herwegh zieht die Akkorde, die leichten Schattierungen gewinnen das Einprägsame eines Schlagworts, das Temperament steigert sich zum Furor, und mit stürmischer Hast setzt es ein:

Reißt die Kreuze aus der Erden!
Alle sollen Schwerter werden,
Gott im Himmel wird's verzeihn.
Laßt, o laßt das Verseschweißen!
Auf den Amboß legt das Eisen!
Heiland soll das Eisen sein.

Der politische Lyriker wird zum Lebensprogramm. Dichtung *soll* Tendenz und *soll* Partei sein, das erstemal wieder seit Walter von der Vogelweide oder Hutten, und wenn es notwendig wird, sich selbst, den Verseschmied, zu verfremden und zu paralysieren, wenn die Wortskala bis an die Entheiligung und bis an die Gotteslästerung reicht. Es soll Farbe bekannt werden, die Liberalen hat Herwegh, seine Briefe verraten das, bald verachten gelernt, und nur aus dieser Perspektive einer Absage an allen tagespolitischen Konservatismus und Konzessionismus ist das zu verstehen, dieses »Wir haben lang genug geliebt,/ Und wollen endlich hassen!«

Eine seiner – viel zu wenig bekannten – frühen literarisch-kritischen Essays, eine Beisteuer für die »Volkshalle« vom November 1839, ist überschrieben mit »Der Mangel an politischer Bildung bei den deutschen Literaten«, ein anderes Stück mit »Die Literatur im Jahre 1840«. Er liebe Goethe, ja. Aber Goethe sei kalt und indifferent gewesen und habe mit der Ewigkeit sympathisiert, »nicht auch mit der Zeit«. Man habe im letzten Jahrzehnt eine ganz neue Sprache zu sprechen begonnen. »Sie ist rasch, wie der Gang der Zeit, schneidend, wie ein Schwert, schön, wie die Freiheit und der Frühling.« Und wieder ein anderer Beitrag hat den Titel »Salon und Hütte«, man erinnert sich an Büchners Hessischen Landboten, und gibt ein neues Literaturthema, drei, vier Generationen später wird es Allgemeingut werden: »Die Literatur wird mit unserm sozialen Fortschritt herrlicher erblühen als je.«
Ein Verseschreiben, das politisches Engagement sein will, muß zur Tat werden, soll es nicht zum Theaterrequisit erstarren oder zur Rumpelkammer degenerieren. Im berühmten Poem »Die Partei« von 1842 hat Herwegh gegen Freiligrath vom Leder gezogen, der damals noch glaubte, der Poet müsse das weltgeschichtliche Heldentum an sich entdecken (»der Dichter steht auf einer höheren Warte als auf den Zinnen der Partei«). Herwegh, genauer eingestimmt auf den Partisanengeist der Epoche, schleudert ihm die Frage entgegen: »Partei! Partei! Wer sollte sie nicht nehmen,/ Die noch die Mutter aller Siege war!« Solidarisches Bekenntnis gegen deutsche Innerlichkeit: Herwegh hat, wie immer man auch heute die Töne seines lyrischen Repertoires beurteilen mag, die Leute und insbesondere die Machthaber über die Leute gezwungen, die deutschen Verhältnisse genauer zu sehen.
Aber die Tat, die Möglichkeit zur Tat bleibt aus. Herwegh schickt seinen »Gedichten eines Lebendigen« einen zweiten Teil nach, er beschwört sie wieder und wieder, die Fiktion vom Kampf (»Frisch auf, mein Volk, mit Trommelschlag . . .«, Ja-

nuar 1845). Aber die Tat wagt sich nicht hervor. Fast wäre dieses Dichterleben nur Aufstieg und Fall in einem gewesen, wo es ohnehin nur eine Jugend gehabt hat, das Mannesalter bleibt alles schuldig. Aber als im März 48 die Revolutionsglocken im Lande läuten, wird es ein wenig mehr: Aufstieg, Erfolg, Hingabe, Begeisterung, Abenteuer. Herwegh, der gelegentlich seiner triumphalen Deutschlandreise 1842 nicht nur so radikale Köpfe wie Bakunin oder Robert Blum kennengelernt hat, sondern auch Emma Siegmund, die reiche Berliner Kaufmannstocher, eine »echte Berliner Rationalistin aus Rahels Schule«, die den Gefeierten abgöttisch lieben lernt und ihm eine treue, feste, männliche, »emanzipierte« Kameradin ist bis zum Tod: Herwegh gehört zu den radikalen Republikanern und hat mit Marx in Paris 1843 lange Gespräche geführt wie 1845 in Heidelberg mit Ludwig Feuerbach. Hat ihn der Umgang mit Marx, Ruge und Heine auch nicht ganz zum Kommunisten gemacht – man müsse den Kommunismus »wenigstens theoretisch« überwinden, sagt er 1843, Feuerbachs Meinung von 1845, er sei »Kommunist von Profession« widerlegend –, so ist der doch meilenweit vom bravliberalen Widerstreit in der Paulskirche zwischen den Kleindeutschen und Großdeutschen entfernt. »Im Parla- Parla- Parlament/ Das Reden nimmt kein End'!« und »Zu Frankfurt an dem Main –/ So schlag' der Teufel drein!«
Als die Revolution in Baden ausbricht, läßt er sich bestimmen, aus den Reihen der deutschen Demokraten zu Paris eine Deutsche Legion zu bilden. Die Tat ist in Sicht. Der Poet als Feldherr. Die französische Regierung, bei der herrschenden Arbeitslosigkeit froh, von den deutschen Arbeitern entlastet zu werden, ist bereit, den Zug mit einer namhaften Summe zu unterstützen. Der Minister Flacon fragt den Poeten, Gottfried Keller hat es erzählt, wieviel er brauche. Herwegh meint, 6000 Franken. Worauf der Minister über so viel Naivität nur lächeln kann und ihm die Kleinigkeit anweisen läßt, mit Achselzucken übrigens über den Erfolg. Die Legion, die anfangs etwa 4000 Mann gezählt hatte

und in Mehrzahl aus Deutschen bestand, aber auch Franzosen, Schweizer, Ungarn, Russen, Dänen, Skandinaviern »und selbst einen Türken« zu sich zählte, schmolz auf dem Zug nach Deutschland arg zusammen. Als man am Rhein ankam, waren nur noch 800 Mann da, und von denen desertierten gleich 125 Mann. Das Häuflein nahm am Treffen bei Niederdossenbach teil und wurde von den württembergischen Truppen geschlagen.
Herwegh mit seiner Frau, eigentlich umgekehrt, flüchtete sich in einem Bauernwägelchen in die Schweiz. »Ein gewisser Spieß, Vorstand hessischer Turner«, Frau Herwegh glaubt den Autor der Spritzledergeschichte später aufgespießt zu haben, soll »beim Glase Wein« erzählt haben, »die Herwegh habe ihren Mann am Wagenboden unter dem Spritzleder versteckt.« Die Fabel erhielt sich nur, weil Herwegh zu stolz war, in der Sache eine Erklärung von sich zu geben. Schließlich fühlen sich die beiden auch auf dem Leiterwagen nicht mehr sicher und eilen zu Fuß »durch Dick und Dünn«. »Er ließ sich den Bart abscheren, und versteckte sich im Keller hinter ein Faß.« »Das Schicksal wollte, daß Herwegh, welcher im Jahr 1839 als württembergischer Soldat zum 6. Infanterieregiment versetzt, und statt daselbst einzurükken, fahnenflüchtig geworden war, demselben Hauptmann bei Dossenbach gegenüberstand, der früher als Regimentsadjutant den Steckbrief gegen Herwegh abgefaßt hatte.«
Die Blamage, der Strom der Lacher zog sich quer durch alle politischen Fronten und durch ganz Europa, war riesengroß. Sie war so irreparabel wie die seinerzeitige Trennung von der Heimat. Heine hatte das Schwärmerische, das Byroneske in Herwegh schon Jahre früher erkannt:

Herwegh, du eiserne Lerche,
Weil du so himmelhoch dich schwingst,
Hast du die Erde aus dem Gesichte
Verloren – Nur in deinem Gedichte
Lebt jener Lenz, den du besingst.

Die beiden letzten Jahrzehnte leben nicht eigentlich mehr, sie zehren nur noch, von der einmal gewonnenen, jetzt attackierten und verspotteten, morgen wieder ernsthafter angegangenen Popularität, vom Vermögen der reichen Seidenhändlerstochter, das luxuriöse Wohnsitze ebenso erlaubt wie kostspielige Reisen. Man verübelt Herwegh die Livreebedienten, die raffiniert tapezierten Salons mit orientalischen Sofas, die seidenen Schlafröcke, das feine Essen, den Champagner, die Weine, die Zigarren, die diversen Liebesabenteuer.
Freilich, er gehört zu den Gästen in den Salons, er liest viel und arbeitet wohl auch auf systematische Art, er lernt einen Richard Wagner kennen und macht den Freund mit Schopenhauers Philosophie bekannt. Aber um 1860 beginnt der häusliche Reichtum zusammenzufallen, die Pracht daheim wird brüchig, die Freunde werden seltener. Vorbei die Zeiten, in denen Emma, die Republikanerin, ihm schreiben konnte: »Dann, wann es tagen wird und die große Völkerdämmerung anbricht, dann folge ich Dir mit in den heiligen Kampf, und selbst sollte ich Dich verlieren, ich will es, wenn Du zum Besten der großen Sache stirbst.«
Aus der Unbedingtheit der einzigen, großen Stunde ist ein fortwährendes Arrangement bürgerlich-grauen Gleichmaßes geworden. Aber seinem Inneren, seiner politischen Haltung nach arrangiert sich Herwegh nicht, auch jetzt, wo er, ganz im Gegensatz zur Idealkonstellation von 1841, so ziemlich gegen alles steht, was dem deutschen Bürger gut und teuer ist. Mehr und mehr dem revolutionären Proletariat zugetan, tritt er 1863 dem Arbeiterverein Lassalles bei, 1869 der sozialdemokratischen Bewegung. Er schreibt 1863 das Bundeslied für den Allgemeinen Deutschen Arbeiterverein, dies »Alle Räder stehen still,/ Wenn dein starker Arm es will« und »In die Ecke lehnst den Pflug,/ Wenn du rufst: Es ist genug!« hat man bis lange nach 1919 immer wieder gesungen.
Nicht daß ein Stück Spürkraft für die politischen Trends nicht lebendig geblieben wäre. Als 1871 auch die leidenschaftlichsten

Liberalen in die Bismarcklinie einschwenken und alle Welt (in Bismarcks Deutschland) Verse schmiedet auf das große, das hehre Einigungswerk, kann er nur müde abwinken. Ist es berufsmäßiger, festgeronnener Skeptizismus? Oder die hellsichtige Warnung dessen, der das Fatum deutscher Geschichte klarer als andere zu sehen gelernt hat? Im Februar 1871 schreibt er ein Gedicht »Der schlimmste Feind« nieder, *sein* Beitrag zum großen deutschen, daheim mit Glühbirnenglanz gefeierten Schlachtenglück:

Frankreichs gekrönter Possenreißer
Wird nach Paris zurückgebracht;
Euch holt man einen Heldenkaiser
Aus mittelalterlicher Nacht.

Ein Amboß unter *einem* Hammer,
Geeinigt wird Alt-Deutschland stehn;
Dem Rausche folgt ein Katzenjammer,
Daß euch die Augen übergehn.

Freilich haben die 1875 erschienenen »Neuen Gedichte« für uns heute, alles zusammengenommen, ein zu großes Maß an Zeitgebundenheit, das potenzierend, was schließlich auch die Gedichte eines Lebendigen zur Tageslyrik gemacht hat. Aber viele müssen, wir spüren das, als gereimte Zeitglossen ihre Leser erfreut haben, und sie sind auch wohl nicht ohne Wirkung gewesen. Und was kaum schon genug beachtet worden ist: die besten der späteren Gedichte lassen die Vormärzlyrik hinter sich; ihre Sprache, an Heinescher Satire geschliffen, münzt rhetorischen Überschuß in zugeschärfte Präzision um.
Das großartige Wanderleben, Paris, Genf, Zürich, hat schon 1866 in Baden-Baden sein Ende gefunden. Hier hat Herwegh, der alte, in aller Stille und in schleichender Armut gelebt. Schon in der Wohnung des mächtigen Mietshauses auf dem Schanzen-

berg über Zürich wurde die Not groß. In Baden-Baden wurde sie unerträglich. Sein geschwächter Körper konnte eine neue Krankheit, eine Lungenentzündung, nicht mehr bezwingen. Emma pflegte ihn liebevoll. Sie schrieb später an einen der engsten Freunde, daß sie am letzten Tag die letzte Mark, die sie besessen, für eine Arznei verausgabt habe.
Georg Herwegh starb am 7. April 1875 im Alter von 58 Jahren. Emma Herwegh veranlaßte seine Beisetzung in Liestal, in der freien republikanischen Erde der Schweiz, einem Wunsch folgend, den Georg einmal geäußert hatte. Die Frau starb, 87 Jahre alt, am 24. März 1904 in Paris und wurde an der Seite ihres Mannes beigesetzt. Als am 16. Oktober des gleichen Jahres das Herwegh-Denkmal in Liestal eingeweiht wurde, hatte auch die Grabstätte ihr Monument: wie ein gewaltiges Buch deckt schwerer Marmor die Erde, in der Georg Herwegh ruht, gegenüber den bewaldeten Hängen des Jura, die Deutschland in der Ferne verhüllen.

Christian Gottlieb Abt

Die Wahrheit ist Contrebande geworden.

[Chr. G. Abt], Deutsche Zeitung ohne Censur. Mannheim: Hoff 1846, S. 312

Er war gar nicht armer Leute Kind, wie er das später mitunter demonstrieren wollte. Die das Zeug zu Revolutionären haben, sind keine Proletarier. Die Abt kommen von den Fildern, aus urschwäbischem Gebiet also. Einer war, zu Anfang des 18. Jahrhunderts, Schulmeister in Bernhausen, er selber, kaum zu umgehen, wieder Schulmeisterssohn, inmitten von Lehrern, die miteinander versippt und verschwägert waren.

Sein Sohn, der Christoph Michael Abt, zieht in die »Stadt«. Er wird 1757 Lehrer an der Oberen Teutschen Schule in der Reichsstadt Esslingen, nach heutigen Begriffen an der Hauptschule der Stadt. Er heiratet viermal, jedesmal eine Tochter aus gutbürgerlich-reichsstädtischem Haus. Sein Sohn, Gottlieb Christoph Abt, 1759 in Esslingen geboren, beginnt als Provisor, rückt zum Kantor an der Stadtkirche St. Dionysius auf und wird 1792 zum Präzeptor an der Ersten Klasse des Paedagogiums, des reichsstädtischen Gymnasiums gewählt. Er ist (noch) nicht Akademiker, heißt merkwürdigerweise dennoch Magister. Er war, er betont das ausdrücklich, »ohn all sein Gesuch«, von dem Comite Palatino Caesareo, zu deutsch dem Pfalzgrafen und Hof- und Regierungsrat Hallwachs zu Ludwigsburg 1791 »propter laudabiles sibi comparatos, in philosophia bonisque litteris profectus«, kurz, wegen seiner wissenschaftlichen »Nebenstunden« zum Doktor der Philosophie ernannt worden, das Diplom hat sich bis in unser Jahrhundert hinein erhalten.

Für einen Lateinschulpräzeptor eine außergewöhnliche Sache. Der Großvater unseres Helden, des Christian Gottlieb Abt, bewegt sich schon zwischen den sozialen Fronten. Er ist kein kleiner Schulmeister mehr, vielmehr »Magister oder Doctor gar«. Aber er ist, der Ausbildung nach, auch kein akademischer Prälat oder Regierungsrat. Seine Heiraten führen ihn aus der kleinbürgerlichen Enge der Vorstadt heraus. 1792 heiratet er die Johanna von Kirch, nach ihrem Tod 1804 deren Schwester Friderike von Kirch, beides Töchter eines angesehenen Esslinger Verwaltungsbeamten, Nachkommen eines seit 1391 genannten Geschlechts, das es in den schwäbischen Reichsstädten der Fugger und Welser zu beachtlichen Reichtümern brachte und für Generationen hin auf seinen Landschlössern zwischen den Donaurieden und dem Bodensee wohnte.

Wenn man weiß, daß die Mutter unseres Christian Gottlieb eine Sonnenwirtstochter aus Dobel im Schwarzwald war, daß sein Vater Erhard Friedrich Gottlieb Abt es tatsächlich zum Akademiker gebracht hat und, wie die Sprößlinge der altwürttembergischen Ehrbarkeit seit alters, die Seminare und das Tübinger Stift durchlief, dann wird man zugeben müssen, daß Abt mit einem, sozial gesehen, sehr irritierten und durcheinandergeratenen Erbe beladen war. Wohin gehörte er? Zu den Akademikern? Dafür war der Vater, der sich mit der Wirts- und Bauerntochter verheiratete, zu wenig Garantie. Zur altzünftlerischen Tradition? Handwerker finden sich so gut wie keine in den väterlichen und mütterlichen Familien, eigentlich nur Schulmeister, die weder zu denen »unten« noch zu denen »oben« gehörten. Zum reichsstädtischen Patriziat? Dafür ist der Einschuß derer von Kirch zu gering.

Die Mutter habe, so der Dekan gelegentlich der Heiratserlaubnis, »eine gute Erziehung genossen, ohne dadurch verbildet worden zu seyn, und die Eltern sind sehr rechtliche und geachtete Leute«. Freilich fügt er an, Dobel stehe, »wiewohl ohne hinlänglichen Grund«, »meistens in einem schlimmen Ruf«, eine Honoratiorentochter gehe dort wohl kaum hin. Wir lesen zwischen den Zeilen: eine Frau von Stand hätte der Pfarrer Abt hier ohnehin nicht bekommen können. Schlimm und ganz sicher nicht ohne Einfluß auf die Urteilswelt des Buben, daß die wohlhabenden Zeltmanns, die Eltern der Mutter, in generationenlangem Zwist mit der Dobler Schultheißenfamilie lagen. Dörfliche Erbrache: das Streiten von Haus zu Haus liegt unserem Abt sozusagen im Blut. Der Vater bekommt einen Prozeß an den Hals wegen einer Nichtigkeit: er will einen Hund halten und zeigt dafür einen vom Geometer gefertigten Riß vor, wonach die »Entfernung seines Hauses von dem seines Nachbarn 130 Schritte« beträgt. Die vorgesetzten Behörden, wahrscheinlich steckt der liebe Schultheiß dahinter, nehmen ihm das nicht ab. Es geht gerade noch glimpflich ab. Der Kriminalsenat des Gerichtshofes für den Schwarzwaldkreis spricht ihn frei vom Verdacht der Urkundenfälschung. Aber zwei Drittel der Untersuchungskosten muß der Herr Pfarrer zahlen.

Dem Bub ist also das Prozessieren und Streiten eine geläufige Sache. In Dobel selber, wo er am 17. August 1820 geboren ist, ist er nie zur Schule gegangen. Drei Jahre lang besucht er die Calwer Schule, dann ist er Hospitant, also nicht ordentlicher Zögling wie Hermann Kurz und so fort, im Seminar zu Maulbronn, schließlich Schüler am Stuttgarter Gymnasium illustre. Leicht wird ihm die frühe Ausbildung außer Haus nicht gefallen sein. Schon als Zehnjährigen müssen ihn die Eltern wegen seines angeborenen Klumpfußes ins Orthopädische Institut nach Cannstatt schikken, das dauert dort genau ein Jahr und einen Monat, der Vater hat »außerordentliche, meine Kräfte fast übersteigende Kosten« zu tragen.

Nach bestandener Vorprüfung wird Abt am 5. November 1838

an der Landesuniversität Tübingen als Student der Theologie immatrikuliert. Er studiert, wie eine Senatsakte einmal verrät, »auf Kosten der Eltern«, was so viel heißen mag, daß er nicht in den Genuß irgendeines der generationenverbrieften altwürttembergischen Familienstipendien gekommen ist. Seine Personalakten sind voller Schulden- und Geldsachen, keine Rede davon, daß der junge Mann sich in Tübingen hinter die Bücher gehockt und sich in die Welt der Weisheit retiriert hätte. Da wimmelt es nur so von Trägerlöhnen und Kutschergeldern und Kosten für Schneiderarbeiten: unser Abt ist einer von den jungen »Herren«, wie die Alt-Tübinger aus der Unterstadt die Studenten nennen, ein flotter Bursch, für den der Vater die »Verbindlichkeiten« übernimmt.

Kaum einer unter den Herren Studenten von damals, der ungeschoren, das heißt ohne Strafregister davongekommen wäre, Pfeifenrauchen auf der Straße genügte schon. Abt freilich legt sich eine besonders ergiebige Liste zu, ein Ausnahmefall im subjektiven und objektiven Sinne. Er ist keine drei Monate an der Alma mater Tubingensis, da wird er auf dem Universitätsamt wegen »Tragens verbotener Verbindungs-Zeichen« verhört. Er hat an seiner Pfeife Schnüre und Eicheln mit den Farben »weiß, grün und roth« getragen. Ja, das sei seine Pfeife, gibt er zu, oben auf dem Kopf sei »ein Bäckermädchen«. Erstaunlich, wie unerschrocken und wendig der junge Mann vor den Behörden auftritt. Warum er denn gerade diese Farben getragen habe? Das seien seine Lieblingsfarben.

Aber das hohe Universitätsamt nimmt ihm dieses ästhetische Bekenntnis nicht ganz ab und verurteilt ihn zu drei Tagen Karzer. Kein halbes Jahr später, am 17. Juni 1839, wird er »wegen seines fortwährenden ungeordneten und mangelhaften Fleißes sowie wegen leichtsinnigen Schuldenmachens mit dem consilium abeundi bis Ostern 1840« belegt. Der Herr Studiosus pausiert, in der Hauptsache wohl zu Hause. Aber im nächsten wieder erlaubten Studienjahr kommt es zu noch größerem Eklat. In der Sitzung des akademischen Senats vom 4. November 1841 hat man sich unter dem Vorsitz des Prorektors Robert von Mohl, des berühmten Staatsrechtslehrers und Parlamentariers, nachhaltig mit dem Theologiestudenten Abt aus Dobel zu beschäftigen. Der Fall ist deshalb so bös, weil Abt nicht eigentlich einer Tat sich schuldig gemacht, sondern weil er in seiner – eigenen, von ihm verfaßten – Rekursschrift einen derart »unverschämten Ton« angeschlagen hat, daß das Professorenkollegium, die Voten unterscheiden sich nur geringfügig, nur feststellen kann, ein »niederträchtiger und gemeiner Charakter« gehe aus diesen Seiten hervor.

Wir belassen es bei diesem Einblick. Das Register ist größer und nicht ohne Tragikomik, Abts ganzes Leben hat einen Hauch davon. Einmal wird er wegen seines Hundes bestraft, was ihn wieder zu einer ellenlangen Rekursschrift veranlaßt. Mit »gleichem Recht und Fug« müßten ja dann auch »Vögel-, Katzen- und sonstige Thierhalter« bestraft werden. 30 Jahre später wird der »Hunds-Abt« Gegenstand gerichtlicher Dispute werden. Daß Studenten mit (gefährlichen) Hunden im Vormärz auch als eine gelinde politische Provokation empfunden werden mußten, übersieht er geflissentlich. Er will seine – von ihm auf eigene Weise verstandene – Freiheit haben; mit Politik hat das, meint er, gar nichts zu tun. Als noch in den sechziger Jahren, 1863, ein nassauischer Assessor dem vorgeladenen – nun tatsächlich ganz in landes- und bundespolitische Aktionen verwickelten – Abt die Frage vorlegt, ob er 1841 »wegen Rauchens aus einer unbedeckten Pfeife« und so fort verurteilt worden sei, lacht Abt laut auf. Da könne man sehen, wohin deutsches Recht und deutsche Freiheit gegangen seien.

Daß er in Tübingen Vorlesungen gehört hat, übrigens mehr fachfremde und historische, belegt er selbst, wir nehmen ihm das ab. Daheim habe er vor allem Kant gelesen, sagt der Vater. Aber er hat natürlich auch andere Dinge gelesen, er hat, um es mit einem Wort zu sagen, mitten im Schwarzwald die frühsozialistischen

Lehren in sich aufgesogen. »Angeweht von deutscher Hegeley« sei der Sohn Abt, so der Dekan, »und vollgefüllt von französischem Socialismus«. Ob der Vater sehr weit weg von dieser politischen Richtung war? Einmal wird ihm, dem – aktenkundig gewordenen – Polterer vorgeworfen, er habe sich in »unziemlicher, verlezender Weise gegenüber den Glaubensgenossen der katholischen Kirche« geäußert, auch das ist nicht biedermeierliche Übung. Aber das Verfahren wird eingestellt. Daß der Vater den Sohn »kirchliche Funktionen« verrichten ließ, hat der Dekan zu spät bemerkt. Er hat diese Stellvertretung sofort verboten. Dieser Christian Gottlieb Abt, »Kirche und Polizey nicht achtend, über alle öffentlichen und bürgerlichen Verhältniße sich hinwegsezend«, war auf einer königlich württembergischen Kirchenkanzel nicht zu denken.
Von Dobel aus hat er am 26. Januar 1843 um Zulassung zur Ersten theologischen Dienstprüfung gebeten. Freimütig meldete er damals und später den Behörden was an Scheinen noch fehle, was er noch nachholen wolle, vor allem: wann und in welcher Sache er in Tübingen »anhängig« geworden sei. Erstaunlich, daß in Metternichs Polizeistaat ein junger Mann in amtlichen Bahnen von solcher Keckheit sein konnte. Freilich fügte das Oberamt Neuenbürg in einem Begleitschreiben an, »daß Abt sich seit seinem Aufenthalt zu Haus durch unwürdiges Benehmen und Rohheiten, insbesondere auch gegen einen verdienten Geistlichen auszeichnete und seiner Frechheit durch eine Majestäts-Beleidigung, sowie wegen AmtsEhreBeleidigung gegen untergeordnete öffentliche Diener er gegenwärtig in gerichtlicher Untersuchung steht, die Krone aufsezte.«
Das mit dem württembergischen Theologenexamen hat nicht geklappt, die »Amtsehrenbeleidigung« viel Staub aufgewirbelt und, davon später, Abt Stoff für ein Lebensthema gegeben. Nach diesen »öffentlichen« und häuslichen Beanspruchungen – am 1. Juli 1843 wird der Vater endlich versetzt, nach Sulzbach am Kocher – versucht er es mit dem Studium noch einmal und läßt sich

am 13. Juni 1845 als stud. jur. in Heidelberg einschreiben. Aber er scheint, mit fünfundzwanzig Jahren ohnehin so etwas wie ein bemoostes Haupt, nur noch mit halber Kraft angetreten zu sein. Nicht, daß er gefehlt hätte im Weichbild der Ruperto-Carolina. Im Gegenteil, auch hier hat das Universitätsamt zu tun, die Strafen für den Studenten Abt in der verlangten Korrektheit aufzuschreiben. Einmal zahlt er seine Strafgelder nicht, und das »bare Geld, das er von seinen Eltern bekömmt«, kann man ihm auch nicht nehmen, »denn er trägt es gewöhnlich bei sich«. Ein andermal gehört er zu einer »Gesellschaft hiesiger Studirender«, mit denen er »jene Versammlungen besucht, wo die traurigen Zerwürfnisse der hiesigen Bürger genährt und gesteigert werden«, ein anderes Mal ist er dabei, mit Kommilitonen »an den bevorstehenden Wahlen und anderen politischen Gegenständen« sich zu beteiligen. Am 9. März 1846 erhält er das Consilium abeundi.

Aber sein Heidelberger Studium endigt nicht – Abt hat auch dort nicht promoviert, obwohl er sich später gerne mit »Doktor Abt« hat anreden und vorstellen lassen – deshalb, weil er relegiert wurde, sondern weil er sich längst auf eigenen Fährten bewegte. Schon im April 1845 meldet der Württ. Ober-Rekrutierungs-Rat – Abt hätte Soldat werden sollen –, er schreibe dem Vernehmen nach »als Litterat in Heidelberg oder Karlsruhe Aufsätze für die Mannheimer Zeitung«. Abt ist Journalist, Zeitkritiker, Gesellschaftskritiker, Staatskritiker, in einer ganz selbstverständlichen Agilität und Wachheit. Niemand von uns hätte sich diesen Mann als bienenzüchtenden Pfarrer in einem Remstalort oder als Rechnungsrat im Obersteuerkollegium vorstellen wollen. Es hat sich zu viel Stoff in diesem Herzen angesammelt, an Enttäuschungen, an Ungereimtheiten, an Dissonanzen zwischen dem, was ist, und dem, was sein sollte, als daß er sich bei seinem Temperament in die behagliche Ecke des Biedermeiers hätte zurückziehen können.

Schon im letzten Tübinger Jahr tritt er als Autor auf den Plan,

übrigens im 15. Bande des Staatslexikons, das die Freiburger Universitätsprofessoren Rotteck und Welcker »in Verbindung mit vielen der angesehensten Publizisten Deutschlands« herausgaben. Welcker, der – auch List war anfänglich höchst engagiert dabei – das Unternehmen jetzt allein redigierte, hatte eine kleine Fußnote für notwendig gehalten: man müsse auch ein »tadelndes freies Urtheil« hören können. Also las man unter der Überschrift »Würtemberg, neuester politischer Standpunct« eine Analyse, die freilich zu einem fragwürdigen, wo nicht düsteren Bild des guten Landes kam. Man habe sich zu fragen, ob »neben den löblichen nicht etwa auch Schattenseiten zu finden« seien. Er, der (anonym gebliebene) Autor werde untersuchen, ob in Württemberg die »Bedingungen des Völkerglücks« vorhanden seien, »ob das an sich wackere Volk, um auf den Ruhm eines geistig vorangeschrittenen mit Recht Anspruch machen zu können, wenigstens in seiner Gesammtheit die Idee der Freiheit erfaßt« habe, ob das württembergische Volk »ein geistig rühriges Volk« sei, ob die württembergische Regierung mit ihrem politischen System »wirklich die Entwickelung des Volkes« begünstige und damit »eine edle humane Tendenz« befolge.
Das Ergebnis dieser Studie, wir haben nicht viele dieser Art im württembergischen Vormärz, Vischers Invektive »Dr. Strauß und die Würtemberger« ist ihr an die Seite zu stellen, ist mehr als bedenklich. Württemberg mangelt »das vornehmste Kennzeichen des Fortschritts«, eine »freisinnige Kammer, eine gesetzmäßige Opposition«, es hat keine »Preßfreiheit«, die anderen Staaten hätten auch keine, aber dort rufe man doch wenigstens danach. Was die Gesetzessituation angehe, so seien die Gerichte mit Prozessen »zum Schutze der württembergischen Amtsehre« überladen, die Staatsdiener unterstützten nur »das Recht als Popanz«, nie sei »das Schreibereiwesen«, man glaubt List zu hören, »das beim Beginne der gegenwärtigen Regierung diese selbst mit dem ganze Lande öffentlich verwarf«, schlimmer gewesen; in Tübingen, eine Hochschule zeuge getreulich vom »Geist der Re-

gierungen«, herrsche Commentroheit und werde »das Bild der akademischen Freiheit von Gendarmen und Polizeidienern verhöhnt«. Zu Abts Thema gehören auch »die socialen Verhältnisse Würtembergs«, wo er »alle Radien der Gesellschaft« um den Beamten sich drehen sieht, wo der Pietismus echten Fortschritt hindert und alles in das politische System paßt, nur nicht »Hinführung zur Selbständigkeit und Mündigkeit«. »Ich glaube aber zuversichtlich, daß die Zeit erscheinen wird, wo das würtembergische Volk aufwacht, und ihm die Abwesenheit seiner Rechte und Freiheiten zum Bewußtsein kommt. Möge es nicht zu spät geschehen! Würtemberg ist keine Insel der Seligen. Es wird mit in die großen Bewegungen der Zeit hineingezogen werden.«
Rasch fertig ist die Jugend mit dem Wort, könnte man sagen. Aber wenn man von gewissen Überhöhungen absieht, entdeckt man doch eine sehr hautnahe, moderne, nämlich ganz auf dem Boden liberalen Demokratieverständnisses aufgewachsene Kritik, der die Ernsthaftigkeit nicht abzusprechen ist. Daß selbst der Schwäbische Merkur, die württembergisch-schwäbische Times des Jahrhunderts, sich einläßlich mit dem Abtschen Artikel auseinandergesetzt hat, spricht dafür. Daß sich Abt sofort wieder an seinen Tisch setzt und eine Replik darauf schreibt, ist typisch für ihn, er ist Fechter und politischer Tagesschriftsteller par excellence. 1846 erscheint sein – wiederum anonymes – Buch »Deutsche Zeitung ohne Censur« in Mannheim. Das Vorwort stammt vom Januar 1846, die Beiträge des Bandes gehören also in der Mehrzahl dem Jahre 1845 an. Es geht, wie der Titel vermuten lassen könnte, nicht um Presserecht, sondern um eine politische Diagnose der Zeit. Nirgendwo sonst in seinen Veröffentlichungen hat Abt ein so klares und durchdachtes Bekenntnis abgelegt. Weil Bücher mit mehr als 20 Bogen nicht zensiert werden, hat auch er »zum schweren Geschütz der Zwanzigbogenfreiheit« greifen müssen. Neben der kommentierten Diskussion in der badischen Kammer mit Welcker, Bassermann und anderen, in dem Abt ein Lehrstück der Demokratie präsentiert, nimmt er sich den

Schwäbischen Merkur aufs Korn. Die geistige Unfreiheit im Königreich Württemberg schreie gen Himmel, es sei merkwürdig genug, daß ein Blatt wie der Merkur sich auf die Seite der Regierung schlage. Die Liste in Württemberg zensierter Bücher, die er vorlegt, ist freilich frappierend, und das »Feuilleton«, wie er einen anderen Essay überschreibt, illustriert die Zensurmisere im deutschen Bundesgebiet auf eine verblüffend offene Weise.
Aber das Buch ist nicht nur Mängelrüge, sondern auch Bekenntnis. Der erste, umfangreichste Beitrag gilt der deutsch-katholischen Bewegung. Abt beginnt mit einem, auch soziologisch akzentuierten Überblick »im Schooße des Judenthums von Jesus, dem Reformator des Judenthums«, geformt, kein Dogma besaß, »keine festen, abgeschlossenen Glaubenssätze«. Die, wie Abt meint, alles andere als gewinnende Art, damals dogmatische Streitigkeiten zu führen, bringt er in Verbindung mit dem Auftreten absolutistischer Staaten. Der Bau der Staatskirche »ist das Fundament und der Schlußstein jeglichen Absolutismus«. Das Urchristentum verlor seine Freiheit, der »Geist des Mittelalters« und des »volksbevormundenden, masseverdummenden Priesterthums« legte sich über das Leben christlichen Glaubens und verfälschte ihn. Aus seinem Gefängnis befreite den Glauben erst wieder die deutschkatholische Bewegung. »Ich will der Religion (nämlich der wahren, der practischen, moralischen Religion, allerdings nicht der Dogmenreligion) eine Stütze bereiten, will sie aus der Verbindung mit der Herrschaft lostrennen.«
Ganz in seinem Element ist Abt mit der Beisteuer »Protestantismus und protestantische Priester im Lande der Amtsehre«. Die Polizei habe nicht das Recht, nach dem Glauben zu fragen, auch in Württemberg nicht, dem »Lande der Amtsehre«. Dort werden, eine andere Bestandsaufnahme belegt das des weiteren, »Beamtenbeleidungen« in besonders lächerlicher Weise geahndet. Gotteslästerlich werde es dann, wenn man »Religionsbeamte« in den Mantel der Unnahbarkeit hülle. Priester, gleich, ob einer selbständigen oder einer Polizeistaatskirche, seien »das

Haupthinderniß einer würdigen, selbständigen Stellung der Nation, die gefährlichsten Feinde des Menschengeschlechts«. Der letzte Satz dieses Beitrags ist klar genug: »An die Wand mit ihnen!«

Die gewichtigste Beisteuer – und eine der klügsten Publikationen in Abts ganzem Oeuvre überhaupt – hat die Überschrift »Der politische Absolutismus und seine Mitschuldigen«. Er trifft Metternichs System mitten ins Herz. Elementare und unverzichtbare Größen sind Volk und Staat. Die »Abhängigkeit der Regierung vom Volke ist die einzige Garantie für das Bestehen des Staates«. Niemand kann Zweifel daran haben, daß Abt nur für einen demokratischen »Freistaat« einzutreten bereit ist. Absolutismus wird dann möglich, wenn das Volk sein Selbstbewußtsein verliert. Ohne diese traurige Perspektive des näheren zu erläutern, sieht Abt in unheilvoll determinierte Zusammenhänge: die Geschichte ist wie die Natur dem Gesetz von Aufstieg und Verfall unterworfen (»Jedes Volk hat Entwicklungsfasen zu passiren, welche auch dem Individuum gelten«).

Glänzend und natürlich provozierend die Beobachtungen zur Frage, wie Revolutionen entstehen, was Absolutismus in allen seinen Erscheinungsformen, wir würden heute wohl Diktatur und Dirigismus und Bürokratie dafür setzen, bewirkt. Antwort: er demoralisiert, weil er a priori unsittlich ist, er macht, »ein Sohn des Egoismus«, aus verantwortlichen Staatsbürgern entmündigte Philister. Absolutismus ist »die Staatsverfassung der Brutalität«, umgeben mit Trabanten aller Art und Funktionen, eine Apparatur, die nur dem »Abstractum« dient.

Fast sensationell ist, daß Abt im Beitrag über »Die soziale Frage« – abgesehen davon, daß er sie überhaupt sieht – sich schon kritisch mit den frühsozialistischen Lehren und Thesen auseinandersetzt. Wer Heines »Schwäbische Schule« im Kopf hat, sollte meinen, man habe damals im Schwäbischen nur »Veigelespoesie« à la Kerner oder Karl Mayer gekannt. Abt führt diese Abrechnung, das ist ganz seine Art, in höchst direkter Weise. Der

Untertitel: »Ein offenes Sendschreiben an die Herausgeber der ›Rheinischen Jahrbücher zur gesellschaftlichen Reform‹ von einem Anhänger der vernünftig organisirten Gesellschaft.« Er wendet sich hier vor allem gegen Moses Hess' Geld- und Eigentumstheorie; aber auch die Versuche des Friedrich Engels, sich den Konzepten Robert Owens anzuschließen, sind ihm suspekt. Er fragt die Herren ohne Umschweife, ob durch »Verwirklichung Ihrer communistischen Ideale nicht die Freiheit und Persönlichkeit des Einzelnen vollständig vernichtet« würden. Die Theoretiker der Jahrbücher opfern »die individuelle Persönlichkeit« und überhaupt die Wirklichkeit »einem Abstractum auf«. Ihn schaudert's vor der am Horizont heraufziehenden Totalherrschaft der Ideologie. »Sie sind diese anmaßenden Despoten, Sie stellen ohne Weiteres ein communistisches Dogma auf und sagen dem Volke, das mußt du glauben. Sie bauen Quadrate von 1650 Fuß Länge und Breite, Sie errichten Spitäler des Communismus, Sie errichten Suppenanstalten und communistische Kasernen...« Sein Sozialismus – und Abt läßt keinen Zweifel darüber, daß er sich als Sozialisten versteht – hat nur die einzige Aufgabe, diejenigen Hindernisse verschwinden zu lassen, »welche die Gesammtheit von der Theilnahme an der Organisation der Gesellschaft ausschließen«. Wenn man's recht bedenke, ergebe die Verwirklichung dieser vornehmsten Aufgabe »keine communistische Gleichheit«, sondern »eine geistige Aristokratie«.
Daß ein solcher Kopf, brach erst einmal die – von ihm immer deutlicher gesehene – Revolution aus, auf der konsequenten, auf der radikalen Seite stand, wundert uns nicht. Wie sehr Abt zu den Modernisten gehört und die alten Zöpfe verachtet, verrät allein seine Schreibweise von Wörtern wie »Fisiognomie«, »Sistem«, »Dinastie«, »Filosofie« und so fort, die er sich schon als Student in seinen Eingaben ans Konsistorium erlaubt und die von den Herren der Behörde jedesmal mit Schrecken angestrichen wird. Als die Revolution 1848 da ist, gehört er ganz selbstverständlich zu ihren leidenschaftlichsten Verfechtern. Im

Staatslexikon hat er in diesen Wochen einen Artikel mit der Überschrift »Die demokratische Partei als Anwalt der Menschheitsinteressen« erscheinen lassen, unschwer zu erraten, in welche Kerbe er hauen wollte.

Was das Verfechten anlangt, so hat er in diesen Monaten und Wochen mit Worten gefochten. Einmal, als sich im Juni 1848 zu Frankfurt 234 Abgeordnete von 89 deutschen demokratischen und Arbeitervereinen versammelten, treffen wir ihn dort als Delegierten. Aber seine Hauptwaffe ist die Zeitung. In Heidelberg, da wirken gewiß Beziehungen aus seinen Studentenmonaten nach, gehört er zu den Mitherausgebern der Tageszeitung »Die Republik«, die vom 1. April 1848 an erschien und wahrscheinlich am 21. Juni 1849 die letzte Nummer herausbrachte. Nominell war ihr Verleger C. Frick, dann G. M. Renner und schließlich Georg Hiebeler verantwortlich, die tatsächlichen Schriftleiter waren Elsenhans, der 1849 als erster in Mannheim standrechtlich erschossen wurde, Abt und der schließlich zurückgekehrte Dr. Frick. Abt hat sich zeitlebens gegen jede Form von Pressebeschränkung gewehrt. Aber er hat später auch einmal verlangt, »daß nicht jeder mißlungene Student und Taugenichts eine Zeitung dirigiren darf«. Kein Redakteur dürfe sich freilich auch mehr herausnehmen als »jeder Privatmann in anständiger Gesellschaft«.

Wir haben ihm zu bescheinigen, daß er sein Zeitungsschifflein – die »Republik« hatte kaum mehr als ein halbes Tausend Abonnenten – mit Anstand durch die gerade in Heidelberg anno 48 hochschlagenden Wogen geführt hat. Freilich hat das Blatt, schon der Titel war ein Programm, aus seinem radikalen Standpunkt kein Hehl gemacht. »Die demokratische Republik«, so schon in der Ausgabe vom 18. März 1848, »ist nach unserem Dafürhalten die Regierungsform, welche die Rechte der Einzelnen und der Gesammtheit, die Volksfreiheit am Deutlichsten ausspricht und am Treuesten gegen innere und äußere Feinde schützt.« Zwangsläufig mußte diese prinzipielle Überzeugung dazu führen, daß das Blatt in der Auseinandersetzung mit Waffen allmählich eine Notwendigkeit sah, daß es sich gegen das kostspielige monarchische System wandte, gegen einzelne Persönlichkeiten des großherzoglichen Hauses, gegen Staatsinstitutionen und schließlich gar gegen die Nationalversammlung. Erst im Juli 48 erklärte sich eine Gruppe der Heidelberger Studenten für die Einrichtung der Republik. Damals hatte die Zeitung »Republik« bereits angekündigt: »Allerwärts wollen wir die Regierungen stürzen; – wir warten nur auf die günstige Gelegenheit. Wir sind solche Wühler, solche Umstürzer und Feinde der bestehenden Ordnung, daß wir ganz unverhohlen Euch ins Gesicht sagen: Ihr werdet gestürzt und vertrieben, sobald der rechte Augenblick gekommen.«

Das könnte Abts Sprache gewesen sein. Wie und wann die Revolution von 1848 zusammenfiel, wissen wir. »Wehe dem Geschlechte«, hatte Abt im November 48 unter »Eingesendet« in einer Esslinger Zeitung prophezeit, »für welches eine Revolution keine Früchte trägt, wo der Blitz aus der Höhe zuckt, aber die Luft nicht reinigt. Leiden ohne Ersatz ist oft das Schicksal der edelsten Menschen, aber wenn ein Volk leidet ohne Ersatz, mag es sich selbst verfluchen.«

Dem Leiden-Müssen – es ist gegen ihn wegen Hochverrat ermittelt worden – hat sich Abt durch die Flucht in die Schweiz entzogen. Unter den vielen 48er-Flüchtlingen, die dort Unterschlupf oder wenigstens das erste Exil fanden, ist Abt einer der wenigen, die als Landeskenner gelten dürfen. Sein Buch »Die Schweiz, ihre Gegenwart und Zukunft« erscheint zwar in Frankfurt erst im Revolutionsjahr, ist aber vor 1848 niedergeschrieben. Das Vorwort atmet noch ganz das Hochgefühl dessen, der mitten aus Metternichs »Wintermärchen« heraus den frühlingshaften Schweizer Boden betritt: »keine Hofräthe und Hofköche, keine Gensdarmerie gegen Ideen, keine Civillisten und Apanagen«. »Laßt Euch umarmen, glückliche Republikaner!« Das Buch, das erste Mal übrigens unter voller Autorschaft erschienen, ist sicher das diszi-

plinierteste und systematischste, das er geschrieben hat. Weil er nur Republikaner und Individualist sein kann, lehnt er den Kommunismus auch auf diesen 400 Seiten scharf ab, strebt aber den »sozialen Staat« an und als Mittel dazu die »soziale Revolution«, die der politischen nachfolgen und sie ergänzen müsse. Nicht, daß er in der Schweiz alles aufs Beste entwickelt sehe, es gibt viel Halbheiten da, die seinem radikalen Idealbild nicht entsprechen. Aber der – für die deutschen Verhältnisse vorbildliche – Anfang ist hier gemacht. Er ist sich sicher, daß in der Schweiz die begonnene politische Revolution mit einer »privatrechtlichen« endigen wird. »Denn die Politik ist nur Mittel zum Zweck und im Hintergrunde jeder demokratischen Bewegung steht die wahre Volkssouverainetät.«
Wie tief das Scheitern der 48er-Revolution ihn getroffen und übrigens in seiner politischen Haltung schließlich dann auch verändert hat, verraten die beiden 1849 in Darmstadt und in Herisau erschienenen Bücher über »Leopold von Baden« und »Die Revolution in Baden«. Im Büchlein über Leopold geht es um dessen Prozeß gegen Gustav von Struve. Der Untertitel: »Wie müssen politische Processe beurtheilt werden?« Die Badener Dynastie, die »von irgend einem Raubritter des Mittelalters abstammt«, ist von den Geschworenen, dies der Mahnruf Abts, als solche zu beurteilen. Im übrigen haben die Geschworenen keinen anderen Maßstab zu vertreten »als das Interesse des Volkes«. Geistvolle, ja geniale Einschüsse zeigt das nur 174 Seiten starke Buch zum Thema Badener Revolution: Es geht nicht um einen biederen und anspruchslosen Tatsachenbericht, wie sie ja damals allenthalben gegeben worden sind, sondern um eine politische und vor allem soziale Analyse dessen, was »Revolution« im generellen Sinne des Wortes ist. Der resignative Untergrund ist nicht zu übersehen. Für Abt existiert hier »Volk« erstmals nicht mehr »als reales Ganzes, als reales Collectivum«. Es sei ein Abstraktum, eine Fiktion. Was er in der modernen Entwicklung vermißt, ist der »Mangel an Einsicht in die Solidarität der Inter-

essen«. Die Leute müssen, einziger Ausweg, »das Interesse der einzelnen Classen« erkennen und das ihrige durchsetzen, mit allen Mitteln. Die Revolution hätte »ganz Deutschland anders gestalten können«. »Schreibt auf ihren Grabstein: ›Durch Advokaten verpfuscht‹.«

Dies könnte das Stichwort sein für Abts letztes Lebensdrittel überhaupt. Es geht ihm jetzt nur noch, mehr und mehr, um das Aufspüren und die Überführung der »Advokaten«. Die Rechtsanwälte, die zu hauptamtlichen Parlamentariern und Politikern geworden sind, machen die Demokratie kaputt. Im Februar 1851 taucht Abt, »bekannt unter dem Namen Scherer oder Malvide Meyer« in Genf auf, sein deutscher Paß wird dort aber am 1. April 1852 wieder abgegeben, »da Abt nach Aix-les-Bains abgereist«. Abt, wie Marx sich 1860 in einem Brief an Engels ausdrückt, damals zum »General« des Arbeitervereins ernannt, gerät in die unerfreulichen Emigrantenhändel, die zwischen Carl Vogt, dem Genfer Zoologen, dem Gegner aller autoritären Herrschaftsstruktur und vor allem des »christlichen Staates«, Karl Marx und Wilhelm Liebknecht ausgetragen werden. Einer der ersten im Genfer Arbeiterverein war ein Bürstenmacher; »Abt und die Bürstenheimer« bleibt eines der erregendsten Themen in der mühsam sich zusammenstreitenden Internationale. Broschüren werden gewechselt, Artikeln wird widersprochen, und wenn Marx recht berichtet, wird Abt in Genf »vor einem Ehrengericht deutscher Flüchtlinge einstimmig verschiedenen ehrloser Handlungen wegen für schuldig befunden«.

Er zieht weiter. Ausgang der fünfziger Jahre (1856–61) hält er sich, nach genehmigtem Gesuch einer straflosen Rückkehr, wieder in der Heimat, in Stuttgart auf, die seriöseste württembergische Presse, der Schwäbische Merkur, behauptet später und läßt sich davon trotz öffentlicher Einsprüche nicht abbringen, Abt habe damals eine Zeitlang für die klerikale Freiburger Kirchenzeitung gearbeitet. Dann und wann ist in Lebenserinnerungen und dergleichen vom »Lügen-Abt« die Rede. 1861 übernimmt er für drei Wochen die Redaktion der »Mittelrheinischen Zeitung«. Nach einem kurzen Zwischenspiel in Wien, wo er in einer eher noch biedermeierlichen Presseluft am »Botschafter« mitarbeitet, gibt man ihm im November 1862 die Schriftleitung der »Neuen Wiesbadener Zeitung«. In Wiesbaden traf ihn damals sein Landsmann Otto von Breitschwerdt, der gerade von einem mehrwöchigen Besuch bei Marx in London zurückkam und dem Marx dort das Geständnis gemacht hatte, »daß er sich selbst keinen einzigen neuen Gedanken zutraue«. Breitschwerdt spricht von Abt als dem »diabolisch-geistreichen Schwaben«, »der als nassauischer Journalist eine sehr hervorragende Rolle spielte«. Der fahrende Literat steht plötzlich verantwortlich inmitten landes- und reichspolitischer Auseinandersetzungen. »Daß er für eine Spanne Zeit der leitende Kopf eines Regierungssystems werden würde, hatte er sich schwerlich träumen lassen.« Der Großdeutsche Reformverein, dem es um ein Deutschland unter Einschluß Österreichs geht, macht im Herzogtum Nassau die Neue Wiesbadener zu seinem Organ und Abt zu seinem Zeitungsmann. Aber der serviert mehr Streit als politische Aufbauarbeit. Nicht ohne Rekordstolz vermerkt er später, während 405 Wiesbadener Tagen seien acht umfängliche Klagen gegen ihn eingereicht worden. Er gebe zu, daß er in der »Wiesbadener« »eine derbe, eine rücksichtlose Sprache« geführt habe. Aber sie habe »Anklang gefunden im Lande Nassau und ein Echo hervorgerufen«.

Die Resonanz hat er teilweise selbst registriert und kommentiert, in einem Buch, das er mit »Die Principien des modernen Liberalismus in den Händen der Advocaten« (1865) überschrieben hat. Aus dem Liberalen von 48 ist ein nörgelnder Kritiker zwischen allen Fronten geworden. Herrschaft des Volkes ist Herrschaft der Parteiführer. Partei ist mehr oder minder legitime Massen-Manipulation. Die Presse ist ein »durch und durch unmoralisches Institut« und die »gefährlichste Macht im Staate«, weil im Dienste einzelner. Abt will mit diesem Buch den Nachweis führen,

daß Nassau in den Händen von ein paar demoralisierten Advokaten verelendet. Der moderne Liberalismus ist nur noch Fiktion. Die Presse spielt die übelste Rolle, Abt bringt den ganzen Blätterwald durcheinander, stellt richtig, stellt bloß, klagt an: das Buch wird zum Abfalleimer für wiederabgedruckte Zeitungsartikel, Lokalspitzen, Gnadengesuche, Gerichtsurteile, Verrätereien, Justizirrtümer.
Einmal, mitten in diesem Sturzbach von »pöbelhafter Unjurierung«, hält er selber den Atem an: »Der Wirbel, den ich im Herzogthum Nassau aufgeregt hatte, sollte am Ende aber auch mich verschlingen.« Als das Hofgericht Ernst machen will mit den zwei Jahren Correctionshaus-Strafe für Herrn Christian Gottlieb Abt, räumt der das Feld, »indem ich Morgens früh um 7 Uhr, gerade eine Stunde ehe der Landjäger erschien, um meine Person in Empfang zu nehmen, nach Castel bei Mainz abmarschirte, um vorläufig von dort aus meine Zeitung fortzuredigiren. Eine Stunde nach meiner Abreise erschien dann auch in der That die bewaffnete Macht, um mich zu verhaften, fand aber wie man zu sagen pflegt, das Nest leer.«
In Kastel, wo Abt bei einem Freund Unterschlupf findet und tatsächlich seine Zeitung »für den nächsten Tag« fertig macht, taucht die Polizei auf, umstellt das Haus des Freundes, dringt sogar in das Schlafgemach der Frau des Freundes ein: Abt ist fort. Er hat sich über die Brücke nach Mainz geschlichen, von dort »rheinaufwärts«. Für ein paar Tage ist er noch einmal in Wiesbaden, seine Angelegenheiten, wie er so schön sagt, »zu ordnen«, dann zieht er endgültig ab. Nach Stuttgart. »In meine Heimath«, wie er jetzt in einem Anflug von Bravheit sagt. Stuttgart, so weiß mittlerweile das »Frankfurter Journal« zu berichten, verweigert die Auslieferung. Aber keine Rede davon, daß Abt »daheim« seßhaft wird. Seine heimatlich-schwäbischen Gefühle sind allenfalls ironischer Art. »Ich gerieth«, setzt er einmal als Fußnote und zur Erklärung bei, »ich gerieth nämlich durch Geburt unter die Schwaben.« Da Stuttgart »von Schwaben förmlich wim-

melt«, werde es für »jeden, der nicht mitschwäblen will oder kann, zu einem unerträglichen Aufenthaltsort«. Abt will nicht mitschwäbeln, soll heißen, die königlich-württembergische Landespolitik nicht mitakzeptieren oder gar mittragen. An anderer Stelle meint er, weniger witzig, aber dafür den wahren Sachverhalt wohl treffender, man könne »in Schwaben nichts verdienen«, man solle ihn »in irgend einem deutschen Staate eine Redacteurstelle übernehmen« lassen.

Wie immer auch das Schicksal an ihm zupft und zerrt, seine, wie er sie selbst nennt, »abderitische« Ironie hat es ihm nicht verleidet. Über St. Gallen und Leipzig kommt er nach Frankfurt, wo er sich noch einmal, ja zum erstenmal zu einem eigenen Blatt entschließt. »Die Kritik« nennt es sich, es könnte gar nicht anders heißen. Eine »empfindsame Beilage« hat es auch, »Der finstere Orkus« hat Abt sie tituliert, nomen est omen. Am 1. Oktober 1865 geht die erste Nummer hinaus. Aber den Frankfurtern wird die Abtsche Kritik zu gewalttätig und schließlich zu ehrenrührig. Im Juni 1868 muß Abt Druckort und Wohnsitz nach Stuttgart verlegen, wo die letzte Nummer am 30. Dezember 1869 erschienen ist.

Prompt beginnen 1868 in Stuttgart auch Prozeßakten über Abt angelegt zu werden. Die »scharfe Sprache« der »Kritik« führt schon im Winter 1868/69 dazu, daß Abt für neun Wochen auf der Festung Hohenasperg sitzen muß. Eine neuerliche Strafe verhängt der Schwurgerichtshof Esslingen am 12. April 1870 wegen Majestätsbeleidigung, Abt hat die Strafe am 19. April angetreten. Während der Haft verurteilt ihn die Strafkammer des Königlichen Gerichtshofes in Stuttgart am 25. Juli 1870 zu vier Monaten Zusatzstrafe »wegen mittelst der Presse mehrfach, teilweise in fortgesetzter Handlung verübten Ehrenkränkungen und ehrenkränkender Bezüchte«. Abt legt Einspruch ein, insbesondere gegen ein früheres Stuttgarter Urteil, in dem zwei Journalisten der »Bürgerzeitung«, die vom »Hunds-Abt« sprachen und gegen die Abt klagte, freigesprochen wurden. Am 26. Oktober 1870

wird vor dem Kassationshof des Obertribunals zu Stuttgart über Abts Beschwerde entschieden. Der Verhandlungsraum ist überfüllt. In seinem Schlußwort erklärt Abt, er lasse sich nicht ungestraft beleidigen, er verlange »irgendwie Genugtuung, nicht materiell, sondern moralisch«. Die Beschwerde wird abgewiesen. Das Urteil durch den Präsidenten lautet auf acht Monate »auf der Festung zu vollziehenden Arbeitshausstrafe«.
Abt zieht wieder auf den Asperg. Am 14. April 1871 vom »Thränenberg« entlassen, verläßt er auch seine »Heimat«. Allein, wie er sein Leben lang war. 1874/75 wohnt er in Neu-Isenburg, damals läuft ein Verfahren wegen Beleidigung am Oberappellationsgericht Darmstadt. Am 10. Juli 1877 ist er in Speyer gestorben. Den Friedhof, auf dem er begraben wurde, gibt es seit langem nicht mehr.

Julius Motteler

Wir sind Deutsche nach Sprache, Sitten und Gebräuchen, soweit die Hungerbataillone im Reiche zu zählen sind, wir würden sonst nicht auf unseren Stationen aushalten ...

J. Motteler im Deutschen Reichstag 1874, nach dem Stenogr. Bericht im Crimmitschauer Bürger- und Bauernfreund vom 26. April 1874

Die Motteler gibt es noch heute in Gärtringen und in den längst ausgeuferten, von der Großstuttgarter Industrieregion heimgesuchten Dörfern am Westrand des Schönbuchs. In Gärtringen waren Mottelers Vorväter Schuhmacher für Generationen. Sein Vater Jacob Friedrich, 1785 in Gärtringen geboren, bittet am 31. April 1815 als »Kgl. Weginspektor« um Aufnahme ins Esslinger Bürgerrecht; man wolle ihm die Heirat mit der Maria Magdalena, der Tochter des Esslinger Gerbermeisters Jeremias Schaller genehmigen. Als die Ehe vollzogen war, kauft Jacob Friedrich eine Wirtschaft an der Ausfallstraße der alten Reichsstadt. Nach dem Tod der ersten Frau heiratet der streitbare und gerne polternde Löwenwirt im Februar 1825 die Katharina Strecker. Das dritte von den vier am Leben gebliebenen Kindern dieser Ehe – Franziska, Adelheid und Theodor – ist unser Julius Ernst Christian Friedrich, geboren in Esslingen am 18. Juni 1838.
Er kommt aus einer bodenständigen altschwäbischen Familie, die für Generationen dem dörflichen Handwerk angehört und sich die Frauen aus der bäuerlichen Umgebung holt. Der Vater Julius Mottelers verläßt das bäuerlich-zünftlerische Umland. Über den niederen Staatsbeamten – »Wegmeister« hat er sich

amtlich zu nennen – gelingt ihm über das Heiratsgut der Frau der Einstieg in die besitzende Mittelbürgerschicht. Vollends nach der zweiten Heirat ist der Löwenwirt in der belebten Küferstraße zu Esslingen kein armer Mann. Als er im Revolutionsjahr 48 stirbt, hinterläßt er neben einem Barvermögen von mehreren tausend Gulden respektable Liegenschaften, ein eigenes Haus, Grundstücke, Wiesen.
Vermögen und spätere Hinterlassenschaft sind so reichlich, daß der Bub 1845 für sieben Jahre die Realabteilung der Esslinger Lateinschule besuchen kann, das Nachwuchsinstitut des gehobenen Bürgertums. Als Julius Motteler einmal viele Jahre später in sein Londoner Exil einen taufrischen Esslinger Stadtführer zugeschickt bekommt, tauchen blitzartig die Schulzeiten wieder vor ihm auf. Der Rektor erscheint in der Rückschau als »geistiger Kettenschmied«. Ein übler Reaktionär sei er gewesen. Ihm, dem Lateinschüler, habe er »Thränen des Zorns entlockt«, wenn er vor den Schulbänken gegen Pfaffs und Freiligraths Bücher losgezogen habe, gegen die Schöpfungen der Liberalen und Demokraten.
Bestimmende politische Eindrücke? Oder Zensuren aus der Retrospektive? Die Vormünder, fürs erste der Obermeister der Gerber, Jeremias Schaller, verwalten die Gelder der Waisen; das städtische Sozialamt, als erster unterschreibt der Oberbürgermeister, führt die Akten. Natürlich ist der frühe Tod des Vaters für den zehnjährigen Julius und seine Geschwister ein Bruch. Aber ein Schiffbruch, ein soziales Deklassement ist nicht daraus geworden. Was Julius im altehrwürdigen Paedagogium der Stadt an Latein und Französisch, an Mathematik und »Realien« gelernt hat, dürfte dem gleichgekommen sein, was man vor Vierzehn »das Einjährige« genannt hat. Wo seine Genossen später als Autodidakten von Grund auf beginnen müssen, bringt er schon Kenntnisse mit und Maßstäbe; er darf unter den Parteifunktionären der Jahrhundertwende als einer der Gebildeten gelten. Bebel hat ihn als »mitunter genial« gesehen.

1852, zwei Jahre nach dem Tod seiner Mutter, verläßt er die einzige Höhere Schule der Stadt und tritt eine Kaufmannslehre bei Gugenheim, einem kleineren Esslinger Textilbetrieb an. Dort bringt man ihm nicht nur kaufmännisches Arbeiten in Kontor und Vertrieb, sondern auch Weben bei. Motteler nennt sich später, nach seinem bürgerlichen Beruf befragt, immer »Kaufmann und Tuchmacher«. Das Merkatorisch-Organisatorische bleibt seine Lebensleidenschaft; im – zudem illegalen – Vertrieb des »Sozialdemokraten«, des Parteiblatts, hat sie ihre Krönung gefunden.

Er ist kein Arbeiterkind. Und er ist auch nicht Arbeiter geworden wie der Metalldreher August Hochberger, gebürtiger Esslinger wie er, der schon 1848 als Arbeiterführer eine bekannte, für Bebel hernach eine bestimmende Größe war. Mottelers Vater war kleiner Unternehmer. Er ist 1823, fünf Jahre nach dem Kauf des »Löwen«, um die Errichtung einer Brauerei eingekommen. Den Esslinger Oberbürgermeister Schaller, von bürgerlichen Gruppen in der Mitte des 19. Jahrhunderts gewählt, nennt Julius Motteler seinen Vetter. Ein anderer Vetter von ihm ist der Geometer Johannes Motteler, der 1819 auch nach Esslingen kam und hernach in die Museumsgesellschaft, den behaglichen Honoratiorenklub der ehemaligen Reichsstadt aufgenommen wurde. Johannes ist der nicht immer bequeme, aber auch nicht ungewöhnliche Mann eines besitzenden, dem Fortschritt mäßig aufgeschlossenen Bürgertums.

Auch Julius gehört dazu. Seine vierjährige Kaufmannslehre ist zu Ende, als er 1859 zur Linie ausgehoben wird. Er kauft sich frei, kommt im Mai dieses Jahres zur Landwehr, kann aber erreichen, daß man ihn nach knapp vier Monaten beurlaubt und »ins Ausland« wandern läßt. Später einmal, in seiner großen Reichstagsrede zum Militärgesetz im April 1874, er war einer der vier sozialdemokratischen Abgeordneten im Berliner Parlament, hat er sich in einem Nebensatz auch seiner königlich-württembergischen Dienstzeit erinnert. Als er »die Uniform bekam«, habe man ihm feierlich erklärt: »Sie treten jetzt in den erhabenen Kriegerstand, Sie sind kein gewöhnlicher Staatsbürger mehr. Ich habe mir, auf Posten stehend, das sehr eifrig überlegt.« Das Militärische, über das Motteler als Rekrut so angestrengt reflektiert, hat den Stil seiner Lebensarbeit im besonderen bedingt; er bleibt der »Soldat« seiner Partei sein Leben lang.

Seine erste Stelle erhält Motteler schon als Achtzehnjähriger; 1856 wird er Buchhalter und Werkführer bei dem Tuchfabrikanten Kohn in Augsburg. Vier Jahre später tauscht er diese Stelle mit der eines Buchhalters und Disponenten bei der Firma Wolf & Kirsten in Crimmitschau, nahe dem Zwickauer Kohlengebiet, Fabrikstadt vor allem der Textilbranche schon in der vierten Generation. Er wird Mitglied, wie sich das gehört, der liberalen Honoratiorenvereinigung, des Nationalvereins. Die Sache der Nationalliberalen, die der Einheit Deutschlands unter Preußens Führung das Wort reden, ist auch die seine. Auf einer Versammlung des Vereins im März 1863 probt er seine Rednergabe und erklärt, »daß das preußische Abgeordnetenhaus die Rechte des deutschen Volkes in höchstem Grade vertrete, folglich auch für das ganze deutsche Vaterland als Muster« dastehe. Man möge den Herren Abgeordneten »die vollkommene Anerkennung dafür Seitens der Versammlung zukommen lassen«. Motteler in Verneigung vor der preußischen Fahne: keine Jugendsünde, eher ein für das Herkommen dieses Mannes nächstliegender Akt.

Eduard Bernstein, der »Ede«, mit dem Motteler im Exil in einer latenten Art von Haßliebe das Zimmer teilt, schreibt in seinem Nachruf auf den Genossen, Motteler sei von einer »französischen Gouvernante« erzogen worden. Andere machen ihn zum Sohn eines »höheren Baubeamten«. Letztlich spricht man mit derlei Ornamentik die »bessere« Abkunft dieses Mannes an, einer Gestalt, die auch in ihrem äußeren Auftreten etwas Distinguiertes und »Feines« hatte, der lateinisch-römische Sentenzen immer zur Hand waren, die Lyrik nicht nur liebte und zitierte, sondern auch selber zu Papier brachte. Die weichen, elegischen Augen sehen einen aus allen seinen Bildern an, in der Jugend haben sie etwas Sinnlich-Sentimentales dabei, in den letzten Londoner und Leipziger Jahren mischt sich resignative Gelassenheit darein. Als August Bebel vor seinem Grab stand, hat er die musische Kultur in diesem Menschen in Worte zu fassen gesucht. Max Grundwald, eine der Entdeckungen Mottelers, späterhin Geschäftsführer der SPD-Reichstagsfraktion, Parteiarchivar und Parteilehrer, hat Motteler als eine primär gar nicht politische Persönlichkeit empfunden. »In der ganzen Art, sich zu geben, lag weit mehr als vorherrschende Begabung, etwas Künstlerisches. Auch in seinen persönlichen Bewegungen, in seinen Verkehrsformen überwog eine starke ästhetische Ader.«

Eine merkwürdig zweigeteilte, sozusagen kontroverse Erscheinung also, und als Arbeiterführer ein besonderer Typ: nicht der aus der Zunftwelt Herausgewachsene, wie es die Reihe von Bebel bis Rudolf Wissell war, nicht der akademisch geschulte Publizist, der seinen Stoff in der »Lage der Arbeiter« entdeckt hat und jetzt die Neue Zeit propagiert, der verhinderte Privatdozent von Marx bis Bernstein oder Kautsky, der als Theoretiker für die Massen die Akzente setzt, nicht der abenteuerbeladene, rebellisch-radikale Johann Joseph Most. Motteler ist der gebildete, vor allem ungemein fleißige, disziplinierte Funktionär, der die »Produktion« ebenso von Grund auf gelernt hat wie die fabrikatorische Disposition, der diese Befähigung, mit »Organisation« zu umschreiben und mit weltanschaulich abgesicherter politischer Tagesarbeit, seiner Partei rückhaltlos treu zur Verfügung stellt. »Genie ist Fleiß«, diese Erkenntnis teilt er mit Moltke. Seinem Grabstein auf dem Leipziger Südfriedhof hat man, grammatisch merkwürdig unsauber, eingemeißelt: »In rastloser Arbeit verzehrte sein Leben der Kampf um die Arbeiterklasse.«

Sie war eine politische Konstituante, diese Treue, die er einbrachte. Das Sympathische daran: daß sie ein Grundzug seines Wesens war. Im Gegensatz zu den vielen anderen, die »draußen« groß wurden und das Neckarschwäbische vergaßen, hielt er zeitlebens mit seiner Heimat und mit Esslingen gute Verbindung. Seiner Vaterstadt hat er am 24. Oktober 1872 einen sozialdemokratischen Verein gegründet und ist für sie 1877 und 1878 als Reichstagskandidat aufgetreten, mit einem übrigens niederschmetternd geringen Wahlergebnis. Er war für die neckarschwäbischen Sozialdemokraten so etwas wie der große Bruder, den man um Rat fragt, der bei der Parteispitze ein Wort einlegt, der Mann, dem man vertrauen kann und der sich der provinzialen Sorgen genauso annimmt wie der großen, die zwischen Berlin und Leipzig spielen. Viele unter seinen Briefen, die ganz privatim und ohne Absichten in die Heimat gehen, an Jugendfreunde, an Gugenheim, den alten Lehrherrn. Die Seiten und Zeilen werden dann allemal warm und zart, das Eingebundensein in die Zeit meldet sich an, und aus dem Mann der Parteiräson wird der freundliche Erzähler, der die Zeitläufte glossiert und die Welt in lieben Humor tauchen kann.

Der Schwester Franziska, die sich verheiratete und in einem einfachen schwäbischen Bürgerhaus ihr Leben verbrachte, hat er rührende, sorgliche Briefe geschickt und hie und da auch ein eigengebautes Gedichtlein dazugelegt. Es hätte in der »Gartenlaube« stehen können. Man muß vorsichtig sein, wenn man auf dem breiten literarischen Terrain der Gründerzeit nach einer eigenen »Arbeiterliteratur« suchen will. Wenn man bei den hauptamtlich engagierten Arbeitersprechern nachdenklich und poetisch wurde, hat man weithin den biedermeierlich-behaglichen Ton der Bürgerliteratur von Geibel bis Spielhagen nachgesungen, und wenn man sich »zeigte«, wenn man sich fotografieren ließ, war mehr der Parvenü als der Mann im Werkkittel das Vorbild. 1867 dediziert Motteler »seinem lieben Bebel« eine Aufnahme, die ein Porträtfotograf höheren Anspruchs arrangiert haben muß, der Dreißigjährige als Stutzer, heller Gehrock mit dunklem Sammetkragen, eine englisch-karierte Hose, die feine Weste ebenso, das Krawattentuch darüber in theatralischer Drapierung, ein munter-gedrechselter Schnurrbart: Urbild eines Dandys, der sich

Jenseits von Gut und Böse wähnen darf. Im Alter ist der geckenhafte Gestus privater Gemütlichkeit gewichen, der Reichstagsabgeordnete, der auch ein pensionierter Oberposthalter sein könnte, mit der Katze auf dem Schoß, in der Küche kocht der Kaffee. Daß die Welt ein einziger Klassenkampf ist, weiß Motteler unverbrüchlich. Man muß der Arbeiterklasse den Rücken steifen am Tag. Am Abend will aber auch ein Arbeiterführer seine bürgerliche Behaglichkeit haben.

Wann aus dem Bürgersohn ein Arbeiteragitator, wie Bebel sagte, aus dem Saulus ein Paulus wurde, läßt sich fast auf den Tag genau sagen. Am 1. September 1863 gründet Motteler zusammen mit August Colditz den Arbeiterfortbildungsverein Crimmitschau. Die Arbeiter, so im Aufruf, hätten »nicht den Grad von Bildung, der ihnen im Interesse der Industrie und vom Standpunkt der menschlichen Gleichberechtigung aus zukommt«. Der erste Paragraph der Statuten: Zweck des Vereins sei, eine »Hebung seiner Mitglieder in geistiger, sittlicher und materieller Beziehung« einzuleiten. Die Vorträge, die gehalten werden, eine Art Volkshochschule in eigener Sache, betreffen vorwiegend historische Themen, aber auch Titel wie »Arbeiterverhältnisse« oder »Licht- und Schattenseiten des Fabrikwesens«. »Bildung macht frei«, lautet die Devise, ein Zwittergebilde noch aus bildungsbürgerlicher Betulichkeit und klassenkämpferischem Anspruch.

Aber Motteler geht rasch weiter. Mit Bebel und Liebknecht gründet er am 19. August 1866 in Chemnitz die Sächsische Volkspartei, aus der drei Jahre später die Sozialdemokratische Arbeiterpartei hervorgeht. Das Programm der Volkspartei ist durchtränkt von radikal-demokratischen, von antipreußischen, von großdeutschen Prämissen. Im Handumdrehen hat sich die Mehrheit der sächsischen Arbeiterparteien der neuen Bewegung angeschlossen. Von bildungsliberaler Emanzipation keine Rede mehr. Jetzt wird Politik gemacht, auch gegen die Leute Lassalles, die eigenen Konkurrenten. Bebel hat schon im Sommer 1865 vor ihnen gewarnt und gemeint, daß »die nur auf eine Gelegenheit harren, die Fahne des Kommunismus mit all ihren Schrecken zu entfalten«.

Wer in Motteler je nur einen Organisator und einen »Macher« im Parteigetriebe hätte sehen wollen, wird spätestens hier eines Besseren belehrt: jetzt ist er Volksredner und Agitator und Parteiengründer. In der Stiftungsfeier des Arbeiterfortbildungsvereins zu Glauchau referiert er im Februar 1869 »Ueber die Frauen und ihre Stellung im Hause und in der Oeffentlichkeit«, kurz und präzis, in der vehementen Aufforderung, »keine Haussclaven für Tisch und Heerd« sein zu wollen, vor einer »äußerst zahlreich besuchten Volksversammlung« zu Ausgang dieses Jahres redet er über Kinderarbeit, erstaunlich gezügelt und bewußt »in Betrachtnahme der wissenschaftlich festgestellten Tatsachen«.

Zum grobschlächtigen Demagogen hätte sich Motteler nie geeignet. Seine gewissenhafte und schwäbisch-tüftelnde Art, den politischen Lebensproblemen auf den Grund zu gehen, scheint im Laufe der Jahre nur zugenommen zu haben. Als Bebel ihn im Londoner Exil anzukündigen hat, bittet er Engels, Motteler »nicht über anderthalb Stunden« im Communistischen Arbeiter-Bildungsverein reden zu lassen. »Als er noch hier in Deutschland war, tat er es nie unter drei bis vier Stunden.« Das Original, als das Motteler damals im vertrauten Kreis zwischen Bernstein und Engels, Kautsky und Bebel galt, verrät sich auch in einer pedantisch-präzeptoralen Gewissenhaftigkeit, in diesem den stürmischen Vorwärtstreibern fatalen Eigenwillen, erst einmal säuberlich das Seine, das Eigene fertig zu machen. Seine archivarischen Arbeiten im Londoner Exil, Motteler dankt man eines der elementaren Quellenfundamente heutiger deutscher Arbeitergeschichte, seien »oft sehr Selbstzweck« gewesen, sagt Grundwald aus freundschaftlicher Nähe später: auch dieser Eigen-Sinn gehört zu Mottelers Charakter.

Motteler der Parteiengründer: merkwürdig, wie die – wirtschaftlich-kulturell gemeinte – »Gründerzeit« in diesen politischen und speziell parteipolitischen Verfestigungen ihre Entsprechung hat.

Ende 1866 konstituiert sich in Crimmitschau ein demokratisches Wahlkomitee, aus dem am 16. Juni 1867 der Volksverein hervorgeht. Motteler ist der Führende im Vorstand. Zu Anfang des Jahres gibt er vor einer Menschenmenge in der Crimmitschauer Turnhalle das Stichwort: »Es wird die Geschichte zeigen, wenn die Saat einst aufersteht, ob der Weg nach Hohenzollern oder über den Hohenzollern geht.« Jetzt geht es gegen die Preußen. Natürlich ist Marxens Parole dieser Kampfansage irgendwo benachbart: »Die Emanzipation der arbeitenden Klassen muß durch die arbeitenden Klassen selbst erobert werden.«
Motteler gründet. Die Genossenschaftsdruckerei, die Internationale Gewerksgenossenschaft der Manufaktur-, Fabrik- und Handarbeiter, die Schneidergenossenschaften in der Schweiz gehen auf ihn zurück. Er ist Mitbegründer des 1870 eröffneten »Crimmitschauer Bürger- und Bauernfreunds«, der ersten sozialdemokratischen Tageszeitung. Als sich vom 7. bis 9. August 1869 in Eisenach die neue Sozialdemokratische Arbeiterpartei konstituierte, war Motteler unter den populärsten Köpfen der Gründungsgruppe. Die später in aller Ehrfurcht gemalten Erinnerungstafeln an »Eisenach« haben neben den Bildern Bebels und Liebknechts und so fort auch immer seines gezeigt. Aber Mottelers eigentliche Gründerleistung liegt auf der Gewerkschaftsebene. Daß sich am 10. Februar 1869 in Crimmitschau 300 Männer und Frauen zur »Allgemeinen Deutschen Manufactur-, Fabrik- und Handarbeiter-Gewerksgenossenschaft beiderlei Geschlechts« zusammenschlossen, war vorab sein Werk. Zwei Monate später sind es 800 Mitglieder. Im April faßt man den Beschluß, eine Generalversammlung nach Leipzig einzuberufen. Man schickt einen Aufruf »An alle Manufactur-, Fabrik- und Handarbeiter«, Delegierte zu entsenden. Motteler ist die Anlaufstelle für alle Anfragen und Zuschriften, die den Leipziger Kongreß betreffen. Er wird, geleitet von Motteler, ein voller Erfolg, an die Stelle des Wortes »Deutsch« setzt man jetzt »International«. Motteler ist der Präsident der Bewegung. Immer wieder

unterstreicht er, daß man den Frauen in der Genossenschaft gleiches Recht und gleiche Stimme gebe.

Was drängt ihn so sehr nach Verwirklichung dessen, was man später »Gewerkschaftsidee« nennen wird? Er hat in Crimmitschau den Stier bei den Hörnern gepackt und ein wirtschaftsorganisatorisches Experiment gewagt, die Gründung einer Firma, die Eigentum des Kollektivs, sprich aller Mitarbeiter war: die Spinn- und Webgenossenschaft Stehfest & Co., begonnen am 8. Juli 1867. Ein paar Dutzend Männer sind die ersten Mitglieder, meist Leute, die von ihren »Fabricanten« politisch gemaßregelt wurden. Persönlich haftender Gesellschafter ist der ehemalige Werkführer Ernst Stehfest, der als Mitinhaber einer Vigognespinnerei über Fabrikräume verfügte. Motteler, einer der 17 Kommanditisten, die bis auf den Advokaten Schrapfs alle Handwerker waren oder kaufmännische Ausbildung hatten, wurde Geschäftsführer und Prokurist der Gesellschaft. Die Arbeiter in Spinnerei und Tuchfabrikation konnten, man ist schon weit entfernt von den hoffnungsseligen Träumen in der frühsozialistischen Kommune, mit einer monatlichen Ratenzahlung von einem Taler Teilhaber werden. Damit hatten sie das Recht auf einen Arbeitsplatz und auf Beteiligung an der Gewinnausschüttung (die Gewinne wurden freilich nur als Kapitaleinlage gutgeschrieben). Der liberale Selbsthilfegedanke ist gepaart mit der Idee vom Eigentum der Arbeiter an den Produktionsmitteln. Marx ist begeistert. »Der Wert dieses großen sozialen Experiments ist gar nicht zu überschätzen. Durch die Tat anstatt durch Argumente haben Sie bewiesen, daß die Produktion auf großer Stufenleiter und im Einklang mit der modernen Wissenschaft möglich ist ohne die Existenz einer Klasse von Unternehmern, die eine Klasse von »Händen« beschäftigt; daß, um fruchtbar zu sein, die Arbeitsmittel nicht monopolisiert sein müssen als ein Mittel zur Knechtung und Auspressung des Arbeiters selbst.«

Aber das Experiment mißlingt. Warum, wird kaum je exakt auszumachen sein. In einem Wahlflugblatt aus Crimmitschau vom

9. Januar 1877 zitiert Motteler unter dem Motto »Das Faustrecht hinter'm Busch« mit bitterer Ironie den Titel des neuen Spektakelstücks: »Die Erdrosselung der Spinn- und Webgenossenschaft Stehfest & Co. in Crimmitschau, eingeleitet und vollendet durch die Liberalen zu Crimmitschau und ihre Freunde von auswärts.« Also politische Einkreisung des Mannes von der extremen Linken? Ob dem Unternehmen, für das auch Bebel »Platzreisender« war, das in der Schweiz eine Tochtergesellschaft gründete und ab 1868 die Leipziger Messe beschickte, die Kredite gesperrt wurden, ist nicht erwiesen; man hatte gute Beziehungen vor allem zu jüdischen Bankhäusern. Motteler selbst spricht in den vielen Papieren, Rechnungen, Rechenschaftsberichten usw., die sich in seinem Nachlaß gerade über dieses Unternehmen erhalten haben, nie von einem »Grund«. Dafür notiert er einmal, »der Wurm des Profithungers« habe »an manchem im eigenen Bau« bedenklich genagt. Also Scheitern des Ganzen aus Mangel an Solidarität? Seit Ausgang der sechziger Jahre tritt ein Gesellschafter nach dem anderen aus, Mottelers Geschäftsführung wird massiv angegriffen. 1874 verläßt er Crimmitschau ganz, und von der zwei Jahre später liquidierten Gesellschaft bleiben ihm schließlich nur noch die Schuldscheine, die öffentlichen Vorhaltungen und Bloßstellungsversuche, denen er, der Abgeordnete des 18. sächsischen Wahlkreises, lange Entgegnungen nachschickt. Die Möglichkeit, sich hauptamtlich den Dingen der Partei widmen zu können, muß ihn jetzt im Blick auf die noch Jahre nachwirkende Konkursmasse doppelt angezogen haben. 1874 ist er Leiter der Volksstaat-Druckerei in Leipzig, dann zieht er als sächsischer Abgeordneter in den Reichstag ein. Das Flintenattentat Nobilings im Juni 1878 zu Berlin leitet das Sozialistengesetz, das heißt das Verbot der Sozialdemokratischen Partei ein. Zwei Tage nach den Schrotschüssen Unter den Linden soll Motteler, ausgerechnet in Stuttgart in der Vereinsbrauerei »Herzog Karl«, in einer dreistündigen Rede gesagt haben: »Ich wünsche, daß der Unglückliche (nämlich Nobiling) am Leben bleibe und meinet-

wegen auch der Kaiser.« Einer der fünf Polizeibeamten, welche die Veranstaltung überwachten, sagt aus, Motteler habe das in eindeutig geringschätzigem Ton vorgebracht. Das könne man gar nicht anders auffassen, als daß der Redner das Leben des Kaiser unter das von Nobiling setze. Mit Haftbefehl vom 27. September wird Motteler in Stuttgart festgenommen, 13 Tage sitzt er im Stuttgarter Gefängnis, dann geht der Fall an den zuständigen Schwurgerichtshof nach Esslingen. Am 8. Oktober überführt man ihn ins Esslinger Gefängnis; als Lektüre serviert man ihm, er soll was Ordentliches lesen, das »Stuttgarter Evangelische Sonntagsblatt«. Statt dessen dichtet Motteler, diesmal eher in Heinescher oder Jean Paulischer Manier, »Eine geistige Morgenpromenade des politischen Arrestanten M« (so nennt man ihn) »oder die Schlußserenade gebellt von unserem Hofmops«. Drei Tage später findet die Hauptverhandlung statt. Der Richter hält die Argumentation des Anwalts Friedrich Payer, Parlamentarier ersten Ranges und Führer der württembergischen Demokraten, für »gezwungen und unnatürlich«. Aber am Ende wird Motteler, ein paar Schritte weiter steht seine alte Lateinschule, doch freigesprochen.

Er fährt nach Leipzig, wo er als Leiter der Genossenschaftsdrukkerei den »Vorwärts« herausgibt. Ein paar Tage später, Folge des Sozialistengesetzes, stellt der »Vorwärts« sein Erscheinen ein. Ende März 1879 schreibt August Bebel dem inhaftierten Vollmar, Motteler sei immer noch stellungslos. Man hat inzwischen versucht, in Zürich eine – unerläßliche, weil wie nichts sonst zusammenhaltende – Parteizeitung zu drucken und von dort nach Deutschland zu schmuggeln. Der Start mißlingt. Der Schriftsetzer Adolf Uhle, der das besorgen soll, ist der Sache nicht gewachsen. Bebel schlägt Motteler vor. Der geht erst nach inständigstem Bitten der Parteigrößen ins freiwillige Exil.

Was Motteler in den zwölf Jahren dieser Emigration durch den illegalen, immer gezielten, immer funktionierenden Vertrieb des »Sozialdemokraten« für die innere Solidarität und Kontinuität

der deutschen Arbeiterpartei getan hat, kann gar nicht hoch genug eingeschätzt werden. Die »Expedition« war ein politisch ungemein wichtiges Unternehmen, aber auch ein Abenteuer ohne Vorgang und Beispiel. Motteler, die zartbesaitete Künstlerseele, hat es gemeistert. Hinter den Händen, die sich die Zeitungskoffer von Treffpunkt zu Treffpunkt reichten, hinter der Spitzel- und Agentenschar, hinter den Männern der Geheimdruckereien in Holzbaracken und Kellerhäusern, hinter den immer wieder neu hereingelegten Kriminalkommissaren und Polizeileuten wuchs der Ruhm Mottelers, des geistigen Kopfes in der Zentrale, ins Legendäre, ins Mystische. Der »Rote Feldpostmeister« – Farbpostkarten haben ihn, hoch auf dem gelben Wagen, das Posthorn angesetzt, hernach zum Heros der politischen Eulenspiegelei und Täuschungskunst gemacht – war die persongewordene Antwort auf einen Staat, der einer unaufhaltsamen politischen Bewegung mit Paragraphen und Lockspitzeln begegnen will.
Motteler war sehr viel mehr als der Geschäftsführer des Exilverlags, der Organisator des Transits, der Verteiler. Er hat den »Sozialdemokraten« auch thematisch mitgeformt und dem Widerstand auch von seiner Seite aus einen bestimmten Grundton gegeben. Und er hat in einer seltenen Mischung von Akribie und Instinkt, von Pedanterie und Spürsinn alle die Nieten und alle die schwarzen Passagiere ausfindig gemacht, die sich in Leipzig oder Wertheim, in Altona oder Reutlingen als Sozialdemokraten ausgaben und in Wirklichkeit Agenten waren. Wie überlegen, wie raffiniert Mottelers System war, kann nur der ermessen, der die vielen hundert Zettel, Anweisungen, Notizen, Vermerke, Schriftproben, Schriftvergleiche dazu in seinem Nachlaß durchmustert. Es grenzt ans Mysteriöse, wie er mit einer einzigen Postkarte, anfangs mit »Dr. T. Brandter« unterschrieben, später mit »Moretti«, den Vertrauensmann einer deutschen Stadt bitten kann, doch einmal diesen und jenen Besuch zu machen. Ein paar Tage später stellen die Genossen in Deutschland fest, daß sie einem Agenten aufgesessen waren. Motteler hatte da einen fünften

Sinn, und vielleicht hat sich das bei ihm zu einer fixen Idee verhärtet: nur der darf mitreden, der sich zuvor legitimiert hat (und freilich, der das richtige Bewußtsein hat). Er sitzt in Zürich wie die Spinne im Eck ihres Netzes. Und er sitzt über seiner Agenten- und Spitzelkartei, tragisches Einsprengsel in dieses Leben, noch in den letzten Leipziger Lebensjahren, als die Partei längst wieder arriviert und die konspirative Arbeit der »roten Feldpost« längst nicht mehr gefragt war.

Das Etikett »Feldpost« hat man ernst zu nehmen. Keiner im harten Kern, der nicht täglich hätte mit »Gefangenschaft« rechnen müssen. Das Vokabular der Leute ist militärisch, man hatte Schmuggler als »Feldjäger«, Bergestellen als »Hauptfeldpost-Stationen«, Schmuggelwege als »Patrouillengänge« und so fort. Der geistig-publizistische Minenkrieg wird von einer kleinen, auf strikte Subordination und unbedingte Verläßlichkeit aufgebauten »Armee des Sozialismus« geführt. Wo die Imitation des preußischen, des Moltkeschen Vorbilds aufhört und die originäre Intention der Parteidisziplin anfängt, ist schwer zu entscheiden. Es könnte als Symbol gelten, daß Motteler und Moltke im Reichstag in der genannten Militärdebatte einmal die Klinge kreuzen, der Meister der Feldpost mit dem Meister des Generalstabs. Die Perspektiven sind verschieden und die Niveaus freilich auch. Aber in Haltung und Typus unterscheiden sich die beiden kaum und im methodischen Instrumentarium wohl gar nicht. Auch Motteler verlangt, daß »jeder in Reih' und Glied seine Pflicht zu erfüllen« habe, auch er spricht von »Haubitzen« und »gewonnenen Schlachten«. Auch er ist ein Mann von granitener Selbstdisziplin, von stiller Askese, der selbst bei Engels' großer Geburtstagsfeier in London »nach seiner hartnäckigen Gewohnheit nur Wasser und Kaffee kneipte«, wie der zweiundsiebzigjährige Jubilar am nächsten Tag mokant Julie Bebel berichtet. Wenn Kautsky vom »einfachen Soldaten« in Motteler sprach, hat er wohl ein zu sentimentales Bild gewählt. Neben der Treue für die »Truppen« stand die strategische Disposition für sie: »Er blieb stets der einfache Soldat, der nie nach einer leitenden Stelle verlangte, stets aber den Posten, den man ihm zuwies, ganz ausfüllte, voll Hingabe und Redlichkeit.«

Die deutsche Sozialdemokratie als para-preußische Organisation: Motteler, der preußische Schwabe, bei allen intellektuellen und weltanschaulichen Klüften an den preußischen Schwaben Hegel erinnernd, müßte den Einstieg dazu geben. Mottelers Posten hieß ab 1888 nicht mehr Zürich. Einer massiven diplomatischen Intervention Bismarcks glaubte die schweizerische Regierung nachgeben und durch Beschluß des schweizerischen Bundesrats die »vier rothen Teufel« ausweisen zu müssen, Bernstein, Motteler, Hermann Schlüter, den Adjutanten, Leonhard Tauscher, den Drucker. Nicht der »Sozialdemokrat« gab den letzten Anstoß, sondern die Satiren im »Rothen Teufel«, den Schlüter seit 1887 herausgab. In einem Extrablatt »An alle Freunde der Freiheit und des Rechts in der Schweiz« haben die Vier sich auf ihre Art verabschiedet und gemeint, mit der Ausweisung solle »die Schweiz zum Büttel der Bismarckschen Polizei herabgewürdigt werden«. Die Abreise der Ausgewiesenen am 13. Mai wurde zu einer riesigen Demonstration; eine vieltausendköpfige Menge geleitete die Vier zum Zug.

London, die zweitletzte Station in Mottelers Leben, wiederum ein starkes Jahrzehnt, kann das nicht mehr bringen, den richtigen Platz für den richtigen Mann. Keine zwei Jahre später fällt das Sozialistengesetz und damit auch die Notwendigkeit illegalen Vertriebs. Der »Sozialdemokrat« stellt am 27. September 1890 sein Erscheinen ein; das »Berliner Volksblatt« wird Parteiorgan, mit Jahresbeginn 1891 nennt es sich »Vorwärts«. Motteler, der Funktionär, hat keine Funktion mehr. Daheim wird er steckbrieflich verfolgt, nach Hause kann er nicht. Das Exil zwingt zum Meditieren und Theoretisieren; Motteler aber ist kein Theoretiker.

Daß sich die Dinge bei den um Engels gescharten Londonern nicht leicht anlassen würden, hatte man gefürchtet. Bebel kannte seinen schwierigen, seinen kauzigen Kollegen aber doch nicht so gut, als daß er von vornherein davon abgesehen hätte, ihn – die Frau blieb zunächst noch in Zürich – bei Engels unterzubringen. Der bittet schon nach wenigen Tagen, ihn von diesem Mann zu erlösen. »Hätte ich eine Ahnung gehabt von den Molesten«, so Bebel in der Rückantwort, »welche Dir jetzt die Aufnahme eines Besuches wie Motteler bereitet, hätte ich Dir selbstverständlich die Zumutung nicht gemacht.« Ohne seine Frau – 1878 hatte er sich von der Crimmitschauerin Emilie Kyber scheiden lassen und die Emilie geborene Schwarz aus Esslingen geheiratet, die man im Generalstabsquartier kurz und bündig den »Drachen« nannte –: ohne seine Frau ist der befehlsgewohnte Stratege eine hilflose Figur. »Unkundig der Sprache und im Essen und Trinken eine eigenartige Natur, würde er in fremder Umgebung bis zur Ankunft seiner Frau halb kaputt gehen.«

Als die Exilgruppe in London dann beieinander ist, entwickelt sich Motteler zu einer Art Haustyrann. Schlüter, der in Zürich auch das Parteiarchiv verwaltete und jetzt in London weiterführen soll, gerät in erbitterten Zwist mit Motteler. Nicht einmal Bernstein wage es, »in Anwesenheit Mottelers mit mir zu reden«. Jetzt spricht Bebel in einem Brief an Engels ein Machtwort: »Daß Motteler so einen nach dem andern hinausbeißt, macht böses Blut. Wenn ihm mal einfällt, davongehen zu wollen, halte ich ihn nicht. Es hat alles seine Grenze.« Engels, ein alter Mann, antwortet 1892: »Ich mische mich in Julius Angelegenheiten sicher nicht, wenn ich nicht absolut muß. Bei der absichtlichen Isolierung der beiden Leute (gemeint Motteler und Frau Emilie) von uns allen bleibt mir nichts anderes übrig. Die Tante (gemeint die Frau Emilie) verlangt Besuch gegen Besuch, formale Spießeretiquette, und derlei ist unter uns kommunistischen bohémiens erstens absolut nicht Mode und zweitens absolut unmöglich.«

Der Bürger in Motteler ist in seinem Lebensstil immer lebendig geblieben. Aber nicht nur die Staffage und der äußere Habitus machen einen Unterschied zu den Londoner »Communisten«, auch in den Theoremen, die im Londoner Parteibüro zur Diskus-

sion stehen, entdeckt Motteler Lücken und Fehler. In seinen vielen kleinen Zetteln, die bis in die erste Leipziger Zeit zurückreichen, jetzt aber im Exil zu Büscheln anschwellen, Exzerpten und Notizen zu Vorträgen, Konzepten für die bald regelmäßig erscheinenden England-Berichte in der bei Freund Dietz in Stuttgart erscheinenden »Tagwacht«: in allen diesen Präparationen und Vergewisserungen taucht Marx nur sporadisch auf, und wenn, dann immer unter kritischem Vorzeichen. Er habe im Kommunisten-Verein hier seine Meinung zur »Verelendungs-, Zusammenbruchs-, Classenkampfs- und Crisentheorie« deutlich gesagt, schreibt er an Victor Dave im Mai 1899. Er habe coram publico seinen »heutigen Standort und Gesichtspunkt« klargelegt und »ganz speziell« erklärt, »daß die ›Krach- und Freßtheorie‹ sowie die geistlos-einseitige Auffassung der materialistischen Geschichtsanschauung unserer Ängstlichen und Neutheoretiker nicht entfernt von unseren Arbeitermassen getheilt werde«. In einem Exzerpt »Über Moderne Klassenkampf-Taktik« vom November 1901 meint er im Hinblick auf die »materialistische Methode«, es sei »selbstredend, daß diese unvermeidliche Vernachlässigung der gleichzeitigen Veränderungen der ökonomischen Lage – der eigentlichen Basis aller zu untersuchenden Vorgänge – eine Fehlerquelle sein« müsse. Da sei Statistik notwendig. »Als Marx diese Arbeit unternahm, war diese Fehlerquelle noch unvermeidlich.« Und in einem Konzeptzettel vom April 1903: die »Krisentheorie des Marxismus« sei »begraben«. Man habe »Beweise für den steigenden Wohlstand aller Klassen«.
Der Partei-Ideologe auf dem Wege der Wandlung. Motteler hat es in den Jahren des Revisionismus, der Häutung und der Anpassung des sozialdemokratischen Dogmas, mit Kautsky, dem verehrten Freund gehalten, der seinerseits die von der geschichtlichen Entwicklung nicht eben bestätigte Verelendungstheorie aus dem Materiellen ins Psychische transponiert, in die »wachsende Zunahme der Unsicherheit der Existenz, des Elends, des Drucks, der Knechtung, der Erniedrigung, der Ausbeutung«. Der

Hauptakzent liegt nicht mehr auf der Pauperisierung einer statistisch erfaßbaren Verelendung, sondern auf den psychologischen Folgewirkungen der Produktionsweise. Zur Behebung dieses Notstands ist weder eine Revolution noch eine Zerstörung des Staates notwendig. Motteler geht mit Kautsky den Mittelweg zwischen Revisionismus und Putschistentum, keine Zweifel freilich darüber lassend, daß es nach wie vor um klassenkämpferische Situationen geht, die zu meistern nur die Partei ermöglicht.
Daß Motteler in London mit eben dieser Partei in einen bis an seine seelische Existenz reichenden Konflikt gerät, bleibt die nur äußerlich verheilte Wunde seines Lebens. Es gibt da in seinem Nachlaß einen vierzehnseitigen Brief mit dem Datum »London, 20. November 1889«. »Liebe Freunde« beginnt er, und dann folgt eine Abrechnung, die nicht schärfer und nicht verbitterter sein könnte. Motteler, der Sozialdemokrat, sieht in der Gleichheit, die man an der Parteispitze und ihren einzelnen Ressorts praktizieren wolle und das noch »sozialistisch« nenne, einen beschämenden Zustand. Er hat Clausewitz und Moltke einläßlich studiert, er meint, im Grunde weniger Demokrat als Aristokrat, kein gleichgemachtes Kollektiv, sondern eine elitäre und auf Führungsverantwortung abgestellte Kampftruppe, Lenins Praxis vorwegnehmend. »Ich vergesse sie nicht, diese Würdefanatiker, die ich von Gleichheits wegen geschäftlich gehen, stehen und wieder stehen sehe, die gelehrt arbeiten und deren besondere Weisheit in jenem »Gleichheits«-Bewußtsein wurzelt, das mir so manche blutige Enttäuschung eingetragen hat.« Und mit emphatischer Gebärde: »Fort von der Stätte der Enttäuschung, der Demüthigung, der Knechtung, um des Friedens willen, fort aus dem Umkreis ehrgeiziger, selbstisch-kindischer oder eingebildeter Autorität, aus dem Gesichtskreis einer Suffissance, die um die Gunst der Massen eifert, deren Wesen sie nicht theilt!«
Es ist die tragische Stunde dessen, welcher der Partei sein Leben gegeben hat und erkennt, daß die Partei nicht das Leben ist. Sie hat ihm nur genommen und ihm nie etwas gegeben. Aber es ist

nur eine Stunde. »Mein Gewissen hindert mich trotzdem nicht, an meinem alten Glauben und Bewußtsein festzuhalten.« Er tritt wieder ins Glied zurück, und als er am 27. Juni 1901 nach dreizehnjähriger Verbannung »wieder den deutschen Boden« betritt und in Leipzig seinen Wohnsitz nimmt, bereiten ihm die Genossen zwischen Leipzig und Erfurt einen triumphalen Empfang. Der Dank, der Motteler, einem »unersetzlichen Glied der internationalen Verbindung der Arbeiter aller Länder« geschuldet werde, sei »ungeheuer groß«. Dies jetzt zu sagen, sei eine »einfache Pflicht der historischen Wahrheit«. Die Leipziger haben ihn am 16. Juni 1903 mit großer Mehrheit in den Reichstag gewählt. 1907 finden Neuwahlen statt, Motteler, »schon den Anstrengungen und Aufregungen des letzten Reichstagswahlkampfes nicht mehr gewachsen«, wie Franz Mehring hernach meint, will nicht mehr kandidieren. Er überlebt seinen Rücktritt von der politischen Tätigkeit nur um wenige Wochen. Am 29. September 1907 stirbt er in der Leipziger Universitäts-Nervenklinik.
Übrigens hat mancher unter den Nächststehenden damals bei der Rückkehr bedauert, daß Motteler wieder Abgeordneter wurde und nicht das Parteiarchiv beibehielt. In London hatte er sich, nachdem Schlüter gegangen war, mehr und mehr der Ordnung der Briefmassen zugewandt, Nachlässe aufgekauft und vor allem, darin liegt eine große geschichtliche Bedeutung, den Marx-Engels-Nachlaß aufs sorglichste betreut. Einen »geduldigen Schwaben« nennt er sich in den späteren Londoner Jahren: das Verstehen-Wollen paart sich mit einer altersweisen Einsicht in die Vergänglichkeit der Dinge, die parteiliche Solidarität mit der Erkenntnis, daß Geschichte und Tradition zu haben gerade für eine Arbeiterpartei eine Waffe ist. Bewundernswert, mit welcher Konsequenz er die alten Freunde in Europa und Übersee anhält, ihre Erinnerungen niederzuschreiben. Im genealogischen Fieber, das bei Umbrüchen allemal zu kommen pflegt, sieht er, der Kenner der tagespolitischen Szene, eine politische Chance. Wer eine Ahnentafel hat, kann mitreden.

Er hat Distanz zu gewinnen erlernt. Dietz in Stuttgart, der Verleger, der mit Clara Zetkin, Mottelers Verehrerin, ebenso korrespondiert wie mit Lenin, Dietz sieht in Motteler einen der ganz wenigen, »die abseits der aktuellen Dinge stehen«. Mottelers letztes Vermächtnis: sub specie aeternitatis den Kommenden etwas von dem aufzubewahren, was die eigene, von Kämpfen zerfurchte Zeit zu gestalten versucht hat.

Christoph Blumhardt

Welch eine Kraft das Apostolat hat, erfahre ich gegenwärtig, da mich Gott unter das Proletariat geworfen hat.

Chr. Blumhardt, Brief an den Schwiegersohn Richard Wilhelm v. 8. Januar 1900, Christus in der Welt. Zürich: Zwingli Verlag 1958, S. 45

Von der »güldenen Zeit« oder dem kommenden »Königreich Gottes« haben sie immer wieder gesprochen, die schwäbischen Pietisten, ihre Erzväter Bengel und Oetinger und Philipp Matthäus Hahn vornean. Das Kalkulieren und Messen war ihnen eine vertraute Sache, nicht nur im seligen Blick auf den Einbruch des Reiches Gottes, sondern auch in einem sozusagen weltlichen, naturwissenschaftlich-experimentellen Sinne. Hahn hatte die liebe Not mit dem in ihm rumorenden »Maschinendenken«. Einer von ihnen, der Denkendorfer Klosterpräzeptor Johann Albrecht Bengel, hat das Ausrechnen wörtlich genommen und die Wiederkunft Christi und den Beginn des tausendjährigen Reiches auf den 18. Juni 1836 datiert. Hernach, der Tag war einer wie die anderen, hat das zu argen Enttäuschungen in christlichen Kreisen geführt.

Gleichviel, das Eingebundensein in den Dualismus zwischen hier und dort ist dieser Religiosität eigen. Dieses eschatologische Getroffensein ist auch der Mutterboden des Blumhardtschen Glaubens, des Vaters wie des Sohnes: das »Reich wird kommen«. Das »Reich« hat weder eine formale Verfassung noch einen dogmatischen Inhalt. Es ist eine Bewegung, die in dem Menschen Jesus von Nazareth in Erscheinung getreten ist und mit ihm eine neue Weltepoche eingeleitet hat. Das »Reich« ist mehr als alles Geschehene und Gewesene. Auf Zukunft angelegt, die in jede Gegenwart hineinwirkt, ist es nichts als Entwicklung. Jesus ist weniger geschichtlich als gegenwärtig bedeutsam. Er ist immer da und ist immer auf das Kommende ausgerichtet. Was immer sich ihm an Behinderungen und Vertracktheiten entgegengestellt haben mag: die Sache Jesu treibt auf eine umfassende Lösung und Erlösung hin. Das »Reich« ist die Sinngebung der Menschheitsgeschichte. Es konfrontiert sich allem, was gedacht, geplant, errichtet wird, allen Institutionen, allen Denkmälern, die Menschen sich erstellt haben, allen Ideologien, die sie sich umgehangen haben. Das »Reich« will immer das andere, das Neue, das Ganze.

Christoph Blumhardt, von dem hier die Rede ist, der ganz in dieser Eingebundenheit leben durfte, hat sich einmal, kaum zwei Jahre vor Ausbruch des Ersten Weltkrieges, Gedanken über die »modernen Christen« gemacht. »Das Christentum ist wie weggeblasen aus den modernen Christen. Man schleppt die kirchlichen Formen fort, aber das eigentliche Wohnen der Herzen und Geister darin ist aus, und ein Ende des Bisherigen ist da. Die äußere Entwicklung des Lebens ist den Menschen so imponierend, daß das Inwendige und religiöse Überkommene verschwindet. Doch bleibt eine stille Gemeinde Jesu Christ; diese stirbt nicht, und aus dieser kann ein Neues kommen.«

Wir haben den ganzen Blumhardt in diesen vier Sätzen, das Registrieren von »kirchlichen Formen« und die Skepsis davor, die Warnung vor aller Äußerlichkeit und der, keinesfalls resignative, Rekurs auf »das Inwendige«, die Solidarität mit einer »stillen Gemeinde«, die ihr eigenes Gehäuse hat, wir könnten mit dem Stichwort »Boll« uns begnügen. Und nicht zuletzt: dies Betroffensein von Zeitlichkeit und Ewigkeit, von einer Kraft, die Gottes Zukunft schafft. Das »Ende des Bisherigen ist da«. Und »das Neue« läßt sich erhoffen.

Wer aus der »Welt« kommt, womit nicht die Realität als solche gemeint sein kann, sondern eben jene »äußere Entwicklung«, von der sich die Menschen heutzutage imponieren lassen, hat sicherlich nur schweren Zugang zu dieser ebenso strikten wie selig-sicheren Glaubenswelt. Blumhardt hat auf eine fast kindlich-einfache Weise Ernst gemacht mit dem Glauben. Wer diesen Mann verstehen will, wird durch das Nadelöhr aller Weltlichkeit gehen müssen. Blumhardt hat, er vor allen, mitten in der Üppigkeit der wilhelminischen Ära, »sein Sach auf Gott gestellt«. Glaube ist ihm »nicht eine Hinneigung des Menschen zur Erkenntnis«, sondern eine »Willensrichtung«. Glaube ist »das Wollen Gottes«. Wobei ein Unterschied besteht »zwischen dem Glauben, der einfach nur so Gott annimmt« und »dem Glauben, der wirklich etwas erwartet«. Die Spuren der heute ungemein aktuell gewordenen Theologie der Hoffnung sind bei ihm vorgezeichnet. Zum Bedeutsamsten, sagt er, was von der Person Jesu ausgegangen sei, gehöre die Hoffnung. »Gerecht sein« heißt: »Für sich und für die anderen nicht verzagen, sondern das Beste hoffen.«

Christoph Blumhardt ist am 1. Juni 1842 in Möttlingen, zehn Kilometer nordöstlich von Calw geboren, als drittes Kind des Pfarrers Johann Christoph Blumhardt und seiner Ehefrau Dorothea, geborene Köllner aus dem badischen Grenzort Sitzenkirchen. Der Großvater war zunächst Bäcker und Mehlhändler, dann Holzmesser in Stuttgart. Auch die Großmutter Luise, geborene Deckinger, kam aus einer alten schwäbischen Handwerkerfamilie. Der Enkel Christoph hätte nach eigenem Zeugnis am liebsten auch ein Handwerk ergriffen; der Standesglanz des »Akademikers« ist ihm zeitlebens fremd geblieben, und ihn einen »Theologen« zu nennen (statt einen Pfarrer, einen Seelsorger), wehrt sich vieles in einem, sobald man ihn ein wenig kennt.

Christoph sucht, da wirken Vorstellungen der schwäbischen Zunfttradition nach, wenn auch im übertragenen Sinne, nach dem »Handgriff«. Kindheit und Jugend sind für ihn alles andere als permanente Fröhlichkeit. »Ich wuchs heran, zwar unter der

Aegide meiner Eltern und des Geistesfeuers, welches sie allzeit erfüllte, aber ich fühlte mich doch ausgeschlossen und jenes Leben stand mir in heiliger Ferne, meiner Seele unnahbar. Voll Sehnsucht zwar und Verlangen, aber ohne einen Handgriff zu finden, um mich wahrhaft beteiligen zu können an diesem Leben, ging ich meist innerlich traurig meiner Wege. Gegenüber der Höhe der Vielen, welche sich um meine Eltern gruppierten in fröhlich hoffenden Schwingungen, erschien mir mein Leben öde, oft fast hoffnungslos.«

Der Vater war in Möttlingen, im gleichen Jahr, in dem Christoph geboren wurde, in jenen unheimlichen Seelsorgefall mit der damals 26jährigen Gottliebin Dittus hineingezogen worden, ein einziger und schwerer Kampf mit unerklärlichen, dunklen, parapsychologischen Erscheinungen, aus dem er als Sieger, nein Christus als Sieger hervorgehen durfte. »Ich sprang vor, ergriff ihre starren Hände, rief ihr in ihrem bewußtlosen Zustand ihren Namen laut ins Ohr und sagte: ›Lege deine Hände zusammen und bete: Herr Jesus, hilf mir! Wir haben lange genug zugesehen, was der Teufel tut, nun wollen wir auch sehen, was der Herr Jesus vermag.‹ Nach wenigen Augenblicken erwachte sie, sprach die betenden Worte nach, und alle Krämpfe hörten auf zum großen Erstaunen der Anwesenden.«

Das Leiden dauerte noch lange. Den letzten großen Kampf brachte erst das Jahr 1844. Erst damals hat Blumhardt, der Vater, das Lied gedichtet »Jesus ist der Siegesheld«. Vor seinem Studierzimmer im Pfarrhaus stehen die Rat- und Hilfesuchenden Schlange. 1852 gibt er das Gemeindepfarramt auf und übernimmt das Schwefelbad Boll bei Göppingen: Boll wird zum Inbegriff der Hilfe und Rettung für Menschen, die bösesten Anfechtungen und Heimsuchungen ausgesetzt sind. Boll ist ein Begriff im Lande und weit darüber hinaus, ein Stück greifbar gewordener christlicher Heilsgeschichte, ein Gehäuse gegen alle »Finsternis«, geführt und getragen von dieser patriarchalischen, großartig-prophetischen Gestalt des alten Blumhardt.

22 Julius Motteler. Photographie um 1867, mit dem Dedikationsvermerk »seinem lieben Bebel«

23 Christoph Blumhardt. Photographie um 1890

Man muß das Werk des Vaters kennen, um das des Sohnes verstehen zu können. Merkwürdig, wie man beim Sohn so gar nicht das Bild des Deszendenten und Epigonen vor sich hat, obwohl er doch nichts anderes als der Nachfolger war. Zunächst unterrichtet der Vater die beiden Söhne, Christoph und den um ein Jahr jüngeren Theophil. Aber die Besuche aus aller Welt in Bad Boll und die großen Reisen des Vaters nach ganz Mitteleuropa machen immer weniger ein regelmäßiges Geschäft daraus; am Ende bitten die Buben selber, man möge sie in eine »richtige« Schule schicken.

Das geschieht im Herbst 1857. Sie wohnen in Stuttgart in einem befreundeten Haus, das in der Mentalität dem elterlichen zumindest vergleichbar ist; der Theaterbesuch wird den Söhnen nicht ganz verboten, aber sie werden gewarnt. So furchtbar gut kommen sie in der Stuttgarter Schule nicht mit. Es gelingt, sie als Gastschüler auf das Seminar in Urach zu bringen. Dort sind sie nun drei Jahre, von 1859 bis 1862, Mörike war 40 Jahre zuvor Seminarist dort, »die Lebhaftigkeit in unserm Kloster« sichtlich genießend und draußen »an einem Lieblingsplatz den Hölty« lesend. Blumhardt hat alle Hände voll zu tun, die geschichtlichen und geographischen Sonderaufgaben seines Herrn Vaters zu erledigen und im nächsten Brief seine neuerlichen »Fragen aus dem religiösen Leben« zu beantworten. Dem Seminarrektor Kapff, hervorragend vor allem im Hebräischunterricht, hat er ein rührendes Andenken bewahrt; noch als Landtagsabgeordneter hat er erzählt, daß er ihm die tiefsten religiösen Eindrücke verdanke. Tübingen, das die beiden Söhne im Oktober 1862 als Theologiestudenten aufnimmt, sie haben es mit dem theologischen Examen im unruhigen Kriegsjahr 1866 verlassen, scheint keinen nachhaltigen Eindruck auf den jungen Blumhardt gemacht zu haben. Johann Tobias Beck, der den strengen Biblizismus vertrat, in Weiterführung der Lehren der schwäbisch-württembergischen »Väter«, wird Christoph sicherlich fleißig nachgeschrieben haben. Aber er gesellt sich zu keiner »Schule«, er vertritt keine »Richtung«. »Es wird mir schwer«, seufzt er im dritten Studienjahr einmal, »die beiden geistigen Gebiete auseinander zu halten, in denen ich wachsen soll: auf der einen Seite Boll und seine weitgehende Idee und Bedeutung, auf der anderen Seite die Anforderungen der heutigen Theologie, worin ich examiniert werden soll.«

Im Grunde hatte er sich für Boll entschieden, noch ehe dieser Schritt zu einem bewußt registrierten Problem hat werden können. Er kommt nach dem Examen im August 1866 als Vikar in das badische Spöck, wo sich einst unter Aloys Henhöfer eine starke Erweckungsbewegung unter den Bauern breitmachte. Blumhardt sieht sich seiner Aufgabe gar nicht gewachsen, den frommen, kirchlichen Häusern dort glaubt er kaum etwas bringen, allenfalls aus ihnen holen zu können, und von Heidelberg herüber irritiert ihn die von Professor Daniel Schenkel eingeleitete liberale Ära. Aber der Vater meint, er solle sich möglichst wenig »in Disputationen über Politik und Schenkelei« einmischen, nichts verflache mehr als derlei weltliche »Eiferei«. Und der junge Vikar, sichtlich belebt durch die lebendige Gemeinde: »Ich weiß jetzt erst, warum ich lebe und 24 Jahre alt bin.« Worin sich schon der ganze Blumhardt verrät: nicht die Hohe Schule zu Tübingen, nicht die universitäre Disputation, nicht die »Welt« vermögen ihn zu fesseln, sondern die Sorge um den Nächsten, wir würden heute wohl sagen, um die Leute.

Die eigentliche Zäsur in diesem Leben haben wir freilich später anzusetzen. Blumhardt wird als Vikar nach Gernsbach gebeten und hat auch dort, er selber sagt das später von allen seinen ersten Gemeinden, »sehr schnell großen Erfolg«. Als aus Elberfeld ein Antrag auf eine dortige Pfarrstelle kommt, rät der Vater im Blick auf seine Jugend entschieden ab. Er solle kein Schwätzer werden und solle das Vaterland nicht verlassen. Die Leute daheim im Schwäbischen ermöglichten sichere Arbeit. Für den alten Blumhardt ist Württemberg noch das Vaterland. Es scheint, als ob auch der Sohn, der sozialdemokratische Landtagsabgeordnete, im Hinterkopf so etwas wie ein königlich-württembergisches Nationalbewußtsein aufbewahrt habe, bei aller geistigen und politischen Weltläufigkeit, von der noch die Rede sein wird. Über die Berufung als Vikar nach Dürnau bei Boll, unterbrochen wurde diese Zeit durch eine zweimonatige Aushilfe beim Pfarramt Hohenstaufen, kommt Christoph Blumhardt Ende Oktober 1869 zum Vater nach Boll: der drohte unter der Arbeitslast zusammenzubrechen, und der hatte sich den Sohn dann auch geholt. Zunächst geht das dort seinen gewöhnlich-irdischen Gang. Christoph fängt ganz unten an, mit dem Reinigen der Mostflaschen, welche die Knechte – Boll hat eine große Landwirtschaft, Christoph selber hat später mit der Pferdezucht begonnen – mit aufs Feld nehmen. Christoph ist »Inspektor«, lebt mit den Dienstboten, teilt ihre Arbeit, hält ihnen morgens eine Andacht. Das alles ist Durchschnitt und Routine. Aber dann kommt es zu einer grundlegenden und verändernden Gottesbegegnung. Wieder ist, wie bei jenem Aufbruch in Möttlingen, die Gottliebin Dittus beteiligt. An ihrem Sterbebett in Boll erlebt der dreißigjährige Blumhardt am 25. Januar 1872 jene »merkwürdige Geburt«, von der er später bisweilen sprach. Er hat nie mehr als Andeutungen gemacht; was genau geschah, wissen wir nicht. Damals sei jenes »Pünktchen« in sein Herz gekommen, das ihm die Gewißheit gab: »Gott ist! Gott wird! und Gott ist mein Gott!« Und wie zur Entschuldigung: »Aus diesem Pünktchen heraus, wird man gescheit genug. Das kann ich bezeugen: Ich habe keinen Spruch gelernt und habe keinen Vers behalten können, aber wie *das* mir erschienen ist, habe ich in acht Tagen mehr gewußt als alle Theologen. Seit jener Zeit habe ich auch verstanden, wie die Apostel gepredigt haben.« Und ein anderes Mal: »Das ist *mein* Tag, der mir ins Herz gegeben ist. Es ist eine Todesnacht gewesen, deren Nacht und Licht heute noch vor uns steht und uns beleuchtet, – daß wir heute eine offene Tür haben, ist etwas Herausgekämpftes, das eben auch mit durch den Tod der Gottliebin begonnen hat, womit sich eine neue Zeit eröffnete für uns.«

»Jesus ist Sieger«, so auch jetzt der Sohn. Wir unterschätzten dieses Bekenntnis durchaus, wollten wir es nur als Erkennungszeichen christlicher Bruderliebe oder nur als das demütig harrende Hoffen des Gottesmannes vor den Pforten des »Reiches« nehmen. In der Religiosität Blumhardts steckt ebensoviel Unabdingbarkeit, die wir Weltkinder staunend als ein Stück Macht in Christo und jedenfalls als Härte empfinden. Wer sich in Krankheitsnöten an Blumhardt wandte, bekam ein gedrucktes Schreiben mit der barschen und abweisenden Aufforderung, erst einmal das Betteln vor Gott zu lassen und den Weg »mit uns« zu suchen. »Drehe deinen inwendigen Menschen herum und schaue nicht auf dich und alle deine Not.« Blumhardt, ausgerechnet dieser fromme, christliche Helfer Blumhardt, ist so gar nicht das, worin man gerne den Prototyp des Schwäbischen gesehen hätte, die leibhaftige Bereitschaft zu Vermittlung und Ausgleich, genährt aus der freundlichen Botschaft des Evangeliums ebenso wie aus der angeblich stammlich bedingten Disposition zum Sowohl-als-auch. Schon in jüngeren Jahren habe ihm einer der Pfarrer gesagt, so Blumhardt selber, es sei alles recht, »was er predige, aber er sage immer nur die eine Seite«. So sei es bei ihm geblieben. Er habe nie predigen können nach dem Schema »einerseits – andererseits«, sondern habe immer jeweils nur eine Seite hervorgehoben; darin liege die Kraft seiner Predigt.
Im übrigen wäre es töricht, in ihm den »Lehrer« oder den Systematiker sehen zu wollen. Helfer ist er und Heiler. Seine persönliche, der alte württembergische Sozialdemokrat Wilhelm Keil sagte einmal, seine moralische Wirkung hat seine Umgebung so beeindruckt, daß wir um die Annahme, es sei »etwas hinter ihm gestanden«, gar nicht herumkommen. 1909 hat ihn der Zürcher Theologieprofessor Leonhard Ragaz in Boll besucht, der Mitbegründer des Religiösen Sozialismus. »Wir stießen unerwartet auf ihn, wie er nicht weit von dem Hause auf einem Feldweg hin und her ging, im Äußern ganz wie ein Landedelmann, wenn auch vom Geiste umflossen, im übrigen stattlich und schön, doch

schon stark weißen Haares.« Ragaz hatte gerade eine schwere religiöse Krisis hinter sich. Er glaubte zwar wieder an die Existenz Gottes und war sich auch der Bedeutung Christi für den Glauben bewußt; aber das saß alles mehr im Kopf als im Herzen. Die Tage in Boll füllen sich mit entscheidenden Gesprächen zwischen ihm und Blumhardt. »Es war wieder am Mittagstisch. Wir redeten, wenn ich nicht irre, von Christus. Da geschah es auf einmal, daß wie durch eine Offenbarung, mitten an einer Tafelrunde, mit Blumhardt eine Verwandlung geschah: es trat aus dem Menschen Blumhardt einen Augenblick sichtbar Christus selbst hervor. Es war nur ein Augenblick, dann war er wieder Blumhardt.« Boll hat von der Wunderkraft dieses Mannes gelebt. Blumhardt hat auf unendlich viele Menschen einen derart überwältigenden Eindruck gemacht; Dinge geschahen um ihn, wie man sie aus der Apostelgeschichte kannte. Er selbst hat das Wunder sozusagen einkalkuliert. Das Wunder sei »keine Unregelmäßigkeit in der Schöpfung«, meint er in seinem Buch »Vom Reich Gottes«, »sondern die Herstellung der Regelmäßigkeit«. Bei jedem Arzt geschähen Dinge an seinen Kranken, »die er nicht versteht; es stirbt einer, und er weiß nicht warum; es wird einer gesund, und er weiß nicht weshalb. Wir sehen nur das Gröbste an diesen Gesetzen Gottes. Wenn wir eine Befreiung der Welt von Ungeordnetem erwarten, so müssen die innersten Lebensgesetze offenbar werden, nicht bloß die physikalischen und chemischen Gesetze.« Blumhardt, der sich 1870 verheiratet hatte mit Emilie Bräuninger vom großen Hofgut Einsiedel bei Tübingen, hat Bad Boll bis zum Tod des Vaters im Februar 1880 in den herkömmlichen Bahnen weitergeführt. Allmählich aber spürte man doch eine andere, eine eigene Hand. Allein die Frage, die er sich und seinen Mitarbeitern in den frühen achtziger Jahren immer wieder stellte, warum so viele Menschen zu ihm kämen, etwa aus Neugierde, aus Sensationslust, aus selbstsüchtigen Motiven: allein diese Frage markiert eine Station in der Entwicklung Bolls. Seine massenhaft besuchten Evangelisationen, die Ende der Achtziger einsetzen und ihm in Berlin den Zulauf von Massen einbringen, haben derlei Hinterfragung noch beschleunigt. Im übrigen fühlt er sich, nach dem Scheiden auch der Mutter, die noch allein sechs Jahre dem Sohn zur Seite stand, ganz auf sich verwiesen.

Aber das Haus wurde deshalb nicht ärmer. Im Gegenteil hat Blumhardt ganz bewußt auch Katholiken und Sektenmitglieder in seine Bruderliebe miteingeschlossen, und 1896 hat er das seine Hausgemeinde auch mit einer neuen Parole unmißverständlich wissen lassen: »Ihr Menschen seid Gottes.« Gott liebe alle Menschen und wolle alle Menschen erlösen. Ein Gottesmann müsse auch hinaus in die Welt. »Wer das nicht versteht, hört die Stimme des Herrn nicht, die schon so lange schreit.« Ein paar Jahre später, 1901, schreibt er dem Schwiegersohn nach China, auch er lechze »nach einem Fortschritt, nach einer Tat«. Er stehe »im Proletariat, wo noch nie Gott sich geoffenbart habe«, will heißen: er steht mitten in der Welt. Es liege »in Bad Boll eine große soziale Kraft, die ganz in der Stille die Herzen bewegt und immer größere Kreise zieht«. Und ganz mit dem Erkennen dieser Sozialfunktion übereinstimmend jene andere Meldung: »Bad Boll bleibt ein Ort, wo viele hinkommen, und namentlich die unteren Schichten sehen es mehr und mehr als eine Heimat an.« Hat es beim Vater, wie die Leute meinten, im Blick auf die Besucherschaft manchmal »geprinzelt«, so macht der Sohn aus diesem christlich-gemeindlichen Refugium gerade eine Hilfestätte für alle diejenigen, die im gesellschaftlichen Sinne keine Privilegien haben, übrigens seit 1894 auch ein Haus, das in seiner Verkündigung ganz auf die kirchlichen Formen verzichtete.

Aber wir haben mit dem Hinweis auf die soziale Verantwortlichkeit und Tat Blumhardts vorausgegriffen. 1899 waren die Gemüter aufgebracht wegen der »Zuchthausvorlage«. Sie war der Entwurf zu einem »Gesetz zum Schutz des gewerblichen Arbeitsverhältnisses«, die dem Streikrecht praktisch allen Boden genommen hätte. Blumhardt verläßt die Stille Bolls. Er will den Arbeitern, ein paar Monate später wird er »Proletarier« sagen, mit seinen Kräften beistehen. Am 19. Juni 1899 fährt er die Handvoll Kilometer in die alte Industrie- und Arbeiterstadt Göppingen hinunter, in das »rote Göppingen«, um dort eine Protestversammlung der Arbeiterschaft zu besuchen. Er meldet sich zu Wort. Er sei kein Arbeiter, aber er stehe den Bestrebungen der Arbeiter »durchaus sympathisch gegenüber«. »Ich hätte nie gedacht«, so der Zeitungsbericht über sein Votum, »daß die angekündigte Vorlage dem Reichstag vorgelegt würde. Nachdem es aber doch geschah, halte ich es für meine Pflicht, nicht länger zurückzuhalten, sondern an die Öffentlichkeit zu gehen und mich gegen die Vorlage auszusprechen. Sie ist ein Verbrechen an der Gerechtigkeit.«

Die Arbeiter atmen auf. Endlich einer unter den Pfarrern, der sie versteht und der ihnen helfen will. Am 2. Oktober 1899 tritt Blumhardt in einer Volksversammlung im Göppinger Dreikönigssaal wieder auf, schließlich ein drittes Mal ein paar Tage später am gleichen Ort, diesmal eingeladen von der Sozialdemokratie mit der Bitte, seine Ansichten darzulegen. Er hat das in wenigen Sätzen getan. Christus gehöre zu den Geringen. »Deswegen hat man ihn ja auch der Zöllner und Sünder Gesellen geheißen. Und das war er auch, denn er war ein Sozialist. Er hat auch zwölf Proletarier zu seinen Jüngern gemacht. Wer will mir deshalb vorwerfen, ich verleugne meinen christlichen Glauben, weil ich zu den Proletariern halte, weil ich selber ein Proletarier sein möchte? Tue ich nicht damit dasselbe, was Christus auch getan hat?« Vor Gott gebe es keinen Unterschied unter den Menschen. Alle seien sie Söhne Gottes und Kinder des Höchsten, ob reich oder arm. »Dieser Lehre habe ich schon lange nachgelebt und dieses Leben in Christi Geist hat mich auch in den Sozialismus hineingedrängt.« Er habe Gelegenheit gehabt, in das Elend der Menschen hineinzusehen, er habe oft an einem Tage 40 bis 60 Briefe bekommen und 100 Personen beraten müssen. Der Eindruck sei zu mächtig gewesen. Er sei unter ihm zusammengebrochen. Er habe erkannt, daß »auf dem seelsorgerlichen Weg« hier

»nichts mehr erreicht werden« kann. Es sei richtig, »wenn alle zusammenstehen und sagen: Ja, so kann es nicht mehr weitergehen, es muß anders kommen!« »Und weil das die Arbeiter mit mir auch aussprechen, so sind sie meine Bundesgenossen und ich bin ihr Bundesgenosse.«

Die Erklärung war eine Sensation. Man muß sich die Zeitatmosphäre vergegenwärtigen, in der sie gesprochen wurde. Nirgendwo mehr Unstimmigkeiten und nirgendwo größere Gräben als zwischen »Kirche« und »Sozialismus«. Noch keine neun Jahre war es her, daß die Sozialdemokraten, bis dahin waren sie Parias in der bürgerlich-wilhelminischen Gesellschaft, überhaupt wieder als unbescholtene und ehrliche Staatsbürger anerkannt wurden. Und nun erklärt ein verordneter Diener der Kirche, ein Pfarrer, Jesus sei auch ein Sozialist gewesen.

Der »Basler Anzeiger« hat von dieser Deklaration damals als einem »Schwabenstreich« gesprochen, im Blätterwald hüben und drüben rauschte es auf, ein Sturm der Entrüstung legte los, zu regelrechten Ächtungen Blumhardts ließ man sich hinreißen, und die Kirchenleitung – dies der Höhepunkt der Kampagne –, forderte ihn auf, auf Rang und Titel eines Pfarrers der württembergischen Landeskirche zu verzichten. Er ist dem unverzüglich nachgekommen. Er hat das in aller Ruhe und aller Würde getan. Was konnte ihm eine Institution noch bedeuten, die lediglich das amtliche Christentum vertrat, mit dem er längst gebrochen hatte. Die Kirche glaube, so schon in Reden und Schriften der frühen neunziger Jahre, mit Almosen und karitativer Arbeit genug zu tun und bekomme dabei das Problem überhaupt nicht zu Gesicht. Das Problem in seiner Sicht: eine stimmige Gesellschaftsordnung. Das Ringen um eine adäquate Ordnung der Gesellschaft, von den Hierarchen beiseitegeschoben, weil nicht Aufgabe der Kirche, ist in Wahrheit ein Glaube an das uns durch Christus verheißene Reich Gottes. Das aus der pietistisch-eschatologischen Tradition überkommene »Reich« hat hier einen neuen, einen zukunftsträchtigen Sinn bekommen.

Es geht im nachhinein um den Versuch, Blumhardts, um die Jahrhundertwende zum Vorschein gekommenes, politisches Engagement nicht nur aus der sensationellen, aus der tages- und parteipolitischen Perspektive zu verstehen. Blumhardt ist kein »religiöser Sozialist«. Es geht ihm um eine neue, wieder christliche Gesellschaft, aber damit auch um eine veränderte Gesellschaft. Er distanziert sich von der gesellschaftlichen »Revolution«, aber er sieht den »Umbruch« für unerläßlich an. »Ich denke an eine völlig neue Gesellschaft. Schon frühe fand ich, daß für mich eine Religion keinen Wert hat, wenn sie nicht die Gesellschaft ändert, wenn sie mir nicht schon das Glück auf Erden verschafft. So habe ich meine Bibel, so habe ich meinen Christus verstanden. Darum fühle ich mich verwandt mit den Leuten, denen man vorwirft, daß sie einer Utopie nachjagen.« Das eigentliche und letzte Ziel ist gar nicht die veränderte Gesellschaft, womöglich verändert hier um ihrer selbst willen. Er trifft sich hier mit dem Autor der Christianopolis, mit Johann Valentin Andreae, wenn er in diesem geheimen Bündnis mit der Utopie als einer Form christlicher Soziallehre den Gottesstaat und eben wieder das Reich Gottes als das große Telos sieht. »Was werden muß, das ist eine Gottesordnung.«
Natürlich war es in der Biographie dieses Mannes auch eine der Tagespolitik zugehörende Wende. »Pfarrer Blumhardts Bekenntnis zur Sozialdemokratie«, so haben die Blätter damals seine Erklärung über Christus den Sozialisten kommentiert. Blumhardt hatte seine Worte nicht als Eintrittserklärung in die Sozialdemokratische Partei verstanden. Nun ihm das so ausgelegt und er darum, selbst von besten Freunden, angegriffen wurde, konnte und wollte er nicht widerrufen. Auf die massive Kritik hin trat er auch formell der Partei bei. Seinen Freunden hat er damals ein Rundschreiben zukommen lassen, in dem er seine Gründe noch einmal darlegt. Es sei nicht wahr, daß die Sozialdemokratie blutige Revolution wolle. Die Reformation des 16. Jahrhunderts sei viel blutiger verlaufen und habe religiöse Frei-

heit doch nur in gewissem Grade gebracht. Die Prinzipien der Sozialdemokratie wollten vielmehr den Revolutionen ein Ende machen. »Tritt nun eine Gesellschaft auf, in bitterster Not geboren, und ringt um dieses Ende, um Erlösung von der Geldwelt und Geldzeit, wer will mir wehren, dieser Gesellschaft die Hand zu reichen im Namen Christi?« »Gott tut immer wieder neue Türen auf«, vermerkte er damals in einem Brief, »und es ist mir in letzter Zeit deutlich gezeigt worden, wie ich ganz in die Welt gehöre.«

Die Welt: das war ein Landtagsmandat, das er in der Stichwahl am 18. Dezember 1900 erhielt und bis 1906 wahrnahm, ohne sich wieder als Kandidat aufstellen zu lassen, das waren Vortragsreisen und Redeschlachten, parteipolitische Diskussionen und landespolitische Reformversuche. Die »Welt« begann gleich damit, daß Blumhardt das Wegbleiben der fünfköpfigen sozialdemokratischen Fraktion bei der Vereidigung durch den König begründete. Es ging ihm nicht um den König, aber um die Livreen und den martialischen Pomp. Nicht, daß ihm die Landtagsarbeit leichtgefallen wäre. Ein wenig fühlt man sich an die Parlamentariergeneration eines Strauß und Vischer erinnert, die allseits mit herben Enttäuschungen endigte, weil man erst hinterher erfuhr, wie sehr sich der populär gewordene Rhetor oder Publizist vom Alltagsgeschäft des Parlamentariers unterscheidet.

Aber Blumhardt hat nicht wie diese seine Vorläufer die Flinte ins Korn geworfen oder sich nach allerlei Eskapaden durch die Hintertüre wieder hinausgeschlichen. Er hat gearbeitet. Der Fleiß und die Redlichkeit des Seelsorgers, der zum Abgeordneten wurde, machen einen betroffen und bezeugen einmal mehr die Demut und den Ernst dieses Menschen. Daß er innerhalb der Partei ein kritisches Mitglied war, daß der Dresdner Parteitag von 1903, wo »in der allerunerquicklichsten« Weise gestritten worden sei, für ihn »eine recht böse Geschichte« wurde, daß seine Feststellung, auch in der Sozialdemokratie wache ein Konsistorium über die Linientreue der Funktionäre, daß ihn das alles zu einer fatalen Ernüchterung führte, steht auf einem anderen Blatt. Blumhardt hatte unter den »Proletariern« eine schier unheimliche Resonanz, das ist sicher. Er fühle den Drang, »überall mich sehen zu lassen und die Stille aufzuheben, die mich lange nur in Bad Boll aufgehalten hat. Ich sehe es als neuen Weg an, der mir geöffnet ist, und ich will Jesus den Auferstandenen bezeugen.« Die Sozialdemokraten ehrten ihn, »sie sagen, als ersten Nachfolger Jesu Christi«. Und etliches später: »Überall im ganzen Reich ist die Frage nach Christus aufgetaucht. Ich fühle mich stark, im Kampf zwar, aber auch im Sieg.«

Gerade in dieser letzten Phase seines Lebens ist die Vokabel Kämpfen ernst zu nehmen. Dieses »Christus predigen« unter dem Proletariat hat nichts mit billig-frömmlerischer Schönrednerei zu tun. Nirgendwo hat Blumhardt, auch nicht im gedanklichen Sinne, einfach den Mantel einer wie immer auch verstandenen christlichen Nächstenliebe darüber gedeckt. Er weiß, daß »Jesus das Reich Gottes *auf Erden* will wie im Himmel«. Das Faktum, »daß die Kapitalherrschaft die Masse der Menschen nur als Sklaven behandelt«, dieser Gedanke verbindet ihn »mit der Seele des Proletariats«. Um Gottes willen keinen »christlichen Schwindel«. Eine Organisation, näherhin wohl eine politisch organisierte Gruppe, müsse »eine ökonomische, nicht eine geistliche« sein. »Denn nur auf dem Boden des materiellen Lebens kann Jesus den Sieg erringen auf Erden. Über nur religiöse Vorstellungen und Ansichten, über nur geistliche Gemeinde geht der Teufel lachend hinweg. Denn geistliche Gemeinschaften, die keine Korrektur durch die Wahrheit des materiellen Lebens und der materiellen Lebensarbeit bekommen, leben sich bald zur Narrheit aus, ob diese Gemeinschaft Buddhismus oder Katholizismus oder Pietismus heißt.«

Mit dieser großartig intuitiven Einsicht in die Strukturen und Anfälligkeiten organisierter Gesellschaft verbindet sich eine tiefe, für viele seiner Amtsbrüder von damals wahrscheinlich schockierende Einsicht in die Bedingtheiten gesellschaftlicher Prozesse.

Wenn er auch die mit ihr verknüpfte materialistische Weltanschauung ablehnt: in der »materialistischen Geschichtsauffassung« des Marxismus erkennt und wertet er die Wahrheit, daß Schicksal und Bildung des Menschen weithin von den Verhältnissen abhängen, in denen sie leben. Dem erwächst ihr starkes Streben nach Veränderung. Für Blumhardt ist es nicht nur Sozialistenpflicht, sondern Christenpflicht, dem Verdummungsprozeß der Kirche entgegenzuwirken. »Wir Christen müssen uns mehr bilden als andere Leute. Lest doch nicht so viel Romane, die keinen Sinn und Zweck haben! Lest doch auch nicht so viel christliche Andachtsbücher, die einen immer dümmer machen! Lest etwas, wodurch man in die heutige Zeit hineinkommt, in das, was man *heute* wissen muß, wenn man einen modernen Standpunkt einnehmen und finden will.«

Blumhardts Bild von der »Welt« ist ebenso realistisch wie aktuell. Die Verbindung mit einem den Traditionen verpflichteten Konservatismus hat er nie gespürt. Geschichte ist für ihn keine Macht. Jubiläen oder Gedenktage sind in Boll nie gefeiert worden. Es geht ihm, im Blick auf ein besseres Morgen, um ein besseres Heute. Ohne ihn im Sinn des Marxismus ethisch zu bejahen, erkennt er die Realität des Klassenkampfes für seine Zeit. Der – für die Sozialdemokratie in unerhörtem Stimmenzuwachs endigende – Wahlkampf des Jahres 1903 bestätigt ihm, daß »eben immer noch Klassenkampf« sei. »Das hat sein Gutes insofern, als Nachgiebigkeit gegenüber dem Gott des Mammons und dem Gott des römischen Aberglaubens unmöglich wird. Auch muß ja die Klasse der arbeitenden Menschen ihre eigene Bildung aus sich selbst hervorbringen und auch ihre Moral, damit nicht Geburts- oder Geldprivilegien ferner noch gelten und herrschen, sondern der Adel der Arbeit zur Geltung kommt. Aber das kann doch nur ein Übergangsstadium sein; denn bliebe es beim Klassenkampf, so bliebe auch wieder der Menschenhaß und die Unterdrückung der Einen durch die Anderen.«

Die Sicht des Alternden in die Zukunft, in die irdisch-weltliche

Zukunft des wilhelminischen Reiches, ist nicht ohne Düsternis. Er hat im Landtag, neben seiner Mitarbeit an Gesetzen für die Landwirtschaft oder für Zollpraktiken, seine größte Arbeitskraft der Schulgesetzgebung gewidmet. Er weiß, was Volksbildung bedeutet und beansprucht. Um so bestürzter ist er über die riesigen Rüstungsausgaben, die für ihn nur der Vordergrund sind für eine sehr viel tiefer sitzende Fehlentwicklung. »Wenn auch nur in der Deutschwelt ein weiterer Geist durchdringen könnte und das Säbelregiment dem Bildungsregiment Platz machen wollte in Bälde.« »Die Militärmacht ist der Gott Deutschlands«, das ist, eine halbe Generation vor dem August Vierzehn ausgesprochen, ein prophetisches Wort. Seine Warnungen vor dem Kriege nehmen seit 1911 mehr und mehr zu, und seine Predigten gegen Krieg und Kriegsgeist im ersten Kriegsjahr 1914 unterscheiden sich fundamental von den jauchzenden »Bekenntnissen« der damals weitgehend deutschnationalen Pfarrerschaft.
»Nirgends empfindet man auch mehr die Mängel unserer Kultur, die auf der einen Seite die Menschen berauscht macht von mechanischen Werken und auf der anderen Seite ihnen den Geist wegnimmt. Kunstlose wohnen heute in Kunstpalästen, unvornehmes Wesen macht sich in Pracht und Prunk breit, Parvenüs spielen die Herrscher als Protzen, und die Wahrheit des Lebens scheint zu Grunde zu gehen.«
Das klingt nach Kulturpessimismus à la Jacob Burckhardt. Aber es ist sehr viel mehr die bestechende, wie wir heute wissen bestürzend wirklichkeitsgerechte Zeitdiagnose eines alten Mannes, der ein Jahrzehnt später den Weltkrieg mit seinem Schauder und seinem Elend noch begleiten muß, fürbittend, betend, ihn nur um ein Jahr überlebend. Blumhardts, des kindlichen Seelenhirten Weltschau steigert sich, nun sein energischer Schritt in die Welt zurückgefunden hat in die Stille Bolls und schließlich in die Abgeschiedenheit des Hauses Wieseneck im Windschatten des Bades: Blumhardts Weltschau steigert sich in diesen letzten, reifsten, weisesten Jahren zu einer seherischen Klarheit. »Man hat

eine Ahnung von dem Beginn einer neuen Geschichte.« So im Februar 1904, als man sich in der Wilhelmstraße, am Quai d'Orsay und in der Downingstreet noch in der Hegemonie Europas sicher wiegte. »Es ist eben doch ein Aufwachen der asiatischen Völker gegenüber der alten europäischen Welt.« Und wenig später: »Europa kann in Zukunft nicht mehr meinen, man könne mit den Völkern umspringen wie man wolle.« Und Jahre vor Vierzehn: »Der Stern Europas ist im Niedergange begriffen.«

Aber das kann ihn nicht hindern, jetzt, wo er dem Ende näher ist, auf das Reich Gottes zu hoffen, still, bereit, gefestigt. Das Ende, sein Lebensende, greift jetzt zum Anfang zurück und schließt sich wie in einem ungewollt-geschenkten Bogen. »Wir müssen wieder anfangen an dem wunderbaren Pünktchen, daß wir Kinder sind, aus denen etwas werden soll. Es muß ein neuer Anfang werden, eine Wiedergeburt, eine andere Geburt. Das Wunderbare ist, daß ich heute so und so sein kann, und morgen fängt es noch einmal frisch an. Das kann bei einem alten Baum nicht sein; aber bei dir, Mensch, kann es sein.« Und gleichsam schon jenseits der Schwelle, in der Rückschau auf sein eigenes Leben: »Ja, es kann *ein* Mann für die ganze Welt Bedeutung gewinnen, wenn er nur Gottes Reich im Auge hat und nicht sich.«

Hermann Hesse

Wir sollen heiter Raum um Raum durchschreiten,
An keinem wie an einer Heimat hängen,
Der Weltgeist will nicht fesseln uns und engen,
Er will uns Stuf' um Stufe heben, weiten.

H. Hesse, Das Glasperlenspiel. Frankfurt: Suhrkamp 1979, S.411

Er liebe den Mann und den Menschen, schreibt Thomas Mann in seinem Geburtstagsartikel zu Hesses Sechzigstem, »seine heiter-bedächtige, gütig-schelmische Art, den tiefen, schönen Blick der leider kranken Augen, deren Blau das hager und scharf geschnittene Gesicht eines alten schwäbischen Bauern erhellt«. Ist Hesse ein typisch schwäbischer Kopf, ein Urschwabe sozusagen? Oder ist Thomas Mann, der sich Hesse nach dem Zweiten Weltkrieg »rüstig tätig« in seinem Garten denken mochte, »alter, nobler schwäbischer Bauer, der Sie mit den Jahren mehr und mehr geworden sind«: ist Thomas Mann zu dieser Paraphrase nur deshalb gelockt worden, weil ihm insgeheim immer die Provenienz Hesses präsent war?
Wir werden uns angesichts des Asketenkopfes eines Hermann Hesse schwer entschließen, darin den originalen Schwabenschädel zu sehen; ein oberschwäbischer Bauer, der irgendwo zwischen Riedlingen und dem Bussen über die schwarzen Gebreiten seines Ackerlandes fährt, dürfte mit dieser Hagerkeit kaum konkurrieren wollen. Und Gottlieb Daimler oder Friedrich List hatten einen ausgesprochen dickköpfigen Schwabenschädel, einen sprichwörtlichen. Hesse hat, wie Schiller oder Hegel und andere,

das Schwäbische oder wenigstens den schwäbischen Tonfall späterhin nie abgelegt, im Gegensatz etwa zu Herwegh, dem gebürtigen Stuttgarter, dem hernach auch der Sprachenkundigste nicht mehr anhörte, wo er herkam. Aber darf darin, in solchen seh- oder hörbaren Äußerlichkeiten, das Stammlich-Bedingte, die Resonanz der Abkunft gesehen werden?
Hesse hat viele Gesichter. Man sieht ihn, in einen pauschalen Gütigkeitsnebel gehüllt, vor einer seiner Rosenhecken in seinem Garten stehen, das schmale Gesicht mit dem großen, breitrandigen Gartenhut bedeckt, neben ihm Karl Stirner, der Maler, Landsmann und Freund, der ihn im Tessin immer wieder besucht hat, der in seinem eigenen Schaffen, in seinen Farben und Formen das Bodeng'fährtle eines schwäbischen Weins nachschmecken läßt. Dabei auch Hesse? Jetzt vereinnahmt, oder sollen wir sagen umfunktioniert durch den neuen Lebensstil der Hippie-Flower-Power-Bewegung, in der die indischen Schals, die Blumen und die Batik-T-Shirts als Steinchen eines Puzzles erscheinen, das die Atmosphäre eines verlorenen Paradieses wiedergeben will? Der Geist Hermann Hesses, der Duft von Räucherstäbchen über dem Ganzen?
Es gibt eine andere, mit dieser neuromantischen Teestubenatmosphäre und allen ihren Kulissen für ein alternatives Leben nur entfernt zusammenhängende Hesse-Version, sein immer wieder neu insistierter »Weg nach Innen«, das große, in Lyrik und Prosa ausgelegte Plädoyer für eine unverwechselbare, individuelle Eingezogenheit. Sie ist älter und jedenfalls ohne jene modischen Allüren, die jugendliche Nostalgie heute Hesse anhängt. Spätestens in den zwanziger Jahren hat die – im wesentlichen kleine – »Hesse-Gemeinde« diesen Gewährsmann für eine still-aufbauende Abgeschiedenheit gemeint. Und eben dieser Hesse hat sich zunehmend die Kritik der Fortgeschrittenen gefallen lassen müssen, der sozusagen Intellektuellen, die den Zugang zu derlei traditionalistischen Naivitäten nicht mehr haben. Nach dem Zweiten Weltkrieg figuriert Hesse für Gottfried Benn als »kleiner

Mann. Deutsche Innerlichkeit, der es schon kolossal vorkommt, wenn irgendwo ein Ehebruch gelitten oder gestartet wird«; den Nobelpreis erhielt Hesse lediglich als »Spezi von Thomas Mann«. Und jüngst redete einer der Literaturgewaltigen von Hesse, im Vergleich mit Knut Hamsun, als »dem ungleich geringeren, von kunstgewerblichen Zügen nicht freien Talent«, vom »sentimentalen schwäbischen Spätpietisten und Innerlichkeitsverwalter«.

Schließlich: Hesse als der Dichter des Protests. In seinem Werk verbirgt sich, ganz im Gegensatz zur Rosengartenidylle und zur beredten Öffnung eines Welt-Innenraums, die Revolte gegen überholte, leere Autorität, gegen Normiertes und gegen Mittelmäßigkeit, gegen Konsum und Profit, gegen Staat und Bürgerlichkeit, gegen Kirche und Schule und immer wieder die Revolte der jüngeren Generation gegen die ältere, die Revolte des Sohnes gegen den Vater. Das ist nicht nur ein heimliches Aufbegehren, sondern mehr und mehr auch eine Anweisung, kein bloßes Beschreiben mehr, um das verlorene Wort wieder hervorzuholen, kein Fabulieren mehr, sondern ein hartes und von Hesse mit Engagement aufgenommenes Stück Aufklärung. Das Bild wechselt, aus dem Rosendoktor wird der »Führer«, der im Montagnola Hunderte, Tausende von Briefen empfängt und von seinem, in lieblichem Garten vergrabenen Landsitz aus Hunderte, Tausende von Briefen schreibt. Viele, wo nicht alle sind Anweisungen, sich gegen das Gleichmaß und die Dekadenz im Bürgerlichen zu wehren.

Den drei »Ausgaben« Hesses entsprechen drei Spannungen, die er schmerzlich bewußt durchlitten hat und die ihn zum Dichter gemacht haben, zu einem, der im Wort und im Schreiben diese schier erdrückenden Antinomien loszuwerden versucht hat. Es ist einmal die Spannung zwischen Herrschaft (von oben) und eigenem Ich, wobei diese Herrschaft in vielerlei Ausprägung auftreten kann, als Vater, als Lehrer, als der »überorganisierte Panzer der Staatsmaschine«, als Kollektiv und so fort. Es ist zweitens die Spannung zwischen großer, unendlicher Welt und enger, kleiner Heimat. Der Schüler Martin, Hesse hat das 1912 geschrieben, mehr als ein halbes Jahrzehnt nach dem Roman »Unterm Rad« und im gleichen Jahr der Übersiedlung nach Bern, der Schüler Martin verabschiedet sich vom Vater, er wird »auf den Berg der Erkenntnis steigen«, er geht den Weg in die Welt hinaus und schließlich dem traumhaften Erlebnis entgegen, eine »ewig vorbestimmte« Straße zu gehen, »auf welcher keine Erkenntnis und keine Tat und nichts Zeitliches mehr auf ihn wartete«. Schließlich die dritte, auch hier freilich mit den beiden übrigen vielfach verknüpfte Polarität, die zwischen System und Gefühl, zwischen Dogma und Traum, zwischen dem Zwang der Rationalität und der Freiheit für Unendlichkeit.

Wie bei wenigen Dichtern unseres Jahrhunderts sind diese Spannungen, und damit die Dichtung, die »Aussage«, biographisch bedingt. Bei Hesse muß man, um ihn ganz verstehen zu können, »in Dichters Lande gehen«. Er ist in Calw geboren, vom Osten her einer der Zugangsstädte zum Schwarzwald, vielleicht der einzigen Württembergs, die eine so lebendige und durchorganisierte merkantilistische Tradition hat. Am 2. Juli 1877, so die Mutter in ihrem, das ganze Leben über geführten Tagebuch, schenkte »Gott in seiner Gnade abends halb 7 Uhr das heiß ersehnte Kind, unsern Hermann«. Auf dem Calwer Marktplatz – »Der Domplatz in Florenz ist mir nichts dagegen«, wird Hesse später bekennen – steht das patrizisch große Haus heute noch, ganz mit gegenwärtigem Leben erfüllt, etwaige Geheimnisse nicht preisgebend. Im Februar, Schnee lag auf den Calwer Schindeldächern, hatte das »Vaterle« seiner Frau den Namen erklärt, den das Kind, würde es ein Söhnlein werden, bekommen sollte: Hermann. Der sei »ein Meisterstück Gottes grammatikalisch und lexikalisch, ein Name, worin alles enthalten ist, was wir auf Erden waren, erlebten und durch Gottes Gnade geworden sind«. Das Elternhaus lebt in tiefer, alles durchsetzender und alles haltender Frömmigkeit. Ihr Herz, schreibt die wartende Mut-

ter, werde ihr bei den Worten des Vaters »weit und seelig«, und sie pries das Kind schon im Mutterleib »zum wundervollen Erbteil berufen«.
Jetzt ist es da. Es ist zwei Jahre alt, als Marie Hesse dem Tagebuch anvertraut: »Hermännle entwickelt sich sehr rasch, erkennt alle Bilder sofort, ob sie aus China, Afrika oder Indien, und ist sehr klug und unterhaltend, aber sein Eigensinn und Trotz ist oft geradezu großartig.« Daß diesen Menschen Eigensinn und Trotz fürs ganze Leben prägen werden, daran dachte wohl auch die Mutter damals nicht. Die große Familie Hesse liebt die Heilige Schrift, und nicht nur die Heilige Schrift, auch die hundertfältige Korrespondenz – der Vater wird 1881 als Herausgeber des Missionsmagazins nach Basel berufen, bevor er 1886 in die Dienste des evangelisch-pietistischen Calwer Verlagsvereins wieder zurückkehrt – mit den missionarisch tätigen Männern und Frauen draußen, mit den Mutterhäusern der Heidenbekehrer, ob aus Calw oder Basel. Bald wird Hermann Hesse das Sorgenkind dieser Korrespondenz, das Erziehungsopfer von Onkel und Vettern, Urahnen und Glaubensbrüdern. Noch erfreut sich das Büblein an den fremden Briefmarken mit den Drachenköpfen und den weißen Elefanten. Aber träumt er nicht dem Mond und den Wolken nach, phantasiert er nicht auf dem Harmonium herum, malt er oder reimt er nicht? Daß seine Erziehung »uns so viel Not und Mühe« mache, wird schon im sechsten Jahre voller Vorwurf festgehalten.
In der Calwer Lateinschule, deren Stube mit dem fichtenen, wachsgetränkten Boden er 1896 bezieht, ist er im ersten Jahr nur Zehnter unter 29 Schülern, im zweiten Jahr arbeitet er sich auf den zweiten Rang vor. Aber er ist nicht im ersten. Der Vater, voller Sorge um das geistige Fortkommen, entscheidet dafür, den Dreizehnjährigen in die Göppinger Lateinschule einliefern zu lassen. Dort ist der Rektor Bauer, ein origineller Mann, der seine Späßlein mit den Buben machen kann. Er ist fingergewandt, er kann kleine Messer in die Taschen seiner Schüler zaubern. Ein

Messer ist verschwunden. Wer hat es gestohlen? Der kleine Hesse vielleicht? Was kann der vorbringen dagegen? Hesse hat einen Zwölfstundentag, es reicht gerade noch für einen lateinischen Lagebericht in original-augusteischen Reimen, von »des Tatzenstocks Kraft« und »des Stockes Geprügel«. Die altwürttembergische Lateinschule, die da in Göppingen noch am Leben war, verfährt nach der so humanen wie »kindgerechten« Prämisse »Vogel friß oder stirb«, und »der Knabe«, wie der junge Hesse sich in seinem treulichen Poem da nennt, spielt es noch mit, das Spiel der Schulmeister, die zu Tyrannen wurden.

Dann kommt, nach altem Brauch, das Seminar, für Hermann: Maulbronn. Ein mörderischer Stundenplan. Gedruckte Statuten, ein langer Kanon von Verboten. Ein Seminarist darf »nicht mit Buchhändlern verkehren«. Hesse, er hat als Basler eigens das württembergische Bürgerrecht für die Aufnahme erwerben müssen, ist kaum länger als ein Jahr in Maulbronn. An einem Mittag im März läuft er weg. »Er hatte weder Mantel noch Handschuhe an«, schreibt Marie Hesse in ihr Tagebuch, »kein Geld im Sack, dagegen die Bücher noch bei sich, die er zur Präparation für die nächste Lektion auf den Spaziergang in der Freistunde mitgenommen.« Sie selbst wagt keinen Kommentar, geschweige denn eine Diagnose. »Die Professoren nehmen's sehr ernst, sie fürchten partielle Geistesverwirrung, etwas Krankhaftes.« Die Nacht hatte er auf freiem Feld verbracht. Über dem Land lag klirrende Kälte. Am Morgen greift ihn ein Landjäger auf und bringt ihn »ins Kloster« zurück.

Dieses erste Leben Hesses, alle weiteren Stufen, die er durchmißt, bedingend und bestimmend, geht von Calw aus und führt nach Calw zurück. Dies freilich nur auf einem Weg, der den Delinquenten, wie man will: den Straffälligen oder das Objekt der Psychiatrie, bis an die Grenze seiner Existenz führt. Das Wiedersehen mit daheim, mit Calw, mit den Eltern, wäre wohl noch zu schaffen gewesen. Dem Vater hatte er einen Brief geschrieben und mit »Sehr geehrter Herr Hesse« begonnen. Sterben wollte er,

24 Hermann Hesse mit H. Jung im Sommer 1918

25 Hesse in seinem Garten in Montagnola, zeichnend. Photographie von Martin Hesse um 1937

und er versuchte es auch. Aber der Gang zum Großvater, zum alten Gundert, den er verehrte, damals schon eine historische Gestalt der württembergischen Kirchengeschichte, einer der Schüler des Pietistenvaters Bengel und Pionier der pietistischen Indien-Mission, Vorgänger seines Vaters beim Calwer Verlagsverein: der Gang zum Großvater wurde ihm der wichtigste und schwerste. »Ich grüßte leise und gab ihm die Hand, gefaßt auf Verhör, Urteil und Verdammung. Er lächelte mit dem feinen, so vieler Sprachen kundigen Munde aus dem breiten, weißen Bart hervor, und noch mehr mit den hellblauen Augen, und schon ließ die bange Spannung in mir nach, und ich spürte, daß hier nicht Urteil und Strafe auf mich warte, sondern Verständnis und Altersweisheit, Altersgeduld samt etwas Spott und Schelmerei. Und nun tat er den Mund auf und sagte: ›So, du bist's, Hermann? Ich habe gehört, du habest neulich ein Geniereisle gemacht‹.«
Aber er war relegiert, den Mitschülern eine Gefahr, den Eltern ein Rätsel. Die Verwandten überschlagen sich in Fürbitten und empfehlen rascheste, strengste Maßnahmen. Man bringt ihn, zehn Tage vor seinem fünfzehnten Geburtstag, nach Stetten im Remstal, der Irrenanstalt, die auch eine Bewahranstalt für verhaltensgestörte Jugendliche unterhält, für Kinder solcher Eltern, die das bezahlen können. Arbeiten im Garten, die Aufsässigen sollen durch Erbsenlesen und Wegerechen wieder zur Ordnung zurückgebracht werden. Romanleserei, vermutet man, hätten die Verwirrungen des Zöglings Hesse ausgelöst. »Er hat eine ziemliche Lesewut«, meldet der Inspektor, der Pfarrer dem Vater, »welche ich zügeln muß.«
Hesse rechnet ab mit dem Elternhaus und allem, was neben und hinter ihm steht. Im großen, von der Hesse-Biographie bis heute seltsam vernachlässigten Brief vom 11. September dieses Jahres ist ein Dokument größter seelischer Not und größten seelischen Widerstands vorhanden. »Papa nennt Stetten den ›besten‹ Ort, weil ich da dingfest bin und Ihr mich los seid . . . Dieser kalte, halb gelehrte, halb praktische Pfarrer mit seinen Predigten . . .

diese Kranken mit den abstoßenden Gesichtern und Manieren, alles ist mir in der Seele verhaßt und wie gemacht, einem jungen Menschen zu zeigen, wie elend dieses Leben mit allem ist ... Was hilft es mir, wenn Papa x-mal wiederholt: ›Glaube, daß wir es gut mit dir meinen.‹ Diese Phrase ist nicht die Bohne wert ... Und jetzt frage ich, nur als Mensch (denn ich erlaube mir, gegen Euren Willen und meine 15 Jahre eine Ansicht zu haben): Ist es recht, einen jungen Menschen, der außer einer kleinen Schwäche der Nerven so ziemlich ganz gesund ist, in eine Heilanstalt für Schwachsinnige und Epileptische zu bringen, ihm gewaltsam den Glauben an Liebe und Gerechtigkeit und damit an einen Gott zu rauben ... Ich glaube, wenn der Geist des verstorbenen Christus, des Juden Jesus, sehen könnte, was er angerichtet, er würde weinen. Ich bin ein Mensch, so gut wie Jesus, sehe den Unterschied zwischen Ideal und Leben so gut wie er, aber ich bin nicht so zäh wie der Jude, ich! Lebt wohl!«

Das »Ich« dieses Briefstellers, der späterhin oft genug behaupten wird, nicht einen einzigen Tag seines Lebens wirklich gesund gewesen zu sein und sich nie wohlgefühlt zu haben, der die gängigen Neurosensymptome eines sensiblen Menschen zeigt und es dann doch – ist das die Regel? – zu biblischem Alter bringt: das »Ich« nicht in der Parenthese, sondern das Schlußfanal, ist unüberhörbar. Das Ich, aus der Bahn geworfen, will sich retten. »H. Hesse, Gefangener im Zuchthaus zu Stetten.« Der Vater, selber ein alter Mann wird ihn der Sohn in einem Brief an die geliebte, den Vater aufopfernd pflegende Schwester Marulla nach Korntal »eine Patriarchengestalt aus biblischen Zeiten« nennen, der Vater schreibt zurück: »Wir sind Menschen und nicht Götter.« Der Stettener Pfarrer-Inspektor kapituliert, Hermann soll in Basel und Cannstatt an gymnasiale Regelmäßigkeit gewöhnt werden. Auch diese Versuche schlagen fehl. Auch dem Esslinger Buchhändler Mayer läuft der Lehrling nach drei Tagen weg. Er taumelt von einer pubertären Jugendkrise in die andere. Auch Christoph Blumhardt in Boll, wo Hesse im Mai 1892 auf-

genommen wird, ist nur eine kurze Station; nach einem Selbstmordversuch des jungen Gastes, ausgelöst wohl durch eine unglückliche Liebe, bittet Blumhardt, Hermann abzuholen.
Calw nimmt den Fremdkörper wieder auf, das kleine Nest, wo sich Hesse auf der Nikolausbrücke über der Nagold zum erstenmal die Phantasie erwanderte, in die er später Siddharta, Goldmund und die vielen Ausreißer seiner Bücher aussandte. Im Juni 1884 stecken ihn die Eltern, zum Äußersten entschlossen, als Mechanikerlehrling in die Perrotsche Turmuhrenfabrik. Vor dem strengen, abweisenden Fabrikgebäude zieht die Nagold dahin, »dieser sagenhaft schöne Fluß«. Hermann hört ihn nicht. Er steht an der Drehbank, vornüber gebeugt, und fräst am Schraubstock. Der alte Perrot, es muß ein wunderbarer Mann gewesen sein, eine handfeste, praktische Natur, nicht ohne pietistische Strenge in seinem Glauben, aber von köstlicher Nachdenklichkeit und unbegrenzt-ernsthafter Menschenliebe, erzählt in seinen Lebenserinnerungen, dann und wann habe der Lehrling Hesse auch Kirchenglocken mit aufgehängt.
In seinem Roman »Unterm Rad« bringt er diese seine Jugend zu Wort, in seinem ersten großen Roman; wer seinen letzten großen Roman liest, das »Glasperlenspiel«, erkennt, daß diese Jugend im Grunde sein ganzes Leben war. »Herr Joseph Giebenrath, Zwischenhändler und Agent, zeichnete sich durch keinerlei Vorzüge oder Eigenheiten vor seinen Mitbürgern aus. Er besaß gleich ihnen eine breite, gesunde Figur, eine leidliche kommerzielle Begabung, verbunden mit einer aufrichtigen, herzlichen Verehrung des Geldes . . .«: Hesse beginnt seine traurige kurze Biographie des Schülers Hans Giebenrath in raffiniert trügerischer Friedfertigkeit, mit dem Kunstgriff der ironischen Distanz, die vorgetäuschte Behäbigkeit ist nichts als ein Trick. Hans Giebenrath, der stille, fleißige, beliebte Schüler muß von der Lateinschule zum Landexamen und ins Maulbronner Seminar, er befreundet sich mit Hermann Heilner, einem phantasievollen, frühreifen, ausschweifenden, gegen Ordnung und Wohlanstän-

digkeit aufbegehrenden Jüngling und angehenden Dichter. Der von den Lehrern verabscheute, erotisch gefärbte Freundschaftsbund erweckt in Hans bis dahin nicht gekannte Träume und Anfälle schwermütiger Entrücktheit. Hermann rückt vom »Kloster« aus, es wird später, »wenn nicht ein Held, so doch ein Mann aus ihm«. Der nervenkranke Hans wird nach Hause geholt, in eine Mechanikerlehre gesteckt, wo er sich in der robusten Umwelt nicht behaupten kann. Als er von einem kräftigen Bauernmädchen allzu gewaltsam in die Lehre genommen, nächsten Tages aber grußlos verlassen wird, bedarf es nur eines entsetzlich ernüchternden Aufschwungs zur Lebensfreude während einer Sauferei unter den Lehrlingen, um ihn in den Selbstmord zu treiben.

Die lyrisch-melancholische Grundstimmung, die Hesses Werk von »Peter Camenzind« (1904) bis zum »Demian« von 1919 beherrscht, hat ihre scharfen, rebellischen Akzente, vor allem in der Verdammung der Schule als einem Ort, an dem schöpferische Individualität unterdrückt und der autoritätshörige Untertan herangezüchtet wird. Württembergs Lateinschul- und Seminartradition – nicht nur von Strauß oder Vischer, sondern auch von Gottlieb Rau oder Hermann Kurz bald ironisierend umschrieben, bald in direkter Verurteilung angegangen – sucht Hesse im besonderen loszuwerden, niemand hat so gelitten wie er unter diesen Zwängen, wenn man es in die freilich pauschalierende Sprache der Psychiatrie bringen wollte, würde man von einem Trauma sprechen. Niemand hat sich dieses Erlebenmüssen so intensiv und auf so breitem Terrain vom Halse geschrieben wie er. Wer die permanente Auseinandersetzung mit dem heimatlichen Schul- und Erziehungs- und Ordnungssystem, auf eine Formel gebracht, mit Alt-Württemberg in Rechnung stellt, wird jetzt allerdings von einem höchst »schwäbischen« Kopf reden müssen, gar nicht von einer irgendwie äußerlich-physiognomischen Perspektive her gesehen, sondern von der Basis jener Auseinandersetzung her, die dieses Leben (und Schreiben) bedingt haben.

Innerhalb der Polarität von Kunst und Wissenschaft, von Ingenium und Intellekt, entscheidet sich Hesse mit Hermann Heilner für eine Persönlichkeit, die sich aus eigenen Antrieben heraus frei entwickelt. Und er beschwört im Schicksal Hans Giebenraths das Schreckbild eines sterilen Bildungs- und Gesellschaftssystems, in dem der einzelne »unters Rad« gerät. Dies Stück steht am Anfang: die Anklage, der Widerspruch zwischen den beiden Mächten bleibt. Das »Glasperlenspiel« steht am Ende, die Synthese zwischen diesen Gegensätzen ist gefunden.
An keinem anderen Werk hat Hesse so lange gearbeitet wie an diesem im November 1943 in Zürich erschienenen Buch; er hat am Ausgang der zwanziger Jahre mit dem Grundkonzept, der Gedankenkonstruktion des »Spiels« begonnen, er selbst datiert die ersten Niederschriften seines mathematisch-musikalischen Geistspiels auf das Ende des Jahres 1930; im April 1942 hat er das Manuskript, das umfängliche, abgeschlossen. Wie das Buch »Unterm Rad«, das Schicksalsbild von Giebenrath und Heilner, die autobiographischen Erfahrungen in die Zeit, das heißt in den Konflikt der sozialkritischen Tendenzen mit der neuen (und problematischen) Welterfahrung um die Jahrhundertwende bettet, so ist auch das Glasperlenspiel ebenso Bilanz eigenen Lebens und Er-Lebens wie scharfe Analyse der Zeit, der Hitler-Zeit, ein Gegenentwurf zur Barbarei und zu den Verbrechen des Dritten Reiches. Die als biographische Aufzeichnungen eines Glasperlenspieler-Schülers ausgegebene Chronik gilt der höchsten, beinahe heiligen Kunstübung Kastaliens, dem Symbol geistiger Einheit und Selbstzucht. »Das Glasperlenspiel«, im Buch wird an verschiedenen Stellen eine Erläuterung gegeben, was es sei, ist »ein Spiel mit sämtlichen Inhalten und Werten unserer Kultur«. Ursprünglich war es »nichts weiter als eine witzige Art von Gedächtnis- und Kombinationsübung unter den Studenten und Musikanten«, und der Glasperlen anstelle von Buchstaben, Keim der späterhin in letzte Höhen geführten Spielkunst, bediente »sich der Erfinder, Bastian Perrot aus Calw, ein etwas

wunderlicher, aber kluger und gesellig-menschlich freundlicher Musiktheoretiker«.

Beides, die Geschichte des Ordens und die Lebensbeschreibung des Magisters Ludi Josef Knecht, im Buch einander folgend, bedingen sich gegenseitig. Der kastalische Orden, nicht verschont geblieben von Niedergängen und Verkrustungen, wird getragen durch eine Gemeinschaft von Männern, die »weniger eine intellektuelle als eine seelische Zucht, eine Pflege der Frömmigkeit und Ehrfurcht« betreiben. Knecht durchläuft in einem exemplarischen Leben alle Stufen dieses Ordens bis zur höchsten Stufe, von der Lateinschule in die Eliteschule Eschholz, von Waldzell, der hohen Schule der Glasperlenspieler, nach Mariafels, wo Knecht in der Gestalt des Historikers Pater Jakobus »die Gegenwart und das eigene Leben als geschichtliche Wirklichkeit« sehen und begreifen lernt: Stufen sind es, in denen sich dieses Leben erkennt und potenziert. Auf der »letzten« Stufe erkennt Knecht, daß ihm Kastalien und das Glasperlenspiel (»etwas nahezu Vollkommenes«) bereits bis ins letzte ausgemessene Möglichkeiten dienender Selbstverwirklichung sind. Knecht, der von Jakobus gelernt hat, daß Wandel das einzig Stetige sei, weiß, daß er neue Räume durchschreiten muß. Er löst sich von seinen Bindungen und Verpflichtungen, vom Orden, von der Schule. Auf der Wanderung zu seinem Freund Plinio Designori, der einst mit ihm zusammen Gastschüler in Waldzell war, überkommt ihn seit langem zum erstenmal das Gefühl freien, unbeschwerten Daseins. Das Ende ist »nicht so ganz eigentlich eine Geschichte, wir möchten es eine Legende nennen«. Knecht, frei geworden in einem ganz innerlichen Sinne dieses Wortes, ertrinkt im frühmorgendlichen Bergsee und läßt seinen Schüler, den Buben Designoris, der sich an seinem Tode schuldig fühlt, am Ufer als einen Verwandelten zurück.

Man hat in diesem vom Autor fast testamentarisch bedachten Werk »die nunmehr endgültig gelungene Transposition und Überhöhung all jener Lebensläufe« gesehen, »in denen Hesse sich als Camenzind, als Giebenrath, als Sinclair, als Siddharta, als Goldmund« dargestellt hat. Von aller bildungs- und kulturkritischen Funktion des Buches abgesehen, die, zugleich als Gegenbegriff zum (Wilhelm) »Meister«, im »Knecht« das Ideal im Dienst für die Gemeinschaft aufgehen läßt, ist diese Autobiographie Schlußbilanz von allergrößter Bedeutung: Hesse hat sich in diesem monumentalen Schlußwerk, wenn wir eine freilich zu Mißverständnissen Anlaß gebende Vokabel dafür nehmen wollen, »ausgesöhnt« mit der Tyrannis, der er in seinen Anfängen ausgesetzt war. Das »Glasperlenspiel« ist nicht nur ein eminent wichtiger Beitrag zum Thema Geist und Politik und nicht nur die Reaktion auf die Verflachung und Dekadenz des feuilletonistischen Zeitalters, sondern auch eine Verneigung vor der Schule und vor den Meistern der Schule, vor der Idee der Macht des Geistes. Alle Erziehung ist Ausübung von Macht. Hesse erkennt und anerkennt jetzt, daß auch Erziehung zwingt und bezwingen muß, daß sie Zwänge forcieren muß, es sei denn, sie gäbe sich selber auf und verfiele in Skepsis und Nihilismus oder in snobistischen Betrieb, was einem partiellen Rückfall in das Zeitalter geistloser Vervielfältigung gleichkäme. Wer es ganz eng und sozusagen ganz »regional« formuliert haben will: im »Glasperlenspiel« läßt Hesse aus der Rückschau des Alten seiner Jugend und allem, was an faktischen und eingebildeten Demütigungen und Ungerechtigkeiten damit verknüpft war, Gerechtigkeit widerfahren, ein Stück Wiedergutmachung, aufgebaut auf den Einsichten eines Menschen, der sich um die Notwendigkeiten, strengen methodischen Geist zu pflegen und Lehrerdasein als eine der größten Aufgaben anzusehen, seine tiefen Gedanken gemacht hat. Der weiß, daß die kulturelle Erneuerung, die von Kastalien ausgeht, sprich von jeder Schule, sofern sie sich mit verpflichtendem Ernst und mit Hingabe an ihr Geschäft macht, eine Erneuerung des Lebens überhaupt bedeutet.

Die Frage, ob Magister Knecht »mit seinem Streben nach Befreiung von der Last seines Amtes, mit seinem Wunsch nach un-

scheinbarerer, aber intensiverer Arbeit, mit seiner Kritik am Zustande Kastaliens eigentlich recht gehabt habe, ob er als ein Förderer und kühner Kämpfer oder als eine Art von Rebell oder gar Fahnenflüchtiger zu betrachten sei«, diese von Hesse selbst so gestellte Frage hat Hesse unbeantwortet gelassen. In seiner Fiktion der Lebensbeschreibung aufgrund der »Hinterlassenen Schriften« Knechts heißt es nur: »Auch diese Frage wollen wir ruhen lassen, sie ist mehr als genug diskutiert worden.«
War sich Hesse, der im Ersten Weltkrieg das getan hat, was ein Kriegsgegner seines Schlages nur tun konnte, sich der deutschen Kriegsgefangenen als Erzähler und als Herausgeber und als Journalist anzunehmen, der sich 1919 von Bern in die Casa Camuzzi in Montagnola zurückgezogen hat, und 1931 dort in das neue Haus am Rande des Dorfes eingezogen ist, das Hans C. Bodmer für ihn bauen ließ, dort sein Leben bis zum Tode am 9. August 1962 verbringend: war sich Hesse darüber im klaren, daß die Rettung der eigenen Individualität nicht ohne schmerzliche Einschnitte möglich war? Er ist ja nun beides, der »Weltfromme«, der »Asket«, der »Outsider« von Montagnola, der keine Zeitungen liest, an dessen Gartentor das selbstverfertigte Plakat prangt: »Bitte keine Besuche«, *und* der immer aufs neue agierende Sprecher einer – bewußt registrierten – Gemeinde, der mit dem Optimismus eines guten Lehrers so etwas wie eine Briefseelsorge betreibt und durchaus Stellung nimmt zu den Dingen der Welt (deren Verfall er zu anderer Zeit beklagt).
Der Rebell wird in ihm und in seinen Dichtungen immer wieder lebendig, er hat einmal zusammen mit Karl Isenberg den »Schubart. Dokumente seines Lebens« herausgegeben, in heller Begeisterung über die »köstliche Lektüre«, die ihm Schubarts Autobiographie bereitet hat. Wir kennen die Keimzelle der Protesthaltung Hesses, vielleicht auch die Neurose als Quelle der Produktivität und als Geheimnis des Schöpferischen. Das »Ich-gehorche-nicht« des Fünfzehnjährigen bleibt prägend für ihn bis zum Ende. In seinen literarischen, politischen, theologischen

Schriften bewirkt er eine erstaunliche, uns allen immer wieder neue Hoffnung gebende Immunisierung gegen den Größenwahn der Technik, den Größenwahn des Nationalen, den Größenwahn von Ware und Geld.

Denn neben den Mann mit dem großen Gärtnerhut, neben den Märchenerzähler und den großen, kindlichen Träumer muß der Mann gestellt werden, der seinen Lesern die »Grundlagen des Sozialismus« zu studieren empfahl, der seinen Söhnen die Schriften Trotzkis vorlegte und der in der kapitalistischen Gesellschaftsordnung, er hat darüber nie einen Zweifel gelassen, einen »Feind« sah. Der Kommunismus, auch daraus hat er kein Hehl gemacht, sei vielleicht das Programm für die kommende Menschheitsstunde. Aber auf die drängenden Lebensfragen wisse er auch keine bessere Antwort als die anderen, die früheren oder neueren Ideologien. Er hat an die Zukunft des Kommunismus geglaubt, aber sich jeder, auch dieser Partizipation verweigert. Er ist gegen Gewalt (und damit gegen jeden Krieg, in einem unabdingbaren Sinne). »Es ist zwar erlaubt, für seinen Glauben zu sterben, aber nicht, für seinen Glauben zu töten.«

Marx ist ihm lange ein wichtiges Problem gewesen. Aber Hesse begreift sich, auch dies eine Resonanz seines jugendlich-schmerzlichen Erlebens, als ein »Anwalt des Individuums«. »Marx will die Welt ändern, ich aber den einzelnen Menschen.« Marx »wendet sich an Massen, ich an Individuen«. Erstaunlich, wie seine letzten weltanschaulichen Vorstellungen mit den politischen übereinstimmen. Auch Europa als das größere Vaterland kann nicht durch Gewalt und Revolution entstehen, sondern durch Überzeugen, durch Wollen, durch allmähliche Annäherung, durch Liebe. Wenn er 1933 das Menschentum »verkommen und verdorren zu sehen« meint, so stellt er »desto weniger« diesem »Verfall die Revolution entgegen«. Er glaubt an die »Magie der Liebe«, »Ich freue mich darüber, daß es auch schon im ›Steppenwolf‹ steht: Die Welt war nie ein Paradies gewesen, sie ist nicht früher ein Paradies gewesen und jetzt die Hölle geworden, sondern sie ist immer und jederzeit unvollkommen und dreckig und bedarf, um ertragen und wertvoll zu werden, der Liebe, des Glaubens.«

Merkwürdig, wie das sonst so wache Sensorium Alfred Kerrs Hesse einen »skandalös harmlosen Schriftsteller« nennen konnte. Hesse ist – auch – ein politischer Kopf, und ganz sicher unter den Dichtern deutscher Zunge unseres Jahrhunderts einer der wachesten, verläßlichsten, konsequentesten. Nicht daß er ein politischer Dichter gewesen wäre. »Ich bin nach wie vor nicht der Meinung«, so an Thomas Mann 1936, »daß das ganze Leben und die ganze Menschheit politisiert werden müsse und werde mich bis zum Tod dagegen wehren, mich selber politisieren zu lassen.«

So, wie er sich gegen jeden Totalanspruch einer Ideologie stellen kann, so lehnt er auch den Totalanspruch des Nationalen ab. Nationalität ist ihm unwichtig. Während der Zeit am Bodensee von 1904 bis 1912, in der Nähe von Ludwig Finckh, dem Freund aus Tübinger Tagen, freundschaftlich verbunden mit Emanuel von Bodman und Wilhelm von Scholz, hat er sich manchmal einen »Alemannen« genannt, womit er freilich jene deutsch-schweizerisch-österreichische Trias gemeint hat. Die Eltern seines Vaters waren Balten; der Vater kam in Reval zur Welt und wurde Missionar in Indien, die indische Philosophie und das unendlich fleißige Studium des Chinesischen hat sein religiöses Denken ungemein beeinflußt. Die Eltern der Mutter hatten zweifache Nationalität und Stammesart, Schwäbisches und Westschweizerisches. Hesse war bei der Geburt wahrscheinlich russischer Staatsbürger, sechsjährig erhielt er die Schweizer Staatsbürgerschaft, daß er, um Maulbronner Seminarist werden zu können, noch Württemberger werden mußte, hörten wir.

War er Europäer? Wir hätten die Antwort leichter darauf, wenn es ihm nicht um noch wichtigeres als nationale oder übernationale Abgrenzungen gegangen wäre. Keine Frage, daß er sehr konkret und in wunderbarstem Instinkt die tagespolitischen Prozesse zu beurteilen wußte. Seine Wertungen der (angeblichen)

Revolution von 1918, der untergangsreifen Weimarer Republik, der bös-verderblichen Zeit, die das »Rindvieh Hitler« inszenieren wird, unterscheiden sich wohltuend von jenen verheerenden Mißverständnissen, denen sich Thomas Mann aussetzen kann. Wo der sich im Dezember 1932 einreden kann, man sei über den Berg (»Der Gipfel des Wahnsinn scheint überschritten, und wenn wir alt werden, können wir noch ganz heitere Tage sehen«), ist sich Hesse ganz darüber im klaren, daß eine Dämonie schrecklichsten Ausmaßes aufbrechen wird. Er würde sich nie dazu hergegeben haben, jenes auch sprachlich arg manierierte Tagebuchbekenntnis Thomas Manns vom September 1918, »daß die Ironisierung des Humanistischen, aber aus Sympathie, eigentlich mein Stylelement sei«, diese private Konfession auch zu der seinigen zu machen.
Es geht ihm schlicht um den Menschen, auch um die Wissenschaft vom Menschen. »Hätten wir eine Wissenschaft«, heißt es im »Tractat vom Steppenwolf«, »die den Mut und die Verantwortung besäße, sich mit den Menschen zu beschäftigen statt mit den bloßen Mechanismen der Lebenserscheinungen, hätten wir etwas wie eine Anthropologie, so wären diese Tatsachen jedem bekannt.« Häufig, und mit zunehmendem Alter immer häufiger, spielt sein unablässiges Bekümmern um die Sonderspezies Mensch in christliche Grundhaltungen hinüber, von seinem »im Grunde christlichen Gemüt, anima christiana«, kann er einmal im März 1941 sprechen. Nicht nur die, genau besehen, messerscharfe Sezierung von Wirklichkeit macht ihn zum unerschöpflich reichen Retter des Menschlichen, sondern auch diese Gläubigkeit, genährt aus großer und weiter Lektüre, aus der Bibel, Laotse, Dschuang-Dsi oder »I Ging«, dem »Buch der Wandlungen«, jenem uralten Weisheits-, Orakel- und Zauberbuch der Chinesen, das mit seinen Nachwirkungen bis ins Glasperlenspiel hinein zu verfolgen ist.
Nicht »Menschentum« will Hesse, nicht ein Abstraktum. Das Ich. Die Vervollkommnung Deiner selbst. Was er mit seinem

fünfzehnten Lebensjahr begonnen hat, dieser energischen »Selbsterziehung«, will er weitergeben, als Anweisung, als Auftrag, nicht als Berechtigung. Er würde wohl zögern, in sich den Rebellen als den radikalen Selbstverwirklicher zu sehen. Die Freiheit der autonomen Persönlichkeit zum Nicht-Gehorchen als Norm? Er ist der Rebell für ein Fortschreiten in allen diesen Bindungen, welche die Welt uns auferlegen kann. Knecht verläßt die pädagogische Provinz Kastaliens, er verläßt die abstrakte kastalische Geistlichkeit mit einem sozialen Auftrag: Lehrer zu werden, um Menschen zu helfen, ihr Ich leichter zu finden. Der sublime Kult weicht der Bemühung um den Nächsten. Im Dienst für den anderen offenbart sich auch der Weg zu mir selbst. Als Lehrsatz bleibt nur noch die Forderung: »Du sollst dich nicht nach einer vollkommenen Lehre sehnen, sondern nach einer Vervollkommnung deiner selbst.«

Theodor Heuss

Ich wünsche mir, daß meine Landsleute dies spüren, daß ich selber auch nie reguliert wurde, sondern in dem Wechsel der Sachlagen, der Aufgaben, sei es drinnen, sei es draußen, mir die innere Freiheit nie rauben ließ.

Th. Heuss im Dezember 1963, seinem Todesmonat, nach Th.-Heuss-Lesebuch, hrsg. v. H.-H. Welchert. Tübingen: Leins 1975, S. 408

Die beiden Böcke, die über Isaak Habrechts Kunstuhr am Heilbronner Rathaus, diesem kostbaren und wiedererstandenen Zeugnis gotisierender Bürgerrenaissance, bei Glockenzeichen ihre Hörner zusammenschlagen, sind das symbolgewordene Signum bürgerlich-gemeindlichen Zusammenlebens. Es ist nichts anderes als ein mühsames, aber in Spielregeln gehaltenes Zusammenraufen. Heilbronn, die alte Reichsstadt, die der Reichsbürger Goethe auf der Durchreise als ein Stück artiger Verwandtschaft empfand, hat das Miteinanderleben-Müssen in eigenständigster, höchst durchlebter Weise besorgt.
Heuss ist hier nicht geboren, sondern drüben in Brackenheim, am 31. August 1884, in einem »etwas klobigen Renaissancebau«, wo der Vater als Regierungsbaumeister residierte und Straßen, Wasserwege und Straßenbahnanlagen baute. Unter »Thomas Brackheim« hat Heuss während der Hitlerherrschaft in der »Frankfurter« viel veröffentlicht, »das klingt so angenehm altmodisch«, eine Assoziation an Abseitigkeit und Romantik. Zur eigentlichen Vaterstadt ist ihm das fränkisch-lebendige Heilbronn geworden, wohin die Eltern mit den drei Buben 1890 zogen, der Vater war als Chef der städtischen Tiefbauverwaltung in

der »Metropole des württembergischen Unterlands« in einen weiteren Wirkungskreis aufgenommen. Seine Familie, einst im badischen Haßmersheim ansässig und von der Neckarschifferei lebend, war nicht eigentlich »schwäbisch« und jedenfalls nicht altwürttembergischer Provenienz, die Familie der Mutter vollends, der Elisabeth geborene Gümbel, kam aus Forst- und Pfarrhäusern der Rheinpfalz und doppelt aus der »Fremde«. Aber Heuss hat sich ganz als Schwabe empfunden. Jener Fritz Heuss, der Onkel seines Großvaters, der anno 48 von Haßmersheim aus einen Trupp organisierte, die deutsche Freiheit auch am Neckar festzumachen, blieb für ihn der Gewährsmann der Haustradition. Im Dezember 1918 entdeckte er gleichsam für sich selbst, »durchaus in den großdeutschen Überlieferungen der schwäbischen Demokratie aufgewachsen« zu sein.
In Heilbronn ging es von der Volksschule ins Gymnasium. Als Heuss am 16. September 1950 dorthin geholt wurde, gestand er, »natürlich gerührt und beeindruckt davon, daß diese Schule nun ›Theodor-Heuss-Gymnasium‹ heißt«, auch zweimal im Karzer des Hauses gesessen zu haben. Er war bei weitem nicht der Primus. Aber er ging gerne in die Schule, und es fiel auf, daß er sich das literarische und historische und kulturelle Bildungsgut seiner Zeit auf eine spielerische Art anzueignen wußte. Wilhelm Hausenstein, der Freund, selber ein Artist der Sprache und Repräsentant einer wahrhaft europäischen Bildung, hat dem Journalisten Heuss 1906 einmal geschrieben, er bewundere seine Leichtigkeit rückhaltlos. Damit waren nicht nur stilistische Konturen, sondern auch die Fähigkeiten zur raschen politischen und kulturellen Analyse gemeint. Heuss ist zeitlebens ein Meister der Beobachtung, ein souveräner Beherrscher des Kommentars geblieben, kein Satz, der nicht seine Handschrift und damit etwas höchst Originales hätte, kein Essay, der nicht doch in Tiefen und in Wesentliches stieße. »Journalist zu sein, das kann man nicht lernen, das ist man eben.« So zwei Jahre vor dem Ersten Weltkrieg. Er ist ganz überzeugt von der Gewißheit, daß journalisti-

sche Tagesarbeit nichts Marginales an sich habe. Der Schriftsteller, wir halten uns an diese Confessio von 1912, mache aus fünf Büchern ein sechstes. In der geistigen Leistung »eines rechten Journalisten, sei er Politiker oder ästhetischer Kritiker«, sei »mehr Scharfblick, geschichtliche Entschlossenheit und Wissen aufgespeichert, als in vielen gelehrten Büchern«.
Heuss in nuce. Was wird aus ihm? Ein Politiker oder ein ästhetischer Kritiker? Das eine nicht, und das andere nicht, oder vielmehr, das eine läuft allemal mit dem anderen zusammen. Wir werden gut daran tun, dem »Literaten« Heuss und dem »Politiker« je ein eigenes Kapitel zu widmen. Aber zunächst zum Leben. Überprüft man das Schreiben und Publizieren des Pennälers Heuss, fühlt man sich manchmal zu Vergleichen mit dem Primaner-Dichter Hofmannsthal verführt, dominierte bei Heuss nicht das Kleinformige und die Kritik, die Anmerkung und die Rezension. Er muß publizieren, das spürt man, in der Schülerzeitung, deren Titelvignette er selber aufs Papier wirft, in der Nekkar-Zeitung, in literarischen Zeitschriften, in Friedrich Naumanns »Hilfe«.
Erstaunlich die sicheren Urteile über so komplexe Gestalten wie Liliencron oder Fontane. Auffallend, wie sich immer wieder das Künstlerisch-Schöpferische dazwischenschiebt, die – ganz unpolitische – Freude an Klingers Marmorplastik oder Wilhelm Buschs Satiren in Tusche, wie oft er selber zum Bleistift greift und seine Umgebung auf den Skizzenblock bringt, die Eltern, die Landschaft. Die Freundschaft mit Künstlern wird ihm später ein Stück seines Lebens sein, und er wird, längst mit wichtigsten politischen Funktionen betraut, immer wieder ausscheren, den Hocker her, den Kohlestift, wird Giebelfronten zeichnen und Treppenhäuser und Stadtsilhouetten, manchmal schreibt er liebevoll den Text dazu: »Ochsenhausen. Morgens Zeichnen. Eindrucksvolle Baugruppe der Kirchenfront mit Mariensäule und Turm.«
Heuss geht zum Studium nicht nach Tübingen, zur Landesuni-

versität, wie damals von einem ordentlichen Württemberger zu erwarten war, sondern nach München. Keck und mit einem Anflug von Opposition auch die Fachwahl: er versucht es in der Nationalökonomie, der damals noch immer recht problematischen und risikoreichen Disziplin. Der brillante und selbst halb künstlerische Lujo Brentano fasziniert ihn. Was er an ihm bewundert, ist die »Verbindung von entschiedener Sozialpolitik und liberaler Weltanschauung«. Nimmt man Naumann dazu, diese für Heuss freilich lebensprägende und in ihrer eigenartigen Verbindung von Kontemplation und energischer Aktivität immer vorbildliche Gestalt, hat man das politische, das »öffentliche« Programm in Heussens politischem Lebenswerk schon vor sich.
Bei Brentano promoviert er 1905, nicht über irgendeine Weltwirtschaftsprophetie, sondern über den Heilbronner Weinbau, in vier Wochen hat er das Ganze niedergeschrieben, zuvor nicht nur in Archiven, das ist typisch für ihn, sondern auch in den Weinbergen und in den Kellern gelernt. Es ist keine bewegende Arbeit und kein Markstein in der Sozialgeschichte des Landes. Einer der letzten Sätze der Schrift kommt denn auch zu dem gar nicht sensationellen Schluß, daß das Interesse des Heilbronner Weinbaus aufs engste verknüpft ist mit dem kommerziellen und industriellen Aufschwung.
Noch vor diesem zögernden Ausflug in die Wissenschaft ging Heuss Ende Oktober 1903 für zwei Semester nach Berlin. Brachte München, verkürzt gesagt, die Konfrontation mit der ästhetisch-künstlerischen Kultur, so zog Berlin ihn in eine mit Händen zu greifende politisch-soziale Problematik. Gleich am ersten Tag geht der Neunzehnjährige statt ins dritte Semester nach Spandau, Plakate kleben. Es sind Landtagswahlen, der einzige, den er in Berlin kennt, immerhin Naumann, ist unter den Kandidaten. »Die Zeit war nicht so banal und war nicht so mit sich zufrieden, wie das gesagt wurde, sondern sie steckte voll innerer und fruchtbarer Spannungen.« Der junge Heuss erspürt sie. Lulu von Strauß und Torney, eine der vielen andauernden

Freundschaften, die in München aufwuchsen, schickt er ein Gedicht »Streik«: »Sie drängen sich am breiten Gittertor/ Und warten. Fabrikarbeiter. Drinnen im Kontor/ Da stehen die sie ausgewählt und abgesandt/ Beim Prinzipal und bitten höheren Lohn . . ./ Ruft einer denen, die da draußen stehn:/›Streik!‹« Man wird das scheinbar behagliche Patriarchentum des alten Heuss nicht auf seine Jahre vor dem Weltkrieg übertragen wollen. Um 1900 habe er einen »Aufstand gegen die Geschichte« erlebt, und sicherlich hat er inmitten der wachsenden Großindustrie, der Gefährdungen der Gesundheit, der kaum organisierbaren, verlorenen Arbeitskräfte, dieser ganzen Armseligkeit von Hunderttausenden auch, dies nicht ohne Oppositionsgeist, mit einer aktiven Funktion figurieren wollen.

Naumann bereitet ihm den Boden dazu. Nicht Hermann Oncken und Hans Delbrück, die ihn an der Universität für die Geschichte gewinnen wie Brentano in München für die Volkswirtschaft, nicht die – seltsamerweise nie diskutierte – Dozentenlaufbahn und überhaupt der klassische Beruf locken ihn, sondern Naumann, der politische Einsatz, die publizistische Arbeit. Nach der Promotion holt ihn Naumann im Frühsommer 1905 in die Redaktion der »Hilfe«, seine damals im elften Jahrgang stehende Wochenschrift. Er hat sich damit sicherlich einen idealen Kombattanten zugelegt. Der junge Heuss kann schreiben, dies in einer Stilsicherheit und in einer Themenbreite seltenen Ausmaßes, und er verehrt seinen Meister ohne Bedingung. Heuss hat selbst die Biographie von Friedrich Naumann geschrieben und sie 1937 veröffentlicht, unter seinen großen Biographien übrigens diejenige, die am wenigsten »Kunst« geworden ist und sich auf weiten Strecken mit seltsam nüchterner, trockener Registrierung begnügt. Sicherlich stand dem immer auf eine gewisse ironische Entfernung eingespielten Autor in diesem Falle das am wenigsten zur Verfügung, was man »Distanz« zu nennen pflegt. Er verdanke Naumann das, sagte Heuss, was er sei. Die Schülerschaft geht bis ins Detail. Daß er, so empfand Heuss das, keine

»Schwärmerei« zuließ, muß von tiefer erzieherischer Resonanz für ihn geworden sein. »In das Maß, in die maaze hat mich, der ich als Junge für recht leidenschaftlich galt, die frühe Berührung mit Naumann geführt. Sein Vertrauen und seine sachliche Denkenergie haben mich so frühe an Verantwortungen geführt, daß ich bestimmte äußere Dinge zu relativieren wußte, zwischen Aufgeregtheiten der anderen meist eine aufregende Gelassenheit bewahrte.«

Daß Heuss über Naumann auch seine spätere Frau kennenlernte, haben beide »immer als die sinnvollste Fügung des Schicksals empfunden«. Die junge Knapp, aus einer hochangesehenen Beamten- und Professorenfamilie, ihr Vater war damals an der Straßburger Kaiser-Wilhelms-Universität einer der führenden Nationalökonomen deutscher Zunge, sie selbst hatte 1899 in Straßburg ihr Lehrerinnenexamen gemacht und an einem »Privatschülchen« unterrichtet, war Ende 1905 zu einem Studienaufenthalt nach Berlin gekommen, hatte bei Naumann einen Besuch gemacht und dort auch den jungen, schweigsamen Hilfe-Redakteur kennengelernt. Drei Jahre später haben die beiden sich in Straßburg in der Wilhelmer Kirche von Albert Schweitzer trauen lassen. Die »Gärtnerin seines Lebens« sei sie gewesen, hat der alte Heuss einmal gesagt. Auch in ihren jüngeren Jahren ist sie darin, daß sie ihre Gefühle faßt und zügelt, die »höhere Tochter«. »Nun haben wir (der Papa und ich) zum letzten Mal allein zusammen gegessen.« So eine Woche vor der Hochzeit. »Jetzt bin ich selig und voll Freude und Erwartung.« Ohne die Einfälle und die Klugheit der Elly Heuss-Knapp, die mit Werbesendungen für Wybert und Henkell dem Haushalt nach 1933 neue Einnahmequellen schuf, wäre das Leben kaum zu bestreiten gewesen. Das Müttergenesungswerk der jungen Bundesrepublik war nicht Ausfluß irgendeiner Schirmherrschaft, sondern ihre originäre Idee und Gründung. »Ich bin unbefangen genug«, so der Bundespräsident Heuss in seiner Bilanz im September 1949, drei Jahre vor ihrem Tod, »ihre Schöpfung des ›Müttergenesungs-

werks‹ als eine der schönsten und der bleibenden Leistungen dieser Jahre zu bewerten.«
Nach der Berliner Redakteurszeit von 1905 bis 1912, die ihm, wie er begütigend meinte, genügend Zeit für allerlei belletristisch-publizistische Nebenarbeit ließ und ihn vor allem zu großen Europareisen führte, kehrte Theodor Heuss in seine Heimatstadt Heilbronn zurück. Er wollte den Heilbronner Reichstagswahlkreis für Naumann zurückgewinnen oder, falls das nicht gelänge, ihn für sich selbst erobern. Berufliche Grundlage für die Rückkehr war die Übernahme der Chefredaktion der »Neckar-Zeitung«, die zuvor Ernst Jäckh innegehabt hatte. Enger gestalteten sich jetzt auch die Beziehungen zu Conrad Haußmann, dem weit über Württemberg hinaus akzeptierten Führer der Württembergischen Volkspartei. Mit Haußmanns Unterstützung versuchte Heuss Ende 1912, einen Sitz im Württembergischen Landtag zu erobern, ohne Erfolg. 1913 übernahm er die Schriftleitung des »März«, einer Wochenschrift, in der Autoren wie Maxim Gorki und Thomas Mann, Kurt Tucholsky oder Stefan Zweig zu Hause waren und die vor allem, wie Hesse in seinem Glückwunschbrief zur Redaktionsübernahme, mit dem Zaunpfahl winkend, meinte, »erfolgreich die süddeutsche Dichtung pflegte«.
In der Weltkriegszeit, Heuss konnte aus Gesundheitsrücksichten nicht Soldat werden, kam der »März« redaktionell wie finanziell in eine Krise. 1917 beschlossen die Geldgeber der Zeitschrift, Conrad Haußmann voran, das Unternehmen einzustellen. Heuss, den Kriegsgeschehen und Kriegsinnenpolitik vor allem auf die politische Publizistik führten und dem zu seiner eigenen Genugtuung durch seine ständigen Leitartikel in der »Neckar-Zeitung« eine feste Beziehung zwischen ihm und den Lesern im Feld erwuchs, kehrte schon im Frühjahr 1918 wieder nach Berlin zurück, um die Geschäftsführung des »Deutschen Werkbundes« und zusammen mit Axel Schmidt, einem Freund Paul Rohrbachs, die Schriftleitung der »Deutschen Politik« zu überneh-

men. Aber die Aussichtslosigkeit der Wochen überschattete das neue Redaktionsgeschäft. Die Revolution, Heuss zog hier immer und gewiß mit gutem Grund die Vokabel Zusammenbruch vor, erlebte er nicht in Berlin, sondern in Heilbronn, wohin er auf Bitten Erzbergers und im Auftrag des »Heimatdienstes«, der Frühform der heutigen »Bundeszentrale für politische Bildung« gereist war.

Er will ein Mandat in der verfassunggebenden Nationalversammlung. Er kandidiert für die neue, von Naumann im November 1918 mitbegründete Deutsche Demokratische Partei, wiederum ohne Erfolg. Schon kündigt sich ein Riß an zwischen der jungen und ehrgeizigen Politikergeneration und den alten, in hohen Parlaments- und Staatsämtern etablierten Parteiführern. Das entscheidende Ereignis aber ist der Tod Naumanns im August 1919. » Bislang der stärkste menschliche Verlust, den ich so unvorbereitet erlebt hatte.«

Als im Jahr darauf im alten Schinkel-Bau die »Deutsche Hochschule für Politik« feierlich eröffnet wird, ist Heuss Studienleiter dort und kommt diesen, wie er meint, reizvollen pädagogischen Aufgaben nach, bis ihm 1924 nun doch der Sprung in den Reichstag gelingt. Er vertritt dort die Deutsche Demokratische Partei bis 1928 und – mittlerweile hat sie 1930 im Schwund mit dem Jungdeutschen Orden Mahrauns zur Staatspartei fusioniert – von 1930 bis 1932. 1933 verliert Heuss alle Ämter, alle politischen Funktionen, alle Einnahmequellen. Zwar wird er mit der sogenannten Reichstagswahl vom 5. März 1933, die Verbindung mit der SPD sei rein technischer Natur gewesen, erklärt er in seinem Protestschreiben an den Herrn Reichsinnenminister, noch einmal in den Reichstag gewählt. Aber am 12. Juli kommt ein kurzer Brief des Reichstagsdirektors, die Zuteilung »von Sitzen sei auf Wahlvorschlag der Sozialdemokratischen Partei« erfolgt und also unwirksam. Auf das Protestschreiben kam offenbar nie eine Antwort.

Es bedurfte auch keiner. Er und seine Frau waren sich im klaren,

26 Theodor Heuss (links) mit Friedrich Naumann. Photographie um 1910

27 Theodor Heuss als Zeichner. Photographie um 1950

daß sie nur Gäste sein konnten in Hitlers Tausendjährigem Reich. Die Handvoll Autoren, die der »Hilfe« noch ihre Feder liehen, Heuss hat sie bis zum Verbot 1936 noch weitergeführt, mehr Ehrenamt und Mühe als Einnahmequelle, hörten aus seinem Munde damals gerne die Devise »Innere Emigration«. Sie steht heute, im allgemeinen Frank Thiess zugeschrieben, in Mißkredit. Dies sicher zu Recht, nicht nur weil sie zu Entnazifizierungszwecken mißbraucht worden ist, sondern weil sie eines Tages nicht mehr gestimmt hat. Das Wort (und damit eine Lebensanweisung) hatte seine Gültigkeit, solange die Gegner des Regimes drinnen und draußen auf den Zusammenbruch des Hitlerstaats warteten. Aber das sieht sich heute anders an als in einer harmlosen Zeit, in der man an kurzfristige ökonomische Gesetzlichkeiten glaubte, und an eine Moral der Geschichte. Über das Datum, wann die Zusammenbruchshoffnung nur noch als Wunschträume gelten konnte, läßt sich streiten. Schon nach den Erfolgen von 1936, gipfelnd in der international geglückten Olympiade? Spätestens nach dem Machtzuwachs von 1938 in München?

»Thomas Brackheim« kann mancherlei Geschriebenes in der alten, wunderlicherweise immer noch lebenden, eine andere Sprache sprechenden »Frankfurter« unterbringen. Auf Drängen des Sohnes Ludwig läßt sich das Ehepaar Heuss, nach einem vorübergehenden Aufenthalt auf dem »Bosch-Hof« in Oberbayern, im Herbst 1943 nach Heidelberg evakuieren. Mit einem Handkarren, Elly muß wegen Herzgeschichten tage- und wochenlang liegen, schafft er Briketts heran, bringt Wäschebündel fort, besorgt die Küche und schreibt »mit biederer Stete« an seiner Bosch-Biographie. Als die Amerikaner in den letzten Märztagen 1945 Heidelberg besetzen, ist er unter denen, die »erlöst und vernichtet in einem gewesen sind«.

Die beiden Stolpers gehörten seit der Wiener Reise im Winter 1918 zu den ältesten Freunden des Hauses Heuss, mit Toni Stolper, der Wiener Doktorin der Nationalökonomie und späteren

Berliner Redakteurin am »Deutschen Volkswirt«, hat Heuss noch in den sechziger Jahren einen breiten Briefwechsel geführt. Als sie emigrieren mußten, hat man sich weiterunterhalten, wie wenn die räumlichen Trennungen gar nicht vorhanden wären. Zwischen den Familien Heuss und Stolper gab es ein Auseinanderleben gar nicht, vielleicht weil sie die letzten Exemplare der aussterbenden Spezies der Liberalen waren. Die Großzügigkeit Stolpers erlaubte bis 1939 sommerliche Zusammenkünfte. Die Wiedervereinigung des Jahres 1945 vollzogen als erste die Söhne Stolpers (einer ein Patenkind), die in amerikanischen Uniformen in Heussens Heidelberger Evakuierungsasyl auftauchten und alle Fraternisierungsverbote mißachteten. Sie mögen angekommen sein, die »Amerikaner«, und sich an das Tischlein gesetzt haben wie Buben, die Vakanz haben. Im Februar 1947 war Expräsident Hoover von Truman gebeten worden, eine Bestandsaufnahme Westdeutschlands vorzunehmen; unter seinen Begleitern, das amerikanische Militär hatte den Panzerzug Hitlers dafür zur Verfügung gestellt, war Gustav Stolper, für den Heuss damals eine Denkschrift »Zur Frage der staatsrechtlichen Gestaltung Deutschlands« verfaßte. Heussens Freundeskreis, eine stupende Menge großer und auch unbekannter Namen, quer durch die Stände, durch die Parteien, durch die Nationen, war so breit und so frei wie die liberale Grundfarbe seines Lebens auch. Als er gerade im Hof den Staub aus dem Teppich klopfte, erzählt man sich, seien die Amerikaner gekommen und hätten ihn gefragt, ob er Minister werden wolle. Die bürgerliche Variante zur Fabel von Fabius, den die Senatoren vom Pflug weg als Diktator holen. Heuss soll gesagt haben: »Ja, wenn ihr meiner Frau a Dienstmädle gebt.« Ob das gleich geklappt hat, vermag der Chronist nicht zu sagen. Aber das Wohnungsamt Stuttgart hat sich mit Schreiben vom 9. Mai 1947 damit einverstanden erklärt, daß er in seiner Wohnung in Stuttgart-Degerloch, Löwenstraße 86, »zwei Arbeitszimmer für sich und Ihre Frau verwenden« darf. In der Wahl vom 24. November 1946 wurden Theodor

Heuss im Wahlkreis Heidelberg-Stadt und Elly Heuss-Knapp über die Landesliste als Abgeordnete der Demokratischen Volkspartei (DVP) in den Landtag gewählt. Schon viele Monate vorher, am 24. September 1945, hat man Heuss in sein Amt als Kultminister von Württemberg-Baden eingesetzt. Seine Ernennung stand schon seit August fest. Sie wurde von den Amerikanern der Regierung, mit deren Bildung Reinhold Maier beauftragt war, zur Bedingung gemacht.

Auch eine Professur an der Technischen Hochschule Stuttgart »lief« damals. Bezeichnend genug, daß Heuss es bei der – mit Zunahme der Parlaments- und Amtsgeschäfte aufgegebenen – Honorarprofessur belassen wollte, im privaten Geständnis, daß eine nur-wissenschaftliche Tätigkeit, die sich auf die Korrektheit des kritischen Apparates und die Stimmigkeit der Fußnoten konzentriere, ihn langweile und ihm auch jetzt keine Lebensaufgabe sein könne. Gelehrte Arbeit, so hoch er sie achtete, war nicht sein Metier. Als er, »mit Erlaß vom 4. Juni 1958«, die Friedensklasse des Ordens »Pour le mérite« wieder neu stiftete und das Geraune losging, er hätte bei der Rettung des Ordens irgendwie auch an sich gedacht, antwortete er frei und offen, nichts liege ihm ferner, als sich »in diese geistige Prominenz« hineinzudrängen.

Politisch mitgestalten wollte er, jetzt um so mehr, als er in einem der beiden Heidelberger Dachstübchen einmal im Januar 1945 niedergeschrieben hatte, sein »eigener Beitrag als ›Handelnder‹ in der politischen Geschichte« sei bis jetzt gering gewesen. Daß er nicht nur der »Mann der ersten Stunde« werden mußte, sondern ihm jetzt in dieser knappen Epoche des »Wiederaufbaus« und »Wirtschaftswunders« die rechte Stunde wie ein Kairos, wie Glück und Chance entgegenkamen, ist ohne Zweifel. Nach dem Jahrzwölft einer dumpfen Barbarei und im harten Gang einer Zeit, die erst einmal die Stube wieder einrichten und rechnen und wieder rechnen mußte, war die geistvoll-liberale Natur dieses Mannes wie ein Geschenk. 1946 wählen die Dachorganisationen der süddeutschen liberalen Parteien Heuss zu ihrem Ersten Vorsitzenden, im Dezember 1948 wurde er Erster Vorsitzender der westdeutschen Freien Demokratischen Partei. »Außer einer gewissen Beredsamkeit und dem Talent, Schwierigkeiten auszuweichen«, bringe er für das Amt nicht allzuviel mit, meinte er damals, für ihn sei das ein Opfer, »keine irgendwie als Sieg empfundene Entwicklung meines Lebens«. Er wurde vom Württembergisch-Badischen Landtag als Delegierter in den Parlamentarischen Rat gewählt. Der trat am 1. September 1948 zu seiner ersten Sitzung zusammen und beendete am 23. Mai 1949 seine Arbeit, als er das Grundgesetz für die Bundesrepublik Deutschland beschloß und den westdeutschen Ländern zur Annahme vorlegte.

Ob das ganz so programmiert oder eher das Zufallsergebnis einer – in administrativem Bedacht noch gar nicht perfektionierten – Zeitsituation war: einzelnen Persönlichkeiten fiel bei den Beratungen über das Grundgesetz ein Gewicht zu, das weit über die proportionalen Macht- und Kräfteverhältnisse hinausging. Die Rolle, die Theodor Heuss als einer der fünf Freidemokraten in der 65köpfigen Verfassungsversammlung und als Mitglied der wichtigsten Ausschüsse zu spielen vermochte, beweist das. Sie beginnt mit der großen Rede im Plenum des Parlamentarischen Rates am 9. September 1948, dem Gegenstück zur letzten großen Rede vor der Hitlerzeit, in der Heuss am 11. Mai 1932 mit Geist und Mut dem Massenrummel der Nationalsozialisten entgegengetreten war. Und sie endigt mit der Abschlußrede zum Entwurf des Bonner Grundgesetzes, zu der Albrecht Goes ihm im nachhinein noch ausdrücklich gratulierte, »zu diesem Meisterwerk einer großen parlamentarischen Rede«. Das, was jetzt abgeschlossen werde, so Heuss, habe man nicht zu beurteilen unter dem Gesichtspunkt der »bestmöglichen Leistung, sondern des in der deutschen Volks- und Staatengemeinschaft heute politisch Möglichen«. Er wolle zusammen mit seinen Kollegen das Werk gerne den künftigen Staatstheoretikern überlassen, arg beeindruckt würden sie kaum durch die Kommentare. »Denn sie sind die Perfektionisten auf dem Papier, während wir in die Wirklichkeit der deutschen Geschichte gestellt waren und gestellt sind, bei unserer Arbeit gelähmt eben durch diese deutsche Geschichte und durch unsere äußere Machtlosigkeit.«

Heuss, er ist keine vier Monate nach der letzten Sitzung des Parlamentarischen Rats zum ersten Bundespräsidenten dieser zweiten deutschen Republik und am 17. Juli 1954 in Berlin mit überwältigender Mehrheit zum zweiten Mal in dieses Amt gewählt worden: Heuss hat die beste Kraft für sein politisches Urteil und Arbeiten aus der Geschichte gezogen. Er hat in der Geschichte gelebt und auf eine bewundernswert freie und elegante Art, wie Hausenstein und Carl Jacob Burckhardt, ihm eng befreundet und bis in den sprachlichen Gestus hinein verwandt, auf ihre Weise auch: Geschichte nicht als Leihhaus, nicht als Arsenal für irgendwelche sehr gegenwärtige ideologische Manipulationen, sondern als Lehrstück, als Terrain des Mitleidens, des Miterkennens, des Miterfahrens, als Boden für die eigene Erziehung und Reifung.

Heussens literarische Arbeit, hundertfach, tausendfach verästelt, ist eine einzige, kunstvoll gelungene, großartig lebendige Paraphrase zu solcher Geschichte. Wir verstehen, warum das Abseitige und das ganz Ferne in seinen zahllosen Essays und Geschichtskommentaren ebensowenig Platz hat wie die wissenschaftliche Pedanterie und die geschichtskriminologische Akribie. Das Biographische als literarisches Äquivalent zu seinem und seiner Frau weitem Freundes- und Bekanntenkreis hat ihn in seinem ganzen Leben nicht losgelassen. Er ist ein Meister der biographischen Kleinkunst, der nie erlahmenden Fähigkeit, mit ein paar läßlichen Sätzen und ein paar lockeren Tupfern den Mann und seine Zeit ins rechte Licht zu rücken.

Das, was er zwischen 1938 und 1943 an biographischen Essays für die »Frankfurter Zeitung« geschrieben und 1951 unter dem Signum »Deutsche Gestalten« herausgegeben hat, liefert ein köstliches Exempel für diese (in deutscher Literatur seltene) Befähigung. Er hat bei der Neuherausgabe des fünfbändigen Kompendiums »Die großen Deutschen« (1956/57) nicht nur – noch einmal – seine große literarische Organisationsgabe bewiesen, sondern auch seine unvergleichliche Könnerschaft auf diesem Terrain zwischen Feuilleton und Abhandlung, zwischen Dokumentation und gelassen-essayistischer Erhellung.

Daß diese Kurzbiographien nicht einer endogenen, beharrlichen Lust am Stakkato entsprungen sind, verrät die dekretierte Muße des Dritten Reiches. Heuss hat immer wieder darauf verwiesen, daß er seine großen biographischen Bücher Hitler verdanke, Poelzig 1939, Anton Dohrn 1940, Liebig 1942, Robert Bosch 1946. An Dohrn, dem Begründer der Zoologischen Station in Neapel, zogen ihn die mannigfachen Zeitströmungen an, die sich in dieser Individualität begegnen, das Erbe von Romantik und Klassik mit dem Einbruch der exakten Naturwissenschaft, noch mehr vielleicht der eigenwüchsige Pionier der Wissenschaftspolitik. Der Zoologe Alfred Kühn, selber einst Schüler Dohrns, hat hernach von einer meisterhaften Darstellung Heussens gesprochen. Wer die in Heidelberg vollendete monumentale Bosch-Biographie danebenhält, wird mit keinem geringeren Prädikat aufwarten wollen. Ein Buch, das eine der größten und eigenwilligsten deutschen Unternehmerpersönlichkeiten eingefangen hat, mit tiefem Verständnis für das Organisatorisch-Geniale wie für das Zeit- und Heimatbedingte, kein Satz, der Routine oder die Repetition von dutzendmal Gehörtem wäre, als Biographie in der schwäbischen Wirtschaftsgeschichtsschreibung bis heute von einer einsamen literarischen Größe.

Daß Heuss mit dieser feinnervigen Sensibilität – seine Hände waren eher Künstlerhände – auch zur politischen Parlamentarierarbeit taugte, ja daß er auf diesem Boden ein Stück deutscher Geschichte repräsentierte, macht ihn zu den großen Ausnahmen. Sein Sensorium war ja das Sehen und weniger das Hören. Musik hat ihn nur am Rande berührt, Kunst und Künstlerisches hat er in sich aufgesogen, von der pompösen gründerzeitlichen Salonmalerei bis zum versteckten Jugendstildekor, von Kokoschka bis zu Käthe Kollwitz. Ob es mehr das väterliche Erbe war oder die soziale Perspektive des Politikers in ihm: die Baukunst als das Medium zwischen Ästhetischem und Öffentlichem hat ihn vor allem beschäftigt; er hätte sicherlich einen ingeniösen Architekten und Städtebauer abgegeben. Von den drei genialen Männern, die diesem, wie Heuss selber sagt, »an mannigfachen Bekanntschaften so überreichen Leben« begegnet sind, Max Weber, Einstein und Poelzig, war es der Dresdner Baumeister, der aus der Bekanntschaft mit Heuss eine Freundschaft machte, die bis zu Poelzigs Tod währte und wuchs. Die Arbeit in der Geschäftsführung des »Deutschen Werkbundes« hat Heuss bis 1924 wahrgenommen und bis 1933 noch dem Vorstand angehört, eine linde Angelegenheit, ein paar Sachgutachten mit ökonomischem Akzent, aber auch Vorträge über die Qualität des marktgerechten Gebrauchs- und Schmuckartikels und so fort. Poelzig hat mit dem »Bund«, obwohl in seinem Präsidium, oft gehadert: für Heuss war er der Baumeister jenseits von Bünden und Parteien. Und seine Bauten waren für ihn, die Biographie hat das auf eine engagierte Weise dargetan, weder romantisch noch phantastisch, sondern einfach gut, klar, sauber und ohne allen programmatischen Doktrinarismus.

Freilich, am Ende guckt aus diesem Plädoyer für eine gemäße und gemessene Natürlichkeit im Bauen wieder der Politiker Heuss hervor. Politik ist, versteht sich, die Kunst des Möglichen, Heuss ist von dieser Maxime nie abgerückt. Er hat als Bundespräsident alle spektakulären oder aggressiven westdeutschen Vorstöße, in der Krise der Jahre 1956/58 etwa den Antrag von Bucerius, »Regierung und Parlament jetzt einfach nach Berlin zu verlegen«, als »hellen Wahnsinn« abgelehnt. Die Deutschen hätten »Balladen-Politik« genug erlebt. Auch als Urheber der Bezeichnung »Bundesrepublik« (»Im Grundsatzausschuß hat die SPD ›Republik Deutschland‹ vorgeschlagen, die bayrische CSU beantragte ›Bundesstaat Deutschland‹, ich erreichte dann ›Bun-

desrepublik«») hat sich Heuss als der Mann vermittelnder Politik gezeigt. Schließlich war das ja auch seines Präsidentenamtes.
Es wäre töricht und geschichtlich verhängnisvoll, bliebe die väterlich-sonore Bundespräsidentenaura des einen und letzten Jahrzehnts für sein ganzes Leben stehen. Wer ihn kannte, wußte ja, daß er im Privaten sehr barsch sein konnte und Herr im Haus sein wollte: von eingeboren-gütiger Bonhomie keine Rede. Gerade die in der Weimarer Zeit immer wieder neu vorgebrachte Meinung, daß »jeder Staat Macht bedeutet«, hat ihn deutlich von den allzeit arglosen und allzeit konzessionsbereiten Liberalen geschieden. Er hat keineswegs immer Ja gesagt, und er konnte darin, daß er sich seine innere Freiheit nicht nehmen ließ, einfacher gesagt: daß er sich nicht vorschreiben ließ, was er zu denken und zu sagen habe, in eine (schwer erkennbare) Art von Widerstand und Rebellentum hineinwachsen.
Dem Nationalsozialismus als einer Totalität beanspruchenden Ideologie gegenüber hat er klar Stellung bezogen. Auch der schlimme Mißgriff gelegentlich der Zustimmung zum Ermächtigungsgesetz kann darüber nicht hinwegtäuschen. In der Reichstagsrede vom 11. Mai 1932 ist er der Konterrevolutionär. Er setzt sich da mit dem von Göring vorher vorgetragenen staatsbürgerlichen Prinzip der Nationalsozialistischen Deutschen Arbeiterpartei auseinander. Das Minderheitenproblem und die Situation der »Volksgenossen« draußen ist ihm viel zu ernst, als daß er es sich von Dilettanten kaputtmachen lassen möchte. Zu Frick, dem späteren Reichsinnenminister: »Offenbar verstehen Sie von diesen Dingen nichts, weil Sie sich mit ihnen noch nie ernsthaft auseinandergesetzt haben.« Als ihm Goebbels ins Wort fallen will mit den Zurufen, was er, Heuss, denn in diesem Hause überhaupt wolle, er habe ja gar keinen Anhang mehr und so fort, ruft ihm Heuss zu, er solle einmal sein »erregtes Getue« mäßigen, er werde sich nachher das »Vergnügen machen«, sich auch mit ihm »noch etwas zu unterhalten«. Er müsse doch wissen, daß man ihm hier ein anständiges Verhalten zur Auflage gemacht habe.

»Das gilt doch wohl auch für Sie« (»Heiterkeit und Zurufe in der Mitte und bei den Sozialdemokraten«).

Die Rede ist gepflastert mit vehementen und unmißverständlichen Seitenhieben. Einmal, als die Nationalsozialisten dazwischenrufen, Göring und Strasser seien ihm durch ihre Reden »wohl auf die Nerven gefallen«: »Nein, um Gottes willen! Ich habe so viel dummes und auch böses Zeug von Nationalsozialisten in meinem Leben über mich ergehen lassen müssen, daß Sie mir schon lange nicht mehr auf die Nerven fallen. Ich bin auf diesem Gebiet ganz immun geworden.«

Ein andermal nimmt er eine damals erschienene »Heldenepopöe« auf Hitlers Deutschlandflug aufs Korn und erklärt, sie sei »das Grausamste an Kitsch« gewesen, »was zur Zeit in der deutschen Publizistik geleistet werden kann«. Und schließlich von elementarer Wucht den anwesenden Nationalsozialisten mitten auf die Brust, aber unter »lebhafter Zustimmung« nahezu des ganzen übrigen Hauses: »Die Ausstattung des Dritten Reiches wird aus einem Großverkauf von neulackierten und aufgeputzten Ladenhütern der wilhelminischen Epoche bezogen sein.«

Heuss hat in den Weimarer Jahren immer davor gewarnt, diese Verfassung vom 11. August 1919 »als eine gefrorene Paragraphenreihe anzustarren«. Ihre Beweglichkeit müsse man begreifen. Aber man hat nicht diese Möglichkeit an ihr begriffen, allenfalls ihre Manipulierbarkeit.

Heuss hat die geschichtliche Fehlleistung in der ersten deutschen Republik damals ebenso sicher erkannt wie er in seinem, im Winter 1931/32 niedergeschriebenen Buch »Hitlers Weg« den Verführer Hitler entlarvt hat. Das Buch ist 1932 in acht Auflagen erschienen, im gleichen Jahr auch in einer italienischen, holländischen und schwedischen Übersetzung. Man wundert sich, daß es damals nicht wie eine Bombe eingeschlagen und sich bis heute den rührenden Ruhm eines Geheimtips bewahrt hat. Weil es in einer so distanzierten und ironischen Sprache geschrieben war? Wie Heuss schon 1927 Mussolini eine »tiefe Lächerlichkeit« bescheinigte, führt er hier Hitler ad absurdum. Schon 1930 hatte er, in einem unveröffentlichten Manuskript wahrscheinlich für die Reichszentrale, die nationalsozialistische Rassentheorie eine »Kombination von ›Herrengefühl‹ und Minderwertigkeitskomplexen« genannt. Jetzt, anderthalb Jahre später, ist der Satz bestechend präzis: »Die Wissenschaft des Nationalsozialismus ist die Rassenkunde.« Der Staatsbürger als ein Mensch nur von »deutschem Blut«, das mache diese Interpretation für den »Deutschen« fast noch gefährlicher als für den Juden. Heuss sieht im »Faschismus« eine Bewegung, die das Irrationale mit sehr rationalen Mitteln methodisiert; bis heute eine bemerkenswert adäquate Faschismusdefinition. Was Hitler und seine Leute an Ideen produzieren, von der Umformung der staatsfinanziellen Ordnung bis zur Volk-ohne-Raum-Theorie, ist bestenfalls Angelesenes aus der Abfallkiste des letzten Jahrhunderts. Was Heuss mehr lächert als schmerzt, ist diese anmaßende »Sozusagen-Ehe mit der Wissenschaft«.

Leider mehr lächert. Was uns stört heute: die immer noch diskutierende, witzelnde, akademische Sprache Heussens über eine Sache, die längst nicht mehr diskutabel war. Aber wir müssen die Zeit bedenken, und, nebenbei bemerkt, das Faktum, daß Heuss der einzige unter den bürgerlichen Publizisten war, der sich vor 33 mit dem Nationalsozialismus auseinandersetzte. Als ihm 1951 Alfred Wiener nach neuerlicher Lektüre von »Hitlers Weg« noch einmal gratulierte zu dem Wurf, schrieb der Bundespräsident zurück: »Ich selber würde es heute nicht mehr ganz so positiv bewerten, weil unsere an sich so wohlbürgerliche Erziehung uns nicht befähigt, mit der Phantasie so viel sinnlose und dumme Brutalität geschichtlich für möglich zu halten.« Womit er sicher recht hat.

Heuss hat als dieser Bundespräsident nicht nur, wie es das Grundgesetz wollte und will, repräsentiert. Er hat diese Art von Schaustellung freilich auch besorgt, manchmal in einer gewissen penetranten Selbstzufriedenheit, die sein »Talent der vollkommenen Ruhe«, wie er das gelegentlich eines Wahlkampfes 1906 in einem Brief an Elly schon nennt, zur Eitelkeit hinaufstilisiert. Es gab da Augenblicke genug, in denen der »alte Heuss« mit dieser die Untiefen verschleiernden Selbstüberheblichkeit leise kokettierte, auch übrigens mit der sonoren Stimme, mit der schwäbischen Gemütlichkeit. Dann konnte er der Erzählung über die Wirkung seines Besuchs bei Königin Elisabeth II. den Satz anfügen: »Da mein Leben ein Anekdotensammeln ist, nimmst Du es hin, daß ich die Paradoxie für Dich zum Mitvergnügen hinschreibe.« »Sollte einmal kein anderes Dokument«, kommentierte die freundschaftlich verbundene Journalisten-Kollegin Margret Boveri damals, »als dieses Brieftagebuch für Heussens Wirken in unserem Lande zeugen, könnten die Nachfahren versucht sein, die Verwandlung von Politik in Anekdoten für den Lebensinhalt des ersten deutschen Bundespräsidenten zu halten.«

Sicherlich können wir jetzt schon die Korrektur dieses mokanten und leicht bitteren Satzes wagen, auch wenn wir sorgfältigst die »Dummheiten« und Ungeschichtlichkeiten dieses politischen Lebens registrieren, vom heillosen Votum für Hitlers Ermächtigungsgesetz im März 1933 bis zum krampfhaften Versuch des Winters 1950, den Deutschen eine neue Nationalhymne zu geben. Es ließe sich vielerlei über die politischen Intentionen von Heuss im Präsidentenamt sagen, von seiner – freilich vor Amtsantritt zu datierenden – persönlichen Erfindung der Bundesversammlung bis zu seinen eigenen Schritten beim Bundesverfassungsgerichtshof oder seinen Ratschlägen in koalitionspolitischen Fragen. Adenauer hat wahrscheinlich in der Zwiesprache mit Heuss mehr eingeholt, als die Geschichtsschreibung das uns glauben machen kann.

Aber es kommt auf den vordergründig-politischen, mehr oder minder großen politischen Ertrag nicht an. Der menschlich-persönliche ist der größere, und der hat nun seine Resonanz gehabt in einem noch kaum abmeßbaren Maße. Mit Heuss war ein geistiger Mensch an die Spitze des Staates gelangt, für die neuere deutsche Geschichte eine sonderliche Sache, und zudem einer, der mit dem wiedergekehrten Döblin ebenso selbstverständlich »weiterreden« durfte wie mit Leo Baeck oder Ben Gurion. Heuss stand für den guten, für den besseren Teil der deutschen Geschichte. Das war mehr, als man erwarten durfte. Daß Hausenstein, erster Botschafter der Bundesrepublik in Frankreich, ihm dies sagen konnte nach der Wahl zum Bundespräsidenten, zeugt für den unerwarteten Zuwachs an guter geschichtlicher Kontinuität: »Die Geschichte realisiert menschliche Intentionen kaum je buchstäblich und unmittelbar. Aber was einmal echter Geist gewesen ist, das kommt von eben dieser Ursache her später einmal mindestens zu einer Art übersetzter Wirkung. Dies, lieber Heuss, scheint mir die innerste Bedeutung Ihrer Situation zu sein, und ganz besonders auch in solchem Sinne darf ich Sie beglückwünschen. Ich denke mir, Ihre stille Devise könnte lauten: Non aliter – das heißt: Sie bleiben, der Sie von jenen Zeiten her immer gewesen sind.«

Carlo Schmid

Manchmal könnten die Regierungen auch einen brauchen, der sie herausfordert, die Gültigkeit der Normen selbst in Frage zu stellen, nicht im stillen Kämmerlein, sondern im Feuerofen der Verantwortung.

C. Schmid, Vorurteile gegen Intellektuelle (1966), in: Europa und die Macht des Geistes. Bern/München/Wien: Scherz 1973, S. 355.

Nach Art, Sprache, Erziehung, schreibt Carl Zuckmayer einmal in seinen Lebenserinnerungen, sei er das, was er war, sei und bleibe: »ein Deutscher, aus der ›südwestlichen Ecke‹, die stets zum Europäertum geneigt hat«. Carlo Schmid gehört zu seiner Generation und ganz gewiß zu denen, die das geistige Europa in der Mitte unseres Jahrhunderts aufs lebendigste repräsentiert haben. Aber er kommt nicht, oder nur halb, aus dieser Ecke. Sein Vater war in jungen Jahren Famulus bei Friedrich Theodor Vischer, dem »Repetenten der deutschen Nation« und grimmigen Antipoden der Gründerzeitpracht. Der junge Schmid scheint die kulturkritischen Invektiven seines Lehrherrn ins Wörtlich-Gesellschaftskritische gewendet zu haben. Er ging nach Frankreich, weil er den neu aufkommenden Reserveoffiziersstil an den deutschen Universitäten nicht mehr hatte ertragen können. Nach längerer Studienzeit in Paris wurde er Lektor an der Universität Toulouse und kam von dort aus als Gast eines Freundes aus Perpignan oft in diese Stadt. Dort hat er eine Französin namens Anna Erra kennengelernt, eine offenbar recht moderne junge Frau, die fürs erste nicht heiraten, sondern es mit dem Leben aus eigener Kraft aufnehmen wollte, was eine junge Frau in den acht-

ziger Jahren nur als Lehrerin wagen konnte. »Sie schrieb passable Gedichte, und über ein Lesekränzchen kam es zur Verlobung, einige Jahre später nach Überwindung des väterlichen Widerstandes zur Eheschließung.«
In Perpignan, der frühmittelalterlichen Hauptstadt des einstigen kleinen Königreiches von Mallorca, unweit der »Côte Vermaille«, dieser heißesten Ecke Frankreichs zwischen dem Mittelmeer und den Pyrenäen, ist Carlo Schmid am 3. Dezember 1896 geboren und römisch-katholisch getauft worden. Der französische Großvater war ein stolzer, harter Mann, so recht ein Vertreter der Gambetta-Zeit, der Carlo Schmids Eltern immer wieder erklärt haben muß, daß die wahren Herren Frankreichs aus Deutschland stammende Juden seien. Kaum denkbar, daß der kleine Bub von den stillen und lauten Gefechten der Eltern mit dem Großvater in ernsthaftem Sinne viel mitbekommen hätte. Wenn ihn wirklich etwas von dieser Welt in Perpignan mitgeprägt hat, so ist es die geistige Physiognomie des alten Kulturbürgertums. Seine Familie, so Carlo Schmid selbst einmal, habe die ganze Donquichotterie des aufgeschlossenen emanzipierten Bürgertums in sich entwickelt; Tolstoi war für Mutter und Vater der Hausheilige. Übrigens kann das mit Don Quichotte so ironisch-negativ gar nicht gemeint sein. Aus Cervantes' großem Weltgedicht wissen wir, daß sein Held nicht nur ein »Ritter von der traurigen Gestalt« war, sondern in ihm auch ein hochstrebender Geist waltete, daß er sich inmitten einer platten Wirklichkeit im Geistigen treu blieb.
Gleichviel, die sozusagen zwangsläufig kosmopolitische Atmosphäre des Elternhauses hat bei der Entfaltung von Carlos innerer Natur unmittelbar Pate gestanden. Der Gegensatz zum Großvater und wohl im weiteren Sinne zur »Sippe« hat die Rückkehr des Vaters nach Deutschland eingeleitet, »die in einem langen Hin und Her entschieden wurde, als ich dreizehn Jahre alt war«. Bemerkenswert, daß daraus nicht das Leben eines Schweifenden wurde. Im Grunde ist Carlo Schmid, will man von den

letzten paar Jahren absehen, die er seiner Bonner Arbeit wegen in Frankfurt verbrachte, Tübinger geworden. Und er ist es geblieben. Wenn er späterhin vor seinen Studenten oder in irgendeinem Parlamentssaal drastisch und klar werden mußte, griff er immer zum Stuttgarter Hochdeutsch. Das Honoratiorenschwäbisch, dem er in seinen Lebenserinnerungen einen ausführlich ernsten Kommentar widmete, war die lebendigste Sprache in ihm. Mit »der ersten Heimat seiner Kindheit« verbänden ihn »nur wenige deutlich faßbare Erinnerungen«, sein Jugendland ist Weil der Stadt, wo der Vater noch viele Jahre als Lehrer wirkte, und Stuttgart, wo er das Karlsgymnasium besuchte und 1914 sein Abitur machte, wo ihm der Wandervogel Freundschaften fürs Leben brachte, wohin er nach dem Kriege wieder zurückkehrte, im Soldatenrat mitredete und mit der Studentenkompagnie auszog, die junge Republik zu retten. Einwurzeln müsse man, meinte er nach den ersten Tübinger Jahren einmal. Er hat deshalb seiner jungen Familie dort ein Haus gebaut. Und er hatte allen Ernstes nach seinen beiden glänzenden juristischen Examen vor, »einmal Oberamtsrichter in Tettnang zu werden, wo ich in den Schulferien gelegentlich meinen Onkel in seiner Dienstwohnung im Schloß Montfort besucht hatte. Ich stellte mir vor, daß es schön sein würde, dort Bücher zu lesen, Recht zu sprechen und, bei viel freier Zeit, von den oberen Stockwerken über den Bodensee hin zu den Alpen zu blicken oder im Schloßgarten spazierenzugehen«. Er war dem Oberschwäbischen besonders zugetan, und als man einmal nach 1945 eine »Gesellschaft Oberschwaben« gründen wollte, hat er es liebevoll gefeiert und es als ein Stück seiner eigenen Geistigkeit und Sinnlichkeit empfunden: »Hier ist Überlieferung des Römischen immer gewesen wie ein Hauch, der durch die Fluren streicht und die Gewächse des Landes in fruchtbringende Wärme hüllt.«

Das Geflecht seines sensiblen, ja biedermeierlichen Seelentums liegt hier noch ganz offen. Heine liest er, der junge Carlo Schmid, aber noch mehr Hölderlin, in den »Hyperion« ist er mit allen Fasern seines Herzens verliebt, und wenn er aus der Rückschau des Alters feststellt, daß er in all den Jahren im Karlsgymnasium vom Phänomen und Problem der »Gesellschaft« so gar nichts gehört habe, muß ihn dieses Defizit als Pennäler gar nicht gestört haben. Die Wandervogellyrik füllt Tage und Nächte, und von eigentlich politischen Haltungen an diesem jungen Mann, man vergleiche den jungen Heuss zehn Jahre zuvor, registriert man nichts.

Eine der höheren Töchter, die er über den Wandervogel kennengelernt hatte, ihr Vater war chilenischer Handelskonsul in Stuttgart, hat er »ganz besonders verehrt«. Sie erschien ihm später »geradezu als die klassische Pfarrfrau im mörikeschen Sinne«. »Zu ihrer Hochzeit habe ich ihr ein Brüsseler Spitzentuch geschenkt, zu dessen Einkauf ich mich ausdrücklich von der Front nach Brüssel beurlauben ließ, wo ich dann lange herumgesucht habe, bis ich das richtige fand.« Er schrieb »einen schwärmerischen Brief« dazu »und bat sie, sie möge doch ihren Brautstrauß in dieses Taschentuch hüllen«. Und mit einem Anflug elegischer Erinnerung, der seinen inneren Menschen ganz unverwechselbar charakterisiert: »So ist das Leben. Da hat man als deutscher Jüngling für ein deutsches Mädchen geschwärmt, das sich einem anderen zugedacht hat, und ließ sich von ihrem Bild durch einen ganzen Krieg hindurch begleiten, und dann begegnete man ihr wieder im Pfarrhaus zu Waldenburg als wohlinstallierte Pfarrfrau, und das Brüsseler Spitzentaschentuch lag auf einem Tischchen aus Zitronenholz unter Glas im Salon und lud mich zum Meditieren ein.«

Sollte das Wort vom Meditieren hier eine etwas saloppe Färbung haben: das Nachdenken, ja das philosophische Suchen hat einen sehr breiten Raum in diesem Leben, übrigens auch in der Art harten und disziplinierten geistigen Arbeitens, Schmids Sprachvirtuosität ist nur eines der augenscheinlichsten Zeugnisse dafür. Er ist nie von der Überzeugung abgegangen, daß Schule, und vor allem Höhere Schule, gleich Lernschule sei, daß man dort erfahren müsse, wie man das Lernen lernen könne. Zum Lernen gehöre auch das Unangenehme; Schmid ist auch in seiner Publizistik, längst gefeierter Übersetzer oder Essayist, dem nie aus dem Wege gegangen. Daß er »geschafft« hatte, war nahezu jeder seiner schriftlich niedergelegten Reden anzumerken, und seine fast 1000 Seiten Lebenserinnerungen bestechen nicht nur durch ihre großen, geistig-weltanschaulichen Dimensionen, durch das ungemein facettenreiche Panorama, in dem ein Zeitalter, ein bewegtes, vorgestellt wird, sondern auch durch ihren Fleiß. Es ist – auch – ein Geschichtsbuch in so persönlichem wie verläßlichem Sinne.

Als Schmid 1918 aus dem Krieg zurückgekommen war und den Rock des Reserveleutnants an den Nagel gehängt hatte, muß er nicht ohne Neugierde und nicht ohne Engagement für eine neue Zeit gewesen sein. »Ich war für eine Veränderung der Gesellschaft, ich war für eine Vermenschlichung des Staates, ich war für eine ›linke‹ Politik, weil ›links die Herzseite der Menschheit ist‹, aber ich meinte, daß bei diesem Prozeß von Anfang an alle Bürger gleichermaßen beteiligt werden sollten.« Radikalismen widersetzt er sich ganz (»Von einer Diktatur des Proletariats wollte ich nichts wissen«), zum Eintritt in eine Partei, etwa zur sozialdemokratischen, kann er sich nicht entschließen.

Das, was man unter dieser leicht abgewerteten Vokabel »soziale Verpflichtung« versteht, war bei ihm immer lebendig, in einem übrigens sehr personalen Sinne. Bezeichnend dafür, wie er sein Studium beginnt. In der Wahl zwischen München und Tübingen fällt die Entscheidung für Tübingen, weil er dort durch Wandervogelfreunde ein Zimmer findet. Er will Medizin studieren, durch Hans Blüher, einen der Kirchenväter der Jugendbewegung, ist er mit Sigmund Freud bekanntgeworden. Die Konturen des »Verstehens« gerade in der menschlichen Perspektive werden ihn zeitlebens beschäftigen. Aber im Zug trifft er auf einen alten Schulkameraden, der in einer der Abwehrschlachten des Westens die rechte Hand verlor, ursprünglich Forstmann werden wollte und jetzt wohl Juristerei studieren müsse, aber dabei, er klagt deprimiert, sehr allein und hilflos sei. Carlo Schmid: »Robert, ich werde mit dir Jura studieren, dann sind wir beide nicht allein.«

Auch jetzt sträubt sich alles in ihm, an der Universität den wenigen kommunistischen Predigern nachzulaufen oder auch nur dem Gehör zu schenken, was Alexander Herzen in seinen Lebenserinnerungen den Lesern ans Herz zu legen versucht. In diesem seltsamen Konglomerat von Tradition und chaotischem Durcheinander, das die Alma mater Tubingensis nach dem Winter 1918 bietet, holt er ein paar Kommilitonen, auch etliche alte Wandervögel sind dabei, zu einem Sozialistischen Studentenbund zusammen. Aber in den SPD-Ortsverein von Tübingen tritt man nicht ein, man begreift sich als eigene, ja als elitäre Gruppe.

Indessen, bei aller Distanz von dem in Studentenbuden diskutierten Satz, daß der Zweck die Mittel heilige (»Ich meinte, der Zweck müsse auch durch die Mittel geheiligt werden, mit denen man ihn erreichen will«): ein Leisetreter, ein ewig Vermittelnder, ein gewitzter und rational unterkühlter Pragmatiker ist er nicht. »Unser Vokabular war radikal.« Das klingt nicht danach, als habe man auch ein bißchen in politicis dilettiert und sich nur in Imitationen gefallen. Carlo Schmid hat sich ja bald nach seinem Staatsexamen und der ersten Anwaltstätigkeit der Wissenschaft verschrieben. Man stellt sich da, nach heutigen Gewohnheiten, einen sorgfältig im Fachjargon daherredenden, distinguierten »Experten« vor, ja in den Bahnen der Nomenklaturen bleiben, ja die Spielregeln nicht verderben, ja nicht emotional werden. Carlo Schmid, als Völkerrechtler in internationalen Gremien hochangesehen, hat mit dieser Ängstlichkeit vor allem »Emotionalen« gar nichts anfangen können. Den Aufstand des Staatsbürgers hat Paul Sethe einmal eine Äußerung Carlo Schmids genannt, jene Äußerung zur Oder-Neiße-Frage, die er gelegentlich einer deutsch-französischen Konferenz in Bad Neuenahr hatte fallen-

lassen. Bezeichnend für ihn, daß er das Wort kurz darauf an der gleichen Stelle noch einmal wiederholte und anfügte: »Ich bin der Meinung, daß man diese Dinge öffentlich sagen muß. Ich bin der Meinung, daß es eine der vornehmsten Pflichten politischer Menschen ist, Tabus zu durchbrechen.« Das Tabu könne sonst eines Tages Herr über einen werden und alle verhexen. In den Diskussionen vieler Jahre kam es zu manchmal beschwörenden, manchmal zornigen, manchmal friedenstiftenden Ausbrüchen bei ihm. Sie kamen aus der bewußten Leidenschaft einer mitunter seherischen Eingebung. Und sie waren niemals Zufall, sondern immer Ausfluß eines Betroffenseins oder einer Schuld: der Politiker wie der homme de lettres Schmid hat nie konstruiert oder so dahin fabriziert, sondern gesagt und geschrieben, weil ihn ein innerer Zwang dazu trieb. Das Leidenschaftliche, und übrigens das Geheimnis des wortmächtigen Politikers, erklärt sich daraus. Es ist in ihm immer ein Stück schöpferischen Künstlertums zum Klingen gekommen, immer gezügelt durch einen ungemein geschulten Verstand.
Nach der ersten juristischen Staatsprüfung im Dezember 1921, der besten in Tübingen seit 35 Jahren, nach der Heirat mit Lydia Hermes im gleichen Monat, nach der Promotion bei Hugo Sinzheimer in Frankfurt und der zweiten, nicht minder exzellenten Staatsprüfung im Februar 1924 ließ sich Carlo Schmid in Tübingen als Rechtsanwalt nieder, wurde später Richter und gleichzeitig einmal, vom September 1927 bis August 1928, Referent am Kaiser-Wilhelm-Institut in Berlin für ausländisches öffentliches Recht und Völkerrecht. Damals hat er an den Sitzungen des Ständigen Internationalen Gerichtshofs in Den Haag und des Deutsch-polnischen Gemischten Schiedsgerichts in Paris teilgenommen. 1929 habilitierte er sich für Völkerrecht und internationales Privatrecht an der Rechts- und Wirtschaftswissenschaftlichen Fakultät der Eberhard-Karls-Universität Tübingen. Der Laufbahn des Wissenschaftlers, der gestern noch als Tettnanger Oberamtsrichter sein Leben als Idylle auskosten wollte, stand

nichts mehr im Wege. 1931 wird er Landgerichtsrat in Tübingen; er konnte, zugleich Privatdozent, warten, bis man ihn ganz an die Eberhardo-Karolina holte.
Es sind 15 Jahre aus diesem Warten geworden. Irgendeiner aus seinem Seminar hat ihn verraten, als in einer Diskussion über das Wesen der Geschichte auch die Rassenlehre des Nationalsozialismus zur Sprache gebracht wurde und der Herr Dozent meinte, das sei doch eine Veterinärs-Philosophie. »Das brachte mir eine Vorladung der Staatspolizei ein. Ich sorgte dafür, daß diese bekannt wurde, und – o Wunder – es kam ein zweites Schreiben, mit dem meine Vorladung rückgängig gemacht wurde. Ich erfuhr bald den Grund: Der Führer des NS-Studentenbundes, Sandberger, ein SS-Mann, hatte der Staatspolizei geraten, sie solle die Sache auf sich beruhen lassen; die Studenten seien froh, daß es noch couragierte Dozenten gebe.«
Aber es war aus mit einer Karriere an der Universität. Kaum mehr rekonstruierbar, wie sich im Windschatten der Diktatur und der Provinzherrschaft der Goldfasane (auch an der Universität Tübingen) um Carlo Schmid eine Gruppe echter Kommilitonen sammeln konnte. Die »Carlisten« nehmen die Beschäftigung mit der Wissenschaft als eine Art permanenten Symposions, sie genießen den Umgang mit dem Geistigen als ein Eiland, das sich dem Zugriff der Marschierer desto läßlicher entzieht, je höhere Regionen erklommen sind. Der Lehrer Carlo Schmid – er hat einmal bekannt, sein tiefster Wunsch sei es von jeher gewesen, Lehrer im Sinne des griechischen Paidagogos zu sein – ist der brillierende Initiator dieser Symposien, Anreger und Deuter und Meister in einem. Seine genialische Sprachbegabung kann diese Abende – und Nächte – zu unvergessenen Vergegenwärtigungen griechisch-römischer, latinisch-romanischer Kultur machen, im Dunkel der provinzialen Neckarstadt, nur erhellt vom Licht, das aus den hingeworfenen, in überschlagender Laune extemporierten Hexametern und Distichen und Sonetten dieses Mannes scheint.

28 Carlo Schmid in Rottweil am 7. August 1948 bei der Beerdigung des ehemaligen württembergisch-hohenzollerischen Staatspräsidenten Lorenz Bock

29 Carlo Schmid (links) im Gespräch mit André François-Poncet gelegentlich eines Besuches in Paris am 19. Mai 1949

Im Sommer 1936, längst läuft das alles Gefahr, von der Geheimen Staatspolizei entdeckt zu werden, trifft sich eine deutsch-jüdische Freundesgruppe aller Altersstufen in einem abgelegenen Landhaus droben in Graubünden. Man will wieder zu sich finden im Lawinensturz der politischen Ereignisse. Carlo Schmid war ohne Zögern der Einladung gefolgt und versammelte die kleine Schar täglich zur Versenkung in die »Göttliche Komödie«. Er liest die italienischen Verse, übersetzt sie sorgfältig, kommentiert sie eindrucksvoll. In Berlin brüllen zur gleichen Zeit Tausende zu den germanisch-deutschen Erfolgen dieser sogenannten Olympiade.
Schmids legendär gewordene »Vorkriegs«-Symposien sind nicht zu denken ohne den Freund und Kollegen, den Tübinger Althistoriker Woldemar Graf Uxkull Gyllenband. Der hochgewachsene, blauäugige, von geheimer Schwermut überschattete Graf und der gleichgroße franco-schwäbische Carlo waren ein auffallendes, einmaliges Paar in den engen Gassen der Hölderlinstadt. Die gemeinsame Verehrung der Dichtung verband sie. Auch liebte es Uxkull, mit seiner tiefen klangvollen Stimme, scheinbar naiv und absichtslos, mit gewagten Thesen den Widerspruch des Freundes zu erregen, ihm Gelegenheit zu geben, die Schärfe seiner Formulierungen ganz einsetzen zu können. Nach den beiderseitigen Seminaren traf man sich in einem der Cafés um den mittelalterlichen Marktplatz, ältere und jüngere Schüler um sich, unter ihnen der Urenkel Achim von Arnims, Achim von Akermann, der eben seine ersten Verse veröffentlicht hatte. Man war überzeugt in der Runde, den Machthabern fehle, den Göttern sei Dank, der Code für die Sprache der Dichter und ihrer Gesellen. Manchmal brachte Uxkull seinen Freund Carlo zu einem Wochenendbesuch nach Berlin; den Zuzug aus dem Schwabenland empfand man als stärkend und belebend in der dunklen Stunde. Unvergeßlich der Vormittag, wo Carlo den Kammergerichtsrat Ernst Morwitz, seinen Freund von Bothmer und den Historiker Ernst Kantorowicz durch das Kaiser-Friedrich-Museum führte.

Man sprach über den Strukturwandel in der Bild- und Symbolwelt der Renaissance und kam auf Dante und seine Bedeutung als Schlüsselfigur der nachantiken Welt.
Anfang Juni 1940 war Schmid von einer Kölner Dienststelle mitgeteilt worden, daß er als Militärverwaltungsrat einberufen sei. Viel konnte er sich nicht vorstellen darunter. Auch beim Chef der Militärverwaltung für Belgien und Nordfrankreich, bei dem er sich zu melden hatte, konnte man ihm auf seine Frage, worin der Dienst bestehe, nur sagen: »Das kommt auf Sie an.« Schmid ist der Oberfeldkommandantur in Lille zugeteilt worden und hat sich dort im besten Sinne des Wortes als Berater betätigt, zunächst in juristischen Dingen. Aber es ist sehr viel mehr daraus geworden: eine Beratung durch die Vernunft, durch die einfache Menschlichkeit. Er suchte und fand dort enge Beziehungen zur französischen Résistance. Deren führende Persönlichkeiten haben ihm auch nach dem Hitlerkrieg öffentlich testiert, daß er »als Mitarbeiter des Kommandierenden Generals in Lille während der Okkupationszeit Angehörigen der Résistance dazu verholfen hat, daß sie entweder der Todesstrafe oder dem Zwangsarbeitsdienst entgingen«. Und der Domherr Destrés, der frühere stellvertretende Bürgermeister von Lille, gab schon 1945 ein Buch unter der Überschrift »Als Lille hungerte« heraus, eine in vehement-patriotischem Geist gebettete Erlebnisschilderung, in der dankbar Carlo Schmids gedacht wurde.
Das Kriegsende, das zweite, erlebte er in Tübingen. Es ging ihm nicht darum, möglichst rasch die beruflichen Demütigungen einlösen zu lassen. »Ich war entschlossen, mich dem zu stellen, was mit der Zerschlagung Deutschlands auf unser Volk und auf jeden von uns zukommen mußte.« Sein schließlicher Weg zur Sozialdemokratie, in manchem vorgezeichnet, wie wir wissen, aber von außen her gesehen nicht gerade die nächstliegende Entscheidung, war das Ergebnis einer Erfahrung und eines Denkprozesses, ein weltanschaulich-philosophischer Schluß, wie er bei Marx und Engels oder Lassalle in ihren Solidaritätserklärungen mit

dem parteilichen Sozialismus nicht anders war. »Die Gesellschaft«, so kurze Zeit nach dem Eintritt in die Sozialdemokratische Partei, »wandelt sich mit jedem Tag mehr zu einer sozialen Demokratie. Das Verdienst der Sozialdemokratischen Partei Deutschlands aber ist, diese Bewegung eingeleitet und fortgeführt zu haben. Kein Zweifel, daß unter dem Zwang der Verhältnisse fast alle demokratischen Parteien ›sozial denkend‹ geworden sind, also teilhaben an der Entwicklung des Sozialismus. Kein Zweifel auch, daß in der nie beendeten Diskussion manche unserer Anschauungen aufgegeben werden müssen. Aber die historische Rechtfertigung der sozialistischen Bewegung ist es, sich selbst ins Leben gerufen zu haben.«
Im Februar 1946 wird er Landesvorsitzender der neugegründeten SPD in Südwürttemberg-Hohenzollern, im gleichen Jahr in den Außenpolitischen Ausschuß und in den Ausschuß für verfassungspolitische Fragen der Parteizentrale gewählt, im Jahre darauf in den Vorstand der SPD, dem er bis zum April 1973 angehört. Weil Sozialismus das Kommende sei, könne man das Gegenwärtige auf sich nehmen. »Man muß sich ganz tief bücken und zu anderer Zeit wieder ganz nach oben greifen, um zu leben.« Wer Arbeit »an der Basis« darunter verstehen will, unter diesem Tief-Bücken, kann auch in der Vita Carlo Schmids dafür Belege haben: der Professor, der Schöngeist, der Baudelaire-Übersetzer geht auf die Straße. Im Wahlkreis Mannheim I steht er vor den Arbeitern, im Rollkragenpullover, die Kollegen in Tübingen, die wenigen, die davongekommen waren, lächeln ein bißchen: Carlo Schmid als Volksmann. Aber die Mannheimer akzeptieren ihn wie einst die streikenden Bergarbeiter in der Grube von Hénin, zu denen er furchtlos sich hat einfahren lassen. Ein Hauer erhob sich, leuchtete ihm mit der Grubenlampe ins Gesicht und fragte: »C'est vous, le docteur Schmid?« Als er bejahte, rief der Hauer »Allons, les gars!« und ging seinem Stollen zu. Zögernd folgten ihm einige, bald waren alle auf dem Weg in den Streb.

Carlo Schmid hat allemal, man scheut sich fast, bei einem Intellektuellen wie ihm das Wort zu gebrauchen, durch seine Ehrlichkeit und durch seinen in das Tun eingeflossenen Idealismus überzeugt. Er hat nie abstrakt, sondern sozusagen immer mit Herz gedacht. Als er in Südwürttemberg die SPD gründen half: »Keiner von uns ist Sozialist geworden, weil er ein Parteiprogramm gelesen hätte, sondern wir wurden es und haben uns nach Programmen und Theorien umgesehen, weil wir leidenschaftlich wollen, daß eine bessere Welt als die von uns angetroffene erstehe!« Mag sein, daß ihm aus dieser Idealität heraus, ausgerechnet ihm, dem speziellen Machiavelli-Kenner, der unmittelbare und am Ende unreflektierte Griff nach Macht immer verwehrt geblieben ist. Er hat selber in den letzten Jahren seines Lebens oft über sein Verhältnis zur Macht nachgedacht, schon seiner geistigen Kapazität nach immer ein wenig der Außenseiter in den oberen Rängen der Partei, immer aber auch der, dem das ihm zustehende große und umfassende politische Amt versagt geblieben ist. 1959 war er für eine Zeitlang anstelle Ollenhauers Kanzlerkandidat der SPD: es war seine Idee, jüngere Leute der Partei, Erler oder Brandt, an die Spitze zu setzen. Zehn Jahre danach wurde das Bundesratsministerium, das er bis dahin innehatte, dem Bundeskanzleramt übertragen. Schmid galt als aussichtsreichster Kandidat des Ministeriums für Bildung und Wissenschaft: er verzichtete auf ein neues Regierungsamt und wurde wieder Vizepräsident des Bundestages. Nicht auf sein Konto ging, daß er bei den Bundespräsidentenwahlen im Juli 1959 als Kandidat der SPD mit 486 Stimmen gegen die 517 Stimmen des CDU-Kandidaten Lübke unterlag. Noch 1965 hielten ihn die Bundesbürger, so eine Meinungsumfrage, für den idealsten aller deutschen Politiker.

Aber wir haben den Dingen vorausgegriffen. Ein paar Wochen nach dem Einmarsch der Alliierten wird er Staatsrat im Staatsministerium Stuttgart, in der amerikanisch besetzten Zone. Am 16. Oktober 1945 machen ihn die Franzosen zum Vorsitzenden des Staatssekretariats von Südwürttemberg-Hohenzollern, zum Chef der Landesregierung, wenn man so will, er hat als Landesdirektor gleichzeitig die Ressorts Justiz und Kultur. Zum Staatschef und Staatssekretär wird er offiziell am 9. Dezember 1946 ernannt, am 24. Juli 1947 wird er stellvertretender Staatspräsident und Justizminister des Landes Württemberg-Hohenzollern: Carlo Schmid ist der eigentliche spiritus rector dieses seltsamen, von den Einmarschlinien der Besatzungsmächte umzogenen Territorialgebildes geworden, hier ausgleichend, dort unablässig insistierend, die ideale Persönlichkeit in dieser Nachkriegsstunde und in diesem von den Franzosen in Händen gehaltenen, benützten, ja ausgesogenen Ländlein. Man verdankt ihm, daß die Universität Tübingen als erste deutsche Hochschule ihre Pforten wieder öffnen durfte, damals gab's, anno 45, ein »Herbstsemester«, wohl das erste und einzige im halben Jahrtausend Geschichte der Eberhardo-Karolina. Trotz seiner geringen Verwaltungserfahrung und seiner zunächst stark eingeschränkten Kompetenz bewies Schmid in diesem Amt als Regierungschef eine starke Integrationskraft; er verstand es auch, als gewiegter Kenner der französischen Sprache und Mentalität, geschickt die Interessen seines Landes bei der Militärverwaltung zu vertreten. Im September 1945 hatten sich Schmid und Heuss, der war sozusagen sein Nachfolger als Stuttgarter »Kultminister«, im Stuttgarter Quartierhaus am Sonnenberg zusammengesetzt, um eine mögliche Zusammenarbeit zwischen dem nördlichen und dem südlichen Württemberg zu arrangieren. Heuss sollte sich mehr für das Musische und die Bildenden Künste kümmern, Schmid, wieder schlägt der Lehrer durch, wollte das Seine für die Hochschulen und Schulen tun. Der Versuch der Kooperation ist nie gemacht worden, die USA-Instruktion, an deren sterile Automatik sich die amerikanischen Beamten schon recht bald nicht mehr erinnern lassen wollten, hat das verhindert. Aber die beiden haben dann doch zusammengearbeitet, an der Verfassung für das Land Württemberg-Baden, an der Schmid als Verfasser des

Entwurfs und als Staatskommissar mitwirkte, der Fingerübung für die sehr viel größere Aufgabe, der Mitarbeit am Grundgesetz, wo Carlo Schmid, wie Heuss ihm hernach bescheinigte, »mit überlegener Souveränität den Hauptausschuß« leitete und »zugleich besorgt blieb, daß der ganze Geschichtsauftrag nicht in Ausschuß-Zerfereien steckenblieb«.
Schmid hat ja scheinbar widersprüchliche Merkmale in sich vereint, eine große, ja sogar imposante Gestalt, aber auch eine warme Menschlichkeit und unerwartete Empfindsamkeit, persönlichen und politischen Mut, aber auch Versöhnungsbereitschaft und Weisheit, Weitblick und scharfe Intelligenz, aber auch die Fähigkeit zu Liebe und Lebensfreude. Wenn das nicht zu familiär klänge, müßten wir sagen: das Grundgesetz hat aus allen diesen Elementen gebaut werden müssen, es durfte auf alle Fälle kein Schreibtisch-Gutachten mehr werden wie Hugo Preußens Weimarer Verfassung. Carlo Schmid, auf der Höhe seiner Jahre, erfahren wie wenige unter denen, die das Schicksal damals mit dieser großen Aufgabe betraute, hat dem Werk sein Bestes gegeben. Übrigens auch ein Stück von seinem französisch-schwäbischen Esprit, auch ein Nachhall vom Geist der Tübinger Symposien, der ja nun, im Ernst, beste europäische Tradition war. Dies, daß in der Runde am Herrenchiemsee im Hintergrund, soweit das in den Paragraphendebatten überhaupt möglich war, auch europäische Geistigkeit Pate stand, haben wir bis heute sicherlich noch gar nicht registriert. Ein wenig erspürt man es, wenn man, sozusagen das Abschiedsgedicht, aus Heuss' »ABC des Parlamentarischen Rates« das »C« sich vornimmt:

Der Carlo zelebriert wie sein Gedicht
die hohen Worte seines Staatsfragments,
auf jedem Comma wuchtet sein Gewicht –
jetzt die Cäsur, dann fühlsam die Cadenz.

Carlo Schmid hatte im Januar eine Parlamentarische Elegie aufs Papier geworfen. Aus den Distichen über Heuss:

Wallend weht ihm das Haar im Silberschimmer der Weisheit,
Und seines Basses Gewalt gibt ein dreifach Gewicht
Jeglichem Wort; so erdrückt es den Kampfmut des wildesten Streithahns,
Selbst Held Süsterhenn senkt müd ein geschlagenes Haupt.
Weise verteilet der Heuss seine Gaben, das Ja und das Nein, daß
Keinem schwelle der Kamm, und bis zum letztesten Tag
Zucke das Zünglein der Waage und jeglicher merke: es siege
Schließlich der, dem der Baß Theodors endlich sich neigt.

Leicht gerät man mit dem Prädikat »Schöngeist«, auf Carlo Schmid gemünzt, auf falsche Fährten. In den Erinnerungen liest man, zunächst einmal stutzend, den Satz: »Der Grad der Fähigkeit, mit uns selber und mit der Welt fertig zu werden, ist weithin eine Funktion unseres Vermögens, den Reichtum unserer Sprache voll zu nutzen.« Nicht l'art pour l'art ist es, was ihn reizt, nicht das genüßliche Versenken in einen Raum von Sprache, der nicht von dieser Welt ist, sondern die sinnerhellende und mithin existenzielle Funktion von Dichtung.
Nur so läßt es sich erklären, daß er in Lille, mitten in Tagen und Wochen der kaum verhinderten Geiselerschießungen, der ausgeschleusten Juden, der gedruckten Résistance-Flugblätter und der BBC-Sendungen, in der Feldbuchhandlung einen Kreis deutscher Soldaten und französischer Studenten und Lehrer um sich sammelt, regelmäßige Leseabende drei Jahre hindurch, man liest klassische deutsche Dichtung, vor allem die Hymnen Hölderlins, den zweiten Teil des »Faust«, Rilkes »Duineser Elegien«.
Und natürlich Baudelaires »Blumen des Bösen«. Carlo Schmid war ein kongenialer Übersetzer Baudelaires, Dantes, Calderons, Michelangelos, Rostands. Seine Übertragung der »Fleurs du Mal« darf als Höchstleistung sprachlicher Einfühlung und

Nachschöpfung gelten. Kein Zufall freilich, daß dieser Mann, dessen vitale Bonhomie und intellektuelle Schärfe den Feldschlachten auf politischer Ebene sympathischste Reize und Nuancen gibt, auch zum Farbenrausch, zur Sinnesfreude, zur bezaubernden Musikalität des großen französischen Lyrikers gefunden hat. Baudelaire ist ja nicht nur der Dichter des Satanischen und der wilden Lüste, er schwingt sich in der Hymnik seiner Verse auch in das »lichtvolle Feuer der leuchtenden Räume«: Carlo Schmid hat auch diese reinen Sphären der Natur und der Menschenseele erspürt und ist mit seiner Übertragung der von George (1901) und dem Grafen Kalckreuth (1907) ebenbürtig an die Seite getreten. Ursprünglich nur für einen kleinen Freundeskreis gedacht, Ernst Jünger berichtet in seinen »Strahlungen« davon, wurde die Übertragung 1941 abgeschlossen, mitten in einer Zeit, deren sittliche Verruchtheit in diesen Versen Baudelaires hätte wiedererkannt werden können:

Verirrung, Dummheit, Sünde, Lug erschüttern
im Fleisch uns, legen auf den Geist die Hand.
Wir päppeln unseres Gewissens Brand,
wie Bettelleute Ungeziefer füttern.

Früh ist Carlo Schmid mit den Eltern, wie es in den Erinnerungen heißt, »in die Länder der Latinität« gereist. Vom romanisch-iberischen Raum her hat er im geistigen Sinne von Europa Besitz genommen, niemand war prädestinierter zum Mitglied der deutschen Delegation des Europarates als er, seit Juni 1963 fungierte er auch viermal als Präsident der Versammlung der Westeuropäischen Union. Als er 1947 sein »Römisches Tagebuch« hat erscheinen lassen, war das für die Generation der in Hitler-Jugend-Lagern gedrillten und in Pseudo-Germanentum Gefangenen wie eine Offenbarung: Schilderungen von dichterischer Substanz als Beitrag zur Geschichte der Alten Welt, empfunden mit der Wachheit und Denkkraft eines ästhetisch geschul-

ten, erzogenen Menschen. Er wandert über das Forum Romanum, über die alten Kaiser-Plätze und -Märkte, steht vor den Palästen und Kirchen, den Heiligtümern des kapitolinischen Museums, auf denen die Patina einer großen Vergangenheit liegt, er verneigt sich vor dem Grab Raffaels. Aber es geht nicht nur um das Erschauen des republikanischen, des cäsarischen, des barokken, des vatikanischen Roms. Das Tagebuch wirft auch Denkbilder von höchster, plastischer Prägnanz ab, psychologisch-künstlerische Erkenntnisse, die hindeuten auf die hohe Idealität einer alt-neuen Humanitas, deren nur dieser begeisterte Weltbürger und Schriftsteller fähig war.
Man hat sich damals, in der Mitte der fünfziger Jahre, gerne damit beschäftigt, als Künstler, als Intellektueller, die Angst gedankenlos großzupäppeln. Der Gedanke des Sichfallen-Lassens in den Abgrund des Nichts hat ebensosehr dominiert wie die sensationelle Verlockung des Höllensturzes in die eigene Freiheit: die Psychomythologie der Verführung schien wieder neu beginnen zu wollen. Carlo Schmid, dies vielleicht seine eigentlich historische Leistung inmitten der parlamentarisch-administrativen Apparaturen, hat der Koketterie mit der Angst eine lebensvolle Frohnatur entgegengesetzt. Er hat das Leben geliebt (und genossen), und wahrscheinlich hat ihn der Franzose an jenem Dezembertag 1979 an seinem Grabe besser verstanden als der Deutsche, wenn er, Jean-Pierre Brunet, sagte: »Carlo Schmid wirkte wie ein Mann der Vor-Renaissance, in der Humanismus und Christentum, Aristotelismus und Platonismus, Wissenschaft und Weisheit noch eine Einheit bildeten.«
Vertrauen ist das Höchste, was solche Geistigkeit stiften kann. Daß sie den, der tiefer grub, auf festestem Boden fand, war das Beglückende an diesem Menschen. Er erzählt in seinen Erinnerungen, wie er in Lille versucht habe, zehn französische Geiseln vor der Erschießung zu bewahren. Der zuständige deutsche General hörte sich Carlo Schmids Rechtsargumente an, blieb aber bei seinem Befehl, bis Schmid alles Rechtliche beiseiteschob und

an den General als Christen appellierte. Der General kenne die Zehn Gebote und wisse, daß er im Begriff sei, eine Sünde zu begehen. Und die Geiseln blieben am Leben. War das der Augenblick, der den innersten Kern dieses Mannes verriet?

Leben – Werke – Literatur- und Quellennachweise

Im folgenden ist durchgehend das Schema: Leben(schronik) – Nachlaß – Werke (des jeweils Dargestellten) – Literatur (über ihn) eingehalten. Eine Reihe der in diesem Buch vorgestellten Persönlichkeiten ist, obschon in Württemberg Geborene und zu weiter Wirksamkeit Gelangte betreffend, nicht in die »Bibliographie der Württembergischen Geschichte« (1895–1974) bzw. ihre Nachfolgerin, die »Landesbibliographie von Baden-Württemberg« (bis jetzt Bd. 1, 1978) aufgenommen worden. Für die übrigen sei grundsätzlich auf diese beiden Bibliographien verwiesen; deren Literatur ist im folgenden nicht wiederholt.

Johann Valentin Andreae

Leben

Geboren am 17. August 1586 in Herrenberg als Enkel des Theologen, Tübinger Universitätskanzlers und Propstes Jakob Andreae (1528–1590) und Sohn des 1591 zum Abt von Königsbronn ernannten Johann Andreae (gest. 1601). 1602 Immatrikulation an der Universität Tübingen, 1605 Magister, erste schriftstellerische Versuche. 1606 Verbot weiteren Theologiestudiums wegen Verwicklung in einen undurchsichtigen Skandal (»veneres«). 1607–1614 Privatlehrer- und Hofmeisterstellen, Reisen nach Straßburg und Frankfurt, nach Genf, Lyon, Paris (1611), Österreich und Italien/Rom (1612). 1614 Ernennung zum Diakon in Vaihingen, Heirat mit Agnes E. Grüninger, der Tochter des Pfarrers Josua Grüninger. Die »Fama fraternitatis« erscheint anonym in Kassel. 1616 erscheint der »Turbo« unter einem Pseudonym in Straßburg. 1617 Plan einer »Civitas Solis« zusammen mit Freunden, vor allem dem Campanella-Herausgeber T. Adami und W. v. d. Wense. 1619 erscheint die »Rei publicae christianopolitanae descriptio«. 1620, 5. März, Ernennung zum Superintendenten von Calw. 1621 Gründung des »Färberstifts« in Calw. 1634/35 Pest in Calw, Einäscherung der Stadt. 1638 von Herzog Eberhard III. mit der Wiederherstellung der kirchlichen Ordnung in Württemberg beauftragt. 1639 Hofprediger und Konsistorialrat in Stuttgart, 1640 Zuchtgesetze. 1641 Verleihung des theologischen Ehrendoktors der Universität Tübingen. 1642 Ernennung zum Kirchenrat in Wolfenbüttel. 1646 Mitglied der »Fruchtbringenden Gesellschaft«. 1649 Veröffentlichung des »Theophilus« nach dem von Comenius zur Verfügung gestellten Manuskript. 1650 Abt von Bebenhausen. 1651 Generalsuperintendent. 1654 Abt von Adelberg, Mitglied des Engeren Ausschusses der »Landschaft« (des Landtags). 27. Juni 1654 stirbt Andreae in Stuttgart und wird auf dem Friedhof der Hospitalkirche begraben.

Nachlaß

Als Nachlaß im modern-wissenschaftlichen Sinne können wohl die Briefe, Manuskripte usw. aus der Feder Andreaes bezeichnet werden, die in der Herzog-August-Bibliothek Wolfenbüttel aufbewahrt werden. Auch die Universitäts-Bibliothek Tübingen hat Handschriften A's, vor allem Briefe. Insbesondere Abschriften aus seinen Büchern in der Württ. Landesbibliothek Stuttgart.

Werke

M. Phil. Burk, Vollständiges Verzeichniß aller in Druck gekommenen lateinischen und teutschen Schriften des . . . Joh. Valentin Andreä in 100 Nummern nach der Zeitfolge geordnet, Tübingen 1793, mit Nachträgen in Allg. litterar. Anzeiger 3 (1798), Sp. 689–694 u. Neuer litt. Anzeiger 1 (1802), Sp. 349–352 – *G. Mälzer* (Bearb.), Die Werke der württembergischen Pietisten des 17. und 18. Jahrhunderts (= Bibliographie zur Geschichte des Pietismus 1) Berlin–New York 1972, S. 1–28, Nr. 1–222. – Neuere Editionen: *K. Steiff/G. Mehring,* Geschichtliche Lieder und Sprüche Württembergs (1912), Nr. 124, S. 556–562 (Klaglied über die Zerstörung Calws) – *P. Anthony* (Bearb.), J. V. A. – ein schwäbischer Pfarrer im Dreißigjährigen Krieg (= Schwäbische Lebensläufe, Hrsg. v. *H.*

Christmann, 5) Heidenheim 1970 (Auszüge aus der »Vita«, den »Threni Calvenses« etc.) – *R. v. Dülmen* (Hrsg.), J. V. A., Christianopolis 1619 (= Quellen und Forschungen zur württ. Kirchengeschichte 4) Stuttgart 1972 (Originaltext und Übertragung nach *D. S. Georgi* 1741, eine 2. Auflage erschien 1751) – *R. v. Dülmen* (Hrsg.), J. V. A., Theophilus. Lateinisch und deutsch (= Quellen und Forschungen zur württ. Kirchengeschichte 5) Stuttgart 1973 – *W. Biesterfeld* (Hrsg.), J. V. A., Christianopolis (Reclams Universal-Bibliothek 9786) Stuttgart 1975 (moderne Übersetzung).

Literatur

W. Hossbach, J. V. A. und sein Zeitalter. Berlin 1819 – *H. Rehm,* J. V. A., Zs. Württemberg 1929, S. 352–256 – *H. O. Burger,* Die Gedankenwelt der großen Schwaben. Tübingen/Stuttgart 1951 – *E. Rheinwald/G. Rieg,* Calw. Geschichte und Geschichten aus 900 Jahren. Calw 1952 – *G. H. Turnbull,* J. V. A. Societas Christiana, Zeitschr. f. dt. Philologie 73 (1954), S. 407–432 u. 74 (1955), S. 151–184 – *P. G. Hamberg,* Tempelbygge för Protestanter. Architekturhistoriska Studier i Äldre Reformert och Evangelisk-Luthersk Miljö. Stockholm 1955 – *H. Scholtz,* Evangelischer Utopismus bei J. V. A. Ein geistliches Vorspiel zum Pietismus (= Darstellungen aus der Württ. Geschichte 42) Stuttgart 1957 – *M. Hasselhorn,* Der altwürttembergische Pfarrstand im 18. Jahrhundert (= Veröff. der Kommission f. geschichtl. Landeskunde in Baden-Württemberg, Reihe B, Forschungen 6) Stuttgart 1958 – *R. Klein,* L'urbanisme utopique de Filarete à Valentin Andreae, in: Les utopies à la Renaissance. Colloque international (avril 1961) Brüssel/Paris 1963, S. 211–230 – *H. Girsberger,* Der utopische Sozialismus des 18. Jahrhunderts in Frankreich. Wiesbaden ²1963 – *L. Mumford,* Die Stadt. Geschichte und Ausblick. Köln/Berlin 1963 – Säkularisation und Utopie. Ebracher Studien. Ernst Forsthoff zum 65. Geburtstag. Stuttgart 1967. – *H. Süssmuth;* Studien zur Utopia des Thomas Morus. Ein Beitrag zur Geistesgeschichte des 16. Jhs. (= Reformationsgeschichtl. Studien und Texte 95) Münster/W. 1967 – *J. Zeijlemaker,* Freemasonry, Johan Amos Comenius and J. V. A., Zeitschr. f. Religions- u. Geistesgesch. 19 (1967), S. 65–73 – *R. v. Dülmen,* Johann Amos Comenius und J. V. A. Ihre persönl. Verbindung und ihre Reformanliegen, in: Bohemia. Jb. des Collegium Carolinum 9 (1968), S. 73–87 – *A. Pfleiderer,* Das Wochentliche Allmosen, Blätter f. württ. Kirchengesch. 68/69 (1968/69), S. 522–525 – *R. v. Dülmen,* J. V. A. und die Predigt, ebda. S. 164–189 – *F. Seibt,* Utopie im Mittelalter, Hist. Zeitschrift 208 (1969), S. 555–594 – *F. E. Manuel* (Hrsg.), Wunschtraum und Experiment. Vom Nutzen und Nachteil utopischen Denkens. Freiburg 1970 (= Sammlung Rombach NF. 5) Freiburg 1970 – *J. Wallmann,* Philipp Jacob Spener und die Anfänge des Pietismus (= Beitr. z. histor. Theologie 42) Tübingen 1970 – *H. Brockhaus,* Die Utopia-Schrift des

Thomas Morus (= Beitr. zur Kulturgesch. des MA's und der Renaissance 37) Nachdr. der Ausg. v. 1929. Hildesheim 1971 – *F. L. v. Holthoon,* The Road to Utopia. A Study of John Stuart Mill's Social Thought (= Speculum Historiale 7) Assen 1971 – *J. Servier,* Der Traum von der großen Harmonie. Eine Geschichte der Utopie. (= List Taschenbücher der Wissenschaft 1555) München 1971 – *F. Seibt,* Utopica. Modelle totaler Sozialplanung. Düsseldorf 1972 – *H. Swoboda,* Utopie. Geschichte der Sehnsucht nach einer besseren Welt. Wien 1972 – *W. Biesterfeld,* Utopie. Stuttgart 1973 – *R. v. Dülmen,* Histoire des années de jeunesse de Johann Valentin Andreae, Rev. de l'hist. des religions 184 (1973), S. 113–135 – *W.-E. Peuckert,* Das Rosenkreutz. Mit einer Einl. hrsg. v. *R. C. Zimmermann* (Pansophie, III. Teil) Berlin ²1973 – *G. List,* Chiliastische Utopie und radikale Reformation. Die Erneuerung der Idee vom Tausendjährigen Reich im 16. Jh. (= Humanist. Bibliothek I, 14) München 1973 – *G. Bock,* Thomas Campanella. Politisches Interesse und philosophische Spekulation (= Bibl. des Dt. Hist. Instituts in Rom 46) Tübingen 1974 – *U. Linse,* Die Kommune der deutschen Jugendbewegung. Ein Versuch zur Überwindung des Klassenkampfes aus dem Geiste der bürgerl. Utopie. Die ›kommunistische Siedlung Blankenburg‹ bei Donauwörth 1919–1920 (= Zeitschr. f. bayer. Landesgesch. Beihefte Reihe B, 5) München 1974 – *F. Wagner,* Zur Apotheose Newtons. Künstler, Utopie und naturwiss. Weltbild im 18. Jh. (= Bayer. Akad. d. Wiss., Phil.-hist. Kl. Sitzungsberichte Jg. 1974, H. 10) München 1974 – *Z. Batscha/R. Saage,* Friedensutopien des ausgehenden 18. Jhs., Jb. d. Instituts f. Dt. Gesch. 4 (1975), S. 111–146 – *M. Blekastad* (Hrsg.), Unbekannte Briefe des Comenius und seiner Freunde (= Veröff. der Comeniusforschungsstelle im Institut f. Pädagogik der Ruhr-Universität Bochum 7) Ratingen-Kastellaun 1975 – *F. A. Yates,* Aufklärung im Zeichen des Rosenkreutzes (= Edition Alpha) Stuttgart 1975 – *Th. Nipperdey,* Reformation, Revolution, Utopie. Studien zum 16. Jh. (= Kl. Vandenhoeck-Reihe 1408) Göttingen 1975 – *H. Swoboda* (Hrsg.), Der Traum vom besten Staat. Texte aus Utopien von Platon bis Morris (= dtv WR 4117) München ²1975 – *J. Werner,* Von Freudenstadt über Christianopolis nach Kopenhagen. Stadtplanung im 17. Jh., Zeitschr. f. Kunstgesch. 39 (1976), S. 312 f. – *G. Friedrich,* Utopie und Reich Gottes. Zur Motivation politischen Verhaltens (= Kl. Vandenhoeck-Reihe 1403) Göttingen 1975 – *M. Brecht,* J. V. A. Weg und Programm eines Reformers zwischen Reformation und Moderne, in: M. Brecht (Hrsg.), Theologen und Theologie an der Universität Tübingen. Beitr. z. Gesch. der Ev.-Theol. Fakultät (= Contubernium. Beitr. z. Gesch. der Eberh.-Karls-Universität Tübingen 15) Tübingen 1977, S. 270–343 – *T. Struve,* Utopie und gesellschaftl. Wirklichkeit. Zur Bedeutung des Friedenskaisers im späten MA, Hist. Zeitschr. 225 (1977), S. 65–95 – *M. Brecht,* J. V. A., Schwäb. Heimat. Zeitschr. z. Pflege v. Landschaft, Volkstum, Kultur 30 (1979), S. 166–175 – *E. Benz,* Kosmische Bruderschaft. Die Pluralität der Welten usw. Freiburg 1979 – *W. Küenzlen, Jakob A.*, sein Leben und Werk, Schriftenreihe Heimatverein Waiblingen VI/1980, S. 109–29.

Johann Jacob Moser

Leben

In Stuttgart am 18. Januar 1701 geboren als Sohn des Johann Jacob Moser, Rechnungsrat des Schwäbischen Kreises und Herzoglich-Württ. Expeditionsrat und der Helena Katharina Misler, Tochter des Lic. Theol. Joh. Hartmann Misler, Kgl. Schwedischen Konsistorialrats, Superintendent des Herzogtums Verden und Domprediger zur Stade. 1717 nach dem Besuch des Stuttgarter Gymnasiums illustre Immatrikulation an der Universität Tübingen, Studium der Rechte, erste Publikationen. 1720 Licentiat der Rechte und a. o. Professor der Rechte in Tübingen. 1721 Verleihung des württ. Regierungsrats-Charakters. 1721–1726 ohne berufliche Bindung in Wien und Stuttgart, 16. Juni 1722 Heirat mit der am 14. Mai 1703 geborenen Friderica Rosina, Tochter des Dr. jur. Johann Jacob Vischer, Herzogl. Württ. Regierungsrat (gest. 1762 während J. J. Mosers Haft, 7 Kinder). 6. Juni 1726 Wirkl. Württ. Regierungsrat, außerdem ab 1727 Professor am Collegium illustre zu Tübingen, ab März 1729 o. Professor für Staats- und Völkerrecht an der Universität Tübingen. 1731 Designierter Assessor am Reichskammergericht zu Wetzlar, im gleichen Jahr wieder Regierungsrat in Stuttgart mit Sitz und Stimme im Regierungskollegium. Sommer 1735 Reise nach Franken. 2. Mai 1736 Annahme der Würde eines Doktors der Rechte der Universität Tübingen. 19. Juni 1736 Ernennung zum Direktor und o. Professor der Juristischen Fakultät der Universität Frankfurt a. d. Oder. Teilnahme an der Krönung Kaiser Karls VII. in Frankfurt am Main (1745 an der Kaiserwahl). 1739–47 freiberuflich in Ebersdorf im Vogtland. Ausarbeitung des Teutschen Staatsrechts. 1747–48 Direktor der Regierungskanzlei des Landgrafen Carl Friedrich von Hessen-Homburg, 1749 Gründung einer Staats- und Kanzleiakademie in Hanau. Seit Oktober 1751 Landschaftskonsulent in Stuttgart. Vom 12. Juli 1759 bis 25. September 1764 widerrechtlich und ohne gerichtliche Untersuchung auf der Festung Hohentwiel eingekerkert. 16. Juli 1770 als Konsulent zur Ruhe gesetzt. Gestorben am 30. September 1785, begraben auf dem »mittleren« (längst aufgelassenen und überbauten) Friedhof zu Stuttgart.

Nachlaß

Ein geschlossener handschriftlicher Nachlaß des wissenschaftlichen, »privaten« Schaffens von Johann Jacob Moser hat sich nicht erhalten, wenn auch die Univ.-Bibl. Göttingen, die Württ. Landesbibl. Stuttgart, das Schiller-Nationalmuseum Marbach und mehrere Privatarchive mancherlei Manuskripte, Entwürfe, Briefe u.dgl. aufbewahren (am instruktivsten aufgeführt bei *Rürup* [s. »Werke«], S. 269ff.). Über die amtlichen Tätigkeiten und Leistungen unterrichten Originale aus seiner Hand vornehmlich in den Staatsarchiven Darmstadt, Hannover, Kopenhagen, Ludwigsburg und Stuttgart und im Universitätsarchiv bzw. in der Univ.-Bibl. Tübingen.

Werke

Das von Robert von Mohl auf 500 bis 600 Bände geschätzte Gesamtwerk Mosers ist bis heute nicht lückenlos erfaßt; wie wenig das auch in Zukunft erwartet werden kann, hat *H. Widmann* dargetan (J. J. Moser und die Bibliotheken, in: Aus der Welt des Buches, Festschrift G. Leyh, Leipzig 1950, S. 125–146). Von der von J. J. Moser selbst angelegten Bibliographie abgesehen (am besten in der 3. Aufl. seiner Lebensgeschichte (1777), S. 109–183), haben jüngst Bibliographien geliefert: *R. Rürup,* J. J. Moser. Pietismus und Reform. Wiesbaden 1965 (= Veröffentl. d. Inst. f. europ. Gesch. 35), S. 255–268, zus. 327 Nummern; *G. Mälzer,* J. J. Moser als Journalist. Ein Beitr. z. Gesch. der Zeitschr. im 18. Jh., in: Archiv f. Gesch. d. Buchwesens 8 (1966), Sp. 1429–1436 (Bibliographie der Zeitschriften Mosers); *E. Schömbs,* Das Staatsrecht J. J. Mosers (= Schriften zur Verfassungsgesch. 8) Berlin 1968, S. 281–295 (331 Nummern); *G. Mälzer* (Bearb.), Die Werke der württ. Pietisten des 17. u. 18. Jh. Verzeichnis der bis 1968 erschienenen Lit. (= Bibliographie zur Gesch. des Pietismus 1, 1972), S. 215–228 (nur pietistische u. artverwandte Veröffentl., aber mit gutem Überblick über die Mosersche Bibliographie überh.).

Literatur

O. Schönhuth, J. J. M. Ausgewählte geistl. Lieder (1854) – *R. v. Mohl,* Die Geschichte der Litteratur der Staatswissenschaften, Bd. II, Erlangen 1856, S. 401–424 – *A. Schmid,* Das Leben J. J. M's. Aus seiner Selbstbiogr., den Archiven und Familienpapieren dargestellt. Stuttgart 1868 – *O. Wächter,* J. J. M. Stuttgart 1885 – *A. Adam,* J. J. M. als Württ. Landschaftskonsulent 1751–1771. Stuttgart 1887, u. *ders,* Herzog Karl und die Landschaft, in: Herzog Karl Eugen v. Württ. u. seine Zeit. 1, Esslingen 1907, S. 193–310 – *C. Bornhak,* J. J. M. als Professor in Frankfurt a. O., in: Forschungen zur brandenbg.–preuß. Gesch. 11 (1898), S. 329–339 – *A. v. Verdross,* J. J. Mosers Programm einer Völkerrechtswissenschaft der Erfahrung, in: Zeitschr. f. öffentl. Recht 3 (1922), S. 97–124 – *M. Fröhlich,* J. J. M. in seinem Verhältnis zum Rationalismus u. Pietismus (=

Dt. Kultur, literarhist. Reihe 3) Wien 1925 – *L. Becher*, J. J. M. u. seine Bedeutung für das Völkerrecht. Würzburg 1927 (Diss.) – *J. Forderer*, J. J. M., in: Sie prägten das Antlitz ihrer Stadt. Tübinger Staatsmänner u. Entdecker aus acht Jahrhunderten. Tübingen 1955, S. 248–277 – *W. Grube*, Der Stuttgarter Landtag 1457–1957. Stuttgart 1957 – *K. S. Bader*, J. J. M. und die Reichsstädte, in: Esslinger Studien 4 (1958), S. 43–60 u. *ders.*, J. J. M., Staatsrechtslehrer u. Landschaftskonsulent, in: Lebensbilder aus Schwaben und Franken 7 (1960), S. 92–121 (m. Lit.) – *Fr. Hartung*, Deutsche Verfassungsgesch. 7. Aufl. 1959 – *Fr. Schneider*, Pressefreiheit u. polit. Öffentlichkeit. Studien z. polit. Gesch. Deutschlands bis 1848 (= Politica, Abh. u. Texte z. polit. Wiss. 24) Neuwied 1966 – *R. Rürup* (s. »Werke«) – *H. Lehmann*, Pietismus u. weltl. Ordnung in Württ. v. 17. bis zum 20. Jh. Stuttgart 1969 – *E. Schömbs* (s. »Werke«) – *G. Mälzer* (s. »Werke«) – *Chr. Engeli/W. Haus* (Bearb.), Quellen zum modernen Gemeindeverfassungsrecht in Deutschland (= Schriften des Dt. Inst. f. Urbanistik 45) Stuttgart 1975.

Christian Friedrich Daniel Schubart

Leben

Geboren am 24. März 1739 in Obersontheim, Grafschaft Limpurg, als Sohn des Kantors, Präzeptors und Pfarrvikars Johann Jacob Schubart. Ein Jahr darauf übersiedelt die Familie in die Freie Reichsstadt Aalen; der Vater hat dort die gleichen beruflichen Aufgaben; Kindheit und erste Schuljahre. 1753–1756 auf dem Lyzeum zu Nördlingen, 1756–1757 Gymnasium zum Heiligen Geist in Nürnberg. Oktober 1757 ursprünglich nach Jena geschickt, nimmt Schubart ein Theologiestudium in Erlangen auf. 1760 Heimkehr nach Aalen, Hauslehrer, Aushilfsprediger in der Umgebung. Ausgang 1763 Anstellung als Präzeptor (Provisor) und Organist in der reichsstadt-ulmischen Landstadt Geislingen. 10. Januar 1764 Verheiratung mit Helene, Tochter des Geislinger Hauptzollers. Es erscheinen die »Zaubereien« und »Todesgesänge«, worunter Gedichte auch aus der Nördlinger und Nürnberger Zeit; Schuldiktate. 1. September 1769: Herzog Carl Eugen v. Württemberg ernennt Schubart zum Organisten und Musikdirektor in der Residenzstadt Ludwigsburg. 21. Mai 1773: Herzogl. Erlaß zur sofortigen Ausweisung Schubarts »aus Unsern Herzoglichen Landen«. 1773 in Heilbronn, Mannheim, Heidelberg, Schwetzingen, München als mittelloser Musikant. März 1774 Zwischenstation in der Weberherberge zu Augsburg; am 31. März 1774 erscheint die erste Nummer der »Deutschen Chronik«, die, unter kleinen Titeländerungen, vorübergehendem Verbot und Schubart ablösenden Redakteuren, bis zum 24. April 1793 am Leben bleibt. Ab Januar 1775 als Chronik-Herausgeber in Ulm, am 23. Januar 1777 nach Blaubeuren auf württembergischen Boden gelockt und gefangen auf den Asperg abgeführt. Dort – mit Abstufungen und Lockerungen, 1785/86 erscheinen die »Sämtlichen Gedichte« in der Druckerei der Carlsschule – bis 11. Mai 1787 gefangen. 18. Mai 1787 Entlassung, 19. Mai 1787 Professor, Herzogl. Theaterdirektor und Hofdichter in Stuttgart. 1791/92 Autobiographie »Leben und Gesinnungen«. 10. Oktober 1791 Tod, 12. Oktober Begräbnis auf dem Stuttgarter Hoppenlaufriedhof, Grabmal und Grabstätte nicht mehr aufzufinden.

Nachlaß

Die umfangreichsten handschriftlichen Bestände aus dem Nachlaß Sch's besitzt das Schiller-Nationalmuseum Marbach/Deutsches Literaturarchiv (21 Mappen). Wichtige Bestände aber auch im Heimat- und Schubart-Museum in Aalen (m. Katalog); mancherlei Handschriftliches auch in der Württ. Landesbibliothek Stuttgart und in Privatbesitz.

Werke

Eine vollständige und gar historisch-textkritischen Ansprüchen genügende Gesamtausgabe, die vor allem auch dem Musiker und Musiktheoretiker Schubart gerecht werden könnte, existiert nicht. Beste Ansätze hierzu hat wohl *Konrad Gaiser* gemacht, der nach mehrfachen Einzelstudien 1929 unter Vorgabe einer glänzenden und bis heute nicht ersetzten Schubart-Biographie (S. 10–147) eine mit kritischem Apparat versehene Auswahl aus den Schuldiktaten, der Deutschen Chronik, den Gedichten und sonstigen Veröff. Sch's herausgegeben hat (Chr. F. D. Sch. Schicksal/Zeitbild/Ausgewählte Schriften. Stuttgart: J. F. Steinkopf 1929). Von der sicherlich umfassendsten Ausgabe »Gesammelte Schriften« (8 Bände in 4 Bänden, 1839/40) hat der Olms-Verlag 1972 einen Nachdruck veranstaltet, von den Jahrgängen 1774–1777 der Deutschen Chronik (= Deutsche Neudrucke. Reihe Goethezeit, hrsg. v. *A. Henkel*) der Lambert Schneider Verlag 1974/75 (darin in Bd. IV, 1975, S. III–LXVIII ein wichtiges Nachwort v. H. Krauss); eine Auswahl aus den Werken und Briefen hat *P. Härtling* unter dem Titel »Strophen für die Freiheit« 1976 bei der Deutschen Verlags-Anstalt herausgegeben. Nach den bekannten und eingeführten Bibliographien, etwa Goedekes Grundriß, wäre als neuester bibliographischer Abriß das Buch von *Wilfried F. Schoeller* (s. »Lit.«) zu nennen, das neben ausgewählter Sekundär-Literatur auf S. 187/88 auch Werkausgaben des 19. und 20. Jh. nennt. Zum »Werk« des Musikers Sch. neuerdings auch *E. Häußinger,* Eine neu aufgefundene Sch.-Kantate, in: Schwäb. Heimat 17 (1966) S. 237 f. u. *ders.,* Neue archivalische Funde zu Sch's kompositorischer und konzertierender Tätigkeit, in: Zs. Bad-Württ. 1965, H. 4, S. 18ff., dazu *R. Hammerstein* »Die Musik in Geschichte und Gegenwart« 12 (1965), S. 95–99.

Literatur

Chr. Fr. D. Sch's Leben in seinen Briefen. Ges., bearb. u. hrsg. v. *D. Fr. Strauß*. 2 Bde. Berlin: A. Duncker 1849 – *D. Fr. Strauß,* Barbara Streicherin von Aalen. Ein Lebensbild aus der Sturm- und Drangperiode unserer Lit., in: Kl. Schriften N. F. 1866, S. 464–475 – *G. Hauff,* Chr. Fr. D. Sch. in seinem Leben u. Wirken. Stuttgart: W. Kohlhammer 1885 – *A. Wohlwill,* Beiträge z. Kenntnis Chr. F. D. Sch's, in: Archiv f. Litt.-Gesch. 6 (1877), S. 343–391; 15 (1887), S. 21–36 u. 126–60 – *E. Holzer,* Sch. als Musiker (= Darst. aus der württ. Gesch. 2) Stuttgart: W. Kohlhammer 1905 – *E. Schairer,* Chr. Fr. D. Sch. als politischer Journalist. Tübingen: Mohr 1914 – *K. E. v. Marchthaler,* Die Ahnen des Dichters Sch., in: Archiv f. Sippenforschung 18 (1941), S. 28–34 – *Fr. Schneider,* Pressefreiheit und polit. Öffentlichkeit. Studien z. polit. Gesch. Deutschlands bis 1848 (= Politica. Abh. u. Texte z. polit. Wiss., 24), Darmstadt/Neuwied: Luchterhand 1966 – *H. M. Enzensberger* (u. a., Hrsg.), Klassenbuch 1. Ein Lesebuch zu den Klassenkämpfen in Deutschland 1756–1850. Darmstadt/Neuwied: Luchterhand 1972 – *H. G. Klein,* Deutsche Chronik (1774–1793), in: *H.-D. Fischer* (Hrsg.), Deutsche Zeitschriften des 17. bis 20. Jh. (= Publizistik-Historische Beiträge 3) 1973, S. 103–113 – *J. Hermand* (Hrsg.), Von deutscher Republik 1775–1795. Texte radikaler Demokraten (= edition suhrkamp 793) Frankfurt: Suhrkamp 1975 – *H. Brandstätter,* Asperg. Ein deutsches Gefängnis (= Wagenbachs Taschenbücherei 45) Berlin: Wagenbach 1978 – *W. F. Schoeller,* Schubart. Leben u. Meinungen eines schwäbischen Rebellen, den die Rache seines Fürsten auf den Asperg brachte (= ebda. 54) Berlin: Wagenbach 1979 – *R. Grimminger* (Hrsg.), Deutsche Aufklärung bis zur Französischen Revolution 1680–1789 (= Hansers Sozialgesch. d. dt. Lit. v. 16. Jh. bis zur Gegenwart 3) München: Hanser 1980

Friedrich Schiller

Leben

Johann Christoph Friedrich Schiller wird am 10. November 1759 in Marbach am Neckar als 2. Kind des Hauptmanns Joh. Caspar Schiller geboren. 1764–66 wohnt die Familie in Lorch. 1766 wird der Vater nach Ludwigsburg zurückversetzt, 1767–1772 besucht Schiller die Ludwigsburger Lateinschule. 1771 Vorbereitung zum Landexamen. 1773–80

Schiller in der Carlsschule. 1774 Beginn des Studiums der Jurisprudenz, 1776 wechselt er zum Medizinstudium über. 14. Dezember 1780 Preisverteilung und Entlassung aus der Hohen Carlsschule. 1781 Regimentsmedikus beim Garderegiment Augé in Stuttgart. 13. Januar 1781 Erstaufführung der »Räuber« im Nationaltheater in Mannheim. 22. September 1782 Flucht von Stuttgart mit Joh. Andreas Streicher. 1782–83 in Bauerbach bei Henriette v. Wolzogen, ab 1. September 1783 als Theaterdichter in Mannheim angestellt, 27. Dezember 1784 Carl August v. Weimar verleiht Schiller den Titel eines Weimarischen Rats. 9. April 1785 Abreise von Mannheim nach Leipzig auf Einladung Christian Gottfr. Körners, in Leipzig, Gohlis, Dresden bis Juli 1787, von da ab bis Mai 1788 in Weimar. 7. September 1788 erste Begegnung mit Goethe im Hause von Lengefeld. 15. Dezember 1788 Professor für Geschichte in Jena, 11. Mai 1789 Übersiedlung nach Jena, Wohnung in der Schrammei. 13. Januar 1799 Schiller erhält den Titel eines Weimarischen Hofrats. 22. Februar 1790 Trauung mit Charlotte von Lengefeld in der Dorfkirche zu Wenigenjena. 3. Januar 1791: Mit dem Ausbruch einer Lungenentzündung Beginn der schweren Erkrankungen, von denen sich Schiller nie mehr ganz erholt. Dezember 1791: Auf Anregung von Jens I. Baggesen bieten Prinz Christian Friedr. v. Augustenburg und Graf Ernst v. Schimmelmann Schiller für 3 Jahre je 1000 Taler Pension an. August 1793–Mai 1794 Besuch in Württemberg. Oktober: Schiller vermittelt Frau v. Kalb Hölderlin als Hofmeister. 24. Oktober: Tod Herzog Carl Eugens v. Württemberg – August 1794 Beginn der Freundschaft mit Goethe – April 1795 Endgültige Ablehnung einer Berufung nach Tübingen – 1797 Kauf eines Gartenhauses in Jena – Dezember 1799 Umzug nach Weimar. 29. April 1802 Einzug in das neuerworbene Haus an der Esplanade in Weimar. 7. November 1802 Schiller wird auf Vorschlag des Weimarer Hofes, vermutlich als einem der letzten, der erbliche Adel des Hl. Römischen Reiches Deutscher Nation verliehen; am 27. November 1802 an Goethe: »Sie können übrigens leicht denken, daß mir für meine eigene Person die Sache ziemlich gleichgültig ist.« 21. Mai 1804 Beginn der Berliner Reise; Carl August verdoppelt das Gehalt, Schiller beschließt, in Weimar zu bleiben. 29. April 1805: Letztes Zusammensein mit Goethe. 9. Mai: Am Morgen Besinnungslosigkeit, gegen 15 Uhr vollkommene Schwäche, zwischen 17 und 18 Uhr Tod. 13. Mai Offizielle Totenfeier.

Nachlaß

Den (umfangreicheren) bewahren das Goethe- und Schiller-Archiv in Weimar (vgl. *K.-H. Hahn* (Bearb.), Goethe- und Schiller-Archiv. Bestandsverzeichnis (= Bibl., Kataloge. Bestandsverzeichnisse. Hrsg. v. d. Nat. Forschungs- u. Gedenkstätten) Weimar: Arion Verlag 1961, S. 188 ff.) und das Schiller-Nationalmuseum/Cotta-Archiv in Marbach auf. Wichtige Bestände auch im Freien Deutschen Hochstift in Frankfurt am Main und in Privatbesitz.

Werke

Ed. v. d. Hellen hat 1904/5 eine »Säkular-Ausgabe« herausgegeben, die neben der »Horenausgabe« (1910–1926) und solange die National-Ausgabe nicht geschlossen (bis jetzt 27 Bde., 1943–1979) vorliegt, noch nicht ersetzt ist. 1958/59 sind bei Hanser in München die »Sämtlichen Werke« erschienen, eine fünfbändige Ausgabe mit einem 6. Band Begriffsregister, mittlerweile in neueren Auflagen (Bd. 1 ^{4}1965, Bde. 2 u. 3 ^{4}1966, Bd. 4 ^{5}1976 und Bd. 5 ^{5}1975, dazu das Begriffsregister von 1969); eine Ausgabe »Sämtliche Werke« nach der Ausgabe letzter Hand ist bei Winkler in München erschienen (5 Bde., Bd. 1–3 in Neuaufl. 1970, Bde. 4 und 5 in Neuaufl. 1972).

Literatur

Die Veröffentlichungen über Sch. verzeichnet das Jahrbuch der Deutschen Schiller-Gesellschaft, der jüngste, 23. Band (1979) die Literatur bis einschl. 1978. Dazu *W. Hinderer* (Hrsg.), Schillers Dramen. Neue Interpretationen. Mit Beiträgen von K. S. Guthke, H. G. Hermann, W. Hinderer, R.-P. Janz, G. Kluge, H. Koopmann, H. H. Marcks, F. Martini, G. Sauder, G. Sautermeister, K. R. Scherpe, G. Ueding, C. Vaerst-Pfarr. Stuttgart: Reclam 1979 – *K. R. Scherpe*, Poesie der Demokratie. Literarische Widersprüche zur deutschen Wirklichkeit vom 18. zum 20. Jh. (= Kl. Bibliothek 161) Köln: Pahl-Rugenstein 1980, S. 43–78 (Die Räuber).

Georg Wilhelm Friedrich Hegel

Leben

Geboren am 27. August 1770 in Stuttgart als Sohn des Rentkammersekretärs und späteren Expeditionsrates Georg Ludwig Hegel und der Maria Magdalena, geb. Fromm. 1773–75 Besuch der Deutschen und der Lateinschule, 1780–85 des Gymnasium illustre (späteren Eberhard-Ludwigs-Gymnasiums) in Stuttgart. WS 1788/89 Eintritt ins Tübinger Stift, ab dem WS 1790/91 bewohnen Hegel, Hölderlin und Schelling dort dasselbe Zimmer. 27. September 1790: Hegel wird zum Magister der Philosophie promoviert. 20. September 1793: Abschluß des Studiums durch das (vorzeitige) theologische Konsistorialexamen in Stuttgart; im Oktober nimmt Hegel eine Hauslehrerstelle bei C. F. Steiger von Tschugg in Bern an. 1797 Hauslehrer in Frankfurt. 1799 stirbt Hegels Vater; Hegel erbt ein ansehnliches Vermögen und kann sich auf die akademische Laufbahn vorbereiten. 27. August 1801: durch Vermittlung Schellings kann sich Hegel an der Philosophischen Fakultät der Universität Jena habilitieren. 1802 begründet er mit Schelling das »Kritische Journal der Philosophie«. 1805 Ernennung zum a. o. Professor für Philosophie an der Universität Jena mit einer Jahresbesoldung von 100 Talern; 1806 erscheint die »Phänomenologie des Geistes«. 1807 übernimmt Hegel die Redaktion der »Bamberger Zeitung«. 1808 Ernennung zum Professor der Vorbereitungswissenschaften und Rektor des Ägidiengymnasiums in Nürnberg. 1811 Heirat des Einundvierzigjährigen mit der zwanzigjährigen Marie v. Tucher in Nürnberg. 1812 Die »Wissenschaft der Logik« liegt in drei Bänden vor. 1816 Ruf auf den philosophischen Lehrstuhl der Universität Heidelberg, 1817 erscheint die »Enzyklopädie der philosophischen Wissenschaften«. 1818 Hegel wird Fichtes Nachfolger in Berlin, Antrittsvorlesung am 22. Oktober 1818. Erwerb des Hauses am Kupfergraben Nr. 4. 1820 wird Hegel o. Mitglied der Kgl.-Wissenschaftl. Prüfungskommission der Provinz Brandenburg. 1821 erscheint die Rechtsphilosophie unter dem Doppeltitel »Grundlinien der Philosophie des Rechts« und »Naturrecht und Staatswissenschaft im Grundriß«. 1822, 1824 und 1827: Reisen nach Brüssel und den Niederlanden, nach Prag und Wien und nach Paris. 14. November 1831: Hegel stirbt überraschend nach kurzer Krankheit. Er wird neben Fichte auf dem Dorotheenstädter Friedhof beigesetzt.

Nachlaß

Die Hauptmasse seines Nachlasses liegt in 15 Bänden (Handschriftenverzeichnis in Band 1) in der Staatsbibliothek Berlin-West. Beachtenswerte Nachlaßteile in der Bibliothek der Harvard-University USA, kleinere Einzelbestände in der UB Tübingen (2 Bände Manuskripte, darunter ein Stammbuch), im Schiller-Nationalmuseum Marbach, im Hegel-Archiv der Universität Bochum u. a. – Eine zusammenfassende Publikation über den H'schen Nachlaß gibt es nicht; wichtige Hinweise zur Nachlaß-Geschichte bei *E. Ziesche,* Unbekannte Manuskripte aus der Jenaer und Nürnberger Zeit im Berliner Hegel-Nachlaß, in: Zs. für phil. Forschung 29 (1975), S. 430–444, dort S. 430–435.

Werke

Wichtig nach wie vor die fünfzehnbändige Werkausgabe, durch einen Verein von Freunden H's 1832–1845 herausgegeben, daneben die Einzelausgaben der Philosophischen Bibliothek, Hamburg: Verlag Meiner. Zur Gesamtorientierung vielleicht am ehesten geeignet die zwanzigbändige Theorie-Werkausgabe. Frankfurt: Suhrkamp 1969/70. – Kurze, aber gute Information über die H-Ausgaben bei *O. Pöggeler* (Hrsg.), Hegel. Eine Einführung in seine Philosophie. Freiburg/München 1977, S. 173–176.

Literatur

Laufende Literaturberichte, Rezensionen der Neuerscheinungen sowie Aufsatz-Bibliographien mit Inhaltsreferaten in den Hegel-Studien, hrsg. v. *F. Nicolin* u. *O. Pöggeler*. Bonn: Bouvier, seit 1961. Besonders zu nennen *O. Pöggeler* (Hrsg.), Hegel. Freiburg/München 1977, darin eine hilfreiche Hegel-Auswahlbibliographie S. 172–187. – Wichtiger Sammelband zur Entstehungsgeschichte von H's System: *D. Henrich/K. Düsing* (Hrsg.), Hegel in Jena (= Hegel-Studien, Beiheft 20). Bonn 1980. – Biographisch wesentlich *A. V. Gulyga*, G. W. F. H. (= Röderberg-Taschenbuch 30) Frankfurt: Röderberg-Verlag 1974, vor allem aber *F. Nicolin,* Zur Situation der biographischen Hegel-Forschung (= Veröffentlichungen des Archivs der Stadt Stuttgart, 6. Sonderband) Stuttgart: Steinkopf/Klett 1975 u. *ders.* (Hrsg.), Dokumente und Materialien zu H's Biographie (= Philosophische Bibliothek 238 a) Hamburg 1977.

Friedrich Hölderlin

Leben

Johann Christian Friedrich Hölderlin ist am 20. März 1770 in Lauffen am Neckar geboren als Sohn des Klosterhofmeisters Heinrich Friedrich Hölderlin und seiner Ehefrau Johanna Christiane geb. Heyn. 1772 Tod des 36jährigen Vaters. 1774 geht die Mutter eine zweite Ehe mit dem Kammerrat und Bürgermeister Gok in Nürtingen ein, Übersiedlung nach Nürtingen mit ihren Kindern. 29. Oktober 1776 Hölderlins Halbbruder Karl Gok in Nürtingen geboren. 8. März 1779 Tod des zweiten Vaters an einer Lungenentzündung; nie überwundener Verlust für die Mutter, Anfang der »Trauer« für Hölderlin. Er besucht die Lateinschule in Nürtingen, ab 1784 die Klosterschule in Denkendorf, ab 1786 die in Maulbronn, Verlöbnis mit Louise Nast, der Tochter des Maulbronner Klosterverwalters, und dessen Lösung. 21. Oktober 1788 Eintritt in das Tübinger Stift. September 1790 Magisterexamen. Freundschaft mit Hegel und Schelling (Tübinger Hymnen). September 1793 Entlassung aus dem Stift. Durch Schillers Vermittlung Hofmeister bei Charlotte von Kalb in Waltershausen bei Jena seit 28. Dezember. Begegnung mit Fichte und Goethe in Jena. 16. Januar 1795 Auflösung des Dienstverhältnisses mit Frau von Kalb. Anfang 1796 Antritt der neuen Hauslehrerstelle im Hause Gontard in Frankfurt, Liebe zu Susette Gontard (Hyperion). Mitte September 1798 verläßt Hölderlin das Haus Gontard, Übersiedlung nach Homburg, wo sich Isaac Sinclair seiner annimmt (Empedokles, ästh. Aufsätze, Homburger Kurzoden). 1800 bei Landauer in Stuttgart (Oden und Elegien, Brot und Wein). 1801 Hauslehrer in Hauptwyl, im Dezember Aufbruch nach Frankreich, 1802 Hauslehrer in Bordeaux, Mitte Juni Rückkehr in die Heimat. 22. Juni 1802 Tod Susettens in Frankfurt. Im Herbst Reise mit Sinclair zur Reichsdeputation nach Regensburg (Patmos, Friedensfeier). 1803 in Nürtingen (Nachtgesänge, Andenken, Mnemosyne). Juni 1804 holt Sinclair den kranken Freund nach Homburg, Bibliothekar des Landgrafen zu Hessen-Homburg (Hymnische Entwürfe, Pindar-Übertragung). Im September 1806 liefert Sinclair den schwerkranken Freund in der Autenriethschen Klinik in Tübingen ein. 1807 wird Hölderlin in Pflege zu dem Schreinermeister Zimmer in Tübingen gegeben. 29. April 1815 Tod Sinclairs in Wien. 24. Februar 1822: Justinus Kerner in einem Brief aus Weinsberg an Therese Huber: »Hölderlins Gedichte habe ich nun mit einem Berliner so ziemlich vollständig zusammengebracht« (ersch. 1826). 17. Februar 1828 Tod der Mutter. 7. Juni 1843 stirbt Hölderlin in Tübingen, »sanft«, nach Bericht der ihn unentwegt viele Jahre betreuenden Lotte Zimmer, »ohne noch einen besondern Todeskampf zu bekommen«. Am 10. Juni, vormittags 10 Uhr, wird Hölderlin auf dem Tübinger Stadtfriedhof unter der »sehr zahlreichen Begleitung von Studenten« beerdigt.

Nachlaß

Die Hauptmasse wird in der Landesbibliothek Stuttgart aufbewahrt, dazu Stadtbibliothek Homburg v.d. Höhe und Schiller-Nationalmuseum Marbach. Grundsätzlich dazu *J. Autenrieth/A. Kelletat* (Bearb.), Katalog der H.-Handschriften (= Veröff. des H.-Archivs 3) Stuttgart: Kohlhammer 1961.

Werke

Vom kritisch-historischen Maßstab her gesehen, verdient unter der Masse der erschienenen und erscheinenden H.-Ausgaben den Vorzug die (Kleine und Große) Stuttgarter H.-Ausgabe, begonnen unter *Fr. Beißner* 1943 bzw. 1946ff.

Literatur

Nach der H.-Bibliographie von *Fr. Seebaß* (= Einzelschriften zur Bücher- und Handschriftenkunde 3) München: Stobbe 1922 hat, mit einer demnach nicht abgedeckten Berichtszeit für die Jahre 1922 bis 1937, die H.-Bibliographie, bearb. v. *M. Kohler* u. *A. Kelletat* (= Veröff. des H.-Archivs 1) Stuttgart: Landesbibliothek 1953 die Berichterstattung über die laufende H.-Literatur aufgenommen, beginnend mit dem H.-Jahrbuch 1952, worin *A. Beck* über das Schrifttum von 1948–1951 berichtet, derzeit vorliegend als jüngster Band das H.-Jahrbuch 19/20 (1975–1977), worin *M. Kohler* wie seit vielen Jahren die Literatur 1971–1973 verzeichnet. Dazu: *W. Volke* (Bearb.), H. in Tübingen (= Marbacher Magazin Sonderheft 11/1978) – *P. Bertaux,* F. H., Frankfurt: Suhrkamp 1978 – *A. Beck,* Ein »neues Hölderlin-Bild«. Versuch produktiver Kritik, in: Schwäb. Heimat 1979, S. 158–165.

Friedrich List

Leben

Geboren in Reutlingen am 6. August 1789 als Sohn des Gerichtsverwandten (»Senators«) und Weißgerbers Johannes List und seiner Frau Maria Magdalene, Tochter des Weißbäckers Johannes Schäfer aus Reutlingen. Bis ins 15. Lebensjahr (wohl Frühjahr 1804) Besuch der Reutlinger Lateinschule, anschließend Weißgerberlehre. Herbst 1805 Lehrzeit als Inzipient in Blaubeuren, Substitutenexamen, Lehrplätze auf den Amtsschreibereien in Schelklingen und Wiblingen, seit November 1810 auf der Stadtschreiberei in Ulm, seit Oktober 1811 als Oberamts-Aktuar in Tübingen, September 1814 Aktuar-Examen, seit Frühjahr 1815 Oberamts-Kommissarius in Sulz am Neckar, im Mai und Juli 1815 beim württ. Armeeministerium und Heer, anschließend kommissarische Gutachtertätigkeit bei verschiedenen Stuttgarter Regierungsbehörden. 5. Mai 1816: Ernennung zum Rechnungsrat beim Ministerium des Innern. 11. Dezember 1816: Abordnung als Aktuar der Regierungskommission zur Untersuchung der Schreibereigebrechen. 24. Juni 1817: List wird als Kommissar zur Kontrolle der Landesbeamten vorgeschlagen. 9. Juli 1817: List erhält vom Departementchef des Innenministeriums den Auftrag, »eine Revision der Kommunordnung nach dem ganzen Umfange der Gemeinde- und Oberamtswirtschaft« zu entwerfen. 27. Dezember 1817: Ernennung zum o. Professor für Staatsverwaltungspraxis an der Universität Tübingen. 25. u. 29. 5. 1818: List hat sich wegen seiner Vorlesungen in Stuttgart vor dem König bzw. vor dem Innenminister zu verantworten. 17. April 1819: Der König verlangt einen ausführlichen Bericht über die Vorlesungen des Professors List und deren Erfolg. Lists Reise nach Frankfurt; seine Adresse für den Deutschen Handlungs- und Gewerbeverein. 1. Mai 1819 sucht List um Entlassung als o. Professor nach. 4. Dezember 1820 wird er nach zwei vorhergehenden mißglückten Wahlen in Reutlingen und Waldsee in Reutlingen zum Abgeordneten in den Landtag gewählt. Anfang Januar 1821 verfaßt List die Reutlinger Petition. 21. Januar 1821: Beschlagnahme der Petition in seiner Wohnung, Beginn des Kriminalprozesses. Am 24. Februar 1821 wird List aus dem württ. Landtag entlassen und am 6. April 1822 vom Kriminalgerichtshof zu Esslingen zu 10 Monaten Festungsstrafe »mit angemessener Beschäftigung innerhalb der Festung« verurteilt. Flucht nach Straßburg, Paris und Baden. Juli 1824 Rückkehr nach Stuttgart. Verhaftung und Abführung auf den Hohen Asperg. 9. September 1824 bittet List Cotta, für ihn eine »Strafverwandlung« in »ewige Verbannung« zu erwirken. Am 22. Januar 1825 unterschreibt List die Urkunde zur Aufgabe des württ. Bürgerrechts und verläßt am 27. Januar 1825 Württemberg. Am 25. April 1825 Abreise aus Le Havre mit Frau und vier Kindern nach den Vereinigten Staaten. 21. November 1827 ersucht die Pennsylvania Society List, zwei Werke über politische Ökonomie zu verfassen. Am 8. November 1830 wird List zum amerikanischen Konsul in Hamburg ernannt, endgültige Rückkehr nach Europa Juli 1832. Herbst 1833 stellt List ein Gesuch, als Schutzverwandter der Stadt Leipzig aufgenommen zu werden. Herbst 1834 Übertragung des amerikanischen Konsulats für Leipzig (voraufgegangen war das für Baden). Mai 1835 bewirbt sich List um die Konzession für die badische Hauptlinie und besucht im Frühjahr 1836 die schwäbische Heimat; der König entscheidet, List sei »als Ausländer« zu behandeln, »welchem der Aufenthalt im Königreiche nur auf Wohlverhalten und unter polizeilicher Aufsicht zu gestatten« sei. Am 15. Juni 1837 beschließt die Generalversammlung der Leipzig-Dresdener Eisenbahngesellschaft eine »Entschädigungszahlung« von 2000 Talern an List. Im Herbst 1837 reist er nach Paris, im Sommer 1838 zieht die Familie nach und wohnt in der Rue des martyrs in Paris. Thiers' Angebot 1840, in französische Staatsdienste zu treten, lehnt List ab. Im Frühjahr 1841 erscheint das Nationale System der Politischen Ökonomie (2. Aufl. 1842, dritte Sommer 1844). Frühjahr 1841 in Stuttgart, Verhandlungen mit Cotta. Herbst 1841 Aufforderung aus Köln, als Chefredakteur die neu zu gründende Rheinische Zeitung zu übernehmen. Am 1. Januar 1843 erscheint bei Cotta das von List redigierte Zollvereinsblatt. 1844/45 unternimmt List eine große Reise über Bayern nach Österreich und Ungarn, 1846 reist er nach London, Plan eines deutsch-englischen Bündnisses. 30. November 1846: Selbstmord in einem Wäldchen unweit seines Gasthofes bei Kufstein. Grabstätte im Friedhof zu Kufstein.

Nachlaß

Der wissenschaftliche Nachlaß Lists, von der Tochter Lists, Emilie L., 1889 der Stadt Reutlingen zur Obhut übergeben, liegt im List-Archiv zu Reutlingen, das vom Stadtarchiv Reutlingen betreut wird. Vgl. dazu den Abriß der Geschichte des List-Archivs in Band 1 des von *Paul Schwarz* gefertigten Repertoriums des Archivs (1976, S. I–VI).

Werke

Die von der Friedrich-List-Gesellschaft 1927–1935 herausgegebene Ausgabe der Werke (Außentitel), die nach Meinung des Mitherausgebers *Edgar Salin* etwa drei Fünftel der im Reutlinger List-Archiv vorhandenen Stücke gedruckt wiedergibt, ist bis heute die unersetzte und beste Werk-Ausgabe (Nachdruck Scientia Aalen 1971). Über ihre Entwicklung und Ziele berichtet *H. Brügelmann,* Politische Ökonomie in kritischen Jahren. Die Friedrich-List-Gesellschaft e.V. von 1925–1935 (= Veröffentlichungen der List-Gesellschaft e.V. Bd. 1) Tübingen: J. C. B. Mohr 1956, S. 26–67.

Literatur

Die ältere List-Literatur verzeichnen u.a. *M. Höltzel,* L.-Bibliographie. Berlin: Puttkammer & Mühlbrecht 1919, und: F. L., Das nationale System der polit. Ökonomie, 8. Aufl. 1925, S. 358–414. Zu verweisen ist in diesem Zusammenhang auf die »Mitteilungen der List-Gesellschaft«, seit 1977 »List Forum«, redigiert v. *H. Besters,* Seminar für Wirtschafts- und Finanzpolitik der Ruhr-Universität Bochum; die beste Sammlung der laufenden L.-Literatur dürfte wohl die Bibliothek des Instituts für Weltwirtschaft in Kiel besitzen. An jüngster Literatur sei hervorgehoben: *P. Gehring,* F. L. Jugend- und Reifejahre 1789–1825. Tübingen: J. C. B. Mohr 1964 (grundlegend) – Ausstellungskatalog F. L. 1789–1846. Seine Freunde und seine Gegner. Heimatmuseum Reutlingen 4. 7.–2. 8. 1964. – *P. Gehring,* F. L. bei der Neuordnung der Reutlinger Stadtverwaltung (1816–1819), in: Reutlinger Geschichtsblätter N.F. 5 (1967), S. 28–75 – *H. Randak,* F. L. und die wiss. Wirtschaftspolitik (= List Gesellschaft. Sonderreihe 3: Kleine Schriften zur Wirtschaftsgesch. 2) Tübingen: J. C. B. Mohr 1972 – *E. Wendler,* F. L. Leben und Wirken in Dokumenten. Reutlingen: Örtel + Spörer 1976 – *G. Moltmann,* Aufbruch nach Amerika. F. L. und die Auswanderung aus Baden und Württemberg 1816/7. Tübingen: R. Wunderlich 1979.

Wilhelm Zimmermann

Leben

Am 2. Januar 1807 in Stuttgart geboren als Sohn eines Lackierers und früheren Hofküchenbedienten, die Vorväter waren Weingärtner und Kabinettsdiener. Besuch der Volksschule bis zum 11. Lebensjahr. Nach Vorbereitung vermutlich im Stuttgarter Gymnasium mit Strauß und Vischer in der Blaubeurer »Geniepromotion«, die im Herbst 1825 das Tübinger Stift bezog. 1828 dort Karzerstrafe, 1829 Entlassung aus dem Stift »wegen gehäufter Verfehlungen gegen die Gesetze des Stifts«. Erste Dienstprüfung 1829 als Stadtstudent. Vikar in Schweindorf bei Neresheim. Zweite Dienstprüfung und Promotion zum Dr. phil. Freiberufliche literarische Tätigkeit. 1835–40 Bewerbungen um die Pfarreien Gaisburg, Linsenhofen, Stammheim, Grunbach und das Helferamt in Marbach, um die Pfarreien Calmbach, Tamm, Merklingen, Grafenberg. 8. 4. 1840 Bewerbung um die Pfarrei Dettingen, 14. 6. 1840 Ernennung zum Pfarrer in Hülben und Helfer in Dettingen, 1846 Bewerbungen um die Pfarreien Weilheim, Zaberfeld, die 2. Helferstelle in Reutlingen an der Marienkirche und an der Stuttgarter Stiftskirche. 15. September 1847 Ernennung zum Professor für Literatur und Geschichte an der Polytechnischen Schule Stuttgart. 1848 Präsident des Stuttgarter Clubs des »Demokratischen Vereins«, Wahl zum Abgeordneten der Deutschen Nationalversammlung (Paulskirche) im Wahlkreis Hall–Gaildorf–Crailsheim, Gegenkandidat Gottlieb Rau. Nach Scheitern der Revolution neben seiner Professur Landtagsabgeordneter (1851 im Wahlkreis Leutkirch gewählt) und Redner des Volksvereins in verschiedenen württembergischen Städten. Im März 1851 als Professor am Polytechnikum »wegen seines politischen Gebahrens« entlassen. Freiberufliche schriftstellerische Tätigkeit. 1854 Bemühung um den Wiedereintritt in den aktiven Kirchendienst, seit 11. Oktober 1854 Pfarrer in Leonbronn, seit Oktober 1864 in Schnaitheim, seit November 1872 in Owen. Tod am 22. September 1878 während eines Kuraufenthaltes in Bad Mergentheim.

Nachlaß

Manuskripte von Gedichten, Novellen und Novellenteilen, Reden und Vorlesungen, biographische Notizen, Personalia und Briefe von Z. bewahrt das Schiller-Nationalmuseum/Deutsches Literaturarchiv in Marbach auf (40 Mappen, vgl. *E. Müller,* Literar. Nachlaß W. Z's., in: 7. Rechenschaftsbericht des Schwäb. Schillervereins 1902/03, S. 59 f.). Wichtiges biographisches Material findet sich im Universitätsarchiv Tübingen und im Archiv des Tübinger Stifts, im Landeskirchlichen Archiv Stuttgart, Bestand A 27, Nr. 3729, im Staatsarchiv Ludwigsburg,

Bestand E 202, B 833 und 894 (Z. als Professor an der Polytechn. Schule) und im Hauptstaatsarchiv Stuttgart, Bestände E 11, B 183 (Bewerbungen 1832 und 1847) und E 146 (alt), B 1955 (Z.'s Vortragsagitationen 1851/52).

Werke

Eine – auch die im Anschluß an *A. Rapps* Kurzbiographie (s. »Lit.«) gegebene Liste ist korrektur- und ergänzungsbedürftig – vollständigere Bibliographie, der freilich noch eine genauere Erfassung bes. veröffentlichter Aufsätze etc. zu wünschen wäre, wird hier erstmals gegeben: Gedichte. Stuttgart: Munder 1832, ^{2}1839, ^{3}1854, ^{4}1907; engl. Ausgabe: Poems from the German of Wilhelm Zimmermann, with original pieces. By Aletes. London–Bristol 1841 – Masaniello, der Mann des Volkes. Trauerspiel. Stuttgart: Neff 1833 – Amor's und Satyr's (Maja. Bibliothek neuer Originalnovellen). 2. Bde., Stuttgart: Hallberger 1834 – Fürstenliebe, Novelle aus der neueren Geschichte Schwabens. Stuttgart: Balz 1834 – Die Befreiungskämpfe der Deutschen gegen Napoleon. Stuttgart–Leipzig: Rieger 1836, ^{2}1838, ^{3}1859 – Die Geschichte Württembergs, nach seinen Sagen und Thaten dargestellt. 2 Bde., Stuttgart: Imle und Krauß 1836 – Jahrbuch schwäbischer Dichter und Novellisten, hrsg. v. Eduard Mörike und Wilhelm Zimmermann. Stuttgart: Balz 1836 – Prinz Eugen, der edle Ritter, und seine Zeit. Nach den vorzüglichsten Quellen besonders nach des Prinzen hinterlassenen politischen Schriften. Stuttgart: Imle und Liesching 1838 – Die Hohenstauffen, oder der Kampf der Monarchie gegen Pabst und republikanische Freiheit. 2 Bde., Stuttgart: Rieger 1838/39 – Beim Abschied Ihrer Königlichen Hoheit der Prinzessin Sophie von Württemberg. Juni 1839 – Der teutsche Kaisersaal. Vaterländische Gemälde. Stuttgart: Rieger 1841/42, ^{2}1855/56 – Allgemeine Geschichte des großen Bauernkrieges, nach handschriftlichen und gedruckten Quellen. 3 Tle., Stuttgart: Köhler 1841–43, ^{2}1847/48 (»Allgemeine Geschichte des großen Bauernkrieges«), ^{3}1856 (»Geschichte des großen Bauernkriegs«). Weitere Ausgaben u.a. Stuttgart: Dietz 1891 und 1907 (hrsg. v. *Wilhelm Blos*), Graz–Wien: Bergland-Buch 1933, Naunhof-Leipzig: Hendel 1939 – Geschichte der Hohenstaufen für das deutsche Volk. 2 Bde., Stuttgart: Scheibel und Rieger 1843, ^{2}1865 (in einem Band) – Der Glasmaler und die Geldmünzer, eine wahre Geschichte zur Warnung und zur Lehre. Ulm: Heerbrandt und Thämel 1844, ^{2}1904 – Der Roman der Gegenwart und Eugen Sues Geheimnisse, in: Jahrbücher der Gegenwart, 1844, S. 199–220 – Geschichte der prosaischen und poetischen Nationalliteratur (Allgemeine deutsche Volks- und Jugend-Bibliothek, 9. Sect. Bd. 1). Stuttgart: Verlags-Bureau 1846, ^{2}1856 – Geschichte der Poesie aller Völker. Für die Leser aller Stände (Allgemeine deutsche Volks- und Jugend-Bibliothek, 9. Sect. Bd. 2). Stuttgart: Verlags-Bureau 1847, ^{2}1856

– An die in Frankfurt versammelten Volksvertreter [Gedicht, 1848] – Die deutsche Revolution (= J. G. A. Wirth, Die Geschichte der deutschen Staaten von der Auflösung des Reiches bis auf unsere Tage, Bd. 4). Karlsruhe: Kunstverlag 1848, ^{2}1851 – Die englische Revolution. Allen Parteien des deutschen Volkes gewidmet. Darmstadt 1851, ^{2}1854 – Deutsche Geschichten von 1830 bis 1848 (= J. G. A. Wirth, Die Geschichte der deutschen Staaten, Bd. 3). Karlsruhe: Kunstverlag 1853 – Weltgeschichte für gebildete Frauen und Jungfrauen. Stuttgart: Rieger 1854, ^{2}1885 – Stunden der Andacht für unsere Zeit. Stuttgart: Müller und Vöth 1855, ^{2}1863 – Lebensgeschichte der Kirche Jesu Christi. 4 Bde., Stuttgart: Belser 1857–59, ^{2}1869 – Eberhard, Herzog im Bart. Ein deutscher Fürst, wie er sein soll, in: Gartenlaube 1861, S. 469–72 und 487–90 – Geschichte der Jahre 1840–1860. Zugleich eine unentbehrliche Fortsetzung zu allen Auflagen von Carl von Rotteck's allgemeiner Weltgeschichte für alle Stände. Stuttgart: Rieger 1862 – Wahre Erzählungen aus der vaterländischen Geschichte für das deutsche Volk, und insbesondere für die deutsche Jugend. 4 Bde., Stuttgart: Scheitlin 1863 – Thomas Overbury, ein Trauerspiel. Berlin: Janke 1864 – J. G. A. Wirth, Geschichte der Deutschen, 4. Aufl., neu durchgesehen und fortgesetzt für 1806–1815 von Wilhelm Zimmermann. 4 Bde., Stuttgart: Weise 1865 – Das Junkerthum unter der Kaiserfaust, in: Gartenlaube 1865, S. 212–15 – Die Schlacht bei Waterloo, in: Über Land und Meer 14 (1865), S. 595–98 – Auswahl aus den patriotischen Schriften des Freiherrn Friedrich Carl von Moser. Neu hrsg. mit erläuternden Anmerkungen von Dr. Wilhelm Zimmermann. Bd. 1 (mehr nicht erschienen), Stuttgart 1866 – Illustrierte Kriegsgeschichte des Jahres 1866 für das deutsche Volk. Stuttgart: Weise 1867 – Der Tag von Ober-Laudenbach. Ein Beitrag zur Geschichte der Revolutions-Jahre 1848/49. Mannheim: Schneider 1867 – C. v. Rotteck, Allgemeine Weltgeschichte. Bearbeitet und bis zum Juli 1870 fortgesetzt von Wilhelm Zimmermann. Stuttgart: Rieger 1869/70 – Deutsche Kriegs-Zeitung 1871, redigiert von Dr. August Stricker, nebst Kriegsgeschichte von Dr. Wilhelm Zimmermann. Stuttgart: Weise 1871 – Geschichte der Jahre 1860–1871 (aus Rottecks allgemeiner Weltgeschichte). Stuttgart: Rieger 1872 – Deutschlands Heldenkampf 1870/71. Stuttgart: Weise 1872 – Ermordung Rizio's, des Lieblings der Königin Maria Stuart, in: Über Land und Meer 27 (1872) Nr. 1, S. 19 – Illustrierte Geschichte des Deutschen Volkes. 3 Bde., Stuttgart: Weise 1873–77; engl. Ausgabe: A popular history of Germany, from the earliest period to the present day. With over 600 illustrations. Translated by Hugh Craig. New York: H. J. Johnson 1877.

Literatur

L., W. Z., in: Im neuen Reich 8 (1878), S. 579–81 – Der Beobachter Nr. 227 v. 27. Sept. 1878 – K. Schl., Dr. W. Z. als Pfarrer in Leonbronn

1854–1864, Lit. Beil. des Staatsanzeigers 1909, S. 134–8 – *E. Stemmer,* W. Z. Sein Leben u. seine Dichtung. Tüb. Masch. Diss. 1922 – *H. Haußherr,* W. Z. als Geschichtsschreiber des Bauernkriegs, Zs. f. württ. Landesgesch. 10 (1951), S. 166–81 – *A. Rapp,* W. Z., Dr. phil. Pfarrer u. Fachlehrer usw., Schwäb. Lebensbilder 6 (1957), S. 266–285 – *G. Schilfert,* W. Z., in: Die dt. Geschichtswissenschaft v. Beginn des 19. Jh. bis zur Reichseinigung von oben, Berlin 1963, S. 170–184 – *E. Benz,* Die Geschichte einer großen Bewegung usw., in: Beitr. z. Heimatkunde des Bezirks Kirchheim u. Teck. NF 8 (1968), S. 22–29 – *B. Mann,* Die Württemberger u. die dt. Nationalversammlung 1848/49 (= Beiträge z. Gesch. des Parlamentarismus u. der polit. Parteien 57) Düsseldorf: Droste 1975 – *J. H. Voigt,* Geschichte als Lehre für die Mitwelt. Zum 100. Todestag usw., in: Beiträge zur Landeskunde Nr. 5 v. Oktober 1978, S. 6–10 – *O. Borst,* Schule des Schwabenlands. Geschichte der Universität Stuttgart. Stuttgart: Deutsche Verlags-Anstalt 1979.

David Friedrich Strauß

Leben

Geboren am 27. Januar 1808 in Ludwigsburg in einem gebildeten und wohlhabenden Kaufmannshaus. Erster Unterricht in den Schulen der Stadt, Herbst 1821 Aufnahme im »niederen« Seminar zu Blaubeuren, Angehörige seiner Promotion (Jahrgang) Fr. Th. Vischer, Gustav Pfizer, Wilhelm Zimmermann, Christian Märklin u. a.; erster und entscheidender Einfluß des Lehrers Ferd. Chr. Baur. Herbst 1825 Übergang ins Theol. Seminar (»Stift«) zu Tübingen; 1830 erste literarische Arbeit (über Kerners Magnetismus). Herbst 1830 Abschluß des Theologiestudiums durch ein glänzendes Examen. Vikariat, Juli 1831 Übernahme der Vertretung einer Professur in Maulbronn, Oktober 1831 Beginn der Reise nach Berlin. Strauß trifft dort am 3. November ein, hört Hegel, der am 14. November in Berlin plötzlich stirbt. Nach Rückkehr aus Berlin ab Mai 1832 Repetent am Stift. Zieht sich nach drei Semestern von seiner akademischen Tätigkeit zurück und arbeitet am »Leben Jesu«, das er, 1400 Druckseiten, binnen Jahresfrist niederschreibt (Tübingen 1835, 2 Bände). Nach Erscheinen des ersten Bandes wird Strauß seiner Repetentenstelle enthoben und 1835 als Professoratsverweser nach Ludwigsburg versetzt. Herbst 1836 gibt Strauß das Ludwigsburger Schulamt auf und wohnt für 6 Jahre in einem kleinen Gartenhaus in der Innenstadt Stuttgarts. Seit 1836 bemüht sich Kaspar Orelli, ihm in Zürich einen Lehrstuhl für Dogmatik zu verschaffen; im Januar 1839 gelingt es mit Hilfe des Bürgermeisters Hirzel, die Berufung durchzusetzen. Erbitterter Parteikampf deswegen, ein halbes Jahr später stürzt ein bewaffneter Bauernaufstand die Regierung Hirzel deshalb. Während der »Züricher Wirren« stirbt die Mutter im März 1839, zwei Jahre später der Vater. August 1842 Heirat mit Agnes Schebest (ein Sohn und eine Tochter, die zunächst der Mutter, 1851 dann dem Vater übergeben werden). Sept. 1848 wird Strauß in den Landtag gewählt, am 23. Dezember 1848 legt er sein Mandat nieder. Januar 1849 bis Herbst 1851 in München, mit den Kindern in Weimar und Köln, seit Herbst 1854 in Heidelberg für sechs Jahre. 1860 wegen eines Augenleidens einige Monate in Berlin, mit den Kindern wieder nach Heidelberg zurück, 1865 Übersiedlung nach Darmstadt, wo er mit einer Ausnahme – Winter 1867/68 in München – bis zum Herbst 1872 wohnt. In diesem Jahr erscheint »Der alte und der neue Glaube«. Im Herbst Übersiedlung nach Ludwigsburg, wo er am 8. Februar 1874 stirbt.

Nachlaß

Der handschriftliche Nachlaß ging überwiegend an das Schiller-Nationalmuseum Marbach/Deutsches Literaturarchiv (Cotta-Archiv, 16 Kästen, vgl. *O. Güntter,* Mein Lebenswerk, 1948, S. 170). Die Tübinger Universitätsbibliothek verwahrt im Zeller-Nachlaß viele Briefe von S. an E. Zeller, im Baur-Nachlaß solche an F. Chr. Baur.

Werke

Als Gesamtausgabe bis heute unüberholt die von E. Zeller im Verlag des Neffen Emil Strauß in Bonn herausgegebenen »Gesammelten Schriften«: 1 und 2 (1876), 3 (^{4}1877), 4 (^{4}1877), 5 (^{5}1877), 6 (^{9}1877), 7 (^{3}1877), 8 (1878), 9 (1878), 10 (1878), 11 (^{5}1878), 12 (1877). Die beste Bibliographie der zu Lebzeiten von S. und nach seinem Tode veröffentlichten Schriften von ihm gibt *A. Rapp,* (Hrsg.), Briefwechsel zwischen Strauß und Vischer, 2. Bde. (= Veröff. der Dt. Schillergesellschaft 19) Stuttgart: E. Klett 1953, S. 340–346.

Literatur

Eine kurze Auswahl-Übersicht bei *A. Rapp* (s. »Werke«), S. 347, dazu vor allem *R. Krauß,* D. F. S. im Jahre 1848, in: Württ. Vierteljahreshefte f. Landesgesch. 18 (1909), S. 161–172 – *A. Rapp,* D. F. S. in einem bedeutsamen Abschnitt seines Lebens 1835–1842, in: Zs. für württ. Landesgesch. 12 (1953), S. 147–168 u. S. 271–300 – *E. Benz,* D. F. S. zum 100. Todestag, in: Ludwigsburger Geschichtsblätter 26 (1974), S. 51–68.

Friedrich Theodor Vischer

Leben

Geboren am 30. Juni 1807 in Ludwigsburg in einer Familie, die sich in sicherer Reihenfolge bis in den Beginn des Reformationsjahrhunderts (Kirchheim, Weilheim/Teck) zurückverfolgen läßt (Vögte, Räte und Pfarrer); Vater »Oberhelfer« (Dekan) in Ludwigsburg; die Mutter Christiane, Tochter des Regierungsrates Stäudlin in Stuttgart, ist die Schwester des wegen seiner literarischen Fehde mit dem Regimentsmedikus Schiller später vielgenannten Dichters Gotthild Stäudlin; Vischer war auch mit Uhland, dem Epigrammatiker Friedrich Haug u. a. verwandt. Januar 1814: Tod des Vaters, die Mutter übersiedelt mit ihren drei Kindern nach Stuttgart; Wohnung in der Hospitalstraße in Dachstübchen, Vischer im Gymnasium illustre. Oktober 1821 Seminar Blaubeuren (s. Strauß), September 1825 Stift in Tübingen; 1829 entsteht das beste der älteren Schartenmayergedichte (der Gesang vom »Leben und Tod des Joseph Brehm, gewesten Helfers in Reutlingen«), September 1830 exzellentes Examen. Vikar in Horrheim, November 1831 Repetent am Kloster Maulbronn. Im September 1832 beginnt die »Magisterreise« (Göttingen, Berlin, Dresden, Prag). Im Juni 1833 tritt Vischer das Amt eines Repetenten am Stift an und wird am 25. November 1835 zum Privatdozenten für Ästhetik und deutsche Literatur an der Universität Tübingen ernannt. Ostern 1836: Vischers Habilitation (»Über das Erhabene und Komische«, ersch. 1837). Am 13. Februar 1837 wird er a. o. Professor, im Sommer 1839 macht er die erste größere Italienreise. Am 7. Mai 1844 heiratet er Thekla, geb. Heinzel (Sohn Robert V., der u. a. die Werke des Vaters herausgegeben hat). Am 5. September 1844 wird Fischer zum o. Prof. ernannt, hält am 21. November 1844 seine Vorlesung zum Antritt des Ordinariats. Nach längeren Sitzungen und Beschlüssen des Akad. Senats in dieser Sache wird Vischer durch den württ. Kultminister am 14. Februar 1845 eine Warnung ausgesprochen und auf die Dauer von zwei Jahren die Erlaubnis, Vorlesungen an der Universität Tübingen zu halten, entzogen. 1846 erscheinen der erste und zweite Teil der »Aesthetik oder Wissenschaft des Schönen«, im Frühjahr 1848 wird Vischer im Wahlkreis Reutlingen/Urach in die Frankfurter Nationalversammlung gewählt und zieht im Mai 1849 mit dem Rumpfparlament nach Stuttgart. 15. Mai/16. Juni 1855 wird Vischer o. Professor der Aesthetik und deutschen Literatur an der ETH und Universität Zürich, am 13. Mai 1866 Ernennung zum o. Professor für die gleichen Fächer am Polytechnikum Stuttgart und der Universität Tübingen, ab Wintersemester 1868 nur noch in Stuttgart. Im Herbst 1875 fährt Vischer zum 8. Mal nach Italien. 28.–30 Juni 1887 ehren Stuttgart und das Land den Achtzigjährigen. Zwei Monate danach sucht Vischer Erholung in den Bergen, Reise über Miesbach nach

Gmunden am Traunsee. Dort stirbt er am 14. September 1887, umgeben von seinem aus Italien herbeigeeilten Sohne und der Schwiegertochter Helene, geb. Flattich und deren Eltern. 17. September Beisetzung auf dem evangelischen Friedhof in Gmunden.

Nachlaß

Den wissenschaftlich-beruflichen Nachlaß V's (1324 Faszikel in 43 Kästen, vgl. dazu *E. Leipprand,* Der Nachlaß von F. T. V. u. R. Vischer in der UB Tübingen, in: Zentralblatt für Bibliothekswesen 52, 1935, S. 484–496) bewahrt die UB Tübingen auf, das Schiller-Nationalmuseum/Deutsches Literaturarchiv in Marbach das Dichterisch-Persönliche mit den wichtigsten Teilen des Briefwechsels (vgl. *O. Güntter,* Mein Lebenswerk (1948), S. 166).

Werke

Die ausführlichste Bibliographie der Veröffentlichungen V's (auch der posthumen Ausgaben) gibt *A. Rapp* (Hrsg.), Briefwechsel zwischen Strauß und Vischer Bd. 2 (= Veröff. der Dt. Schillergesellschaft 19) Stuttgart: Klett 1953, S. 330–338.

Literatur

Die wichtigste ältere Lit. bei *Rapp* (s. »Werke«), S. 339/40 und *Fr. Schlawe,* F. T. V., Stuttgart: Metzler 1959 (vgl. auch dessen Kurzbiographie in: Lebensbilder aus Schwaben und Franken 7, 1960, S. 252–274). Dazu *B. Emrich,* F. T. V's Auseinandersetzung mit Jean Paul, in: Festgabe E. Behrend zum 75. Geburtstag, Weimar 1959, S. 136–159 – *H. Bausinger,* F. T. V. als Modefeind, in: Schwäb. Heimat 20 (1969), S. 301–305 – *Fr. Martini,* Der Zusammenhang der Künste in F. T. Vischers Ästhetik, in: Bildende Kunst und Literatur, Frankfurt a. M. 1970, S. 179–192 und *ders.* im Nachwort zu der bei Reclam herausgegebenen Edition von F. T. V., Faust. Der Tragödie dritter Teil (1978).

Christoph Friedrich Grieb

Leben

Geboren am 12. November 1810 zu Sindelfingen als Sohn des Bauern Isaak Friedrich Grieb (1788–1836) und der Marie Dorothee (1791–1816), Tochter des Bauern Bartholomäus Klemm aus Sindelfingen. Der Großvater Christoph Friedrich Grieb (1754–1824) war Steuerverwalter und Ratsherr in Sindelfingen, die Großmutter Anna Maria (1756–1822) die Tochter des Webers Isaak Friedrich Schäfer aus Sindelfingen. Welche Schule Grieb besucht auf welchen Hochschulen er studiert hat und wo er zum – auf dem Titelblatt aller seiner späteren Bücher mitgeführten – Dr. phil. promoviert wurde, hat sich bis jetzt nicht ermitteln lassen. Heiratet als Sprachlehrer am 26. Dezember 1837 zu Paris standesamtlich die Margarete (geb. 7. 3. 1816, gestorben in Rottenacker 8. 6. 1884), Tochter des Franz Jakob Gärtner, Schultheiß in Weyher/Baden (kirchl. Trauung später vollzogen). Vier von den insgesamt sieben Kindern aus dieser Ehe sind im Kindbett gestorben, ein Sohn Theodor Friedrich am 23. Februar 1838 in Paris geboren, der 1849 in Stuttgart geborene Sohn Heinrich Ludwig Oskar ist 1869 nach Frankreich ausgewandert. 1838: Grieb in den USA, er bereitet dort die Gründung und den Aufbau einer fourieristischen Kolonie (Phalanstère) in Texas vor. Juni 1839 Rückkehr aus den USA. Beginn der schriftstellerischen und Übersetzertätigkeit, Vorbereitung der Herausgabe eines (hernach in vielen Auflagen erschienenen) Deutsch-Englischen Lexikons. 1841 erstmals in Stuttgarter Adreßbüchern genannt (Charlottenstraße, 1850 Rosenstraße, 1853 bis 1861 Heusteigstraße, 1862 wohnt die Witwe in der Hospitalstraße). 1846 erscheint »Abbruch und Neubau«. 1848 vielfache organisatorisch-schriftstellerische Mitwirkung in Arbeiter-Bildungsvereinen und der Konstituierung von Handwerker- und Arbeiter-Kongressen. 1848 erscheint die »Populäre Gesellschafts-Oekonomie«. Nach 1848 verstärkte Mitarbeit am Magazin für ausländische Literatur, volkspädagogisch orientierte Übersetzertätigkeit, Herausgabe einer unter dem Titel »Die Wunder der elektrischen Telegraphie« erschienenen Zeitanalyse. Gestorben am 22. Oktober 1861 in Stuttgart als Redakteur des Allgemeinen Deutschen Telegraphen.

Werke

1839 Mitarbeit an der von E. Duverger in Paris herausgegebenen Zeitschrift La Phalange – Unterhaltungen aus dem Gebiet der Naturkunde von D. F. Arago, übers. v. C. F. G., Stuttgart: Hoffmann'sche Verlags-Buchhandlung, 4. Th. 1840 – 8. Th. 1854 (zus. 1879 S.) – Englisch-deutsches und deutsch-englisches Wörterbuch. Mit einer tabellarischen Übersicht der von den neueren englischen Orthoepisten verschieden ausgesprochenen Wörter. Stuttgart: Hoffman Bd. 1 (English–German) 1842, Bd. 2 (Deutsch–Englisch) 1847 (11. Auflage Berlin-Schöneberg: Mentor 1904) – 1842–50 Mitarbeit am Magazin für die Lit. des Auslands (1832–1850) – Die Organisazion der Arbeit betreffend, in: Die Neue Zeit, Nr. 17–19, 22/23, 30–34, 36–38 u. 42, Jan.–März 1846 – Assoziazionsplan mit Vertrag für Wolle-Arbeiter, ebda. Nr. 58–60, März

1846 – Einige Vorbemerkungen zu dem folgenden Assoziazionsplan für die Gewerbe der Tuchmacher, Tuchscherer, Walker usw., ebda. Nr. 56 v. 21. 3. 1846 – Abbruch und Neubau oder Jetztzeit und Zukunft von Michael . . . Stuttgart: Verlag der Franckh'schen Buchhandlung 1846 – Populäre Gesellschafts-Oekonomie enthaltend eine gedrängte Darstellung der Geschichte der politischen Oekonomie usw. (= Sonderdruck der Neuen Encyklopädie der Wissenschaften und Künste, V) Stuttgart: Verlag der Franckh'schen Buchhandlung 1848 – Dunkle Thaten der civilisirten Menschheit, mit providentiellen Lichtblicken. Ab dem 4. Theil: . . . der civilisirten Menschheit, oder Bilder aus den Gerichtssälen des In- und Auslandes. Für Leser aller Stände herausgegeben von Dr. C. F. G. Stuttgart: J. Scheible 1850 (zus. 1881 S.) – Die Wunder der elektrischen Telegraphie. Eine gemeinverständliche Geschichte und Beschreibung derselben, nebst Andeutungen über ihre zukünftige Wirkung. Stuttgart: J. Scheible 1850 – Sklavenleben in Amerika oder wunderbare Lebensschicksale eines auf britisches Gebiet entkommenen, ehemaligen Negersklaven Namens John Brown . . . Stuttgart: Chr. Belser 1855 – M. A. Thiers, Geschichte des Consulats und Kaiserreichs. Aus dem Franz. übers. v. Dr. C. F. G. Mannheim: Verlag von J. Bensheimer 1857 (Bd. 16) – 1861 (Bd. 21, zus. 1892 S.) – Das belletristische Museum für deutsche Frauen und Jungfrauen. Eine Sammlung der beliebtesten Romane und Novellen des Auslandes in sorgfältigen Bearbeitungen. Hrsg. v. Dr. C. F. G. Stuttgart: Chr. Belser 1856 (6 Bände).

Literatur

G. Adler, Die Geschichte der ersten Sozialpolitischen Arbeiterbewegung in Deutschland usw., Breslau 1885 – *A. Bebel*, Charles Fourier. Sein Leben und seineTheorien, Stuttgart 1888 – *H.P.G.Quack*, De Socialisten. Personen en stelsels. Bd. III (der 1. Aufl.), Amsterdam 1892 – *O. Warschauer*, Fourier. Seine Theorie und Schule. Leipzig 1893 – *H. Lülmann*, Die Anfänge August Ludwig von Rochaus 1810–1850 (= Heidelberger Abhandlungen 53) Heidelberg 1921 – *J. Kuczynski*, Die Geschichte der Lage der Arbeiter unter dem Kapitalismus, Bd. IX, Berlin 1960 – *H. Maier*, Sindelfinger Familien. Sindelfingen: A. Röhm 1962 – *Fr. Balser*, Sozial-Demokratie 1848/49–1863. Die erste deutsche Arbeiterorganisation ›Allgemeine Arbeiterverbrüderung‹ nach der Revolution (= Industrielle Welt, Bd. 2) Stuttgart: E. Klett 1962, 2 Bde. – *V. Valentin*, Geschichte der deutschen Revolution 1848–1849. 2 Bde. Köln/Berlin: Kiepenheuer & Witsch 1970 (Nachdruck) – *Fr. Kool/W. Krause* (Hrsg.), Die frühen Sozialisten (= dtv Wiss. Reihe 4102/4102) München: Deutscher Taschenbuch-Verlag 1972 – *D. Langewiesche*, Liberalismus und Demokratie in Württemberg zwischen Demokratie und Reichsgründung (= Beitr. zur Gesch. des Parlamentarismus und der polit. Parteien 52) Düsseldorf: Droste 1974 – *B. Mann*, Die Württemberger und die deutsche Nationalversammlung 1848/49 (= Beitr. zur Gesch. des Parlamentarismus und der polit. Parteien 57) Düsseldorf: Droste 1975.

Hermann Kurz

Leben

In Reutlingen geboren am 30. November 1813 als Sohn des Handelsmannes Gottlieb David Kurtz (1783–1826), eines Parteigängers von Friedrich List. 1821 Eintritt in das Reutlinger Lyceum, am 18. Oktober 1827 in das Maulbronner Seminar. 1826 Tod des Vaters, 1830 Tod der Mutter. Von 1831 bis 1835 im Tübinger Stift, Studium der Theologie. Dort am 12. August 1833 Vergiftungsversuch durch Belladonnakörner, Flucht ins Badische, Heimholung durch Gendarmen. Im Juni 1834 wird ihm das Ultimatum verhängt, das am 12. Januar 1835 nach weiteren Verstößen gegen die Hausordnung unterschrieben und am 18. Juni 1835, als zwei weitere scharfe Verweise hinzugekommen waren, zu seiner Entlassung aus dem Stift führt. 9. September 1835: Theologisches Dienstexamen. Im November 1835 bei seinem Onkel, dem Pfarrer Mohr, in Ehningen bei Böblingen, um ihn »beim Predigtamt zu unterstützen«; das Konsistorium kann Kurz nicht als »Vikar« anerkennen, solange er »seine legalen Schulden auf der Universität noch nicht bezahlt« habe. Seit 16. Januar 1836 als freiberuflicher Schriftsteller in Stuttgart, im Herbst 1844 Eintritt in die Redaktion des »Deutschen Familienbuchs zur Belehrung und Unterhaltung« in Karlsruhe. Seit Februar 1848 in Esslingen, seit April 1848 in Stuttgart in der Redaktion des »Beobachters«, dort ab Juni 1849 stellvertretender Chefredakteur, seit Januar 1851 Schriftleiter und verantwortlicher Herausgeber bis Ende 1854, danach wieder freier Schriftsteller. 20. November 1851 in der Dorfkirche von Oberesslingen Trauung des bald Vierzigjährigen mit der fünfundzwanzigjährigen, alleinstehenden, deutsch-katholischen Eva-Maria v. Brunnow (geb. 6. August 1826 in Oberesslingen, gest. 26. Juli 1911 in Florenz). Am 25. September 1850 und am 4. Oktober 1853 vor dem Schwurgericht des Neckarkreises, das erstemal »wegen Ehrenkränkung vermittelst der Presse« mit einer Geldstrafe von 30 fl und acht (hernach verkürzt auf drei Wochen) Festungsarrest auf dem Hohen Asperg verurteilt. 1858 Übersiedlung der Familie von Stuttgart nach Oberesslingen, 30. Juli 1862 Übersiedlung nach Kirchheim unter Teck. 24. Oktober 1863 Bewerbung um die Stelle eines 2. Unterbibliothekars an der Universitätsbibliothek Tübingen, Antritt dieser Stelle am 1. Dezember 1863, Übersiedlung der Familie nach Tübingen. 1865 verleiht die Philosophische Fakultät der Universität Rostock Kurz den Doktorgrad honoris causa. 10. Oktober 1873: Tod in Tübingen durch Herzschlag, Beerdigung »ohne geistlichen Beistand«.

Nachlaß

Die Hauptmasse (4 Kästen) der Kurzschen Originalmanuskripte (auch Zweitschriften und Abschriften von seiner und anderer Hand), der Briefe von ihm und an ihn, der Entwürfe, Exzerpte, Notizen und Einzelblätter liegt heute im Schiller-Nationalmuseum Marbach und in der Württ. Landesbibliothek Stuttgart. Hier ist die Sammlung der dichterischen Prosaschriften, dort die der Briefe gewichtiger. Briefe und Gedichtmanuskripte finden sich außerdem in der Universitätsbibliothek Tübingen, wo auch die Personalakten aus seiner Tübinger Zeit liegen; Briefe, Gedichtmanuskripte und das Mskr. einer Übersetzung im Stadtarchiv Stuttgart, Briefe in der Cotta'schen Handschriftensammlung des Schiller-Nationalmuseums Marbach, und die Fotokopien und Originale im Heimatmuseum Reutlingen. Handschriftliches außerdem, besonders Examens- und Personalakten, im Landeskirchl. Archiv Stuttgart, sehr aufschlußreiche Promotions- und Repetentenakten im Archiv des Ev.-theol. Stifts zu Tübingen, dazuhin Promotionsakten des Ev.-theol. Seminars Maulbronn.

Werke

Eine erste ausführliche Biographie, wie jeder derartige Versuch »auf absolute Vollständigkeit« verzichtend, gab *E. Sulger-Gebing,* H. K. (1904), S. 53/83. Abgesehen von den seit 1904 erschienenen H.-K.-Ausgaben, in selbständiger Form oder in Anthologien (neuerdings in solchen von E. Volkmann, O. Heuschele, E. Staiger und Fr. Rahn), sind bei Sulger-Gebing vor allem Kurz' Publikationen in Zeitungen und Zeitschriften unberücksichtigt geblieben (bes. Beobachter, Morgenblatt, Augsburger AZ, Spiegel, Kunst- und Unterhaltungsblatt, Dt. Vierteljahresschrift, Salon, Stuttgarter Lit. Wochenblatt, Krit. Blätter d. Frankfurter Museums, Freya, Neues Schweiz. Museum). Von den kleineren poetischen Stücken, die seither veröffentlicht worden sind, wären vor allem zu nennen: »Der Blättler«, »Die Reise ans Meer« und »Epilog zu der ›Reise ans Meer‹«, bei *J. Baechthold* im Anhang (S. 127ff.) zu seiner Briefausgabe (1885) abgedruckt. Eine »Nachlese aus den Gedichten der Maulbronner Zeit« bringt *I. Kurz,* H. K. (1906), S. 42/46 (s. a. »Der Bedrängte«, ebda., S. 62, ebenso S. 64, wo zwei Gedichte v. 1837, S. 219/20, wo zwei Sonette aus der Liebenzeller Zeit abgedruckt sind). Eine Kleinigkeit, das in »barfüßigen Hexametern« geschriebene, humorig-satirische »Gespräch auf dem Kirchhof zu Clever-Sulzbach«, das 1837 an Mörike gesandt und von diesem mit Beifall aufgenommen wurde, hat *O. Güntter* im 17. Rechensch.-Ber. Schwäb. Schillerverein (1913), S. 103–112, veröffentlicht. Die für den frühen Dichter wohl wichtigste Veröffentlichung, eine in den Nummern 27 bis 55 des Morgenblatts von 1837 anonym erschienene

Novelle »Lisardo« hat *H. Kindermann* als Roman 1919 neu herausgegeben. Eine m. E. mustergültige, alle Möglichkeiten ausschöpfende »Bibliographie Hermann Kurz« bietet jetzt *W. Allweiss* im Anhang (S. 769–809) zur Sonnenwirt-Ausgabe des J. Schweier Verlags (s. u.).
Vor der von *Paul Heyse* veranstalteten Ausgabe der Gesammelten Werke von H. K. (Stuttgart: Kröner 1874, 10 Bde.) muß die dreiteilige Ausgabe *Hermann Fischers* genannt werden (Sämtl. Werke in 12 Bänden. Hrsg. u. mit einer Einl. versehen, Leipzig: Max Hesse, o. J. [1904], in der man das zu Kurz' Lebzeiten gedruckte dichterische Werk – aber nur dieses – im wesentlichen zusammengetragen findet. Nachdrucke und Neuauflagen einzelner Novellen und der beiden Romane sind seit der Jahrhundertwende unter verschiedenen Titeln (und auch in sehr verschiedener Qualität, hervorzuheben die Drucke der Verlage Enßlin & Laiblin, Reutlingen, und Rainer Wunderlich/Leins, Tübingen) immer wieder erschienen.
Eine den Forschungsergebnissen des letzten halben Jahrhunderts entsprechende, kritische Ausgabe der Werke des Dichters H. K., die zugleich seinen Leistungen als Übersetzer, Literaturhistoriker und politischem Schriftsteller Rechnung zu tragen hätte, fehlt heute. Eine gute, kommentierte Ausgabe der ›Heimatjahre‹ unter dem Titel ›Die Wanderungen des Heinrich Roller‹ verdanken wir *G. Scherg* (Reutlingen: Enßlin & Laiblin, 1949), eine solche des ›Sonnenwirts‹ *J. G. Boeckh* (Ost-Berlin: Rütten & Loening, 1956) und *P. Härtling* (Kirchheim/T.: Schweier 1980).

Literatur

Eine Auswahl der wichtigsten Veröffentlichungen über H. K. – eine umfassende, auf der Höhe der Forschung stehende monographische Würdigung seines Lebens und Werkes fehlt bis heute – gibt *O. Borst,* H. K., Dichter und Übersetzer, Literarhistoriker und politischer Schriftsteller, in: Lebensbilder aus Schwaben und Franken 8 (1962), S. 254. Dazu: *J. G. Boeckh,* H. K. als Grimmelshausenforscher, Zeitschr. f. dt. Lit.-Gesch. II (1961), S. 332–348 – *P. Schwarz,* H. K. im Spiegel der Briefe seiner Mutter, in: Reutlinger Geschichtsblätter N. F. 2 (1965), S. 70–73 – *W. Allweiss,* H. K. und Tübingen, in: Attempto 49/50 (1974), S. 3–13 – *H. Eggert,* H. K., Der Sonnenwirt (1855). Fiktion und Dokument – Formkrise des historischen Romans im 19. Jh., in: H. Denkler (Hrsg.), Romane u. Erzählungen des Bürgerlichen Realismus. Neue Interpretationen. Stuttgart: Reclam 1980, S. 124–137. – Zu A. Mülbergers politisch-sozialistischer Lebensarbeit vgl. *H. Elsas* in: Württ. Medic. Correspondenz-Blatt 79 (1909), S. 75–78 (mit Auswahl-Bibliographie der Veröff.), für den Streit mit Bebel »Die Zukunft«, Heft 8 und 12/1. Jg. 1877–78. – Den immer noch besten Überblick über Leben und Werk v. A. Dulk gibt *E. Ziel* im 1. Bd. von A. D's Sämmtl. Werken (1863).

Gottlieb Rau

Leben

Geboren am 15. Januar 1816 in Dürrwangen (heute Stadtteil von Balingen) als Sohn eines Bauern; neun Geschwister. Volksschulbesuch in Balingen. Kaufmannslehre bei Wolber in Balingen, Kreß in Heilbronn und Aichelin in Stuttgart. Handlungsreisender für ein Stuttgarter Haus. Heiratet 1839 die Witwe des Glasfabrikanten Wenzel in Großerlach; Eintritt in das Geschäft. Bald darauf sterben die Frau »an unverschuldeter Vergiftung« und auch das einzige Kind aus dieser Ehe: Rau im Besitz von 16000 fl Barvermögen. Januar 1843 gründet er zusammen mit einem, später einem weiteren Associé eine Glasfabrik in Gaildorf. Austritt des einen, schließlich des anderen Teilhabers, Staatseingaben, Rückgang des Unternehmens. Dennoch ist Rau noch 1847 mit 350 fl der einzige größere Steuerzahler im Oberamt Gaildorf. »Erleuchtung« im Jahre 1846, beginnende politisch-publizistische Tätigkeit, Wahl zum Vorsitzenden des Gaildorfer Gewerbevereins, Bewerbung um ein Landtagsmandat. Unterliegt als Kandidat im Wahlkreis Hall–Gaildorf–Crailsheim in der Wahl zur Nationalversammlung Wilhelm Zimmermann. 18. Mai 1848 erscheint die erste Nummer »Die Sonne«, Herausgeber Gottlieb Rau. 14.–17. Juni 1848 wird er auf dem Demokratenkongreß zu Frankfurt in den fünfköpfigen »Parteivorstand« gewählt. Nach der am 24. September 1848 in Rottweil von ihm verfaßten und von der Menge angenommenen »Proklamation« mit – strittiger – Erklärung der Republik und dem Mißlingen des anschließenden Zuges nach Cannstatt stellt sich Rau den württ. Gerichten und wird zu – schwerer – Untersuchungshaft auf den Hohen Asperg abgeführt. Anklage gegen ihn, Veranstaltungen getroffen zu haben, »die gewaltsame Abänderung der Verfassung des Königreichs zu bewirken«. Am 20. Januar 1851 wird vor dem Rottweiler Schwurgericht der Rau'sche Hochverratsprozeß eröffnet, der größte politische Prozeß in Württemberg seit Bestehen der Schwurgerichte. 31. März 1851: Rau wird »wegen complottmäßig versuchten Hochverrats« zu einer »auf der Festung zu erstehenden Zuchthausstrafe von 13 Jahren« verurteilt. Im Februar und Sommer 1851: ein tatsächlicher und ein angeblich aufgedeckter Versuch zur Befreiung Raus auf der Festung Hohenasperg. Rau wird nach drei Jahren Absitzen der Strafe zur Auswanderung nach Amerika begnadigt. Er eröffnet in New York eine Gastwirtschaft. Dort stirbt er am 2. Oktober 1854.

Nachlaß

Ein schriftlicher Nachlaß R's wird nirgends aufbewahrt. Die wichtigste archivalische Quelle für sein Leben bilden die umfangreichen 29 Büschel des Bestandes E 332 im Staatsarchiv Ludwigsburg, »Hochverrat Fall Rau«.

Werke

R. hat in den Jahren 1847 und 1848 namentlich im »Beobachter«, aber auch im Schwäbischen Merkur/Schwäbische Kronik Artikel vor allem zur Gewerbesituation veröffentlicht; einige von ihnen verzeichnet *E. Sieber* (s. unter »Lit.«) – Der Zustand des Landes, wie er war, wie er ist und wie er seyn sollte. Stuttgart: J. Wachendorf 1847 – Was wollen die Demokraten Deutschlands? in: Die Sonne Nr. 72 v. 16. 8. 48; Nr. 73 v. 17. 8. u. Nr. 74 v. 18. 8. 48 – Die sociale Frage, ebda., Nr. 171 v. 12. 12. 48; Nr. 172 v. 13. 12.; Nr. 177 v. 19. 12.; 178 v. 20, 12.; 179 v. 21. 12. u. Nr. 180 v. 22. 12. 1848.

Literatur

Anklageakte im Rau'schen Prozeß, in: Staats-Anzeiger für Württemberg 1851, S. 81–82, 90, 97–98, 106, 114–15, 121–123, 129–131 – Rottweiler Schwurgerichts-Blatt. Berichte über den Prozeß gegen Rau und Genossen. Rottweil: W. Willmann 1851 – *P. Müller,* Württemberg und die badischen Erhebungen 1848–1849 (Masch.schr.) Diss. Tübingen 1952 – *E. Dietz,* G. R., ein Freiheitskämpfer von 1848, in: Der Haalquell (Haller Tagblatt) 12 (1960), S. 51 f., 55 f., 59 f. – *Fr. Balser,* Sozial-Demokratie 1848/49–1863. Die erste dt. Arbeiterorganisation ›Allgemeine Arbeiterverbrüderung‹ nach der Revolution (= Industrielle Welt 1, 2 Bde.) Stuttgart: Klett 1962 – *W. Boldt,* Die württ. Volksvereine von 1848 bis 1852 (= Veröff. der Kommission f. geschichtl. Landeskunde in B-W., Reihe B, Bd. 59) Stuttgart: W. Kohlhammer 1970. – *V. Valentin,* Gesch. d. dt. Revolution von 1848–1849 (Neudruck, Studien-Bibliothek) Köln/Berlin: Kiepenheuer & Witsch, 2 Bde. 1970 – *G. Taddey,* Zur Biographie des Märzministers Römer, in: Zeitschr. f. württ. Landesgesch. 31 (1972), S. 361–366 – *G. Becker,* Das Protokoll des ersten Demokratenkongresses vom Juni 1848, in: Jahrbuch f. Gesch. 8 (1973), S. 390 ff. – *D. Langewiesche,* Liberalismus und Demokratie in Württemberg zwischen Revolution und Reichsgründung (= Beiträge z. Gesch. des Parlamentarismus und der politischen Parteien 52) Düsseldorf: Droste 1974 – *B. Mann,* Die Württemberger und die dt. Nationalversammlung 1848/49 (= Beiträge z. Gesch. des Parlamentarismus und der polit. Parteien 57) Düsseldorf: Droste 1975 – *E. Sieber,* G. R. und »Die Sonne«, die erste republikanische Zeitung Württembergs, in: Zeitschr. f. württ. Landesgeschichte 23 (1974, ersch. 1976), S. 183–235 – *E. Sieber,* Stadt u. Universität Tübingen i. d. Revolution von 1848/49 (= Veröff. des Stadtarchivs

Tübingen 6) Tübingen: H. Laupp 1975 – *H. Brandstätter*, Asperg. Ein dt. Gefängnis (= Wagenbachs Taschenbücherei 45) Berlin: Wagenbach 1978 – *P. Sauer*, G. R. und die revolutionäre Erhebung in Württ. im Sept. 1848, in: Württ. Franken 1978, S. 93–143 – *W. Kaschuba/C. Lipp*, 1848 – Provinz u. Revolution. Kultureller Wandel und soziale Bewegung im Königreich Württ. (= Untersuchungen des L.-Uhland-Instituts der Univ. Tübingen 49) 1979.

Georg Herwegh

Leben

Geboren am 31. Mai 1817 in Stuttgart als Sohn des damaligen Mundkochs beim engl. Gesandten und späteren Speisewirts im Stuttgarter Bohnenviertel Ernst Ludwig Herwegh (gest. 1865) und der Katharina geb. Märklin aus Balingen (gest. 1855). Vom Stuttgarter Gymnasium illustre bringt die Mutter den Jungen zur Balinger Verwandtschaft, wo er von einem Balinger Präzeptor auf das Landexamen vorbereitet wird, das er 1831 auf dem 24. Platz besteht. 25. Oktober 1831 wird Herwegh ins Seminar Maulbronn aufgenommen und tritt im Oktober 1835 ins Tübinger Stift ein. 29. Oktober 1835 immatrikuliert er sich an der Theol. Fakultät der Universität Tübingen. Am 5. August 1836 teilt die Leitung des Tübinger Stifts mit, daß Herwegh wegen Trunkenheit, Lärmens und »beleidigenden Benehmens gegen zwei Repetenten« aus der Anstalt entlassen worden sei. Im WS 1836/37 Studium der Jurisprudenz in Tübingen, Mitarbeit an A. Lewalds Zeitschrift »Europa« in Stuttgart. Am 8. März 1838 wird Herwegh als Wehrpflichtiger dem 8. Infanterieregiment in Stuttgart zugeteilt; seinem Gesuch um Beurlaubung wird vom König stattgegeben, aber erst nach Absitzen eines Strafarrests am 24. April 1838 wirksam, Herwegh ist beurlaubt. Nach einer voraufgehenden Zurechtweisung Zusammenstoß mit einem Offizier auf dem Maskenball vom 22. Juni 1839. Am 3. Juli 1839 wird Herwegh zum zweitenmal einberufen, diesmal nach Ulm; er entzieht sich dieser Einberufung durch die Flucht nach Emmishofen in der Schweiz. Vom 20. Juli 1839 an als Deserteur steckbrieflich gesucht. Mitarbeit an der von J. G. A. Wirth herausgegebenen Zeitschrift »Deutsche Volkshalle«; im April 1840 Übersiedlung nach Zürich; dort erscheinen 1841 die »Gedichte eines Lebendigen«; Reise nach Paris, Bekanntschaft u. a. mit Heine. Ende September 1842/Januar 1843 »Triumphfahrt« durch Deutschland, Audienz beim preuß. König Friedrich Wilhelm IV., Verlobung mit der Seidenhändlerstochter Emma Siegmund in Berlin (13. November). Am 5. März 1843 kauft sich Herwegh in das Bürgerrecht der Gemeinde Augst ein; 10. April 1843 wird er Bürger des Kantons Baselland. Am 19.

Februar 1843, nach der vierten Bittschrift, wird Herwegh vom württ. König Wilhelm I. begnadigt (Freispruch vom Verbrechen der Desertion, Vorbehalt jedoch gegen Gestattung der Rückkehr in das Vaterland). 1848 organisiert Herwegh die »Deutsche demokratische Legion«; seine (zusammengeschmolzene) Legion wird bei Niederdossenbach von württ. Truppen geschlagen, Flucht in die Schweiz, Rückkehr nach Paris. 1849–51 in Genf, Bekanntschaft mit A. Herzen; 1851–60 in Zürich, Umgang vor allem mit Richard Wagner; 1861/62 Kuraufenthalt in Karlsbad. 1863 Eintritt in den »Allgemeinen Deutschen Arbeiterverein«, 1865 Austritt. 1866 Übersiedlung nach Baden-Baden. Am 7. April 1875 stirbt Herwegh in Baden-Baden an einer Lungenentzündung; seine Frau läßt ihn, nach seinem früheren Wunsch, in der Schweiz in Liestal begraben.

Nachlaß

Elf Mappen Manuskripte (Gedichte, Briefe u.a.) verwahrt das Schiller-Nationalmuseum/Deutsches Literaturarchiv in Marbach. Die größere, rund 4000 Stücke umfassende Masse (Gedichtmanuskripte, Entwürfe, Fragmente, auch der Prosaarbeiten und Übersetzungen) bildet das Herwegh-Archiv im Dichtermuseum Liestal (darüber *A. Liede* in Scripta manent. Mitteilungsblatt der schweiz. Autographensammler-Gesellschaft 5/6 (1960/61), S. 3–93).

Werke

Die umfassendste Ausgabe ist die in 3 Teilen in 1 Band von *Hermann Tardel* besorgte und mit Anmerkungen versehene Edition »H's Werke«. Berlin/Leipzig/Wien/Stuttgart: Bong [1909]. Ihr hat *Fr. Hirth* das Prädikat »mustergültig« erteilt (Jahresberichte für neuere deutsche Literaturgeschichte 24 (1913), S. 599), wie man längst weiß, zu Unrecht. Eine neuere Ausgabe in einem Band hat *H.-G. Werner* 1967 für den Aufbau-Verlag Weimar zusammengestellt. Unerläßlich ist das eigenwillige, aber für eine historisch-kritische Bewertung des H'schen Werkes wichtige Werk *B. Kaisers,* Der Freiheit eine Gasse. Aus dem Leben und Werk G. H's. Berlin: Verlag Volk und Welt 1948, was speziell die Prosaschriften angeht, das vorbildlich kommentierte, unter Leitung von *B. Kaiser* von *I. Pepperle/J. Rosenberg* u. *A. Ziegengeist* bearbeitete Buch G. H. Frühe Publizistik 1837–1841. Hrsg. im Auftrag der Dt. Akad. d. Wiss. zu Berlin. Glashütten im Taunus: Verlag D. Auvermann 1971.

Literatur

Eine gute Zusammenfassung von H.-Literatur bis 1945 bringt *B. Kaiser* (s. »Werke«), S. 401–403, der Literatur bis 1975 *P. Hasubek* in der von ihm herausgegebenen Auswahl H's Gedichte und Prosa, Stuttgart: Reclam 1975 (= Reclams Univers.-Bibl. 5341), S. 129–130. Dazu *Th. Heuss,* G. H., in: Der Schwabenspiegel 10 (1917), S. 137f. – *L. Schliep,* G. H's Ende, in: Münchener medizinische Wochenschrift 66 (1919), S. 1233f. – *R. Krauß,* G. H. in seinen schwäbischen Beziehungen, in: Bes. Beil. des Staats-Anzeigers 1925, S. 62–67 – *E. Hesselmeyer,* Neues zur Biographie v. Schelling, H. u. Karl Weizsäcker, ebd. 1932, S. 144–151 – *K. Mommsen* (Hrsg.), G. H. Literatur und Politik (= sammlung insel 37) Frankfurt: Insel 1969 – *G. Taddey*, G. H. und Württemberg. Ideologisches Wunschbild und Wirklichkeit, in: Zeitschrift für württ. Landesgeschichte 29 (1970), S. 189–212 – *Fr. Böttger,* Frauen im Aufbruch. Frauenbriefe aus dem Vormärz und der Revolution von 1848. Darmstadt und Neuwied: Luchterhand 1979. – Von grundsätzlicher Bedeutung auch für den Forschungsstand die H.-Ausgaben und die Literatur über H. die Diss. von *J.-C. v. Forster,* Phantasie, Phrasen und Fanatismus im Vormärz. Eine historische Untersuchung von Leben und Werk der Dichter F. Freiligrath und G. H. im Spiegel der Literatur. Nürnberg 1978.

Christian Gottlieb Abt

Leben

Geboren am 17. August 1820 in Dobel/Schwarzwald als Sohn des in Esslingen geborenen Pfarrers Erhard Friedrich Gottlieb Abt und der Catharina Magdalena, Tochter des Sonnenwirts Georg Friedr. Zeltmann in Dobel. Dreijähriger Besuch der Calwer Schule, Hospitant am Seminar zu Maulbronn, Schüler des Stuttgarter Gymnasium illustre. 5. November 1838 Immatrikulation als stud. theol. an der Universität Tübingen. 17. Juni 1839 Consilium abeundi bis Ostern 1840. 4. November 1841 erneute Relegation bis Herbst 1842, der Termin wird verlängert. Am 26. Januar 1843 bittet Abt um Zulassung zur Ersten theol. Dienstprüfung; wegen ungünstiger Nachrichten aus Tübingen und weil ein Verfahren gegen ihn wegen Majestätsbeleidigung läuft, wird das Gesuch abgelehnt. Am 13. Juni 1845 Immatrikulation als stud. jur. an der Universität Heidelberg. Am 9. März 1846 erhält Abt wegen Beteiligung an Wahlen und politischen Demonstrationen dort das Consilium abeundi. Journalistische Mitarbeit an der Mannheimer Zeitung. 1848 zeitweise Chefredakteur der Heidelberger Tageszeitung »Die Republik« (ersch. v. 1. 4. 1848 bis wahrscheinl. 21. 6. 1849). Abt entzieht sich einem gegen ihn eingeleiteten Hochverratsprozeß durch die Flucht in die Schweiz. 16. Februar 1851: Meldung als Abt, »bekannt unter dem Namen Scherer oder Malvide Meyer«, in Genf, 1. April 1852 von dort nach Aix-les-Bains abgereist. Gesuch um straflose Rückkehr in die Heimat, dem entsprochen wird. Anschluß an die württembergisch-badischen Ultramontanen; Abt ist als Redakteur eines Blattes dieser politischen Richtung ausersehen. Von 1856–1861 in Stuttgart. 1. Februar 1861 übernimmt er für 3 Wochen die Redaktion der »Mittelrheinischen Zeitung« in Wiesbaden. Im Herbst 1861 Reise nach Wien, dort in der Redaktion des »Botschafter« bis Herbst 1862. Am 1. November 1862, definitiv ab 1. Januar 1863 verantwortlicher Redakteur der (großdeutschen) Neuen Wiesbadener Zeitung bis 10. Dezember 1863. Wegen Androhung einer zweijährigen Korrektionshausstrafe Flucht am 9. Dezember 1863 nach Kastel bei Mainz, von dort nach Stuttgart. Im Frühsommer 1864 in St. Gallen, anschließend in Leipzig. 1. Oktober 1865 erscheint die 1. Nummer der von Abt geleiteten Zeitung »Die Kritik«, »Mit der empfindsamen Beilage ›Der finstere Orkus‹«, im Juni 1868 muß er den Druckort der »Kritik« u. seinen Wohnort nach Stuttgart verlegen. Mehrfache Verurteilungen durch höchste württ. Gerichte 1868–1870, teilweise Festungsstrafen auf dem Hohen Asperg. 14. April 1871 Entlassung dort. 1874/75 wohnhaft in Neu-Isenburg. 10. Juli 1877 Tod in Speyer, begraben auf dem (nicht mehr vorhandenen) Alten Friedhof zu Speyer.

Nachlaß

Ein literarischer Nachlaß A's hat sich nicht erhalten. Archivalisches Material zu seinem Lebensgang, für diese Biographie erstmals benützt und im folgenden chronologisch aufgeführt, finden sich in den Archiven: Landeskirchl. Archiv Stuttgart (A 27, Nr. 9) – Universitätsarchiv Tübingen (47/25-6, 44/9b, 117 B/25, 122/3, 40/1 Nr. 50 u. ö.) – Universitätsarchiv Heidelberg VIII, 1, Nr. 67 – Generallandesarchiv Karlsruhe – Archives d'Etat République et Canton de Genève – Hessisches Hauptstaatsarchiv Wiesbaden, Abt. 210 u. Abt. 402 – Staatsarchiv Ludwigsburg, E 322, B1–4 – Hessisches Staatsarchiv Darmstadt, Rep. der Strafakten – Stadtarchiv Neu-Isenburg – Stadtarchiv Speyer.

Werke

Ohne die Zeitungen, die A. redigiert oder an denen er mitgearbeitet hat (s. »Leben«) und nur mit den wichtigsten in anderen Zeitschriften erschienenen, von A. gezeichneten Artikeln: [H. Scherer], Würtemberg, als const. Staat usw., in: Staats-Lexikon oder Encyklopädie der Staatswissenschaften usw., hrsg. v. C. v. Rotteck/C. Welcker 15 (1843), S. 784–810 – Deutsche Zeitung ohne Censur. Mannheim: Hoff 1846 – Die Schweiz und das Ausland. Herisau 1847 – Die Schweiz, ihre Gegenwart und Zukunft. Eine Denkschrift zur richtigen Beurtheilung ihrer politischen Entwicklung seit dem Jahre 1831 bis zur gewaltsamen Auflösung des Sonderbundes. Von Abt. Frankfurt a. M.: Lit. Anstalt (J. Rüttner), 1848 – Die demokratische Partei als Anwalt der Menschheitsinteressen, in: Staats-Lexikon (s. o.) 10 (1848), S. 493–96 – Leopold von Baden wider Gustav von Struve. Oder: Wie müssen politische Prozesse beurtheilt werden? Ein Handbüchlein für deutsche Geschworene von A. Armstadt: Im Verlag des Verfassers 1849 – Die Revolution in Baden und die Demokraten. Vom revolutionären Standpunkt aus beleuchtet von A. Herisau: M. Schläpfer 1849 – Die rationelle Staatseinrichtung im Gegensatz zur rationalistischen, mit besonderer Beziehung auf die politischen Bedürfnisse Deutschlands und die gegenwärtige Weltlage, in: Stimmen der Zeit 1859, II, S. 233–287 – Carl Vogt und Carl Marx oder die Bürstenheimer, in: Stimmen der Zeit 1861, Beil. zu Nr. 39 – Der enthüllte Trabert. Von A. Mainz: C. Hellermann 1861 – Die Principien des modernen Liberalismus in den Händen der Advocaten. Ein Kleinstaatsbild aus Nassau von A. Frankfurt: Selbstverlag des Verfassers, Druck v. J. A. Fleisch 1865 – A. auf Braun. Aus dem »finstern Orkus«, Beil. der »Kritik«, abgedruckt Frankfurt: Wörner & Hirsch 1866.

Literatur

O. v. Breitschwerdt, Aus stiller Klause. Lebenserinnerungen u. Gedichte 1889 – *R. Krauß,* Schwäb. Litteraturgeschichte, Bd. 2, Freiburg/Lpzg./Tübingen: J. C. B. Mohr 1899 – *G. Zedler,* Die polit. Presse im Herzogtum Nassau, in: Rhein. Kurier Nr. 820 v. 23. 11. 1903 u. Nr. 850 v. 5. 12. 1903 – *H. Toelle,* Das Herzogtum Nassau und die deutsche Frage 1852–1857, in: Nassauische Annalen 43 (1914/5), S. 1–104 – *A. Trabert,* Historisch-literarische Erinnerungen. Kempten–München: Kösel 1912 – *E. Grandpierre,* Karl Braun. Ein nassauischer Mitarbeiter am Bau der deutschen Einheit. Idstein 1923 – *K. Wicke,* Die hessische Renitenz, ihre Geschichte und ihr Sinn. Kassel 1930 – *W. Näf,* Nach der deutschen Revolution von 1848/49. Briefe von L. Pfau und C. Vogt aus dem Exil, in: Zschr. für schweiz. Geschichte XII, 2, 1932 – *H. Rosenberg* (Hrsg.), Die nationalpolitische Publizistik Deutschlands vom Eintritt der neuen Ära in Preußen bis zum Ausbruch des deutschen Krieges. Eine kritische Bibliographie. München/Berlin 1935 (Bd. 1, S. 74f.) – *W. Näf* (Hrsg.), Deutschland und die Schweiz in ihren kulturellen und politischen Beziehungen während der ersten Hälfte des 19. Jh. Fünf Untersuchungen (= Berner Untersuchungen zur Allg. Geschichte, H. 9) Bern: Herbert Lang 1936 – *J. Ragaz,* Die Arbeiterbewegung in der Westschweiz. Diss. Aarau 1938 – Goedekes Grundriß z. Gesch. der dt. Dichtung NF 1940, S. 117f. (^{2}1962, S. 129f.) – NDB 1 (1953), S. 26 (E. Dovifat) – *H. Derwein,* Heidelberg im Vormärz und in der Revolution 1848/49 (= Neue Heidelberger Jahrbücher NF 1955/56) Heidelberg 1958 – *R. Stöckl,* Adam Trabert und die demokratisch-republikanischen Bestrebungen in Kurhessen 1848–1864. Masch.schr. Diss. Marburg 1958 – *W. Real,* Der Deutsche Reformverein. Großdeutsche Stimmen und Kräfte zwischen Villafranca und Königgrätz (= Hist. Studien 395) Lübeck/Hamburg 1966 – *W.-H. Struck,* Das Streben nach bürgerl. Freiheit und nationaler Einheit in der Sicht des Herzogtums Nassau, in: Nassauische Annalen 77 (1966), S. 142–216 – *K. Lenk/Fr. Neumann* (Hrsg.), Theorie und Soziologie der polit. Parteien (= Politica 26) Luchterhand 1968 – *Fr. Kool/W. Krause* (Hrsg.), Die frühen Sozialisten 2 Bde. (= dtv Wiss. Reihe 4102/3) München 1972 – *H. M. Enzensberger* u. a. (Hrsg.), Klassenbuch 1. Ein Lesebuch zu den Klassenkämpfen in Deutschland 1756–1850. Luchterhand 1972 – *N. M. Hope,* The Alternative to German Unification. The Anti-Prussian Party Frankfurt, Nassau, and the two Hessen 1859–1867 (= Veröff. des Inst. f. europ. Gesch. 65) Wiesbaden: Franz Steiner 1973 – *W. Bröker,* Politische Motive naturwiss. Argumentation gegen Religion u. Kirche im 19. Jh. Dargestellt am »Materialisten« Karl Vogt (1817–1895) (= Münsterische Beiträge zur Theologie 35) Münster: Aschendorff 1973 – *H. Brandstätter,* Asperg. Ein deutsches Gefängnis. Berlin: K. Wagenbach 1978 – *H. Ziegler,* Ein schwäb. Michael Kohlhaas, in: Amtsblatt der Stadt Stuttgart Nr. 22 v. 29. Mai 1980, S. 12.

Julius Motteler

Leben

Sohn des in Gärtringen bei Böblingen 1785 geborenen Wegmeisters Jacob Friedrich Motteler, der 1815 um Aufnahme ins Esslinger Bürgerrecht nachkam, nach seiner ersten Heirat Gastgeber zum Löwen wurde und 1825 in zweiter Ehe die Katharina Strecker heiratete. Das dritte von den vier am Leben gebliebenen Kindern dieser Ehe ist Julius Ernst Christian Friedrich Motteler, geboren in Esslingen am 18. Juni 1838. 1848 Tod des Vaters, 1850 der Mutter, 1845–1852 Besuch des Paedagogiums in Esslingen, Realabteilung. 1852 kaufmännische Lehre bei der Esslinger Textilfirma Gugenheim. Mai 1856 Einberufung zum 7. Württ. Inf.-Regiment. Nach vier Monaten Militärdienst Beurlaubung mit Ausreiseerlaubnis. 1856–59 Werkführer und Buchhalter in der Tuchfabrik Kohn in Augsburg, ab 1. Oktober 1859 Buchhalter und Disponent bei der Firma Wolf & Kirsten in Crimmitschau. 1. September 1863 gründet Motteler zusammen mit August Colditz den Arbeiter-Bildungsverein Crimmitschau. 19. August 1866: mit Bebel und Liebknecht gründet er in Chemnitz die Sächsische Volkspartei, aus der drei Jahre später die Sozialdemokratische Arbeiterpartei hervorgeht. 8. Juli 1867 gründet Motteler die Spinn- und Webgenossenschaft Stehfest & Co. und ist am 7.–9. August 1869 Mitgründer der Sozialdemokratischen Arbeiterpartei. 1874 wird er vom Parteivorstand nach Leipzig berufen, Leiter der Volksstaat-Druckerei, Expedition, Buchhaltung. 1874–78 im Deutschen Reichstag für den 18. Sächs. Wahlkreis. 1876 Liquidation der Spinn-

und Webgenossenschaft Stehfest & Co. 27. September 1878 wird Motteler in Stuttgart wegen Majestätsbeleidigung festgenommen und im Stuttgarter, hernach im Esslinger Gefängnis inhaftiert; 11. Oktober Freispruch vor dem Schwurgerichtshof Esslingen. Hernach Leiter der Genossenschaftsdruckerei des »Vorwärts« in Leipzig. Im Nov. stellt der »Vorwärts« wegen des Sozialistengesetzes sein Erscheinen ein. Bis Herbst 1879 stellungslos. Im November 1879 von der Partei nach Zürich berufen, Organisation der Geschäftsstelle und Expedition des illegalen »Sozialdemokraten«: der »Rote Feldpostmeister«. 13. Mai 1888 mit Bernstein u. a. ausgewiesen, mit dem Stab nach London, steckbrieflich mit Bernstein verfolgt ab 23. Dezember 1890. Ständige Verlängerung des Steckbriefs bis Anfang 1901, preuß. Amnestie vom 29. Juni 1901, zurück nach Leipzig (27. Juni 1901), seit 16. Juni 1903 Mitglied des Deutschen Reichstags für Leipzig, wiederaufgestellt zur Neuwahl am 25. Januar 1907, der Motteler absagt. Am 29. September 1907 in der Universitäts-Nervenklinik zu Leipzig gestorben, beigesetzt am 2. Oktober 1907 auf dem Leipziger Südfriedhof.

Nachlaß

M's Nachlaß, Grundlage vorliegender Biographie, bewahrt das Internationaal Instituut voor Sociale Geschiedenis in Amsterdam auf, ein Korpus von 50 Bänden, 1960ff., fast 70 Jahre nach M's Tod und – wie das ganze Archiv der Sozialdemokratischen Partei Deutschlands – nach abenteuerlichsten Schicksalen von *Werner Krause* geordnet, im wesentlichen nach M's eigenem Schema: Private Korrespondenz (A), berufliche, gesellschaftliche und politische Tätigkeit (B), Materialsammlungen für das Parteiarchiv (C) und »Provenienz fremdes Material« (D).

Werke

Selbständige größere Schriften hat M. und W. nicht veröffentlicht. Viele der von ihm gehaltenen Reden und Vorträge (s. Nachlaß) sind in den von ihm vertriebenen, aber auch in anderen Zeitungen abgedruckt worden, die »Stenographischen Berichte über die Verhandlungen des Deutschen Reichstags« halten seine dortigen Reden 1874–78 fest, viele seiner Briefe sind inzwischen in Briefeditionen aufgenommen worden.

Literatur

E. Bernstein, J. M. (Nachruf), in: Leipziger Volkszeitung, 3. Beil. zu Nr. 230 v. 3. Oktober 1907 – *Fr. Mehring*, J. M. (Nachruf), ebda. Nr. 227 v. 30. Sept. 1907 (= Aufsätze z. Gesch. der Arbeiterbewegung, in: Ges. Schr. 4, Berlin 1963, S. 498–501) – *A. Bebel*, ebda. Nr. 230 v. 3. Okt. 1907 – *M. Grunwald*, J. M. zum Gedächtnis, in: Die Neue Zeit 26 (1907/8), Nr.

1, S. 1–4 – *J. Belli,* Die Rote Feldpost, Stuttgart: Dietz 1912 (Neuausgabe Berlin 1956) – *E. Schaarschmidt,* Geschichte der Crimmitschauer Arbeiterbewegung, Diss. Dresden 1934 – *E. Engelberg,* Revolutionäre Politik und Rote Feldpost 1878–1890. Berlin: Akademie-Verl. 1959 (mit Briefen, Denkschriften u. dgl. aus der Feder M's im Anhang) – *F. Osterroth,* Biogr. Lexikon des Sozialismus I (1960), S. 225–27 – *D. Fricke,* Bismarcks Prätorianer. Die Berliner polit. Polizei im Kampf gegen die deutsche Arbeiterbewegung (1871–1898). Berlin: Rütten & Loening 1962 – *W. Blumenberg* (Hrsg.), A. Bebels Briefwechsel mit F. Engels. London/The Hague/Paris 1965 (vgl. auch die zahlreichen Briefe v. Engels an Kautsky, an M. usw. in Bd. 38 der Marx-Engels-Werke, Berlin 1968) – *J. Jensen,* Presse und politische Polizei. Hamburgs Zeitungen unter dem Sozialistengesetz 1878–1890. Hannover: J. H. W. Dietz Nachf. 1966 – *P. Mayer,* Die Geschichte des sozialdemokratischen Parteiarchivs und das Schicksal des Marx-Engels-Nachlasses, in: Archiv f. Sozialgesch. VI/VII (1966/67), S. 5–160 (grundlegend) – *H. Hirsch* (Hrsg.), E. Bernsteins Briefwechsel mit F. Engels (= Quellen u. Untersuchungen z. Gesch. der dt. u. österr. Arbeiterbewegung. N.F. Bd. I) Assen: Van Gorcum 1970 – *K. Kautsky* jr. (Hrsg.), A. Bebels Briefwechsel mit K. Kautsky (= ebda., Bd. II) Assen: Van Gorcum 1971 – *W. Holzheuer,* K. Kautskys Werk als Weltanschauung. Beitrag zur Ideologie der Sozialdemokratie vor dem Ersten Weltkrieg (= Münchener Studien zur Politik 21) München: C. H. Beck 1972 – *S. Na'aman/H.-P. Harstick,* Die Konstituierung der dt. Arbeiterbewegung 1862/3. Darstellung und Dokumentation (= Quellen u. Untersuchungen z. Gesch. der dt. und österr. Arbeiterbewegung. Neue Folge. Bd. V) Assen: Van Gorcum 1975 – *U. Engelhardt,* »Nur vereinigt sind wir stark«. Die Anfänge der deutschen Gewerkschaftsbewegung 1862/3 bis 1869/70 (= Industrielle Welt 23, Bd. 1 u. 2) Stuttgart: Klett-Cotta 1977 – *Fr. Pospiech,* J. M. der Rote Feldpostmeister. Hrsg. v. d. Marxistischen Arbeiterbildung Esslingen. Esslingen am Neckar: Selbstverlag d. Vfs. 1977 – *H. Grebing,* der Revisionismus. Von Bernstein bis zum Prager Frühling (= Beck'sche Elementarbücher) München: C. H. Beck 1977 – *U. Hartter,* J. M. Zur Biographie und Typologie eines deutschen Arbeiterführers in der Bismarckzeit. Zulassungsarbeit PH Esslingen (Masch.schr.) 1979 – *R. Riebl/A. Kuhn,* Die Anfänge der Gewerkschaften in Esslingen bis 1878. Esslingen 1979 – *E. Dittrich,* Arbeiterbewegung und Arbeiterbildung im 19. Jahrhundert. Bensheim: päd. extra buchverlag 1980.

Christoph Blumhardt

Leben

Geboren am 1. Juni 1842 in Möttlingen bei Calw als drittes Kind des Pfarrers Johann Christoph Blumhardt und seiner Ehefrau Dorothea, geb. Köllner. Der Großvater war Bäcker und Mehlhändler, dann Holzmesser in Stuttgart. 3. Juli 1852 Übersiedlung des Vaters nach Bad Boll. Zusammen mit dem um ein Jahr jüngeren Bruder Theophil Privatunterricht beim Vater. Im Herbst 1857 kommen die beiden in ein befreundetes Haus nach Stuttgart, dort Schulbesuch. 1859–62 sind die beiden im Seminar Urach, im Oktober 1862 beziehen sie die Universität Tübingen, Studium der Theologie. Juli 1866 erste theol. Dienstprüfung. September 1866 für zwei Monate Vikar in Spöck, hernach in Gernsbach (1867) und Dürnau (1868/69), für die Monate Juli und August durch eine Aushilfe im Dorf Hohenstaufen unterbrochen. Juni 1869 zweite theol. Dienstprüfung. Ende Oktober 1869 holt ihn der Vater als Gehilfen (Inspektor, Sekretär) nach Boll. 12. Mai 1870 heiratet Blumhardt Emilie Bräuninger von Einsiedel bei Tübingen (fünf Söhne, sieben Töchter). 26. Januar 1872 Tod der Gottliebin Dittus; die »merkwürdige Geburt«. Anfang 1894 entschließt sich Blumhardt, in seiner Verkündigung für das Haus Boll auf die kirchlichen Formen zu verzichten. 5. September 1897 erklärt er, sein Erleben müsse in die Welt; Evangelisationsreisen. 19. Juni 1899: Rede in einer Volksversammlung in Göppingen gegen die »Zuchthausvorlage«. Am 24. Oktober 1899 Rede im Drei-Königssaal dort (Christus »war ein Sozialist«), 4. November 1899 Rede in der »Post« in Boll: Blumhardt nennt die Gründe für seinen Beitritt zur Sozialdemokratie. Am 14. November 1899 Aufforderung des Kgl. Konsistoriums, auf Rang und Titel eines Pfarrers der Württ. Landeskirche zu verzichten. Durch Wahl vom 5. Dezember 1900 und Stichwahl vom 18. Dezember 1900 in den württ. Landtag gewählt, Mitglied der sozialdemokratischen Fraktion bis 1906. 1906 Reise nach Palästina, Erkrankung in Jerusalem an Malaria. 1. September 1907 überläßt Blumhardt sein Haus aus gesundheitlichen Gründen anderen. 1911–13 wiederholte Warnungen vor dem Krieg. Am 1. Februar 1913 zieht sich Blumhardt als Eigentümer aus Bad Boll zurück. 1914 Predigten gegen Krieg und Kriegsgeist. Am 24. Dezember 1917 letzte Ansprache in Bad Boll (Weihnachten). In der Nacht zum 2. August 1919 »entschlief er ganz still und friedlich und lag da wie ein friedlich schlummerndes Kind mit dem Ausdruck des Überwinders«.

Nachlaß

Christoph Blumhardts Nachlaß befindet sich in den Händen der Familie, gegenwärtig betreut von Herrn Oberstudienrat i. R. Rolf Weber in

Bad Boll, Badwiesen. Die zweitgrößte Sammlung von Nachlaß-Stücken hat die – dem Vater Blumhardt geltende – Blumhardt-Forschungsstelle bei der Württ. Landesbibliothek Stuttgart, geleitet von Dr. Paul Ernst.

Werke

Hauptschriften: Chr. B. Eine Auswahl aus seinen Predigten, Andachten und Schriften. Hrsg. v. *R. Lejeune.* 4 Bde. Erlenbach–Zürich: Rotapfel Verlag 1925–1937 – Chr. B. Ansprachen, Predigten, Reden, Briefe 1865–1917. Neue Texte aus dem Nachlaß. Hrsg. v. *J. Harder.* Neukirchen-Vluyn: Neukirchener Verlag 1978 – Chr. B. Christus in der Welt. Briefe an Richard Wilhelm. Hrsg. v. *A. Rich.* Zürich: Zwingli Verlag 1958.

Literatur

Die sicherlich umfassendste und sorgfältigste Sammlung von Literatur-Titeln über Chr. B. führt die Blumhardt-Forschungsstelle bei der Württ. Landesbibliothek Stuttgart (s. »Nachlaß«). Neuere wichtigere Titel: *E. Thurneysen,* Chr. B. Zürich/Stuttgart: Zwingli Verlag 1962 – Worte des evangelischen Pfarrers und Landtagsabgeordneten Chr. B. Mitgeteilt v. *J. Harder.* Judie-Taschenbuch Nr. 4/5 1972 – *W. Jäckh,* Blumhardt Vater und Sohn und ihre Welt. Zeugnisse und Bilder. Stuttgart: Steinkopf 1977 – *H. U. Jäger,* Politik aus der Stille. Ernesto Cardenal. Dom Helder Camara. Martin Luther King. Christoph Blumhardt. Niklaus von Flüe. Zürich: Theologischer Verlag 1980.

Hermann Hesse

Leben

Die sicherlich ausführlichste und zuverlässigste Lebenschronik bringt der vom Marbacher Schiller-Nationalmuseum herausgegebene Katalog »Hermann Hesse 1877 - 1977. Stationen seines Lebens, des Werkes und seiner Wirkung« (= Sonderausstellungen des Marbacher Schiller-Nationalmuseums, hrsg. v. *B. Zeller,* Katalog Nr. 28, 1977), S. 79–104, aus der hier nur die wichtigsten Stationen genannt werden. Am 2. Juli 1877 wird Hesse in Calw als zweites Kind von Johannes und Marie Hesse geboren. Sein Vater, der 1847 in Weißenstein/Estland geborene, später als Missionar in Indien tätige Johannes Hesse (gest. 1891) ist damals Mitarbeiter, später Leiter des Calwer Verlagsvereins, seine Mutter Marie Hesse, verw. Isenberg, geb. 1842 in Talatscheri in Indien, ist die Tochter des Theologen und Missionars Dr. phil. Hermann Gundert

(1814–1893), der 1855 auf die Hauptstation der Basler Mission in Indien und 1862 als Mitarbeiter Barths in den Calwer Verlag der Vereinsbuchhandlung berufen wurde. 15. September 1891 Eintritt in das Seminar Maulbronn. 7. März 1892 entweicht Hesse aus dem Seminar, wird am nächsten Tag von einem Landjäger zurückgebracht. Nach kürzeren und längeren Aufenthalten in Bad Boll bei Blumhardt, in der Nervenheilanstalt Stetten i. R. und im Gymnasium Cannstatt, in einer Esslinger Buchhandlung; Mechanikerlehre vom Juni bis September 1895 in der Turmuhrenfabrik H. Perrot in Calw. 4. Oktober 1895 bis 31. Juli 1899 Buchhändlerlehre bei Heckenhauer in Tübingen. 15. September 1899 bis 2. August 1904 Buchhändler in Basel, ab Frühjahr 1903 (im Herbst erscheinen die »Hinterlassenen Schriften und Gedichte von Hermann Lauscher«) freier Schriftsteller, 2. August 1904 Heirat mit Maria Bernoulli. 10. August 1904: Einzug in Gaienhofen »in einem lustigen Bauernhäuschen«, im Frühjahr 1907 Bau eines eigenen Hauses in Gaienhofen, wo die Familie bis 1912 wohnt. 1906 erscheint der Roman »Unterm Rad«. Im September 1912 bezieht Hesse mit der Familie das Haus des verstorbenen Malers Albert Welti in Ostermundingen bei Bern. Im Frühjahr 1915 bricht das Gemütsleiden bei Maria Hesse aus. Mitte April 1919 Trennung von der Familie; Hesse bezieht am 11. Mai zwei Räume in der Casa Camuzzi in Montagnola, die er bis August 1931 bewohnt; im Oktober des Jahres entschließt er sich zur Scheidung von Maria Hesse, Auflösung der Berner Wohnung (gerichtl. Scheidung 23. Juni 1923). Am 11. Januar 1924 heiratet Hesse die Sängerin Ruth Wenger. Am 26. November 1924 erhält er das Gemeindebürgerrecht der Stadt und des Kantons Bern. 27. Oktober 1926 wird Hesse Mitglied der Sektion für Dichtkunst in der Preußischen Akademie der Künste. Juli/August 1931 Umzug von der Casa Camuzzi in das neue Haus in Montagnola (Casa Hesse), das ihm von Hans C. Bodmer zur Verfügung gestellt wird. 14. November 1931 nach Scheidung von Ruth geb. Wenger (2. Mai 1927) Heirat mit der Kunsthistorikerin Ninon Dolbin geb. Ausländer. Im Oktober 1938 erscheinen Vorabdrucke aus dem ›Glasperlenspiel‹ (29. April 1942 abgeschlossen). 28. August 1946 Goethe-Preis der Stadt Frankfurt, Ende November 1946 Nobelpreis für Literatur, Herbst 1955 Friedenspreis des Deutschen Buchhandels. Am 9. August 1962 stirbt Hesse in Montagnola und wird am 11. August auf dem Friedhof von San Abbondio beigesetzt.

Nachlaß

Rund 150 Kästen bewahrt das Schiller-Nationalmuseum/Deutsches Literaturarchiv Marbach als Depositum auf, 50 Kästen als eigenen Bestand: dies ist die Hauptmasse des H.-Nachlasses. Vor allem viele Brief-Originale hat H. H. im Verlaufe der Jahre vor seinem Tode der

Schweizerischen Landesbibliothek in Bern vermacht; viele H.-Handschriften in Privatbesitz.

Werke

H's Werk wird – in deutscher Sprache – vornehmlich vom Suhrkamp Verlag Frankfurt am Main betreut. Dort sind 1952–57 die »Gesammelten Dichtungen« erschienen, 1970 die »Gesammelten Werke«.

Literatur

Die jüngste, auch die Literatur über H. H. verzeichnende Berichterstattung gibt *J. Mileck,* H. H. Biography and Bibliography Vol. 1/2. Berkeley/Los Angeles/London: University of California Press 1977.

Theodor Heuss

Leben

Geboren am 31. August 1884 in Brackenheim als Sohn des Regierungsbaumeisters Louis Heuss, dessen Familie aus Haßmersheim am Neckar kam, und der Elisabeth geb. Gümbel aus einer rheinpfälzischen Familie. 1890 wird der Vater Leiter des Städt. Tiefbauamts in Heilbronn, Übersiedlung der Familie (Theodor hat zwei ältere Brüder) dorthin. Besuch der Volksschule und des Karlsgymnasiums bis zum Abitur 1902; erste literarische Versuche und Veröffentlichungen. Studium der Nationalökonomie in München, unterbrochen 1903/04 durch zwei Semester in Berlin. 21. September 1905 Promotion bei Lujo Brentano in München über den »Weinbau und Weingärtnerstand in Heilbronn am Neckar«. 1905–1912 Redakteur an der von Friedrich Naumann herausgegebenen Wochenschrift »Die Hilfe«. 11. April 1908: Albert Schweitzer traut Th. H. und Elly (Eleonore), Tochter des Straßburger Nationalökonomen Georg Friedrich Knapp (1842–1926), die 1899 in Straßburg ihr Lehrerinnenexamen gemacht hatte und sich 1905 zum Studium der Volkswirtschaft an der Universität Freiburg entschloß. 1912 kehrt Heuss nach Heilbronn zurück, Übernahme der Chefredaktion der »Neckar-Zeitung«. Mit Conrad Haußmanns Unterstützung versucht er, Ende 1912 einen Sitz im Württ. Landtag zu erobern, was jedoch mißlingt. Kehrt im Frühjahr 1918 nach Berlin zurück, um die Geschäftsführung des »Deutschen Werkbundes« und zusammen mit Axel Schmidt die Schriftleitung der »Deutschen Politik« zu übernehmen. Die Revolution erlebt Heuss nicht in Berlin, sondern in Heilbronn, wohin er auf Bitten Erzbergers und im Auftrag des »Heimatdienstes« gereist war. Kandidiert ohne Erfolg im November 1918 für die deutsche Nationalversammlung für die im November 1918 von Naumann mitbegründete Deutsche Demokratische Partei, jedoch gelingt Heuss am 20. Juni 1920 der Einzug in die Bezirksversammlung von Berlin-Schöneberg. 24. August 1919: Tod von Fr. Naumann. Von 1920–1924 Studienleiter an der Deutschen Hochschule für Politik, von 1924–28 Reichstagsabgeordneter für die Deutsche Demokratische Partei, von 1929–32 für die Staatspartei (Nachfolgepartei der DDP), bei der Reichstagswahl am 5. März 1933 »auf Wahlvorschlägen der Sozialdemokratischen Partei« wiedergewählt, das Mandat wird ihm am 12. Juli 1933 aberkannt. Verliert alle seine öffentlichen Funktionen und Ämter. »Innere Emigration«. Nach einem vorübergehenden Aufenthalt im »Bosch-Hof« in Oberbayern im Herbst 1943 auf Drängen des Sohnes Ludwig Evakuierung nach Heidelberg, wo das Ehepaar Heuss in zwei freigewordenen Dachkammern in der Wohnung der Schwester von Elly Heuss-Knapp wohnt. Heuss übernimmt am 5. September 1945 zusammen mit dem Sozialdemokraten Knorr und dem Kommunisten Agricola die Lizenz der Rhein-Neckar-Zeitung, die er bis zu seiner Ernennung zum Bundespräsidenten innehat. Honorarprofessur an der TH Stuttgart. 24. September 1945 wird Heuss in sein Amt als Kultminister von Württemberg-Baden eingesetzt. 1946 wählen die Dachorganisationen der süddeutschen liberalen bzw. demokratischen Parteien Heuss zu ihrem 1. Vorsitzenden; im Dezember 1948 wird er 1. Vorsitzender der westdeutschen Freien Demokratischen Partei. Heuss wird vom Württembergisch-Badischen Landtag als Delegierter in den Parlamentarischen Rat gewählt, der am 1. September 1948 zu seiner ersten Sitzung zusammentritt und am 23. Mai 1949 seine Arbeit beendet, indem er das Grundgesetz für die Bundesrepublik Deutschland beschließt und den westdeutschen Ländern zur Annahme vorlegt. 12. September 1949 wird Heuss im Bonner Bundeshaus im zweiten Wahlgang zum Bundespräsidenten der Bundesrepublik Deutschland gewählt, Wiederwahl am 17. Juli 1954 in der Ostpreußenhalle zu Berlin mit großer Mehrheit im ersten Wahlgang. 19. Juli 1952: Tod von Elly Heuss-Knapp. 12. September 1959: Heuss legt sein Amt als Bundespräsident nieder, Übersiedlung nach Stuttgart. Oktober 1959 Friedenspreis des deutschen Buchhandels. 12. Dezember 1963: stirbt Heuss in Stuttgart.

Nachlaß

Die mehr publizistisch-literarischen Nachlaßteile (23 Kästen) verwahrt das Schiller-Nationalmuseum in Marbach, die mehr politischen das Bundesarchiv in Koblenz.

Werke

Eine »Bibliographie der Schriften und Reden von Th. H. und E. Heuss-Knapp« besorgte *W. Prinzing,* hrsg. von der Württ. Bibliotheksgesellschaft. Stuttgart: Vorwerk 1954. Darin ist das literarische Werk von Th. H. nahezu vollständig aufgenommen; auch die wichtigsten Zeitungsaufsätze sind darin verzeichnet. Eine »Ausgewählte Bibliographie« findet sich im Anhang zum 427seitigen Ausstellungskatalog »Th. H. Der Mann, das Werk, die Zeit« (= Sonderausstellungen des Schiller-Nationalmuseums Nr. 17) Marbach: Schiller-Nationalmuseum 1967, S. 431–441.

Literatur

Die wichtigste Lit. bis 1967 gibt der Heuss-Ausstellungskatalog (s. »Werke«), dazu *M. Eksteins,* Th. H. und die Weimarer Republik. Ein Beitr. z. Gesch. des dt. Liberalismus (= Stuttgarter Beitr. z. Gesch. u. Politik 3) Stuttgart: Klett 1969 – *C. J. Hess,* Th. H. vor 1933. Ein Beitr. zur Gesch. des demokrat. Denkens in Deutschland (= Kieler hist. Studien 20) Stuttgart: Klett 1973 – *W. Wiedner,* Th. H. Das Demokratie- und Staatsverständnis im Zeitablauf (= Schriften z. Gesch. u. polit. Bildung 13) Ratingen: Henn 1973.

Carlo Schmid

Leben

Geboren am 3. Dezember 1896 in Perpignan in Südfrankreich als Sohn des Privatgelehrten Joseph Schmid und der Anna, geb. Erra. Geburtsname: Karl Schmid, Konfession: römisch-katholisch. Im Frühjahr 1914 ziehen die Eltern mit dem Dreizehnjährigen nach Deutschland; in Weil der Stadt ist der Vater als Lehrer tätig. Schmid besucht in Stuttgart das Karlsgymnasium und legt dort im Frühjahr 1914 die Reifeprüfung ab. 1914–1918 deutscher Kriegsfreiwilliger, entlassen als Leutnant der Reserve. 1. 2. 1919 bis Herbst 1921 Studium der Rechts- und Staatswissenschaft an der Universität Tübingen. Dezember 1921 1. juristische Staatsprüfung, Bestleistung seit 35 Jahren in Tübingen. Am 28. Dezember 1921 heiratet er Lydia Hermes in Tübingen (vier Kinder, ein Sohn verstorben). 4. August 1923 Promotion zum Dr. jur. an der Universität Frankfurt bei Hugo Sinzheimer. Februar 1924 2. juristische Staatsprüfung (mit gleich exzellentem Ergebnis), Zulassung als Rechtsanwalt beim Landgericht Tübingen, 1. September 1925 Eintritt in den württembergischen Justizdienst, bis 1931 Amtsrichter, von 1931–1940

Landgerichtsrat in Tübingen, vom 1. 9. 1927 bis 1. 8. 1928 beurlaubt an das Kaiser-Wilhelms-Institut für ausländisches öffentl. Recht und Völkerrecht in Berlin. 17. Juli 1929 Habilitation für Völkerrecht und internationales Privatrecht an der Rechts- und Wirtschaftswissenschaftlichen Fakultät der Eberhard-Karls-Universität Tübingen. 23. Oktober 1939 Ernennung zum Dozenten (die Ernennung zum a. o. Professor wird 1942 aus politischen Gründen abgelehnt). 20. Juli 1940 bis 1945 Kriegsverwaltungsrat bei der Oberfeldkommandantur in Lille. 18. September 1945 Staatsrat im Staatsministerium Stuttgart (US-Besatzungszone). Vom 16. Oktober 1945 bis 30. April 1950 Vorsitzender des Staatssekretariats, dann Staatschef und hernach Stellv. Staatspräsident des Landes Württemberg-Hohenzollern, daneben Führung verschiedener Ressorts als Landesdirektor bzw. Minister. 23. April 1946 bis 1. Juni 1953 o. Professor für öffentliches Recht und Völkerrecht an der Universität Tübingen, vom 10. April 1953 bis 30. November 1966 o. Professor für Wissenschaft von der Politik an der Wirtschafts- und Sozialwissenschaftlichen Fakultät der Universität Frankfurt. Februar 1946 Landesvorsitzender der neugegründeten SPD in Württemberg-Hohenzollern, von 1947 bis April 1973 Mitglied des Parteivorstandes der SPD, vom 7. September 1949 bis 22. September 1972 Mitglied des Deutschen Bundestages für den Wahlkreis Mannheim I. 1948–1949 Mitglied des Verfassungskonvents von Herrenchiemsee und des Parlamentarischen Rates in Bonn. 1949–1966 und 1969–1972 1. Vizepräsident des Deutschen Bundestages. 1950–1966 und 1969–1973 Mitglied der Beratenden Versammlung des Europarats in Straßburg und der Versammlung der Westeuropäischen Union in Paris (deren Präsident er viermal von 1963 bis 1966 war). 1. 12. 1966 bis 20. 10. 1969 Bundesminister für Angelegenheiten des Bundesrates und der Länder in der Großen Koalition. Seit 1. November 1969 Koordinator für die deutsch-französische Zusammenarbeit, seit 19. Dezember 1972 mit der Amtsbezeichnung Botschafter. Gestorben am 11. Dezember 1979 in Frankfurt, Trauerfeier am 15. Dezember 1979 in Plenarsaal des Deutschen Bundestages.

Nachlaß

Der Nachlaß Carlo Schmids, »sehr umfangreiche Akten und handschriftliche Aufzeichnungen«, befindet sich gegenwärtig in der Hand des Bundesministers a. D. Gerhard Jahn MdB, Marburg/Bonn, dem es obliegt, zu entscheiden, wo und in welcher Weise er zukünftig verwahrt wird. Eine Entscheidung ist derzeit (Juli 1980) noch nicht getroffen.

Werke

Das vollständigste Verzeichnis mit 1116 Titeln bietet die von *H. G. Lehmann* eingeleitete und bearbeitete »Carlo Schmid Bibliographie«, hrsg.

vom Archiv der sozialen Demokratie (Friedrich-Ebert-Stiftung). Bonn–Bad Godesberg: Verlag Neue Gesellschaft 1977. – Dazu vor allem: *C. Schmid,* Erinnerungen. Bern/München/Wien: Scherz 1979.

Literatur

Zum 60. Geburtstag erschien in der von *A. Scholz* u. *W. G. Oschilewski* herausgegebenen Reihe »Köpfe der Zeit« ein Band »C. S. Aufgabe und Leistung« mit Beiträgen von E. Ollenhauer, Th. Heuss, E. Gerstenmaier, A. Arndt u. W. G. Oschilewski, dort auch eine C.S.-Bibliographie (Berlin-Grunewald: arani Verlags-Gesellschaft 1956) – *Th. Eschenburg/Th. Heuss/G.-A. Zinn* (Hrsg.), Festgabe für C.S. zum 65. Geburtstag. Dargebracht von Freunden, Schülern und Kollegen. Tübingen: J. C. B. Mohr/P. Siebeck 1962 – Aus der Festschrift Castrum Peregrini. C. S. zum 70. Geburtstag bes. *W. Frommel,* ebda. S. 50–53 – *A. Arndt/H. Ehmke/I. Fetscher/O. Massing* (Hrsg.), Konkretionen politischer Theorie und Praxis. C. S. zum 70. Geburtstag. Stuttgart: E. Klett 1972 – *H. Schwab-Felisch,* Ein Patriot. Zu C.S's »Gesammelten Werken«, in: Merkur 1975, S. 176–179 – C.S. Einer unter uns. Bonn 1976 – Vgl. auch Presse- und Informationsdienst der Bundesregierung Nr. 129 v. 7. Dezember 1976, S. 1237 f. und Nr. 157 v. 21. Dezember 1979, S. 1441–1448.

Otto Borst

Stuttgart – Die Geschichte der Stadt

582 Seiten mit 93 Abbildungen, umfangreiches Literaturverzeichnis, Register. Leinen.

Geschichte ist für Borst nicht lediglich Darbietung endloser Materialien und Aneinanderreihung von Fakten, sondern lebendiger Prozeß, den er in erzählender, packender Form ohne Scheu vor Tabus und mit dem Mut zur Interpretation dem zeitgenössischen Leser nahebringt.

Wie Stuttgart auf dem langen Wege vom Stutengarten zur Landeshauptstadt Baden-Württembergs, aus dem kleingekammerten Sonderdasein im Windschatten der Residenz und im Widerspiel zwischen Bürgern und Hof zur »Stadt« wird, schließlich mit dem Eisenbahnbau und im Zuge der Industrialisierung zur »Großstadt« heranwächst, wie sich geistige und administrative, künstlerische, wirtschaftliche und technische Potenz hier allmählich sammelt, bis die Stadt starke Impulse wiedergibt und zum Kraftfeld einer Großregion wird – das ist noch nie so zwingend und überzeugend dargeboten worden.

Konrad Theiss Verlag